Confissões

CONFISSÕES

Santo Agostinho

Tradução
Frederico Ozanam Pessoa de Barros

Introdução
P. *Riolando Azzi, S.D.B.*

Direitos reservados à EDITORA NOVA FRONTEIRA PARTICIPAÇÕES S.A.
© da tradução, 2012 by Frederico Ozanam Pessoa de Barros

Coordenação: Daniel Louzada

Conselho editorial: Daniel Louzada, Frederico Indiani, Leila Name, Maria Cristina Antonio Jeronimo

Projeto gráfico de capa e miolo: Leandro B. Liporage
Ilustração de capa: Cássio Loredano
Diagramação: Filigrana

Equipe editorial Nova Fronteira: Shahira Mahmud, Adriana Torres, Claudia Ajuz, Tatiana Nascimento

Preparação de originais: José Grillo

CIP-Brasil. Catalogação na fonte
Sindicato Nacional dos Editores de Livros, RJ

A221c

Agostinho, Santo, Bispo de Hipona, 354-430
   Confissões / Santo Agostinho ; tradução de Frederico Ozanam Pessoa de Barros ; introdução P^e Riolando Azzi, S.D.B. - [Ed. especial]. - Rio de Janeiro : Nova Fronteira, 2012.
      (Saraiva de Bolso)

Tradução de: Confessiones
ISBN 978.85.209.3106-6

   1. Agostinho, Santo, Bispo de Hipona, 354-430. 2. Santos cristãos - Biografia. 3. Teologia - História - Igreja primitiva, ca. 30-600. I. Título.

CDD: 922.22
CDU: 929:2

Livros para todos

Esta coleção é uma iniciativa da Livraria Saraiva em parceria com a Editora Nova Fronteira que traz para o leitor brasileiro uma nova opção em livros de bolso. Com apuro editorial e gráfico, textos integrais, qualidade nas traduções e uma seleção ampla de títulos, a Coleção Saraiva de Bolso reúne o melhor da literatura clássica e moderna ao publicar as obras dos principais autores brasileiros e estrangeiros que tanto influenciam o nosso jeito de pensar.

Ficção, poesia, teatro, ciências humanas, literatura infantojuvenil, entre outros textos, estão contemplados numa espécie de biblioteca básica recomendável a todo leitor, jovem ou experimentado. Livros dos quais ouvimos falar o tempo inteiro, que são citados, estudados nas escolas e universidades e recomendados pelos amigos.

Com lançamentos mensais, os livros da coleção podem acompanhá-lo a qualquer lugar: cabem em todos os bolsos. São portáteis, contemporâneos e, muito importante, têm preços bastante acessíveis.

Reafirmando o compromisso da Livraria Saraiva e da Editora Nova Fronteira com a educação e a cultura do Brasil, a Saraiva de Bolso convida você a participar dessa grande e única aventura humana: a leitura.

Saraiva de Bolso. Leve com você.

Sumário

Introdução 17

CONFISSÕES

LIVRO PRIMEIRO

Capítulo 1: Louvor e invocação 49
Capítulo 2: Como invocar a Deus? 49
Capítulo 3: Onde está Deus? 50
Capítulo 4: As perfeições de Deus 51
Capítulo 5: Súplica 52
Capítulo 6: Os primeiros anos 52
Capítulo 7: Os pecados da primeira infância 55
Capítulo 8: As primeiras palavras 57
Capítulo 9: Estudos e jogos 58
Capítulo 10: Amor ao jogo 60
Capítulo 11: O batismo diferido 61
Capítulo 12: Ódio ao estudo 62
Capítulo 13: Gosto pelo latim 63
Capítulo 14: Aversão pelo grego 65
Capítulo 15: Oração 66
Capítulo 16: O mal da mitologia 66
Capítulo 17: Êxitos escolares 68
Capítulo 18: Leis gramaticais, leis de Deus 69
Capítulo 19: Mau perdedor 70
Capítulo 20: Ação de graças 71

LIVRO SEGUNDO

Capítulo 1: A adolescência 75
Capítulo 2: As primeiras paixões 75
Capítulo 3: Cegueira do pai, cuidados da mãe 77
Capítulo 4: O furto das peras 80
Capítulo 5: A causa do pecado 81

Capítulo 6: O crime gratuito 82
Capítulo 7: Ação de graças 84
Capítulo 8: O prazer da cumplicidade 85
Capítulo 9: O prazer do pecado 86
Capítulo 10: Deus, o sumo bem 87

LIVRO TERCEIRO

Capítulo 1: O gosto do amor 91
Capítulo 2: A paixão dos espetáculos 92
Capítulo 3: O estudo da retórica e os demolidores ... 94
Capítulo 4: O Hortênsio de Cícero 95
Capítulo 5: A desilusão das Escrituras 97
Capítulo 6: A sedução do maniqueísmo 97
Capítulo 7: Alguns erros dos maniqueus 100
Capítulo 8: Moral e costumes 102
Capítulo 9: Pecados e imperfeições 104
Capítulo 10: Ridicularias dos maniqueus 105
Capítulo 11: O sonho de Mônica 106
Capítulo 12: Uma profecia 108

LIVRO QUARTO

Capítulo 1: Dos 19 aos 28 anos 111
Capítulo 2: Professor de retórica 112
Capítulo 3: A atração da astrologia 113
Capítulo 4: A morte do amigo 115
Capítulo 5: O conforto das lágrimas 117
Capítulo 6: Inconsolável 118
Capítulo 7: De Tagaste para Cartago 119
Capítulo 8: O consolo do tempo e da amizade .. 120
Capítulo 9: O amigo Deus 121
Capítulo 10: As mentiras da beleza 121
Capítulo 11: A verdade de Deus 122
Capítulo 12: O amor em Deus 123

Capítulo 13: O problema do belo 125
Capítulo 14: Razões de uma dedicatória 126
Capítulo 15: Os primeiros livros 128
Capítulo 16: *As dez categorias* de Aristóteles 130

LIVRO QUINTO

Capítulo 1: Oração 135
Capítulo 2: Os que fogem de Deus 135
Capítulo 3: Fausto e o maniqueísmo 136
Capítulo 4: Ciência e ignorância 139
Capítulo 5: Loucuras de Manés 139
Capítulo 6: A eloquência de Fausto 141
Capítulo 7: Desilusão 143
Capítulo 8: Viagem a Roma 144
Capítulo 9: Enfermo 147
Capítulo 10: Agostinho e os erros dos maniqueus ... 149
Capítulo 11: Desculpas dos maniqueus 151
Capítulo 12: Os estudantes de Roma 152
Capítulo 13: Viagem a Milão. Santo Ambrósio ... 153
Capítulo 14: Catecúmeno 154

LIVRO SEXTO

Capítulo 1: Esperanças 159
Capítulo 2: Obediência de Mônica 160
Capítulo 3: Primeiras conquistas 161
Capítulo 4: O espírito da letra 163
Capítulo 5: Os mistérios da Bíblia 165
Capítulo 6: Alegria de bêbado 167
Capítulo 7: Alípio 169
Capítulo 8: A atração do anfiteatro 171
Capítulo 9: Alípio, ladrão a contragosto 172
Capítulo 10: Os três amigos 174
Capítulo 11: Entre Deus e o mundo 176

Capítulo 12: Casar ou não? 178
Capítulo 13: O pedido de casamento 180
Capítulo 14: Um projeto desfeito 180
Capítulo 15: A separação da amante 181
Capítulo 16: A aproximação de Deus 182

LIVRO SÉTIMO

Capítulo 1: A ideia de Deus 187
Capítulo 2: Objeção contra o maniqueísmo 189
Capítulo 3: Deus e o mal 190
Capítulo 4: A substância de Deus 191
Capítulo 5: A origem do mal 192
Capítulo 6: O absurdo dos horóscopos 194
Capítulo 7: Ainda a origem do mal 197
Capítulo 8: A piedade de Deus 199
Capítulo 9: Agostinho e o neoplatonismo 199
Capítulo 10: A descoberta de Deus 202
Capítulo 11: Deus e as criaturas 203
Capítulo 12: O mal e o bem da criação 203
Capítulo 13: Os louvores da criação 204
Capítulo 14: Recapitulação 205
Capítulo 15: Deus e a criação 206
Capítulo 16: Onde está o mal 206
Capítulo 17: Caminho para Deus 207
Capítulo 18: A senda da humildade 208
Capítulo 19: A doutrina do Verbo 209
Capítulo 20: Do platonismo às Escrituras 210
Capítulo 21: A verdade das Escrituras 212

LIVRO OITAVO

Capítulo 1: Hesitações 217
Capítulo 2: Visita a Simpliciano. Conversão
    de Vitorino 219

Capítulo 3: A alegria das coisas perdidas 221
Capítulo 4: A conversão dos grandes 223
Capítulo 5: As duas vontades 225
Capítulo 6: A narração de Ponticiano 227
Capítulo 7: A reação de Agostinho 230
Capítulo 8: Luta espiritual 232
Capítulo 9: A desobediência da vontade 234
Capítulo 10: Contra os maniqueus 235
Capítulo 11: Últimas resistências 237
Capítulo 12: A conversão 240

LIVRO NONO

Capítulo 1: Colóquio 245
Capítulo 2: Adeus ao magistério 246
Capítulo 3: Dois amigos 248
Capítulo 4: A doçura dos salmos 249
Capítulo 5: O conselho de Ambrósio 254
Capítulo 6: Batismo de Agostinho.
   Seu filho Adeodato 255
Capítulo 7: O canto dos fiéis. Os corpos de
   são Gervásio e de são Protásio 256
Capítulo 8: Mônica 257
Capítulo 9: Esposa e mãe exemplar 260
Capítulo 10: O êxtase de Óstia 262
Capítulo 11: A morte de Mônica 265
Capítulo 12: As lágrimas negadas 266
Capítulo 13: Preces pela mãe morta 270

LIVRO DÉCIMO

Capítulo 1: Finalidade do livro 275
Capítulo 2: O que é confessar a Deus 275
Capítulo 3: Por que confessar-se aos homens? ... 276
Capítulo 4: O fruto das confissões 277

Capítulo 5: A ignorância do homem 279
Capítulo 6: Quem é Deus? 280
Capítulo 7: Deus e os sentidos 282
Capítulo 8: O milagre da memória 283
Capítulo 9: A memória intelectual 286
Capítulo 10: Memória e sentidos 286
Capítulo 11: Ideias inatas 287
Capítulo 12: A memória e as matemáticas 288
Capítulo 13: A memória da memória 289
Capítulo 14: A lembrança dos sentimentos 289
Capítulo 15: A memória das coisas ausentes 291
Capítulo 16: A memória do esquecimento 292
Capítulo 17: Deus e a memória 294
Capítulo 18: A memória das coisas perdidas 295
Capítulo 19: A memória das lembranças 296
Capítulo 20: A memória da felicidade 297
Capítulo 21: A memória do que nunca tivemos ... 298
Capítulo 22: A verdadeira felicidade 300
Capítulo 23: Felicidade e verdade 300
Capítulo 24: Deus e a memória 302
Capítulo 25: Recapitulação 302
Capítulo 26: Onde encontrar Deus? 303
Capítulo 27: Solilóquio de amor 304
Capítulo 28: A vida do homem 304
Capítulo 29: Esperança em Deus 305
Capítulo 30: Sonho e voluptuosidade 305
Capítulo 31: A intemperança 307
Capítulo 32: Os prazeres do olfato 310
Capítulo 33: Os prazeres do ouvido 311
Capítulo 34: O prazer dos olhos 312
Capítulo 35: A curiosidade 314
Capítulo 36: O orgulho 317
Capítulo 37: A tentação do orgulho 319
Capítulo 38: A vanglória 321
Capítulo 39: O amor-próprio 322
Capítulo 40: À procura de Deus 322
Capítulo 41: Deus e a mentira 324

Capítulo 42: Os neoplatônicos e o
caminho para Deus.................................. 324
Capítulo 43: Cristo, o único mediador 325

LIVRO DÉCIMO PRIMEIRO

Capítulo 1: Finalidade das confissões 329
Capítulo 2: A inteligência das escrituras............. 329
Capítulo 3: O que disse Moisés........................ 331
Capítulo 4: O céu e a terra 332
Capítulo 5: A palavra e a criação 333
Capítulo 6: Como falou Deus?......................... 334
Capítulo 7: A palavra coeterna 335
Capítulo 8: A verdadeira luz............................. 335
Capítulo 9: A voz do Verbo 336
Capítulo 10: Que fazia Deus antes da criação 337
Capítulo 11: Tempo e eternidade 338
Capítulo 12: Deus antes da criação................... 338
Capítulo 13: O tempo antes da criação 339
Capítulo 14: Que é o tempo? 340
Capítulo 15: Tempo longo, tempo breve 341
Capítulo 16: A medida do presente 343
Capítulo 17: O passado e o futuro.................... 344
Capítulo 18: As previsões 344
Capítulo 19: Oração 346
Capítulo 20: Conclusão 346
Capítulo 21: A medida do tempo 347
Capítulo 22: O enigma.................................... 348
Capítulo 23: O tempo e o movimento.............. 349
Capítulo 24: O tempo, medida do movimento ... 351
Capítulo 25: Prece 352
Capítulo 26: O tempo, distensão da alma.......... 352
Capítulo 27: A medida do passado.................... 354
Capítulo 28: A medida do futuro 356
Capítulo 29: A eternidade de Deus 357

Capítulo 30: Deus e o tempo 358
Capítulo 31: Conclusão 359

LIVRO DÉCIMO SEGUNDO

Capítulo 1: Prece 363
Capítulo 2: O céu do céu 363
Capítulo 3: As trevas sobre o abismo 364
Capítulo 4: A matéria informe 364
Capítulo 5: Sua natureza 365
Capítulo 6: Em que consiste 365
Capítulo 7: A criação do nada 367
Capítulo 8: A terra invisível 367
Capítulo 9: A criação do tempo 368
Capítulo 10: Invocação à verdade 369
Capítulo 11: As criaturas e o criador 369
Capítulo 12: A criação e a eternidade 371
Capítulo 13: O céu e a terra no Gênesis 372
Capítulo 14: A profundidade das Escrituras 373
Capítulo 15: O que dizem seus inimigos 374
Capítulo 16: Outros adversários das Escrituras ... 376
Capítulo 17: Opiniões diversas sobre
  o céu e a terra 377
Capítulo 18: Outras interpretações 379
Capítulo 19: A verdade 380
Capítulo 20: O princípio e suas interpretações .. 381
Capítulo 21: A terra invisível 382
Capítulo 22: Objeções 383
Capítulo 23: A opinião de Agostinho 384
Capítulo 24: Qual a verdade? 385
Capítulo 25: Os diversos partidos 386
Capítulo 26: Agostinho no lugar de Moisés 388
Capítulo 27: Os diversos sentidos da Escritura ... 389
Capítulo 28: Divergências 390
Capítulo 29: Dificuldades 391
Capítulo 30: Espírito de caridade 393

Capítulo 31: O Gênesis e seu autor 394
Capítulo 32: Oração 395

LIVRO DÉCIMO TERCEIRO

Capítulo 1: Invocação 399
Capítulo 2: A criação e a bondade de Deus 399
Capítulo 3: A luz 401
Capítulo 4: A bondade criadora 401
Capítulo 5: A Trindade 402
Capítulo 6: O Espírito sobre as águas 403
Capítulo 7: As águas sem substância 403
Capítulo 8: À luz que ilumina as trevas 404
Capítulo 9: O amor de Deus 405
Capítulo 10: Os dons de Deus 406
Capítulo 11: O homem e a Trindade 406
Capítulo 12: A criação e a Igreja 407
Capítulo 13: Nós e a luz 408
Capítulo 14: Esperança 409
Capítulo 15: Símbolos 410
Capítulo 16: Deus, fonte de luz 412
Capítulo 17: As águas amargas 413
Capítulo 18: Meditação 414
Capítulo 19: Ainda a terra seca 415
Capítulo 20: Os répteis e as aves 417
Capítulo 21: A alma viva 418
Capítulo 22: Sentido místico da criação do homem .. 421
Capítulo 23: O julgamento do homem espiritual ... 422
Capítulo 24: Crescei e multiplicai-vos 424
Capítulo 25: Os frutos da terra 427
Capítulo 26: O dom e o fruto 428
Capítulo 27: Peixes e cetáceos 430
Capítulo 28: A bondade da criação 430
Capítulo 29: A palavra de Deus e o tempo 431
Capítulo 30: Um erro dos maniqueus 431
Capítulo 31: A luz do Espírito Divino 432

Capítulo 32: A criação 433
Capítulo 33: A matéria e a forma 434
Capítulo 34: Alegoria da criação 435
Capítulo 35: Prece 436
Capítulo 36: O repouso de Deus 436
Capítulo 37: O repouso da alma 437
Capítulo 38: O descanso em Deus 437

Notas da introdução 438
Notas 442
Sobre o autor 453

Introdução

"Dou começo a uma empresa de que não há exemplos, e cuja execução não terá imitadores" — Tal o início do solene prólogo com que o Pai do Romantismo apresenta suas *Confissões*[1].

Comentando esta frase, François Coppée observou argutamente: "Historiador esquecidiço e mau profeta revelou-se Jean-Jacques Rousseau"[2]. E com razão; pois, o conteúdo dessa brilhante afirmação é falso, tanto em seu aspecto histórico como em seu elemento profético. Não era uma novidade na história da literatura o gênero das *Confissões*, e muito menos se encerraria no século XVIII, com a obra de Rousseau.

I — Antes de Rousseau...

1. As *Confissões* de santo Agostinho

Teria olvidado Rousseau que desde o século V Agostinho havia escrito uma obra semelhante, e sob esse mesmo título? Esquecimento ou ignorância que não se lhe escusa facilmente, dada a ressonância da obra do santo africano. "Este livro — afirma Papini — figura no resumido inventário da literatura universal, com título igual ao da *Odisseia* ou de *O paraíso perdido*. *As confissões*, a *Imitação* e a *Divina comédia* são os mais espalhados reimpressos, traduzidos e comentados dos livros cristãos do Ocidente, e, o primeiro, um dos que mesmo os agnósticos e descrentes se sentem obrigados a ler"[3].

Tal lacuna, porém, é explicável no século das Luzes, por sua notória aversão à cultura medieval e cristã.

É verdade que, para santo Agostinho, o título *Confissões* não corresponde exatamente ao nosso significado atual. Ele usa o termo em sentido bíblico. "*Confiteri*" é reconhecer a própria fraqueza e miséria, mas implica principalmente a proclamação da misericórdia e da glória de Deus.

Se as *Confissões* de Rousseau são para o autor motivo de orgulho, como transpira do vibrante prólogo, as *Confissões* de Agostinho são-lhe fonte de humildade e de louvor Deus. "Recebe — escreve ele ao conde Dario — o livro de minhas *Confissões* que tanto desejaste. Contempla-me nelas, para que não me louves mais do que sou. Julga-me não pelo que os outros dizem de mim, mas pelo que eu digo nelas. Contempla-me nelas e vê o que fui na realidade, quando estive abandonado a mim mesmo. E se algo em mim te agradar, louva comigo Àquele a quem eu quis fosse louvado por mim e não a mim... Quando me tiveres reconhecido nelas, pede por mim para que não desfaleça, mas antes me aperfeiçoe"[4].

As *Confissões* agostinianas são, pois, um hino de ação de graças pelos benefícios celestes. E é justamente como um hino de louvor a Deus que Agostinho narra sua vida. É a história de uma alma, onde se revelam os prodígios da graça divina em uma natureza rebelde e decaída. Neste gênero literário, cabe-lhe a precedência genial. É Papini, autoridade competente na matéria, quem o declara expressamente: "Sob esse aspecto — escreve ele — o único precursor de Agostinho foi Marco Aurélio, mas não se pode imaginar coisas mais antípodas do que as *Confissões* e os *Pensamentos*. Estes não formam uma narrativa dramática: são uma enumeração de dívidas reconhecidas, seguidas de aforismos gerais, de conselhos, de notas de leitura. Em Marco Aurélio há toda a frieza satisfeita do aprendiz estoico; em Agostinho, todo o flamejar de uma alma resgatada que se acusa para melhor exaltar o seu Deus"[5].

O próprio santo autor teve a satisfação de ver ainda em vida o êxito publicitário de sua obra: "Sei que o livro de minhas *Confissões* agradou e agrada a muitos irmãos" — lemos em suas *Retractationes*[6].

No livro *De dono perseverantia* faz esta pergunta retórica: "Qual dos meus livros pôde (Simpliciano, bispo de Milão) conhecer mais divulgado e atraente do que os livros das minhas *Confissões?*"[7].

Todavia, se isto era verdade para os seus contemporâneos, não o foi para a Idade Média. No período histórico assim designado outra obra de Agostinho conseguiu a precedência: *a Cidade de Deus*. Ao lado da *De Consolatione Philosophiae* de Boécio, da *Regula Pastoralis* de Gregório Magno e da *Etymologiae* de Isidoro de Sevilha, a *De Civitate Dei* figura entre as obras mais lidas e apreciadas na Idade Média.

Época do objetivismo teológico, a Idade Média dera mais relevo à *Cidade de Deus*. A Idade Moderna, era do subjetivismo psicológico, canonizara as *Confissões*.

Já Petrarca, o Pai do Humanismo, designado com razão "o primeiro homem moderno", havia manifestado seu entusiasmo por essas páginas tão palpitantes de sentimentos íntimos: "Todas às vezes que li as tuas *Confissões*, me comovi até às lágrimas, impelido por dois sentimentos: a esperança e o temor. Parece que li a história dos meus próprios erros e não a dos de outro"[8].

Mas nem na Idade Média, nem muito menos depois faltaram leitores e até imitadores de santo Agostinho. Assim no século IX temos a *Confissão* de Álvaro de Córdova, onde são frequentes as frases extraídas literalmente das *Confissões* e dos *Solilóquios* de santo Agostinho.

No século XVI temos as *Confissões* do beato Alonso de Orosco, escritas à imitação das *Confissões*[9] agostinianas, como o próprio autor o declara explicitamente no prólogo. Seguem pouco depois as *Confissões* do jesuíta Pe. Pedro de Ribadeneyra, calcadas também sobre as de santo Agostinho, como o próprio autor o confessa[*].

2. A *Autobiografia* de santa Teresa

Após Agostinho, outra santa conquistou com sua autobiografia um lugar de relevo na literatura confessional:

---

[*] Sobre a influência das *Confissões* em são Boaventura veja-se o excelente artigo de frei Evaristo Arns. *As confissões de santo Agostinho nas obras de são Boaventura*, em REB, 1958, 24-35.

Teresa de Jesus. Ao bispo de Hipona, une-se a santa carmelita da Espanha. Ao platônico do século V, a mística do século XVI. Ao santo padre africano, a doutora de Ávila. Duas almas que sintonizam pelo ardor da fé e pela intuição do gênio. Dois astros de primeira grandeza no firmamento estrelado da teologia e da mística cristã.

"Também deve ser incluída no gênero confessional — afirma o P[e]. Angel Custodio Vega — a relação autobiográfica de santa Teresa de Jesus, conhecida ordinariamente sob o nome de *Vida de si própria*. Talvez com mais direito do que qualquer outra, pois, se há alguma que se aproxime das *Confissões* de santo Agostinho pelo genial, pelo que tem de confitente e pelo modo de manifestar os recônditos da alma, é esta"[10].

Como Agostinho, também Teresa sentiu a voz divina que a chamava para uma vida mais perfeita. Tal intuição sobrenatural realizou-se ao pé do Cristo flagelado como narra em sua autobiografia. É o episódio designado comumente pelos biógrafos da santa sob o nome de "Conversão". "Consistiu em uma determinação interior feita ante o busto do Ecce Homo, renovada várias vezes em sua cela e confirmada com as *Confissões* de santo Agostinho" — escreve o P[e]. fr. Efrem de la Madre de Dios, em seu denso estudo sobre a Reformadora do Carmelo[11].

De fato, Agostinho exerceu então sobre ela uma influência extraordinária, conforme o próprio testemunho da santa: "Deram-me nesse tempo as *Confissões de santo Agostinho*. Parece-me ter lido por determinação do Senhor, visto que não as procurei e jamais as tinha visto. Sou muito afeiçoada a santo Agostinho, por ser de sua Ordem o mosteiro onde estive como educanda, e por ele ter sido pecador. Com efeito, nos santos, que do meio dos pecados o Senhor tornou a si, achava eu muito consolo, parecendo que neles havia de achar auxílio; e que, assim como lhes tinha o Senhor perdoado, poderia perdoar também a mim. Só uma coisa me desconsolava, como já disse: é que a eles chamava o Senhor uma só vez e não tornavam a cair; e a mim, chamará já tantas vezes; e isto me afligia. Contudo, considerando seu amor para comigo, tornava a animar-me; pois, de mim desconfiava continuamente, mas de sua infinita misericórdia jamais duvidei.

Oh! valha-me Deus! Como me espanta a dureza de minha alma, apesar de tantas ajudas de Deus! Faz-me estar temerosa, ver quão pouco eu podia comigo e como me via atada para não me resolver a dar-me toda a Deus. Lendo as *Confissões,* parecia-me ver meu retrato. Comecei a encomendar-me muito ao glorioso santo Agostinho. Quando cheguei à sua conversão e li como no jardim ouviu aquela voz, dir-se-ia que o Senhor era quem me falava, tal a dor do meu coração. Estive largo tempo desfeita em lágrimas, sentindo em mim grande aflição e tormento. Oh! quanto sofre uma alma — valha-me Deus! — por perder a liberdade e o domínio que deveria ter! E quantos tormentos padece! Admiro-me agora de como podia viver tão atormentada. Seja Deus louvado, que me deu vida para sair de morte tão mortal!"[12].

Provavelmente essa consonância de almas e de corações é também o que constitui a base de semelhança entre ambas as biografias. O sulco profundo que a vida do santo africano imprimiu em sua alma explica perfeitamente o estilo em que santa Teresa elaborou sua obra.

Ao lado das *Confissões* de santo Agostinho, a *Autobiografia* de santa Teresa constitui um dos grandes monumentos da espiritualidade cristã. Lendo a vida de Agostinho, Teresa encontrou seu roteiro espiritual. Por sua vez, muitas outras almas, encontrarão na leitura da vida de Teresa o caminho do retorno à Casa do Pai.

3. *Os pensamentos* de Pascal

"Pascal é um personagem que tem atrativas semelhantes às de santo Agostinho" — afirma com acerto o P^e. Garcia-Villoslada[13].

Embora não tenha deixado propriamente um livro de autobiografia, deixou todavia uma obra que bem merece figurar nesta galeria confessional: *Os pensamentos.*

"*Os pensamentos* de Pascal — escreve Raïssa Maritain — pela sinceridade e humanidade, pela elevação e força espiritual, podem ser colocados no mesmo plano que as *Confissões* de santo Agostinho. Mas o "clássico" Pascal é mais trágico e mais veemente do que o próprio santo platônico"[14].

Esta obra tem algo de semelhante aos Pensamentos ou Meditações de Marco Aurélio[15]. Não se trata da história de uma alma ou de uma conversão. São reflexões íntimas, considerações, meditações vividas. Como Marco Aurélio, Pascal não deixou um livro elaborado, mas anotações coligidas e publicadas após sua morte.

Comparável, na forma exterior, às *Meditações do imperador estoico,* o estilo e o espírito da obra de Pascal é plenamente agostiniano. Há verdadeiramente nessas páginas "todo o flamejar de uma alma resgatada".

Sim; pois, também Pascal, como Agostinho e Teresa de Ávila, teve sua conversão interior, sua "metanoia".

Tal fato tornou-se notório somente após sua morte, por um pequeno pergaminho manuscrito que ele trazia sempre consigo. Consta de 35 linhas. Eis alguns tópicos principais:

"Fogo.
"Deus de Abraão, Deus de Isac, Deus de Jacó", não dos filósofos e dos sábios.
Certeza. Certeza. Sentimento.
Alegria. Paz.
Deus de Jesus Cristo...
Alegria, alegria, alegria, lágrimas de alegria.
"Meu Deus, abandonar-me-eis?"
Que eu não seja separado de Vós eternamente.
Esta é a vida eterna, que eles te conheçam, único verdadeiro Deus, e Aquele a quem enviaste, Jesus Cristo.
Renúncia total e doce.

Submissão total a Jesus Cristo e meu diretor espiritual.
Non obliviscar sermones tuos.
Amen[16].

Também Pascal, pois, sentiu a voz divina num momento místico de sua vida. O pergaminho é encabeçado pela data: "Ano da graça de 1654", exatamente cem anos depois — curiosa coincidência — da "conversão" de santa Teresa diante do Cristo flagelado.

Parece-me entrever um eco dessa intuição mística naquela admirável página dos *Pensamentos,* em que se fala do mistério de Jesus: "Jesus estará em agonia até o fim do mundo. Não se deve dormir durante todo esse tempo... Consola-te, tu não me buscarias se já não me tivesses encontrado. Eu pensava em ti em minha agonia. Derramei tais gotas de sangue por ti...Tua conversão é negócio meu, não temas e roga com confiança por mim... Eu sou mais amigo teu do que tal ou qual outro"[17].

Não se percebe aqui o mesmo "convertido" de 54, que sente ainda em sua alma a voz de Jesus, o divino Amigo?

Embora inacabada a última obra de Pascal é um dos monumentos mais sublimes da literatura universal. "Raras vezes — escreve o P.ᵉ Villoslada — a filosofia religiosa penetrou tão profundamente no mistério do homem. Muitas de suas páginas parecem escritas hoje mesmo por um Agostinho que tivesse vivido as tragédias do mundo moderno. Com que palavras tão agostinianas fala da natureza humana, dos atrativos do mundo, das paixões e das concupiscências, do aniquilamento do homem sem fé, do finito encerrado entre dois infinitos, das intuições do coração, da agonia de Cristo no horto das Oliveiras, da perpetuidade do cristianismo e de suas provas clássicas! O que atrai, comove e subjuga todo leitor é a originalidade surpreendente do conceito, a estranha união da tendência eminentemente raciocinadora com a expressão gnômica e quase paradoxal, e depois esse acento tão vivo, tão humano, pessoal e imediato"[18].

Esse caráter tipicamente agostiniano explica-se com facilidade por toda a influência exercida sobre o grande sábio pelo clima de Port-Royal, onde o doutor de Hipona imperava sem rivais. Romano Guardini cita expressamente o santo doutor como "um dos mestres de Pascal"[19] e Sciacca considera fontes primárias de seus *Pensamentos* a Sagrada Escritura e santo Agostinho[20].

Pascal, pois, está na mesma linha agostiniana de Boaventura e Teresa de Ávila.

* * *

Sobremodo ilustrativa das diversas relações históricas e influências espirituais que estamos procurando estabelecer nesta Introdução é a seguinte página de Guardini, ao analisar o pensamento de Pascal. Convém tê-la presente, para que não sejam tidas por arbitrárias nossas deduções.

"O *coração* — escreve Guardini — é em certo sentido a realidade central da imagem pascaliana do homem. Por aí o grande matemático, construtor e sábio, se situa na mais nobre tradição que conheça o Ocidente cristão, naquela que encontra sua expressão teórica na *philosophia* e na *theologia cordis*. Como em uma espécie de Advento, é preparada por Platão. Manifesta-se plenamente em são Paulo, É vivida por santo Inácio de Antióquia, desenvolvida com um vigor maravilhoso por santo Agostinho, poderosamente experimentada por são Bernardo de Claraval, renovada por são Francisco de Assis... São Boaventura faz dela um sistema e Dante a transforma em poesia.

No tempo da Renascença ela tomba em um neoplatonismo metafísico e estético, mas é logo vivificada novamente por santa Teresa de Ávila, repensada por são Francisco de Sales e pelos teólogos do Oratório, por um Condren e um Bérulle. No século XVIII parece cair na obscuridade, ou não se prolonga senão sob uma forma prática e burguesa. No século XIX são novamente os Oratorianos que a retomam: Gratry, Rosmini e sobretudo o grande Newman"[21].

Desta forma Pascal ocupa a importante posição de traço de união entre a espiritualidade agostiniana da Idade Média e do século XVI e as novas formas de pensamento agostiniano do século passado e de nossos dias. Antes, porém, devia esta *philosophia* e *theologia cordis* atravessar o século das Luzes, onde "parece cair na obscuridade"...

II — DEPOIS DE ROUSSEAU

As *Confissões* se multiplicam... "Historiador esquecidiço", Rousseau julgara-se criador do gênero confessional. Não lhe coube esta primazia. Todavia, algo de novo ele introduziu nessa forma literária. Seus predecessores, a partir de Agostinho, tinham sempre analisado o Homem Cristão, no qual Natureza e Graça disputam a primazia. Rousseau apresenta agora o Homem "Puro", o Homem da Natureza sem a graça. Sob esse aspecto, cabe-lhe a patente[22].

Patente de primazia, não de exclusividade. Pois, Rousseau foi certamente um "mau profeta"... Sua obra foi estímulo e modelo para muitas outras semelhantes. Especialmente com o Romantismo do século XIX tal tendência para a introspecção e análise subjetiva foi crescendo sempre mais, e continua a se difundir nos nossos dias.

As numerosas "Confissões" surgidas após o século XVIII podem assim ser agrupadas em duas classes:

1.º — Confissões de análise psicológica puramente humana, e portanto na mesma base de Rousseau.

2.º — Confissões em que entram em jogo a psicologia e a fé, e portanto no mesmo espírito agostiniano.

E os modelos-padrões de ambos os grupos conservam-se ainda, deve-se reconhecê-lo, em uma posição dificilmente superável.

Limitaremos nossas referências às principais Confissões Cristãs da época moderna. A análise mais profunda de algumas delas nos permitirá ver ainda a influência e a atualidade do espírito agostiniano[23].

* * *

Em nosso precedente estudo sobre santo Agostinho,[24] traçamos seu perfil de Homem sob três facetas principais:

1 — *Filius lacrimarum:* sua vida mundana, longe de Deus, preocupado unicamente com seus interesses literários.

2 — *Tolle, lege:* o itinerário intelectual do santo até encontrar a verdade do cristianismo.

3 — *Augustini vita:* sua consolidação na fé, principalmente por meio da vida religiosa e sacerdotal.

Os autores das "Confissões", que agora apresentaremos brevemente, podem também ser divididos em três grupos:

1 — Homens que se afastaram de Deus, preocupados apenas com prazeres mundanos ou glórias literárias. Três figuras de relevo; dois poetas franceses: François Coppée e Adolphe Retté; um literato italiano: Giovanni Papini. "Filhos de lágrimas" que voltaram finalmente à Casa Paterna.

2 — Homens atormentados pela procura da Verdade, sequiosos da paz de espírito. Três grandes intelectuais: um teólogo: John Henry Newman; dois filósofos: Raïssa (Jacques) Maritain e Michele Federico Sciacca. Para estes a voz de Deus se fez sentir no "*Tolle, lege*".

3 — Homens de ânimo sensível e sentimentos elevados, investigadores do verdadeiro sentido da vida. Três almas de artistas: um religioso: Pierre van der Meer de Valcheren e dois sacerdotes: Willibrord Verkade e Thomas Merton. Corações inquietos que encontraram nos estados de perfeição a Plenitude da Vida.

Em todas essas "Confissões" ecoa sempre, sob um ou outro aspecto, o drama espiritual do Homem de Hipona.

1. Filhos transviados

Três grandes literatos reviveram em suas pessoas o drama moral do Filho das Lágrimas, e nos deixaram páginas de uma beleza e realismo extraordinários.

O bom sofrimento[25] é o livro em que François Coppée recolhe uma série de artigos escritos entre 1897 e 98, anos de sua conversão. "No decurso do ano passado, após uma série de graves incômodos de saúde que me levaram, por duas vezes, às portas da morte, voltei à prática da religião católica que abandonara desde minha longínqua adolescência" — afirma ele no prefácio.

Novo Agostinho, as paixões da juventude o tinham levado ao abandono da religião[26]. Como o pecador de Hipona, também ele fizera chorar sua mãe! "Quantas dores — escreve ele — quantas mágoas causei a essa mulher admirável! Não que ela tenha jamais duvidado um só instante de meu respeito e de meu amor, grande Deus! Porém, jovens, atiramo-nos à vida, propelidos pelo vendaval do desejo, e esquecendo que, junto da lareira abandonada tantas vezes, jaz uma pobre mãe velha — oh! cheia de indulgência infinita, que apenas ousa dirigir ao filho crescido numa tímida censura — mas que se inquieta pelos riscos que ele corre, que sofre vendo-o perder sua candura, sua pureza — e que chora!"[27].

Também para Coppée o problema do sentido da vida, o problema do bem e do mal se apresentou cruciante e fez surgir a necessidade de Deus. Ele o declara nesta página tão agostiniana: "Bem que eu não seja mais que um poeta, um escritor, e que minha vida intelectual se tenha escoado, em sua quase totalidade, no trabalho literário e na preocupação de minha arte; contudo eu também, como todo homem que pensa, vivia atormentado pelo pavoroso mistério que nos cerca, e perguntava: Por que a vida? Por que a morte? E sobretudo: Por que a dor? Por que as lágrimas? E em face destes formidáveis problemas, o espírito humano é notório, só encontrou soluções duvidosas, contraditórias até. Nenhuma delas me satisfazia. As que repelem a crença num Deus, que nos vê e nos julga até da nossa responsabilidade no além desta vida, causavam-me particular repugnância. Perante o espetáculo de tantas injustiças, a suposição de que o bem e o mal praticados pelo homem não teriam consequência além deste mundo, se me afigurava de todo absurda.

Em outros termos, sempre senti necessidade de Deus"[28].

Do Diabo a Deus[29]. Sob este título outro poeta, Adolphe Retté, amigo íntimo de Coppée, traça a história de sua conversão, no primeiro decênio deste século. "Le-de-a — escreve Coppée no prefácio — Percorrei com ele o doloroso itinerário que o conduziu do erro à verdade, do pecado à graça, da blasfêmia à oração, e — como ele mesmo com tanta força de expressão o confessa do Diabo a Deus!"

A "Confissão" de Retté apresenta tópicos muito próximos das vibrantes páginas de Agostinho. Juventude desregrada. União ilícita com uma mulher: "a dama dos olhos negros". Luta heroica para se libertar dos grilhões da carne[30].

Também ele sente a força da graça em seu coração, onde ecoa a palavra divina: "E o Verbo se fez carne". Mas, como Agostinho, recalcitra ante a força de Deus: "Mais tarde, mais tarde! Temos tempo ainda!"[31].

Sua alma é o campo de luta entre a natureza e a graça. E é ao exemplo do próprio Pecador de Hipona — tão bem-retratado nestas páginas — a que apela o poeta explicitamente: "Teria podido exclamar com santo Agostinho: Não vos amava ainda, meu Deus, que sois agora a luz de meu coração, que amparais e fortaleceis o meu espírito, e todavia já ouvia a vossa voz que de todos os lados me clamava: Avante! Ânimo!"[32].

A graça triunfe finalmente. É agora o Filho Pródigo que volta à Casa do Pai: "ó santa Igreja Católica, dispensadora das verdades do bom Deus, como és admirável quando com toda a mansidão, acolhes o filho pródigo que, domado pela graça, vem prostrar-se diante de teus altares!"[33].

Meu encontro com Deus[34] foi o título escolhido pelos editores brasileiros para a obra inédita em que Giovanni Papini descreve sua conversão. É a sua "Confissão", o seu "Itinerário da estrada de Damasco" como ele mesmo o declara[35].

"Deus — escreve Carla de Queiroz no prefácio da edição brasileira — não foi uma revelação súbita para Papini; ao contrário, foi uma busca incessante, às vezes consciente, outras não. Houve momentos de desânimo, e momentos também de negação completa, momentos místicos e momentos de humildade".

Nesta obra, escrita em 1923, mas publicada apenas após a morte do autor, Pascal aparece muitas vezes como companheiro e arrimo nas lutas espirituais. Papini, de fato, retratou mais ao vivo a intranquilidade angustiosa de Pascal do que a serenidade vitoriosa de Agostinho.

Na decisiva luta espiritual antes do matrimônio, os *Pensamentos* foram seu guia. "Naqueles tempos — escreve Papini — eu lia muito Pascal e admirava-o mais do que agora, o que quer dizer muitíssimo. Pedi conselho a Pascal; que conselho poderia dar-me, todos sabem: "Vous voulez aller à la foi, et vous n'en savez pas le chemin... apprenez de ceux qui ont été lies comme vous, et qui parient maintenant tout ler bien... suivez la manière par ou ils ont commencé: c'est en faisant tout comme s'ils croient, en prenant de l'eau bénite, en faisant dire des messes etc. Naturellement même cela vous fera croire et vous abêtira". Conhecia por demais o meu Pascal para zangar-me diante daquela palavra que em outros tempos ter-me-ia feito ranger os dentes: *s'abêtir!* E tinha também experimentado seguir aquela regra, mas muito pouco e muito pouco frequentemente, para poder dizer que era falsa. E sua "aposta" — uma aposta que de um lado promete um ganho infinito, e de outro um lucro breve mais certo — era tão tentadora!

Pascal continuava com palavras que serviam ao meu caso...

Preparado pelos místicos, aliciado pelos modernistas, aconselhado por Pascal, e enfim levado por dois olhos belíssimos, acabei por render-me, e numa bela manhã de julho fui ter com um padre para que me preparasse à primeira comunhão"[36].

Santo Agostinho não é citado, explicitamente, em *Meu encontro com Deus*. Está implícito nos "místicos", e também ele exerceu grande influência, ao lado de Pascal, na conversão do grande escritor italiano. Tal a declaração do próprio Papini, na Introdução à sua Vida de santo Agostinho. Influência tão grande que Papini quis escrever-lhe a vida! "Para dizer a verdade — afirma ele, — só mui tarde conheci a santo Agostinho: um leitor universal não podia deixar de lado o celebérrimo livro das *Confissões*. Como se compreenderá, apreciei mais a parte humana que a divina, mas seduziram-me seu modo romântico de mostrar os refolhos da alma e sua ardente e vibrante sinceridade. Posso dizer que, antes de meu retorno a Jesus, foi santo Agostinho, como Pascal também, um escritor que me inspirou admiração não apenas intelectual.

Mais tarde, na luta que tive de empenhar para evadir-me das cavernas do orgulho a fim de respirar o ar divino do absoluto, santo Agostinho prestou-me grande auxílio. Eu cria ver, entre ele e eu, certas similitudes: também ele fora homem de letras e cultor da arte da palavra, pesquisador inquieto, de filosofias e de verdades, tentado até pelo ocultismo, e, além disso, sensual e ávido de glória. Parecia-me com ele, é verdade, no que ele tinha de menos bom; mas em todo caso, parecia-me. E dava-me incentivo haver um homem dessa natureza, tão vizinho a mim pelas fraquezas, conseguido renascer e tornar a criar-se.

Notai bem que o remate desse paralelo é que hoje me assemelho a Agostinho mais ou menos como uma formiga alada se assemelha ao condor. Isto, porém, não impede de dever-lhe um reconhecimento infinito. Antigamente eu admirava nele o escritor. Hoje, amo-o como um filho ama a seu pai e venero-o como um cristão venera um santo."[37]

2. Em busca da Verdade

Três grandes intelectuais traçaram, como Agostinho, seu *itinerarium mentis* antes de chegar ao tão suspirado porto da Verdade.

Apologia pro Vita Sua[38] — das obras mestras da literatura inglesa — é um dos livros que pertence hoje à cultura universal. Seu autor é John Henry Newman, definido com vigorosa e feliz expressão: "uma mescla de Agostinho e de Pascal"[39].

A *Apologia pro Vita Sua* — afirma Thureau-Dangin em seu vasto estudo sobre o catolicismo inglês no século passado é "um livro admirável, sem precedentes e quase diria sem igual, se não existissem as *Confissões* de santo Agostinho, ao qual o podemos comparar sem temeridade"[40].

Esta verdadeira "história de suas opiniões religiosas", como diz o subtítulo da obra, bem poderia ser intitulada: "Do Anglicanismo ao Catolicismo", ou então, "De Oxford a Roma". Pastor protestante e professor da Universidade de Oxford, Newman passou por um lento processo de evolução até encontrar a solução definitiva de seus problemas no catolicismo. Em toda sua crise religiosa, porém, foi sempre de uma sinceridade absoluta. Aos 32 anos, no delírio da febre que o tinha tomado na Sicília, exclamava: "Não morrerei! Não morrerei porque não pequei contra a luz! Nunca pequei contra a luz!"[41]. E tal foi a sua atitude intelectual até o fim da vida. Abraçar o catolicismo foi para Newman um ato de sinceridade.

Um dos motivos mais fortes que o levou à conversão foi o estudo profundo dos santos padres. Suas atenções se voltaram principalmente para a Igreja de Alexandria (célebre pela escola platônico-cristã)[42] e para a Igreja africana: "o grande luminar do mundo ocidental — escreve ele — é, como sabemos, santo Agostinho. Ele, não um mestre infalível, formou a inteligência da Europa cristã. Além disso, é na Igreja africana em geral que devemos olhar para encontrar a melhor exposição antiga das ideias latinas"[43].

Antes do passo definitivo, sente em sua alma as mesmas angústias de Pascal: "Je mourrai seul" — cita ele explicitamente[44].

O golpe de graça foi-lhe dado pelo próprio Agostinho, numa frase em que afirma o primado do bispo de Roma: "Securus judicat orbis terrarum". "Quem poderá dar-se conta das impressões que influenciam sobre si? — escreve Newman. — Uma simples frase, — palavras de santo Agostinho — me golpeou com tal força qual nenhuma outra palavra me tinha feito experimentar. Foi, para trazer um exemplo familiar, como o *Volta atrás, Whittington* do carrilhão, ou, para citar um exemplo mais sério, como o *Iblle, lege — Tolle, lege* do menino que converteu o próprio Agostinho."[45]

1845 é o ano da conversão de Newman. "Do dia em que me tornei católico... — escreve ele — encontrei-me na mais perfeita paz e tranquilidade. Não tive jamais dúvida alguma. À minha conversão não fui ciente de nenhuma mudança, intelectual ou moral, operada no meu espírito. Não me tornei ciente de uma fé mais firme nas verdades fundamentais da Revelação, ou de um maior domínio de mim mesmo. Não tive maior fervor. Mas foi como entrar no porto após um mar em tempestade. A minha felicidade, a este respeito, dura ininterrupta até hoje "[46].

As grandes amizades[47] de Raïssa Maritain, é a obra em que a autora narra a trajetória intelectual percorrida por ela e por seu esposo Jacques Maritain até atingirem a fé cristã. "Duas almas procuravam a verdade", foi o título escolhido para a pequena biografia deles inserida na coleção dirigida por F. Lelotte: "Convertis du XX siècle."[48]. Com razão. Como para Newman, o drama do jovem casal é exclusivamente de ordem intelectual. "Havia sempre em nós essa obsessão da verdade, essa porta aberta para o caminho do céu" — escreve Raïssa[49].

A luz veio por meio das aulas de Bergson, que ensinava a filosofia platônica, e cujo curso Jacques e Raïssa começaram a seguir com entusiasmo: "Até o dia inesquecível em que ouvimos Bergson — continua ela — essa ideia de verdade, essa esperança de descobertas insuspeitas havia sido explícita ou implicitamente escarnecida por todos aqueles de quem esperávamos alguma luz".

Plotino, o célebre neoplatônico do século III, fora uma iluminação para Agostinho; é também ele o primeiro guia dos Maritain, através de Bergson. "No ano em que segui esse curso, — afirma Raïssa, — Bergson explicava Plotino. Sentíamos que ele, pessoalmente, se interessava muito pelo autor, mas não podíamos imaginar o papel que Plotino desempenharia na sua vida. Esse papel só o conhecemos muito mais tarde. A explicação de Bergson tornava límpido o texto difícil, e sob sua orientação tudo me parecia de fácil compreensão. Esses cursos especiais eram para nós infinitamente preciosos. Introduziam-nos naquelas regiões pelas quais aspirávamos naturalmente, em que temos a liberdade de respirar, em que sentimos o coração bater dentro de nós e em que começamos a pressentir que existe uma região espiritual de onde descem os dons perfeitos."

O "Tolle, lege" das *Confissões* ecoou de certa forma na alma de Raïssa: "Comecei a ler Plotino fora do curso, com muita alegria. Mas dessa leitura guardei apenas uma recordação luminosa, que deixa todo o resto na sombra. Num dia de verão, no campo, eu lia as Enéadas. Estava sentada na minha cama com o livro no colo; lia um dos muitos trechos em que Plotino fala da alma e de Deus tanto como místico quanto como metafísico — trecho que nem me lembrei de marcar então, e que depois nunca procurei. Um entusiasmo sensível encheu-me o coração, num minuto, e, sem saber como, achei-me ajoelhada no chão, diante do livro, e cobrindo de beijos ardentes a página que acabava de ler, com o coração abrasado de amor."[50]

Em Agostinho indicamos o seguinte *itinerarium mentis*: Cícero — Platão (Plotino) — Paulo. Raïssa e Jacques começam com Plotino (Platão), para terminar na mística de Teresa de Ávila, passando por Pascal. Não se olvide que

Teresa e Pascal são por sua vez profundamente agostinianos, como já relevamos.

"Foi só depois de ter lido Plotino que li Platão, e depois Pascal. Essas grandes vozes provocaram-me na alma ressonâncias que iam até o infinito. Percebia ainda confusamente que me falavam de um mundo novo para mim. Tudo já foi dito a respeito da beleza dos diálogos de Platão...

Conhecia Pascal apenas através de algumas citações, quando Jacques, com sua antena da oportunidade, me deu um livro pequenino mas grosso, editado e anotado por Léon Brunschvicg, e que tem passado pelas mãos de todas as gerações de estudantes há trinta ou quarenta anos talvez.

Mas é constante a influência que, desde o século XVII, sobre nós exerce Pascal, influência mais profunda do que a de qualquer outro dos nossos clássicos. Pascal surpreende o leitor que não esperava senão um estilo perfeito, e encontra um mestre patético e inquietante."[51]

Desta forma, como já o notamos para Papini, Pascal constituía também para os Maritain uma das etapas para a conversão. Esta se realizava em 1906, no mesmo ano em que também Adolphe Retté voltava para Deus.

O batismo foi a coroa da conversão: "Uma paz imensa invadiu-nos, e com ela vieram-nos os tesouros da fé. Não havia mais perguntas, nem angústia, nem necessidade de prova. Não havia senão a infinita resposta de Deus. A Igreja cumpria suas promessas. E foi ela a primeira que amamos. Foi por ela que conhecemos o Cristo...

No dia seguinte, parti para fazer uma estação de águas, conforme prescrição médica. Levava comigo a minha felicidade bem nova e a *Vida de santa Teresa de Ávila*, escrita por ela mesma. O que mais me impressionou nesse livro foi a importância primordial que a santa atribui à oração mental."[52]

Deste modo Raïssa terminava na mística de santa Teresa seu itinerário espiritual[53].

Meu itinerário a Cristo[54] é o título da "Confissão"[55] de Michele Federico Sciacca, um dos maiores filósofos espiritualistas contemporâneos. Dele escreve Carlos Eduardo de Several: "Agostínico, e, sobretudo guiado pela mão do próprio gênio, o pensador italiano, situado numa época termo, algo similar à que defrontou o filho de santa Mônica, tinha de se quadrar com a vida e suas angústias, seus impasses, suas aporias concretas."[56]

A evolução intelectual de Sciacca, como dos Maritain, parte do Platonismo. Ao ingressar no Liceu, encontra como texto para ser lido e comentado *O Teeteto* de Platão. "A leitura do diálogo — escreve ele — foi para mim uma revelação. Li-o em uma semana e durante esses dias minha vida se identificou com *Teeteto*... Desde então datam tanto a afeição por *meu* Platão a cujo estudo sempre permaneci fiel, como minha primeira orientação para o idealismo."[57] Platão, de fato, ocupou desde então um lugar relevante nos seus estudos.

A passagem de Platão para Agostinho não era difícil: "Ainda quando estava eu alheio a preocupações religiosas, a leitura de um livro de santo Agostinho ou de um diálogo de Platão foi sempre uma festa para o espírito."[58]

No prefácio de *A metafísica de Platão,* Sciacca concluía com esta declaração: "Por último, uma confissão de caráter completamente pessoal, e que o leitor justificará quando tiver conhecido qual é, a meu juízo, a concepção grega de existência em geral; a meditação tenaz do paganismo me fez cristão". Em seu *Itinerário* o filósofo nos dá a razão dessa atitude mental: "Por quê?" Porque o pensamento grego não logrou nunca explicar o que é o homem e o mundo das coisas, por quanto não tem um conceito nem claro, nem adequado de Deus". Sciacca enumera em seguida uma série de problemas sem solução na filosofia grega: o problema do mal, da imortalidade da alma, do destino do homem etc., para concluir nesta afirmação paradoxal: "Por estes motivos digo que a verdade de Platão não está em Platão, mas sim na filosofia cristã de Rosmini, ou antes ainda na de santo Agostinho..."[59]

Rosmini? Sim! É o novo passo de Sciacca depois de santo Agostinho. Em 1937 e 38 ele se dedicou a "estudar e meditar Rosmini", e advertiu então que "o grande filósofo se acha na linha clássica do pensamento cristão platônico agostiniano"[60]. "Desde então até hoje, — afirma Sciacca — Rosmini foi mais do que qualquer outro *meu* pensador, junto com santo Agostinho. Penso que se tratou de um *encontro* definitivo, embora eu esteja bem longe de ser um rosminiano ao pé da letra. Mas os fundamentos de meu pensamento foram buscados nele e em santo Agostinho, sobre o qual — ao menos assim me parece — venho refletindo originariamente no âmbito de minha problemática pessoal."[61]

Após ter renegado seus sonhos idealistas, ele trabalha na construção de uma "nova filosofia que extrai cada vez mais sua inspiração de santo Agostinho, de Rosmini e em uma primeira época também de Blondel"[62]. Daí a obra: *Problemas de filosofia* publicada em 1943. "Meus autores continuavam sendo Platão, Agostinho, Rosmini e Blondel" — confirma Sciacca. Neste livro se acrescenta também Pascal[63].

Eis-nos, pois, diante de um itinerário plenamente agostiniano. "A linha histórica do meu pensamento — conclui ele — já está definitivamente fixada: Platão-Agostinho--Vicco-Rosmini-Gentile". "Os conceitos de *interioridade objetiva* e de *filosofia da integridade* caracterizam a fase atual de meu pensamento em via de pleno desenvolvimento e de sistematização. Trata-se, em poucas palavras, de um *repensar* a fundo (e creio que de maneira original) a corrente platônico-agostiniana (centrada sobretudo nos dois nomes de Agostinho e de Rosmini) em oposição com a problemática contemporânea."[64]

3. Para a plenitude da vida

O célebre dito de Agostinho:
"Nosso coração está inquieto até que não descanse em ti" sintetiza bem o drama espiritual de três almas de artistas, cujas autobiografias analisaremos brevemente.

Pela inquietude a Deus[65]. Tal o título da obra em que Willibrord Verkade descreve sua conversão ao catolicismo. Holandês, de família protestante, era uma alma ansiosa da paz divina. Pintor de profissão, alma de artista, sonhava sempre com a beleza divina. "De la beauté à Dieu" é o título muito expressivo da breve biografia que lhe foi dedicada no volume *Convertis du XX siècle*[66].

Convertido ao catolicismo, recebeu o batismo na cidade de Vannes (Bretanha) em 1892. Neófito ainda, veio à Itália, e obteve permissão de recolher-se por algum tempo no convento dos franciscanos de Fiesole. Foi aí que conheceu Agostinho e Teresa de Ávila. Eis como o monge-pintor nos narra esse encontro: "No ambiente religioso do convento minha alma abria-se maravilhosamente. Então começou para mim uma nova vida: a vida em Deus. Nela me iniciaram as *Confissões* de santo Agostinho e a *Vida de santa Teresa,* escrita pela mesma santa. Ainda me recordo da profunda emoção religiosa que estes livros despertaram em minha alma e até que ponto que incitaram a amar a Deus. Quando no meu quarto lia as *Confissões,* enchia-me de admiração. Era um livro tão velho e tão moderno ao mesmo tempo!

Assim, por exemplo, aquela vida em comum que santo Agostinho havia planejado em companhia dos amigos Romaniano, Nebrídio, Alípio e Verecúndio, não havia sido também o meu sonho? Senhor! E quanto mais rude que o meu, o combate que houve de sustentar aquele grande santo para chegar à Verdade!

E que piedade, que agudeza de inteligência, que coração tão ardente se manifestam nesse livro imortal! Com frequência fechava o livro para meditar no que ia lendo. Então, insensivelmente, os pensamentos se obscureciam, depois se extinguiam. Mas eu não ficava só. Não era apenas o silêncio, com seus ruídos e seus suspiros, que me envolvia. Não; alguém estava presente. Ele me envolvia. Ele estava em mim. E quando me levantava e caminhava, ele me acompanhava. Se eu parava, ele me esperava. Como a oração brotava então espontânea de meus lábios, e como me sentia feliz!"[67].

Diário de um convertido[68] é a história da conversão de Pierre van der Meer de Walcheren e de sua família, afilhados espirituais de Léon Bloy e amigos íntimos dos Maritain. "Narrativa muito simples e muito bela da peregrinação de uma alma à procura de Deus", afirma Léon Bloy na introdução. "História de Minha Busca Incansável da Verdade" declara o autor no prefácio.

Também ele, como Verkade, holandês, protestante e artista.

Também para ele, o problema da conversão é de ordem eminentemente espiritual. "Prestava ouvidos ansiosos a todas as vozes da vida — escreve Pierre — seja às que me chegavam de fora ou às que ouvia nos recônditos recessos da alma. Observava a vida com avidez, desejando possuí-la toda, com todos os seus contrastes; julgava poder dominá-la como um rei, forjando, com o auxílio único de minha vontade, um sistema de irônica resignação, o qual, sem chegar a negar os mistérios insondáveis, indicasse a estes, como de favor, um posto inferior e de importância secundária. Entretanto, a névoa dourada da aparência não me permitia abafar o pungente desejo da Verdade. Meu espírito, acirrentado qual um condenado à morte, não conhecia nem paz, nem liberdade: a nostalgia das claras colinas da eternidade fazia-o sofrer amargamente"[69]. Era o "Inquietum cor nostrum" de Agostinho proclamado com toda a ênfase!

A palavra "nostalgia" volta com muita frequência nessas páginas. Com razão, pois, a tradução espanhola desse diário foi apresentada ao público sob o título: *Nostalgia de Dios*. Também aqui é o Filho Pródigo que "gostaria de tornar a encontrar a Casa Paterna" como afirma Bloy na Introdução. Aliás, é esse também um dos temas dominantes nessa obra.

Também eles, os van der Meer, encontram em Agostinho uma afinidade perfeita de almas: "Lemos as *Confissões* de santo Agostinho, e surpreende-me verificar que esse santo, antes de encontrar a paz sublime da fé, suportou as mesmas nostalgias, as mesmas dúvidas que tão cruelmente torturam um homem moderno como eu"[70].

Mas, os exemplos arrastam... e também ele, Pierre van der Meer, está terminando seus dias na abadia beneditina de Saint-Paul...

A *Montanha dos sete patamares*[71] é o itinerário espiritual de outra alma de artista: Thomas Merton, filho do célebre pintor finlandês, Owen Merton.

Educado no protestantismo, também em sua alma se fez sentir a inquietude de Deus. Sua crise aumentou ao entrar em contato com a filosofia de Huxley, na Universidade de Chicago. Inclinou-se, então, também por influência do mestre, para a música oriental. Foi quando travou amizade com um monge hindu, o dr. Bramachari. "Sempre me deu um conselho impossível de esquecer" — escreve Merton. — Existem belíssimos livros místicos escritos pelos cristãos. Você devia ler as *Confissões* de santo Agostinho e a *Imitação de Cristo*.

Evidentemente eu já ouvira falar em ambos esses livros. Mas Bramachari me falava como se tivesse certeza de que muita gente na América desconhecia completamente a existência dos mesmos. Era como se soubesse que se achava de posse de uma verdade que podia levar a muitíssimos norte-americanos como novidade, dizer-lhes que existia em sua própria herança cultural algo de que se haviam esquecido e que ele ali estava para lhes lembrar. Repetiu-me com certo afã de convicção: — Sim, você deve ler esses livros.

Era raro Bramachari falar assim com tanta ênfase. E agora que volvo o olhar para aquele tempo, tenho a impressão de que provavelmente um dos motivos de Deus haver trazido Bramachari lá da Índia para aqui foi para me declarar tal asseveração. Afinal de contas não deixa de ser um tanto irônico que eu houvesse voltado espontaneamente para o Oriente em minhas leituras sobre o misticismo como se a tal respeito não houvesse nada na tradição cristã... E eis que agora me diziam que eu devia me voltar para a tradição cristã, para santo Agostinho... E isso me era aconselhado por um monge hindu[72].

Pouco tempo após, Merton ingressava na Universidade de Colúmbia. Ali colocou-se sob a direção do professor Daniel Walsh, que deveria orientar o trabalho da tese. "Imediatamente me tornei seu amigo — escreve Merton — falei-lhe sobre minha tese e as ideias que estava procurando expor na mesma; mostrou grande agrado. Percebeu em mim logo uma coisa de que eu estava longe de me dar conta: que o pendor de meu espírito era essencialmente "agostiniano". Eu ainda não havia seguido o conselho de Bramachari, isto é, ainda não lera santo Agostinho, e não tomei a avaliação de minhas ideias feitas por Dan como tendo toda a força diretriz que havia nisso, pois, tal estimativa não veio revestida de conselho nem de sugestão...

Ser chamado de "agostiniano" por Dan Walsh era um cumprimento, a despeito da tradicional oposição entre as escolas tomista e agostiniana, os agostinianos não sendo tomados apenas como os filósofos dessa Ordem religiosa e sim abrangendo todos os descendentes intelectuais de santo Agostinho. Constitui um grande cumprimento ver-se alguém enumerado como parte da mesma herança espiritual de gigantes como santo Anselmo, são Bernardo, são Boaventura, Hugo e Ricardo de São Vitor, e Duns Scoto também. E do teor do seu curso deduzi que ele quis dizer que o meu pendor não era tanto para o caráter intelectual, dialético ou especulativo do tomismo, e sim para a maneira espiritual, mística, voluntariosa e prática de santo Agostinho e de seus seguidores. Suas aulas e sua amizade foram valiosíssimas no preparo para o passo que eu estava para dar"[73]. E esse passo era sua conversão definitiva e a recepção do batismo.

É a página de um Agostinho do século XX aquela em que Merton descreve os últimos impulsos da graça. E o mais interessante é que a voz divina lhe chegou através de Newman!

Merton estava no quarto lendo a biografia de um convertido católico, Hopkins, que admirava como poeta. "Abri o livro sobre Gerard Manley Hopkins" — escreve ele. — Li o capítulo que falava de Hopkins em Balliol, em Oxford; já estava pensando em se fazer católico; escrevia cartas a Newman (que então ainda não era cardeal) a respeito de se tornar católico.

Inesperadamente, não sei que começou a me alvoroçar, a me impelir e a me pôr agitado. E era como se de toda essa movimentação saísse uma voz, que dizia: "Que é que está esperando? Que faz, sentado aí? Por que motivo hesita ainda? Pois não sabe o que deve fazer? Então, por que não age?" Remexi-me na cadeira, acendi um cigarro, olhei através da janela para a chuva que caía, procurei calar aquela voz, pensando comigo mesmo: "Nada de estabanamento. Deixe de tolice. Isso não é racional. Vá lendo o livro..." E eu lia. Hopkins escrevia a Newman, então em Birmingham, sobre suas indecisões. E a voz dentro de mim, outra vez: "então, continua sentado aí? Não adianta hesitar por mais tempo. Levante-se, saia!" Levantei-me, comecei a andar afoitamente pelo quarto, pensando: "— É absurdo. Aliás, a esta hora o padre Ford não estará em casa. Perderia tempo, pois, não o encontraria".

Hopkins escrevia a Newman, este lhe respondia que fosse vê-lo em Birmingham... De súbito, não suportei mais. Larguei o livro, enfiei o capote, desci depressa as escadas, atravessei a rua, caminhei ao longo da paliçada cinzenta rumo à Broadway, sob a chuva leve. E então, dentro de mim, qualquer coisa começou a cantar... dando-me paz, dando-me fortaleza, dando-me convicção...

... — Padre, posso falar com o senhor sobre determinada coisa?

— Pois não! — respondeu ele, erguendo os olhos com surpresa — Pois não. Vamos entrar em minha casa.

Sentamo-nos na saleta, perto da porta, e eu disse: — Padre, quero me tornar católico.[74]

Foi só após o batismo, num lugar de campo onde se recolhera para descanso que Merton leu as *Confissões*. "As ocasiões melhores que aproveitei para meditar, — escreve ele — foram certas horas solitárias d'algumas tardes que passei debaixo dum pessegueiro num gramado crescido lendo por fim as *Confissões* e trechos da *Suma* de santo Tomás"[75].

Depois de Agostinho, leu também a Autobiografia de Teresa de Ávila,[76] completando assim sua formação agostiniana. Ou melhor: faltava-lhe ainda uma grande coisa: não bastava só conhecer, era necessário viver essa espiritualidade. E Merton ingressou para a Trapa, entre os discípulos de são Bernardo de Claraval. "A vida de cada um de nós aqui nesta abadia — escreve ele ao fim de sua Autobiografia, — é parte de um mistério...

Podemos dizer que estamos sempre viajando, e viajando como se não soubéssemos para onde vamos.

Mas também podemos dizer que já chegamos.

Não podemos alcançar a posse perfeita de Deus nesta vida, é por isso que estamos viajando e nas trevas. Mas já o possuímos pela graça e por conseguinte, nesse sentido já chegamos e residimos em plena luz"[77].

* * *

Apresentamos três grupos de convertidos. Todos eles, de uma forma ou de outra, encontraram em Agostinho um exemplo e um estímulo.

Para os primeiros, a crise era principalmente de ordem moral: erravam o caminho.

Para os segundos, o problema era principalmente de ordem intelectual: procuravam a verdade.

Para os terceiros, a inquietude era principalmente de ordem espiritual: desejavam a vida.

Para todos eles, como já para Agostinho, só a Igreja Católica pôde trazer a solução completa, pois só aí se encontra a Cristo: Caminho, Verdade e Vida.

Conclusão

Todos contam sua vida... é o título da última obra de Vivaldo Coaracy: sua autobiografia.

Pobre Rousseau! Que menosprezo de sua pretensão a exclusividade!

De fato, vivemos no século das Autobiografias, das "Confissões"...

Mesmo no Brasil, esse gênero literário tem encontrado muita aceitação: desde o "clássico" *Confiteor* de Paulo Setúbal até o tão popular *Quarto de despejo* de Carolina Maria de Jesus, um dos sucessos editoriais de 1960.

Vivemos numa época em que o subjetivismo atinge seu zênite. A filosofia do existencialismo, o expressionismo na arte, o desenvolvimento prodigioso da psicologia, da psiquiatria, da psicanálise, da psicologia do profundo, são as manifestações mais patentes dessa era da introspecção.

Infelizmente, à sequela de Rousseau, o homem moderno tende a fechar-se dentro de si, a resolver sozinho o problema da vida, o sentido da existência. Desta forma, porém, este se transforma facilmente numa esfinge que o homem não consegue decifrar. Não lhe resta senão ser devorado por ela. Daí o suicídio, "solução" (dir-se-ia melhor: transposição drástica do problema da vida para o problema da eternidade), tão em voga nos dias de hoje, para os problemas considerados sem solução.

Um resultado positivo só será possível colocando um outro dado no problema, tantas vezes esquecido ou voluntariamente omitido: a graça de Deus.

O grande número de convertidos contemporâneos que, ao exemplo de Agostinho, nos contam sua vida, estão a demonstrar claramente a firmeza dessa tese.

Daí o valor perene das *Confissões* do doutor da Graça: "Livro de leitura forte, de sugestões sem número, de supremo deleite para as almas grandes e nobres. Livro uno e único em seu gênero, como único é o gênio que o concebeu e lhe deu o ser. Livro eterno, que parece renovar-se e crescer com os séculos. O mais original, o mais belo, o mais íntimo, o mais vasto e luminoso e o mais profundamente sentido entre os livros escritos em língua humana pelos homens. Poema da alma, canto de triunfo e de amor com ressonâncias de céu e de terra, com acentos de santa emoção, que só a graça divina compôs e só com ela se sente e percebe. Gemido de rola ferida, suspiro de ardente paixão, rugido de leão prisioneiro, grito de triunfo e vitória de uma alma que se salva entre a vida e a morte. Tudo isto são as *Confissões* de santo Agostinho, e por isso sua leitura nos arrebata e comove, e nos inflama e abrasa, e, como a nobres prisioneiros, nos subjuga e arrasta consigo num impulso sempre ascendente para Deus."[78]

P. *Riolando Azzi, S.D.B.*[*]

---

[*] Formado em teologia pelo Pontifício Ateneu Salesiano e em história da Igreja pela Pontifícia Universidade Gregoriana, ambos em Roma. Mestre e doutor em filosofia pela Universidade Federal do Rio de Janeiro.

CONFISSÕES

LIVRO PRIMEIRO

Capítulo 1
Louvor e invocação

Grande és, Senhor e infinitamente digno de ser louvado[1]; grande é teu poder, e incomensurável tua sabedoria[2]. E pretende louvar-te o homem, pequena parte de tua criação, e precisamente o homem que, revestido de sua mortalidade, leva consigo o testemunho do pecado e o testemunho de que resistes aos soberbos[3]? Contudo, o homem, pequena parte de tua criação, deseja louvar-te. Tu mesmo o excitas a isso, fazendo com que se deleite em te louvar, porque nos fizeste para ti, e nosso coração está inquieto enquanto não encontrar em ti descanso. Faze, Senhor, que eu entenda e conheça se é mais importante invocar-te e louvar-te, ou se devo antes conhecer-te, para depois te invocar. Mas, haverá alguém que te invoque antes de te conhecer? Porque, não te conhecendo, facilmente poderá enganar-se em suas invocações. Ou, porventura, deves antes ser invocado para depois ser conhecido? Mas como invocarão aquele em quem não creem? Ou como haverão de crer sem pregador[4]?

Com certeza, louvarão ao Senhor os que o buscam[5], porque os que o buscam o encontram, e os que o encontram hão de louvá-lo.

Que eu, Senhor, te busque invocando-te, e te invoque crendo em ti, pois já me falaram de ti. Invoca-te, Senhor, minha fé, a fé que tu me deste e inspiraste pela humanidade de teu Filho e o ministério de teu pregador.

Capítulo 2
Como invocar a Deus?

Mas como invocarei a meu Deus, a meu Deus e Senhor, se ao invocá-lo o hei de chamar a mim? E que lugar há em mim para receber a meu Deus, onde Deus venha a mim, o Deus que fez o céu e terra[6]? Senhor, haverá em mim algum lugar que te possa conter? Acaso te contêm o céu e a terra, que tu criaste, e dentro dos quais também criaste a mim? Ou talvez, porque nada de quanto existe pode existir sem ti, tudo o que existe te contém? Pois, se efetivamente, existo, por que peço que venhas a mim, uma vez que não existiria se não existisses em mim? Ainda não estive no inferno, mas também ali estás presente, pois, se descer ao inferno, ali estarás[7].

Eu nada seria, meu Deus, nada seria em absoluto se não estivesses em mim; porém, não seria melhor dizer que eu não existiria de modo algum se não estivesse em ti, de quem, por quem e em quem existem todas as coisas[8]? Assim é, Senhor, assim é. Como, pois, posso chamar-te se já estou em ti, ou de onde hás de vir a mim, ou a que parte do céu e da terra me hei de dirigir, para que ali venha meu Deus a mim, ele que disse: Eu encho o céu e a terra!?

Capítulo 3
Onde está Deus?

Porventura o céu e a terra te contêm pelo fato de que os enches? Ou é mais certo dizer que os enches, mas que ainda sobra alguma parte de ti, já que eles, não te podem conter? E onde deixarás isso que sobra de ti, depois de cheios o céu e a terra? Mas, por acaso, tens necessidade de ser contido em algum lugar, tu que conténs todas as coisas, visto que as que enches o fazes contendo-as? Porque não são os vasos cheios de ti os que te tornam estável, já que, embora se quebrem, tu não te derramarás; e se se diz que te derramas sobre nós, isso não o fazes porque cais, mas porque nos levantas, nem porque te dispersas, mas porque nos recolhes[9]. No entanto, todas as coisas que enches, enche-as todas com todo teu ser, ou talvez, por não te poderem conter totalmente todas, contêm apenas parte de ti? E essa parte de ti a contêm todas e ao mesmo tempo, ou cada uma a sua, as maiores a maior parte, e as menores a menor parte? Mas haverá em ti partes maiores e partes menores? Acaso não estás todo em todas as partes, sem que haja coisa alguma que te contenha totalmente?

Capítulo 4
As perfeições de Deus

Que és, portanto, ó meu Deus? Que és, repito, senão o Senhor Deus? E que Senhor pode haver fora do Senhor, ou que Deus além de nosso Deus[10]? Sumo, ótimo, poderosíssimo, onipotentíssimo, misericordiosíssimo e justíssimo; secretíssimo e presentíssimo, formosíssimo e fortíssimo, estável e incompreensível; imutável, mudando todas as coisas; nunca novo e nunca velho; renovador de todas as coisas; conduzindo à velhice aos soberbos sem que eles o saibam; sempre agindo e sempre em repouso; sempre granjeando e nunca necessitado; sempre sustentando, enchendo e protegendo; sempre criando, nutrindo e aperfeiçoando; sempre buscando, ainda que nada te falte.

Amas, e não sentes paixão; tens zelos, e estás seguro; te arrependes, e não sentes dor; te iras, e continuas tranquilo; mudas de obra, mas não de resolução; recebes o que encontras, e nunca perdeste nada; não és avaro, e exiges lucro. A ti oferecemos tudo, para que sejas nosso devedor; porém, quem há que tenha algo que não seja teu, pois, pagas dívidas que a ninguém deves, e perdoas dívidas sem que nada perca com isso? E que é o que até aqui dissemos, meu Deus, minha vida, minha doçura santa, ou que é o que pode dizer alguém quando fala de ti? Mas ai dos que nada dizem de ti, porque não passam de mudos charlatães.

Capítulo 5
Súplica

Quem me dera descansar em ti? Quem me dera que viesses a meu coração e que o embriagásseis, para que eu me esqueça de minhas maldades e me abrace contigo, meu único bem? Que és para mim? Tem piedade de mim, para que eu possa falar. E que sou eu para ti, para que me mandes que te ame, e, se não o faço, te ires contra mim, e me ameaces com terríveis castigos? Acaso é pequena a miséria de não te amar? Ai de mim! Dize-me, por tuas misericórdias, meu Senhor e meu Deus, que és para mim? Dize a minha alma: Eu sou a tua salvação[11]. Que eu corra atrás dessa voz e te alcance. Não queiras esconder-me teu rosto. Morra eu para que não morra, e para que eu possa vê-lo.

Estreita é a casa de minha alma para que venhas até ela: que seja ampliada por ti. Está em ruínas: repara-a. Há nela coisas que ofendem a teus olhos: confesso-o, pois eu o sei; porém, quem a limpará, ou a quem clamarei além de ti: Livra-me, Senhor, dos pecados ocultos, e perdoa a teu servo os alheios[12]! Creio, e por isso falo[13]. Tu o sabes, Senhor. Acaso não confessei diante de ti meus delitos contra mim, ó meu Deus! E não me perdoaste a impiedade de meu coração[14]? Não quero contender em juízos contigo, que és a verdade, e não quero enganar-me a mim mesmo, para que não se engane a si mesma minha iniquidade[15]. Não quero contender em juízos contigo, porque, se dás atenção às iniquidades, Senhor, quem, Senhor, subsistirá[16]?

Capítulo 6
Os primeiros anos

Deixa, porém, que eu fale em presença de tua misericórdia, a mim, terra e cinza[17]; deixa que eu fale, porque é a tua misericórdia, e não ao homem, que de mim se ri, a quem falo. Talvez também tu te risses de mim, mas, voltado para mim, terás compaixão.

E que pretendo dizer-te, Senhor, senão que não sei de onde vim aqui a esta não sei se vida mortal ou morte vital? Não o sei*. Mas receberam-me os consolos de tuas misericórdias, de acordo com o que ouvi de meus pais carnais, de quem e em quem me formaste no tempo, pois eu de mim nada recordo. Receberam-me, digo, os consolos do leite humano, do qual nem minha mãe, nem minhas amas enchiam os seios; mas eras tu que, por meio delas, me davas aquele alimento da infância, de acordo com tua ordem, e segundo os tesouros dispostos por ti até no mais íntimo das coisas?

Também por tua causa é que eu não queria mais do que me davas, por tua causa é que minhas amas queriam dar-me o que tu lhes davas, pois elas, movidas de sadio afeto, queriam dar-me aquilo de que abundavam em ti, já que era um bem para elas receber eu delas aquele bem, embora, realmente, não fosse delas, porque de ti procedem, com certeza, todos os bens, ó Deus, e de ti, Deus meu, depende toda minha salvação.

Tudo isto vim a saber mais tarde, quando me falaste por meio dos mesmos bens que me concedias interior e exteriormente. Porque então a única coisa que eu sabia era mamar, aquietar-me com os afagos, chorar as dores de minha carne, e nada mais.

Depois também comecei a rir, primeiro dormindo, depois acordado. Isto disseram de mim, e o creio, porque o mesmo acontece com outros meninos, pois eu não tenho a menor lembrança dessas coisas.

Pouco a pouco comecei a dar-me conta de onde estava, e a querer dar a conhecer meus desejos a quem mos podia satisfazer, embora realmente não o pudessem, porque meus desejos estavam dentro, e eles fora, e por nenhum sentido podiam entrar em minha alma. Por isso, agitava os

---

* Santo Agostinho nasceu a 13 de novembro de 354, em Tagaste, hoje Souk-Aharás, na atual Argélia.

membros e gritava sinais semelhantes a meus desejos, os poucos que podia e como podia, embora verdadeiramente não se lhes assemelhassem.

Mas, se não era atendido, ou porque não me entendessem, ou porque o que desejava me era prejudicial, eu me indignava: com os adultos, porque não se me submetiam, e com os livros, por não quererem ser meus escravos, e de uns e de outros me vingava chorando. Assim são as crianças que pude observar; e que eu também fosse assim, mais me ensinaram elas, sem sabê-lo, do que os que me criaram, sabendo-o.

Mas minha infância já morreu há tempo, apesar de eu continuar vivo. Mas, diz-me, Senhor, tu que sempre vives, e em quem nada falece — porque antes do começo dos séculos, e antes de tudo o que tem, antes, tu já existias, e és Deus e Senhor de todas as coisas, e se encontram em ti as causas de tudo o que é instável, e em ti permanecem os princípios imutáveis de tudo o que se transforma, e vivem as razões sempiternas de tudo o que é temporal — dize-me a mim, eu to suplico, ó meu Deus, diz-me, misericordioso, a mim que sou miserável, dize-me: porventura esta minha infância sucedeu a outra idade minha, já morta? Será esta aquela que vivi no ventre de minha mãe? Porque também desta me deram algumas indicações, e eu mesmo já vi mulheres grávidas.

E antes desse tempo, minha doçura e meu Deus, que era eu? Fui algo, ou era parte de alguma coisa? Dize-mo, porque não tenho quem me responda, nem meu pai, nem minha mãe, nem a experiência de outros, nem minha memória. Acaso te ris de mim, porque desejo saber estas coisas, e me mandas que te louve e te confesse pelo que conheci de ti?

Eu te confesso, Senhor dos céus e da terra, louvando-te por meus princípios e por minha infância, de que não tenho memória, mas que, por tua graça, o homem pode conjecturar de si pelos outros, crendo em muitas coisas, ainda que confiado na simples autoridade de humildes mulheres. Por que, pelo menos, então eu já existia, já vivia, e, já no fim da infância, procurava sinais com que desse a entender aos outros as coisas que sentia.

Com efeito, de onde poderia vir semelhante criatura, senão de ti, Senhor? Acaso alguém pode ser artífice de si mesmo? Porventura existe alguma outra veia por onde corra até nós o ser e a vida, diferente da que nos dais, Senhor, em quem ser e vida não são coisas distintas, porque és o Sumo Ser e a Suprema Vida? Com efeito, és sumo, e não te mudas, nem caminha para ti o dia de hoje, apesar de caminhar por ti, apesar de estarem em ti com certeza todas estas coisas, que não teriam caminho por onde passar se não as contivesses. E porque teus anos não fenecem[18], teus anos são um perpétuo hoje. Oh! quantos dias nossos e de nossos pais já passaram por este teu hoje, e dele receberam seu modo, e de alguma maneira existiram, e quantos passarão ainda, e receberão seu modo, e existirão de alguma maneira? Mas tu és sempre o mesmo, e todas as coisas de amanhã e do futuro, e todas as coisas de ontem e do passado, nesse hoje as fazes, nesse hoje as fizeste.

Que importa que alguém não entenda essas coisas? Que este se ria, e diga: Que é isto? Que se ria assim, e que prefira encontrar-te não indagando do que, indagando, não te encontrar.

Capítulo 7
Os pecados da primeira infância

Escuta-me, ó Deus! Ai dos pecados dos homens! E isto o diz um homem, e tu te compadeces dele porque o fizeste, embora não fizesses o pecado que nele existe.

Quem me há de lembrar o pecado de minha infância, já que ninguém está diante de ti limpo de pecado, nem mesmo a criança, cuja vida conta um só dia sobre a terra? Quem mo recordará? Acaso alguma criança ou menino de hoje, em quem vejo o que não recordo de mim? E em que eu poderia pecar nesse tempo? Acaso por desejar o peito chorando? Porque se agora eu suspirasse com a mesma avidez, não pelo seio materno, mas pela comida própria de minha idade, seria justamente escarnecido e repreendido. Logo, era digno de repreensão o que eu então fazia; mas como não podia entender a quem me repreendesse, nem o costume, nem a razão permitiam que eu fosse repreendido. A prova está em que, segundo vamos crescendo, extirpamos e afastamos de nós essas coisas, e jamais vi homem sensato que, para limpar uma coisa, a prive do que tem de bom.

Acaso, mesmo para aquele tempo, era bom pedir chorando o que não se me podia dar sem dano, indignar-se acremente com as pessoas livres que não se submetiam, assim como com pessoas respeitáveis, e até com meus próprios pais, e com muitíssimos outros, que, mais prudentes, não davam atenção aos sinais de meus caprichos, enquanto eu me esforçava por ofendê-las com meus golpes, quanto podia, por não obedecerem às minhas ordens, por me serem prejudiciais? Daqui se segue que o que é inocente nas crianças é a debilidade dos membros infantis, e não a alma.

Certa vez vi e observei um menino invejoso. Ainda não falava, e já olhava pálido e com rosto amargurado para o irmãozinho colaço. Alguém ignora isso? Dizem que as mães e as amas podem esconjurar este defeito com não sei que remédios. Mas não sei se se pode considerar inocência o não suportar por companheiro na fonte do leite, que mana copiosa e abundante, ao que está necessitadíssimo do mesmo socorro, e que sustenta a vida apenas com esse alimento. Mas costuma-se tolerar indulgentemente essas faltas, não porque sejam nulas ou pequenas, mas porque espera-se que desapareçam com o tempo. Pelo que, embora tais coisas sejam perdoáveis em um menino, se as achamos em um adulto, mal as podemos suportar.

Assim, pois, meu Senhor e meu Deus, tu que desde menino me deste vida e corpo, o qual dotaste, como vemos, de sentidos, e ao qual juntaste membros, vestindo-o de beleza, e adornaste de instintos animais, com os quais pudesse defender sua integridade e incolumidade, tu me mandas que te louve por esses dons e te confesse e cante a teu nome altíssimo[19], porque serias Deus onipotente e bom ainda que não tivesses criado nada mais que estas coisas, que nenhum outro pode fazer mais do que tu, ó Unidade, origem de todas as variedades, ó Beleza, que dás forma a todas as coisas, e com tua lei as ordenas!

Tenho vergonha, Senhor, de ter que juntar à vida que agora vivo aquela idade que não recordo ter vivido, na qual acredito por ter ouvido de outros, por vê-lo assim em outras crianças, embora essa conjectura mereça toda a fé. Porque as trevas em que está envolto meu esquecimento a seu respeito assemelham-se à vida que vivi no seio de minha mãe.

Assim, se fui concebido em iniquidade, e se em pecado me alimentou minha mãe[20], onde, suplico-te, meu Deus, onde, Senhor, eu, teu servo, onde e quando fui inocente? Mas eis que omito esse tempo. Para que ocupar-me dele, se dele já não conservo nenhum vestígio?

Capítulo 8
As primeiras palavras

Acaso não foi caminhando da infância até aqui que cheguei à puerícia? Ou, para dizer melhor, esta veio a mim, e suplantou a infância, em que ela se retirasse, porque, para onde poderia ir? Contudo, deixou de existir, porque eu já não era mais infante, que não falava, mas um menino que sabia falar. Disso me recordo; mas como aprendi a falar, só mais tarde é que vim a saber. Certamente não mo ensinaram os mais velhos, apresentando-me as palavras com certa ordem e método, como logo depois me ensinaram as letras, mas eu mesmo, com o entendimento que me deste, meu Deus, ao querer manifestar meus sentimentos com gemidos e vozes várias, e diversos movimentos do corpo, a fim de que atendessem a meus desejos, e ao ver que não podia exteriorizar tudo o que queria, nem ser compreendido por todos aqueles a quem me dirigia. Assim, pois, quando me designavam alguma coisa pelo nome, eu a retinha na memória, e, se ao pronunciar de novo a tal palavra, moviam o corpo na direção do objeto, eu entendia e notava que aquele objeto era o denominado com a palavra que pronunciavam, porque assim o chamavam quando o desejavam mostrar.

Que esta fosse sua intenção, deduzia-o eu dos movimentos do corpo, que são como as palavras naturais de toda gente, feitas com a expressão do rosto, a atitude dos membros e o tom da voz, que indicam os afetos da alma para pedir, reter, rejeitar ou evitar alguma coisa. Deste modo, das palavras postas em várias frases e em seus lugares, e ouvidas repetidas vezes, ia notando eu pouco a pouco os objetos que significavam, e, vencida a dificuldade de minha língua, comecei a dar a entender minhas vontades por meio delas.

Foi assim que comecei a fazer uso dos sinais comunicativos de meus desejos com as pessoas entre as quais vivia, e entrei a fazer parte do proceloso mar da sociedade, dependendo da autoridade de meus pais e das indicações das pessoas mais velhas.

Capítulo 9
Estudos e jogos

Ó meu Deus, meu Deus! Que de misérias e enganos não experimentei então, quando se me propunha a mim, menino, como norma de bem viver, obedecer aos que me admoestavam a brilhar neste mundo, e sobressair nas artes da língua, com as quais depois pudesse lograr honras humanas e falsas riquezas! Para este fim puseram-me na escola, para que aprendesse as letras, nas quais eu, miserável, desconhecia o que havia de útil. Contudo, se era preguiçoso para aprendê-las, era fustigado, sistema louvado pelos mais velhos, muitos dos quais, que levaram esse gênero de vida antes de nós, nos traçaram caminhos tão trabalhosos, pelos quais éramos obrigados a caminhar, multiplicando assim o trabalho e a dor aos filhos de Adão.

Mas, por fortuna, encontrei homens que te invocavam, Senhor, e com eles aprendemos a te sentir, quanto possível como a um Ser grande que podia escutar-nos e vir em nosso auxílio, embora sem aparecer aos sentidos. Por isso, ainda menino, comecei, a invocar-te como refúgio e amparo, e, invocando-te, desatei os nós de minha língua, e, embora pequeno, te rogava já com não pequeno afeto para que não me açoitassem na escola. E quando não me escutavas, o que servia para mim de lição[21], os mestres assim como meus próprios pais, que certamente não queriam que me sucedesse nenhum mal, riam-se daquele castigo, que então era para mim muito grave.

Porventura, Senhor, haverá alguma alma tão grande, unida a ti com tão elevado afeto, haverá alguma, digo — porque isto também pode ser produzido por certa estolidez — haverá, repito, uma alma que, unida a ti com piedoso afeto, alcance tal grandeza de ânimo que despreze os potros e garfos de ferro, e os demais instrumentos de martírio — para fugir dos quais se te dirigem súplicas de todas as partes do mundo — e assim os despreze — rindo-se dos que têm deles tanto horror — como se riam nossos pais dos tormentos com que éramos castigados por nossos mestres quando meninos? Porque, na verdade, não os temíamos menos, nem te rogávamos com menor fervor para que nos livrasses deles.

Contudo, pecávamos escrevendo ou lendo, estudando menos do que nos era exigido, e não o fazíamos por falta de memória ou de inteligência, que, para aquela idade, Senhor, me deste de modo suficiente, senão porque eu gostava de me divertir, embora os que nos castigavam não fizessem outra coisa. Mas os jogos dos mais velhos chamavam-se negócios, enquanto que os dos meninos eram por eles castigados, sem que ninguém se compadecesse de uns e de outros, ou melhor, de ambos. Um juiz honesto poderia aprovar os castigos que eu, menino, recebia porque jogava bola, e porque com este jogo impedia o aprendizado das letras, com as quais, adulto haveria de jogar mais perniciosamente.

Acaso fazia outra coisa o mesmo que me castigava? Se nalguma questiúncula era vencido por algum seu colega, não era mais atormentado pela cólera e pela inveja do que eu, quando em uma partida de bola era vencido por meu companheiro?

Capítulo 10
Amor ao jogo

Contudo, Senhor meu, ordenador e criador da natureza, mas do pecado somente ordenador, eu pecava; pecava agindo contra as ordens de meus pais e mestres, porque podia no futuro fazer bom uso das letras que desejavam que eu aprendesse, qualquer que fosse sua intenção. Eu não era desobediente para me ocupar de coisas melhores, mas por amor do jogo, buscando nos combates soberbas vitórias, deleitando-me com histórias frívolas, com as quais incentivava sempre mais minha curiosidade, ao mesmo tempo que, igualmente curiosos, meus olhos se abriam sempre mais para os jogos e espetáculos dos adultos, jogos que dão tão grande dignidade a quem os oferece, que quase todos desejam as mesmas dignidades para seus filhos, a quem, contudo, gostam de castigar se com tais espetáculos fogem dos estudos, por meio dos quais desejam que eles venham um dia a oferecer espetáculos semelhantes. Senhor, olha misericordiosamente para essas coisas, e livra-nos delas a nós que já te invocamos; mas livra também aos que ainda não te invocam, a fim de que te invoquem, e sejam igualmente libertados.

Capítulo 11
O batismo diferido

Sendo ainda menino, ouvi falar da vida eterna, que nos está prometida pela humildade de Deus, nosso Senhor, que desceu até nossa soberba; e fui assinalado com o sinal da cruz, sendo-me dado saborear de seu sal logo que saí do ventre de minha mãe, que sempre esperou muito em ti.

Tu viste, Senhor, como em certa ocasião, sendo ainda menino atacou-me repentinamente uma dor de estômago que me abrasava, e que me pôs em transe de morte. Tu viste também, meu Deus, pois já eras minha guarda, com que fervor de espírito e com que fé solicitei da piedade de minha mãe, e da mãe de todos nós, tua Igreja, o batismo de teu Cristo, meu Deus e Senhor. Perturbou-se minha mãe carnal, porque me gerava com mais amor em seu casto coração em tua fé para a vida eterna, e, solícita, já havia cuidado de que me iniciasse e purificasse com os sacramentos da salvação, confessando-te, ó meu Senhor Jesus, em remissão de meus pecados, quando, de repente, comecei a melhorar. Em vista disso, diferiu-se minha purificação, considerando que seria impossível, se eu vivesse, que não me tornasse a manchar, e que a culpa dos delitos cometidos depois do batismo é muito maior e mais perigosa.

Nessa época eu já acreditava, juntamente com minha mãe e com toda a casa, com exceção de meu pai, que, porém, não pôde vencer em mim a ascendência da piedade materna, para que deixasse de acreditar em Cristo, como ele não acreditava, porque minha mãe, solícita, cuidava de que tu, meu Deus, fosses mais pai para mim do que ele, e a ajudavas a triunfar do marido, a quem servia, não obstante ser ela melhor, porque nele te servia a ti, que assim o queres.

Mas, quisera saber, meu Deus, suplico-te, se te apraz, por que motivo se diferiu então meu batismo; se foi ou não para meu bem que me soltaram, por assim dizer, as rédeas do pecado. Por que razão ainda hoje se diz de uns e de outros, como ouvimos em muitos lugares: "Deixe que faça o que quiser, porque ainda não está batizado" — embora não digamos da saúde do corpo: "Deixe que receba ainda mais feridas, porque ainda não está curado?"

Quanto melhor teria sido para mim receber logo a saúde, e que meus cuidados e os dos meus fossem empregados em conservar intacta de baixo de tua proteção a saúde de minha alma, que me havias concedido! Melhor fora, por certo; porém, como minha mãe, sem dúvida, já previa quantas e quão grandes ondas de tentações me ameaçariam depois da meninice, preferiu-me expor a elas como terra grosseira que depois receberia forma, do que já como imagem tua.

Capítulo 12
Ódio ao estudo

Nessa minha meninice, na qual eu tinha menos que temer por mim do que em minha adolescência, eu não gostava dos estudos, e odiava que me obrigassem a estudar. Contudo, era coagido, e me faziam grande bem. Quem não fazia bem era eu, que não estudava a não ser obrigado, pois ninguém faz bem o que faz contra vontade, mesmo que seja bom o que faz. Tampouco os que me obrigavam a estudar agiam corretamente; antes, todo o bem que eu recebia me vinha de ti meu Deus, porque eles não tinham outro fim ao me obrigarem a estudar senão saciar o apetite de abundante miséria e de glória ignominiosa. Mas tu, Senhor, que tens contados os cabelos de nossa cabeça[22], usavas do erro de todos os me coagiam a estudar para minha utilidade e do meu não querer estudar para meu castigo, de que certamente não era indigno, sendo ainda tão pequeno, e tão grande pecador.

Assim, convertias em bem o mal que eles me faziam, e dos meus pecados me davas justa retribuição porque é teu desígnio, e assim acontece, que toda alma desordenada seja castigo de si mesma.

Capítulo 13
Gosto pelo latim

Porque odiava eu as letras gregas, que me ensinavam quando eu era criança? Não o sei, e nem agora o posso explicar. Em compensação, as letras latinas me apaixonavam, não as que ensinavam os professores primários, mas a que é explicada pelos chamados gramáticos, porque aquelas primeiras, com as quais se aprende a ler, a escrever e a contar, não me foram menos pesadas e insuportáveis que as gregas. Mas donde podia proceder essa aversão, senão do pecado e da vaidade da vida, porque eu era carne e vento que caminha e não volta[23]?

Pois, sem dúvida, aquelas primeiras letras, por cujo meio poderia chegar como ainda o faço, a ler tudo o que há escrito e a escrever tudo o que quero, eram melhores, por serem mais úteis, que aquelas outras nas quais me obrigavam a decorar os erros de um tal Eneias, esquecido dos meus, e a chorar a morte de Dido, que se suicidou por amor, enquanto eu, miserabilíssimo, suportava a mim mesmo com olhos enxutos, morrendo para ti em tais coisas ó meu Deus, minha vida!

Na verdade, que pode haver de mais miserável do que um infeliz que não se compadece de si mesmo e que chorando a morte de Dido por amor de Eneias, não chora sua própria morte por falta de amor a ti ó Deus, luz de meu coração, pão interior de minha alma, virtude fecundante de meu pensamento? Não te amava, e fornicava longe de ti[24] e, fazendo-o, ouvia de todas as partes: "Muito bem! Muito bem!" — porque a amizade deste mundo é adultério contra ti; e se aclamam a alguém dizendo: "Muito bem! Muito bem!" — é para que se envergonhe de não ser assim. E, não chorando eu estas faltas, chorava a morte de Dido "que se suicidou com a espada[25]", enquanto que eu procurava as últimas de tuas criaturas deixando-te a ti, como terra atraída pela terra[26], tanto que se então me proibissem a leitura de tais coisas me afligiriam por não poder ter aquilo que me causava aflição. Não obstante, semelhante demência é considerada como coisa mais nobre e proveitosa que as letras pelas quais aprendemos a ler e a escrever.

Mas agora, meu Deus, grite em minha alma tua verdade e diga: Não é assim, não é assim; antes, aquela primeira instrução é absolutamente melhor do que esta, pois eu preferiria esquecer todas as aventuras de Eneias, e outras fábulas semelhantes, do que o saber ler e escrever. Já sei que das portas das escolas dos gramáticos pendem véus ou cortinas; porém, estes servem menos para velar o segredo que para encobrir o erro.

Não gritem contra mim aqueles a quem já não temo, enquanto confesso a ti os desejos de minha alma, e descanso na detestação dos meus maus caminhos, a fim de amar os teus. Não gritem contra mim os comerciantes da gramática, porque, se eu lhes perguntar se é verdade que Eneias veio uma vez a Cartago; como afirma o poeta, os néscios responderão que não sabem, e os sábios dirão que não é verdade. Porém, se lhes perguntar como se escreve o nome de Eneias, todos os que estudaram me responderão a mesma coisa, de acordo com a convenção com que os homens fixaram o valor das letras do alfabeto.

Do mesmo modo, se lhes perguntar que seria mais prejudicial para a vida humana: esquecer-se alguém de saber ler e escrever, ou de todas as invenções dos poetas, quem não vê o que responderia logo quem não estivesse de todo esquecido de si? Pequei, pois, em minha meninice, ao preferir conhecimentos vãos aos proveitosos, arrastado unicamente pelo gosto. Ou, para dizer melhor, ao amar àqueles e ao odiar a estes, porque odiosa canção era para mim aquele "um e um, dois; dois e dois, quatro", enquanto considerava espetáculo dulcíssimo e divertido a história do cavalo de pau cheio de gente armada, e o incêndio de Troia, "e até a sombra de Creusa"[27].

Capítulo 14
Aversão pelo grego

Por que então esse ódio pela literatura grega, na qual se cantam tais coisas? Porque também Homero é perito em inventar essas historiazinhas, dulcíssimo na sua frivolidade, embora para mim, menino, fosse bem amargo. Creio que o mesmo acontecerá com Virgílio para os meninos gregos, obrigados a estudá-lo, como a mim me faziam com relação a Homero. Era a dificuldade; sim, a dificuldade de ter que aprender totalmente uma língua estranha era como fel que aspergia de amargura todas as doçuras gregas das histórias fabulosas.

Porque eu ainda não conhecia uma palavra daquela língua, e já me obrigavam com veemência, com cruéis terrores e castigos, a que a aprendesse. Em compensação, embora eu, ainda criança, também não conhecesse nenhuma palavra de latim, contudo, com um pouco de atenção, o aprendi entre o carinho das armas e os chistes dos que se riam, e as alegrias dos que brincavam, sem medo algum nem tormento. Eu o aprendi, digo, sem a pressão dos castigos, impelido unicamente por meu coração, desejoso de dar à luz seus sentimentos, e não via outro caminho para isso senão aprender algumas palavras, não dos que as ensinavam, mas dos que falavam, em cujos ouvidos ia eu depositando quanto sentia.

Por aqui se vê claramente quanto maior força tem para instruir a curiosidade livre do que a necessidade inspirada pelo medo. Contudo, os excessos da curiosidade encontram nesse constrangimento um freio segundo tuas leis, ó Deus, que desde as palmatórias dos professores até os tormentos dos mártires sabem dosar suas salutares amarguras, que nos reconduzem a ti desde o pestífero deleite que de ti nos apartara.

Capítulo 15
Oração

Ouvi, Senhor, minha oração[28], a fim de que não desfaleça minha alma sob tua disciplina, nem me canse em confessar tuas misericórdias, com as quais me arrancaste de meus péssimos caminhos; que tua doçura sobrepuje todas as doçuras que segui, e assim te ame fortissimamente, e aperte tua mão com toda minha alma, e me livres de toda tentação até o fim de meus dias. Pois, se és, Senhor, meu rei e meu Deus[29], a ti consagro quanto aprendi de útil quando criança, e para teu serviço seja quanto falo, escrevo, leio e conto, pois quando aprendia aquelas futilidades, tu eras o que me davas a verdadeira ciência, e já me perdoaste os pecados de deleite cometidos naquelas vaidades. Muitas palavras úteis aprendi nelas, é verdade; porém, estas também se podem aprender em estudos sérios, e este é o caminho seguro pelo qual deveriam caminhar as crianças.

Capítulo 16
O mal da mitologia

Mas, ai de ti, torrente dos hábitos humanos! Quem há que te resista? Quando te secarás? Até quando deixarás de arrastar os filhos de Eva a esse mar imenso e espantoso, que apenas logram passar os que subiram sobre o lenho da cruz?

Acaso não foi em ti que li a fábula de Júpiter que troveja e adultera? É verdade que não podia fazer ambas as coisas ao mesmo tempo, mas assim se representou para autorizar a imitação de um verdadeiro adultério com o engano de um falso trovão.

Contudo, qual é o professor de pênula capaz de ouvir com paciência a um homem nascido do mesmo pó que clama e diz: "Homero imaginava estas coisas, e atribuía aos deuses os vícios humanos; porém, eu preferiria que atribuísse a nós, as qualidades divinas"[30]. Seria mais verdade dizer-se que Homero imaginou tudo isso, atribuindo qualidades divinas a homens corrompidos, para que os vícios não fossem considerados vícios, e para que qualquer um que os cometesse desse a impressão de que imitava a deuses celestes, e não a homens corrompidos.

E, contudo, ó torrente infernal, em ti se precipitam os filhos dos homens, juntamente com o dinheiro que gastam para aprender tais coisas. E consideram acontecimento importante representar isto publicamente no foro, à vista das leis que concedem aos mestres um prêmio, além de seus salários particulares.

E ferindo tuas margens, gritas, dizendo: "Aqui se aprendem as palavras; aqui se adquire a eloquência, sumamente necessária para persuadir e explicar os pensamentos" — como se não pudéssemos aprender as palavras: *chuva de ouro, regaço, templo, celeste,* e outras mais, que se encontram escritas em determinada passagem, se Terêncio não nos apresentasse um jovem perdido que se propõe imitar a luxúria de Júpiter ao contemplar uma pintura mural "na qual se representava o mesmo Júpiter no momento em que, segundo dizem, descia como chuva de ouro sobre o regaço de Dânae, para enganar assim à pobre mulher"[31].

E vede como se excitava à luxúria a vista de tão celestial mestre:

— Mas que deus fez isto? — diz.
— Nada menos que o que faz retumbar a abóbada celeste com enorme trovão!
— E eu, homenzinho, não haveria de fazer o mesmo?
— Fi-lo, sim, e com muito gosto.

De modo algum, de maneira nenhuma se aprendem com semelhante torpeza aquelas palavras; antes, essas palavras levam mais atrevidamente a cometer mesma devassidão. Eu não condeno as palavras, que são como vasos seletos e preciosos, mas condeno o vinho do erro que professores ébrios nos ofereciam nelas, e, se não o bebêssemos, éramos açoitados, sem que se nos permitisse apelar para juiz mais sóbrio.

E, não obstante, meu Deus, cuja presença afasta o perigo desta lembrança, confesso que aprendi estas coisas com gosto, e que me deleitei nelas, miserável, sendo por isso chamado menino de grandes esperanças.

Capítulo 17
Êxitos escolares

Permite-me, Senhor, que diga também algo de meu talento, dádiva tua, e dos delírios em que o empregava. Propunha-se-me como assunto — coisa mui inquietante para minha alma, tanto pelo prêmio de louvor ou desonra, como por medo dos açoites — que repetisse as palavras de Juno, irada e ressentida por não poder "afastar da Itália ao rei dos troianos"[32], embora jamais tenha ouvido que tivessem sido pronunciadas por Juno. Mas obrigavam-nos a errar seguindo os passos das invenções poéticas, e a repetir em prosa o que o poeta havia dito em verso, dizendo-o mais elogiosamente aquele que, conformando-se à dignidade da pessoa representada, soubesse pintar com mais vivacidade e semelhança, e revestir com palavras mais apropriadas seus afetos de ira ou de dor.

Mas, de que me serviria — ó vida verdadeira, meu Deus! — de que me servia ser aplaudido por minha declamação mais que todos os meus coetâneos e condiscípulos? Não era tudo aquilo fumo e vento? Acaso não havia outra coisa em que exercitar meu talento e minha língua? Teus louvores, Senhor, teus louvores, contidos em tuas Escrituras, poderiam sustentar os frágeis ramos de meu coração, e eu não teria sido arrebatado pela vaidade de bagatelas, presa imunda das aves. Com efeito, há mais de um modo de oferecer sacrifício aos anjos rebeldes.

Capítulo 18
Leis gramaticais, leis de Deus

Mas, que milagre podia haver se eu me deixava arrastar pelas vaidades e me afastar de ti, meu Deus, se me propunham como modelos para imitar a uns homens que se, ao contar alguma boa ação, deixavam escapar algum barbarismo ou solecismo, se enchiam de confusão, e, pelo contrário, quando eram elogiados por referir suas desonestidades com palavras castiças e apropriadas, de modo eloquente e elegante, inchavam-se de vaidade?

Tu vês, Senhor, estas coisas, e te calas longânime, e cheio de misericórdia e verdade[33]. Mas te calarás para sempre? Tira, pois, agora deste espantoso abismo à alma que te busca e tem sede de teus deleites, e que te diz de coração: Busquei, Senhor, teu rosto; teu rosto, Senhor, buscarei ainda[34] — pois longe está de teu rosto quem anda ocupado com afetos tenebrosos, porque não é com os pés do corpo, nem percorrendo distâncias que nos aproximamos ou nos afastamos de ti. Por acaso aquele teu filho menor buscou cavalos, ou carros, ou naves, ou voou com asas visíveis, ou teve que se apressar para alcançar aquela região longínqua onde dissipou o que lhe havias dado, ó pai, meigo ao dar-lhe a fortuna, e mais meigo ainda ao recebê-lo andrajoso?

Assim, pois, viver nas paixões libidinosas é o mesmo que viver em paixões tenebrosas, é viver longe de teu rosto. Olha, meu Senhor e meu Deus, e vê paciente, como costumas ver, de que modo diligente os filhos dos homens observam as regras de ortografia recebidas dos primeiros mestres, e desprezam as leis eternas de salvação perpétua recebidas de ti; de tal modo que, se algum dos que sabem ou ensinam as regras antigas dos sons pronunciasse a palavra *homo,* contra as leis da gramática, sem aspirar a primeira letra, desagradaria mais aos homens do que se, contra teus preceitos, odiasse a outro homem, sendo homem.

Como se o homem pudesse ter inimigo mais pernicioso que o mesmo ódio com que se irrita contra ele, ou como se pudesse causar a outro maior dano, perseguindo-o, que o que causa a seu coração odiando! E, sem dúvida, não nos é mais interior a ciência das letras do que a consciência, que manda não fazer a outrem o que não queremos que nos façam[35].

Oh! como és misterioso, tu, que habitando silencioso nos céus, Deus grande e único, espalhas com lei infatigável cegueiras vingadoras sobre as concupiscências ilícitas! Quando o homem, aspirando à fama de eloquente, ataca a seu inimigo com ódio feroz diante do juiz, rodeado de grande multidão de homens, toma todo o cuidado para que, por um *lapsus linguae,* não se lhe escape um *inter ominibus,* e não lhe importa que com o furor de seu ódio se tire um homem de entre os homens.

Capítulo 19
Mau perdedor

À beira de tais costumes jazia eu, pobre criança, sendo esta a arena em que me exercitava, temendo mais cometer um barbarismo do que cuidando de não invejar, se o cometia, aqueles que o tinham evitado.

Digo e confesso diante de ti, meu Deus, essas misérias, que me granjeavam o louvor daqueles cuja simpatia para mim equivalia a uma vida honesta, pois não via o abismo de torpeza em que me lançara longe de teus olhos[36]. A teus olhos quem era mais repelente do que eu? E mesmo assim eu lhes desagradava, enganando com infinidade de mentiras a meus criados, mestres e pais por amor dos jogos, pelo gosto de ver espetáculos frívolos e o desejo inquieto de os imitar.

Também cometia furtos na despensa e na mesa de meus pais, ora provocado pela gula, ora para ter que dar aos meninos para brincar com eles, associação que lhes dava tanto prazer quanto a mim, mas que eles me faziam pagar. No jogo procurava frequentemente conseguir vitórias fraudulentas, vencido pelo desejo vão de sobressair. Contudo, que podia haver que eu quisesse mais evitar, e que repreendesse mais atrozmente em outros, se o descobrisse, que o mesmo que eu fazia aos demais? Mas ainda, se por casualidade eu era o prejudicado e o acusado, ficava furioso, mas não cedia. Será essa a inocência infantil? Não, Senhor, não o é, eu to confesso, meu Deus. Porque essas mesmas coisas que se fazem com os criados e mestres por causa de nozes, bolas e passarinhos, se fazem quando se chega à maioridade com os prefeitos e reis por causa de dinheiro, palácios e servos, do mesmo modo que à palmatória sucedem-se maiores castigos. Assim, quando tu, nosso rei, disseste: Desses é o reino dos céus[37] — quiseste sem dúvida dar-nos na pequenez de sua estatura um símbolo de humildade.

Capítulo 20
Ação de graças

Contudo, Senhor, graças te sejam dadas, excelentíssimo e ótimo criador e governador do universo, nosso Deus, mesmo que te limitasses a me fazer apenas menino.

Porque, mesmo então eu existia, vivia, sentia, cuidava de minha integridade, vestígio de tua secretíssima unidade, fonte de minha existência.

Guardava também, com o sentido interior, a integridade dos outros sentidos, e me deleitava com a verdade nos pequenos pensamentos que formava sobre coisas pequenas. Não queria que me enganassem, tinha boa memória, e me ia instruindo com a conversação. Alegrava-me com a amizade, fugia à dor, ao desprezo, à ignorância. Que há em uma criatura assim não seja digno de admiração e de louvor? Pois todas estas coisas são dons de meu Deus, que eu não dei a mim mesmo. E todos são bons, e tudo isso era eu.

O que me criou, portanto, é bom, e ele próprio é o meu bem; a ele quero enaltecer por todos estes bens que integravam meu ser de criança. Eu então pecava em buscar em mim próprio e nas demais criaturas, e não nele, os deleites, grandezas e verdades, razão pela qual caía logo em dores, confusões e erros.

Graças a ti, minha doçura, minha esperança e meu Deus, graças a ti por teus dons; que eles fiquem, porém, sob tua guarda. Assim me guardarás também a mim, e se aumentarão e aperfeiçoarão os dons que me deste, e eu estarei contigo, porque também me deste a existência.

LIVRO SEGUNDO

Capítulo 1
A adolescência

Quero recordar minhas torpezas passadas e as impurezas carnais de minha alma, não porque as ame, mas por te amar, ó meu Deus. Por amor de teu amor o faço, percorrendo com a memória, cheia de amargura, aqueles meus perversíssimos caminhos, para que tu me sejas doce, doçura sem engano, ditosa e eterna doçura, e me recolhas da dispersão em que me dissipei, quando, afastando-me de tua unidade, me desvaneci em muitas coisas.

Por que houve tempo de minha adolescência em que ardi em desejos de me fartar das coisas mais baixas, e ousei animalizar-me com vários e sombrios amores, e se murchou minha beleza, e me transformei em podridão diante de teus olhos, para agradar-me a mim e desejar agradar aos olhos dos homens.

Capítulo 2
As primeiras paixões

E que era o que me deleitava, senão amar e ser amado? Mas eu não era moderado, indo de alma para alma, de acordo com os sinais luminosos da amizade, mas, da lodosa concupiscência de minha carne e do manancial da puberdade, levantava-se como que uma névoa que obscurecia e ofuscava meu coração, a ponto de não discernir a serenidade da dileção da tenebrosidade da libídine. Uma e outra abrasavam e arrastavam minha fraca idade pelo declive ab-rupto de meus apetites, afogando-me em um mar de torpezas. Tua ira se acumulava sobre mim, e eu não o sabia. Fiquei surdo com o ruído da cadeia de minha mortalidade, e cada vez mais me afastava de ti, e tu o consentias; e me agitava, e me dissipava, e me multiplicava, e fervia com minha concupiscência, e tu te calavas — ó alegria que tão tarde encontrei! — tu te calavas então, e eu me ia cada vez mais para longe de ti, atrás de muitíssimas sementes estéreis de dores, com soberba baixeza e inquieto cansaço.

Oh! se alguém refreasse aquela minha miséria, convertendo em uso reto a fugaz beleza das criaturas inferiores, pondo limites às suas delícias, a fim de que as ondas daquela minha idade rompessem na praia conjugal, já que de outro modo não podia haver paz — contendo-se dentro dos limites do matrimônio, como prescreve tua lei, Senhor, tu que formas o gérmen transmissor de nossa vida mortal, e que com mão doce podes suavizar a dureza dos espinhos, que quiseste ficassem fora de teu paraíso! Porque tua onipotência não está longe de nós, mesmo quando nos encontramos longe de ti.

Pelo menos eu deveria atender com mais diligência à voz de tuas nuvens: Também eles sofrerão as tribulações da carne; mas eu os perdoo, e bom é ao homem não tocar em mulher; o que está sem mulher pensa nas coisas de Deus, de como o há de agradar; mas o que está ligado com o matrimônio pensa nas coisas do mundo, e em como há de agradar à mulher[1]. Estas são as vozes que eu deveria ouvir atentamente, e, eunuco pelo reino de Deus[2], teria suspirado mais feliz por teus abraços.

Mas eu, miserável, deixando-te, converti-me em torrente, seguindo o ímpeto de minha paixão, e transgredi a todos os teus preceitos, embora não tenha escapado de teus castigos. E quem o logrou dentre os mortais? Porque sempre estavas a meu lado, irritando-te misericordiosamente comigo, e aspergindo com amargosíssimas contrariedades todos os meus gozos ilícitos, para que assim buscasse o gozo sem te ofender, e, quando o achasse, de modo algum fosse fora de ti, Senhor, fora de ti, que finges dor em mandar[3], e feres para sarar, e nos tiras a vida para que não morramos sem ti.

Mas onde estava eu? Oh! e quão longe, desterrado das delícias de tua casa naquele ano décimo sexto de minha idade carnal, quando empunhou seu cetro sobre mim, e eu me rendi totalmente a ela, a fúria da concupiscência, permitida pela degradação humana, porém, ilícita, de acordo com tuas leis.

Nem mesmo os meus pensavam em livrar-me pelo casamento ao ver-me cair; cuidavam apenas de que eu aprendesse a compor discursos magníficos e a persuadir com a palavra.

Capítulo 3
Cegueira do pai, cuidados da mãe

Nesse mesmo ano tive de interromper meus estudos, quando voltei de Madaura*, cidade vizinha, onde fora estudar literatura e oratória, enquanto se faziam os preparativos necessários para minha viagem mais longa a Cartago, levado mais pela ambição de meu pai do que pela abundância de seus bens, pois, era mui modesto cidadão de Tagaste**.

Mas, a quem conto eu estes fatos? Certamente, não a ti, meu Deus, mas em tua presença conto estas coisas aos de minha estirpe, ao gênero humano, ainda que estas páginas chegassem às mãos de poucos. E para quê? Para que eu, e quem me ler, pensemos na profundeza do abismo de onde temos de clamar por ti? E que há de mais próximo a teus ouvidos que o coração que te confessa e a vida que procede da fé?

Quem havia então que não cumulasse a meu pai de louvores, pois, indo além de seu deveres familiares, gastava com o filho quanto era necessário para tão longa viagem por causa de seus estudos? Porque muitos cidadãos, e muito mais ricos do que ele, não mostravam para com os filhos igual cuidado.

---

* Hoje Nidaourach.

** Hoje Souk-Ahrás.

Contudo, este mesmo pai não se importava de que eu crescesse diante de ti, ou que fosse casto, contanto que fosse *diserto,* ou, para dizer melhor, *deserto,* por carecer de teu cultivo, ó Deus, único, verdadeiro e bom senhor de teu campo, o meu coração.

Porém, naquele décimo sexto ano tornou-se necessária uma interrupção em meus estudos por falta de recursos familiares, e, livre da escola, tive que viver com meus pais. Levantaram-se então sobre minha cabeça os espinhos de minhas paixões, sem que houvesse mãos que mos arrancassem.

Pelo contrário, meu pai, certo dia, percebendo ao banho os sinais de minha puberdade e vendo-me revestido de inquieta adolescência, como se já se alegrasse pensando nos netos, foi contá-lo alegre à minha mãe, contente pela embriaguez com que este mundo se esquece de ti, seu criador, e ama em teu lugar à criatura, embriaguez que nasce do mundo invisível de sua perversa e mal-inclinada vontade para as coisas baixas.

Mas, nessa época, já começavas a levantar no coração de minha mãe teu templo e os alicerces de tua santa morada, pois, meu pai não era mais que catecúmeno, recente ainda. Por isso minha mãe turbou-se com santo temor e tremor, pois, embora eu ainda não fosse cristão, temia que eu seguisse as sendas tortuosas por onde andam os que te voltam as costas, e não o rosto[4].

Ai de mim! E me atrevo a dizer que te calavas quando me afastava de ti? É verdade que então te calavas comigo? E de quem eram, senão de ti, aquelas palavras que por meio de minha mãe, tua serva fiel, cantaste em meus ouvidos, embora nenhuma delas penetrasse em meu coração, para pô-las em obra?

Queria ela — e recordo-me de que mo admoestou em segredo com grande solicitude — que me abstivesse da luxúria, e, sobretudo, que não cometesse adultério com a mulher de ninguém. Porém, esses conselhos pareciam-me próprios de mulheres, que eu me envergonharia de seguir.

Mas, na realidade, eram teus, embora eu não o soubesse, e por isso julgava que te calavas, e que era ela quem me falava, e eu te desprezava em tua serva, eu, seu filho, filho de tua serva e servo teu, que não cessavas de falar comigo por seu intermédio.

Porém, eu não o sabia, e me precipitava com tanta cegueira, que me envergonhava entre os companheiros de minha idade de ser menos torpe do que eles quando os ouvia jactar-se de suas maldades, e gloriar-se tanto mais quanto mais torpes eram, e eu gostava de fazer o mal não só por prazer, senão também por vaidade. Que coisa há mais digna de vitupério do que o vício? E, contudo, por não ser escarnecido, tornava-me mais viciado, e, quando não havia feito nada que me igualasse com os mais perdidos, fingia ter feito o que não fizera, para que não parecesse tanto mais abjeto quanto mais inocente, e tanto mais vil quanto mais casto.

Eis com que companheiros andava eu pelas praças de Babilônia, revolvendo-me na lama, como em cinamomo e unguentos preciosos. E, para que esse lodo se me pegasse com mais força, pisava-me o inimigo invisível e me seduzia, por ser eu presa fácil da sedução.

Nem então minha mãe carnal, que já havia começado a fugir do meio de Babilônia[5], mas que em outras coisas caminhava mais devagar, cuidou — como antes havia feito aconselhando-me a pureza — de conter com os laços do matrimônio aquilo de que seu marido lhe falara a meu respeito — e que já via que me era pestilencial, e que mais adiante me seria mais perigoso — já que essa paixão não podia ser cortada pela raiz. Não pensou nisso, digo, porque tinha medo de que o vínculo matrimonial frustrasse a esperança que sobre mim alimentava, não a esperança da vida futura, que minha mãe tinha posto em ti, mas a esperança das letras, que ambos, meu pai e minha mãe, desejavam ardentemente: meu pai, porque não pensava quase nada de ti, mas apenas muitas coisas vãs a meu respeito; minha mãe, porque considerava que aqueles tradicionais estudos da ciência não só não me haviam de servir de estorvo, senão de não pouca ajuda para chegar a ti. Assim julgo eu, agora, enquanto me é possível, o caráter de meus pais.

Por esse motivo também soltavam-me as rédeas para o jogo mais do que o permite uma moderada severidade, deixando-me ir em pós da dissolução de várias paixões, e em todas havia uma obscuridade que me interceptava, ó meu Deus, a luz de tua verdade, e, por assim dizer, de meu corpo, brotava minha iniquidade[6].

Capítulo 4
O furto das peras

É certo, Senhor, que tua lei castiga o furto, lei de tal modo escrita no coração dos homens, que nem a própria iniquidade apode apagar. Que ladrão há que suporte com paciência que o roubem? Nem mesmo o rico tolera isto ao que o faz forçado pela indigência. Também eu quis cometer um furto, e o cometi, não forçado pela necessidade, senão por penúria, fastio de justiça e abundância de iniquidade, pois roubei o que tinha em abundância, e muito melhor. Nem me atraía ao furto o gozo que me proporcionava seu resultado, mas atraía-me o mesmo furto em si, o pecado.

Nas imediações de nossa vinha, havia uma pereira carregada de frutos, que nem pelo aspecto, nem pelo sabor nada tinham de tentadores. Alta noite — pois até então ficáramos jogando nas eiras, de acordo com nosso mau costume — dirigimo-nos ao local, eu e alguns jovens de maus costumes, com o fim de sacudi-la e colher-lhe os frutos. E levamos grande quantidade dos mesmos, não para saboreá-los, mas para jogá-los aos porcos, embora comêssemos alguns, sendo nosso deleite fazer o que nos agradava justamente pelo fato de ser coisa proibida.

Aí está meu coração, Senhor, meu coração, do qual tiveste misericórdia quando se encontrava na profundeza do abismo. Que este meu coração te diga agora que era o que ali buscava, para fazer o mal gratuitamente, não tendo minha maldade outra razão que a própria maldade. Era feia, e eu a amei; amei minha morte, amei meu pecado; não o objeto que me fazia cair, mas minha própria queda. Torpe alma minha, que, saltando para fora de tua base, te lançavas ao extermínio, não buscando na ignomínia senão a própria ignomínia.

Capítulo 5
A causa do pecado

Todos os corpos que são formosos, como o ouro, a prata, e todos os demais, têm, com efeito, seu aspecto grato. No tato carnal intervém grandemente a congruência das partes, e cada um dos demais sentidos percebe nos corpos certa modalidade própria. Também a honra temporal e o poder de mandar e dominar tem seu atrativo, de onde nasce o desejo de vingança.

Contudo, para conseguir todas estas coisas, não é necessário abandonarmos a ti, nem desviar-nos um ápice de tua lei. Também a vida que aqui vivemos tem seus encantos, por certa beleza que lhe é própria, e pela correspondência que tem com as interiores. Cara é, finalmente, a amizade dos homens pela união que une muitas almas com o doce laço do amor.

Por todas estas coisas, e outras semelhantes, pecamos quando, por inclinação imoderada — apesar de serem bens ínfimos — são abandonados os melhores e sumos, como tu, Senhor, nosso Deus, tua verdade e tua lei.

É verdade que também esses bens ínfimos têm seus deleites, porém, não como os de Deus, criador de todas as coisas, porque nele se deleita o justo, e nele acham suas delícias os retos de coração[7].

Esta é a razão pela qual, quando indagamos a causa de um crime, não descansamos até averiguar qual o apetite dos bens chamados ínfimos, ou que temor de perdê-los foi capaz de provocá-lo. Sem dúvida são belos e apetecíveis, embora, comparados com os bens superiores e beatíficos, sejam vis e desprezíveis. Alguém comete um homicídio? Por quê? Porque desejou a esposa do morto, ou suas terras, ou porque quis roubar para ter com que viver, ou porque temia que lhe tirassem alguma coisa, ou então, ferido, ardeu em desejos de vingança. Por acaso cometeria o crime sem motivo, apenas pelo gosto de matar? Quem pode acreditar em semelhante coisa?

Porque, mesmo de certo homem sem entranhas e excessivamente cruel, de quem se disse que era mau e cruel sem razão, acrescentou-se, contudo, um motivo: "Para que a ociosidade não embotasse suas mãos e sentimento"[8].

Todavia, se indagares porque isso é assim, dir-te-ei que para com aquele exercício de crimes, tomada a cidade, conseguisse honras, poderes e riquezas, libertando-se do medo das leis e das dificuldades da vida, causados pela pobreza de seu patrimônio e a consciência de seus crimes. Assim, pois, nem o próprio Catilina amava seus crimes, mas outra coisa, por cujo motivo os cometia.

Capítulo 6
O crime gratuito

Que amei, então, em ti, ó meu furto, crime noturno de meus 16 anos? Porque não eras belo, já que eras furto. Mas, por acaso és algo para que eu fale contigo? Belas eram as peras que roubamos, por serem criaturas tuas, ó formosíssimo Criador de todas as coisas, bom Deus, Deus sumo, meu bem e meu verdadeiro bem: belas eram aquelas peras! Porém, não eram elas que apeteciam minha alma miserável. Eu as tinha em abundância, e melhores. Mas arranquei-as da árvore só para roubar, pois, apenas colhidas joguei-as fora, saboreando nelas apenas a iniquidade, que me proporcionava prazer. Porque se alguma delas entrou em minha boca, somente o crime é que lhe deu sabor.

E agora pergunto, meu Deus: que é que me deleitava no furto? Porque não encontro nenhuma formosura nele. Já não falo da beleza que reside na justiça e na prudência, mas nem sequer da que resplandece na inteligência do homem, na memória, nos sentidos ou na vida vegetativa; nem da que brilha nos belos astros em seus giros, ou na terra e no mar, cheios de criaturas, que nascem para sucederem umas às outras; nem sequer da defeituosa e umbrátil formosura dos vícios enganadores.

Porque o orgulho imita a altura; mas só tu, Deus excelso, estás acima de todas as coisas. E a ambição, que procura, senão honras e glórias, sendo tu o único sobre todas as coisas digno de ser honrado e glorificado eternamente? A crueldade dos tiranos quer ser temida; porém, quem há de ser temido, senão Deus, a cujo poder ninguém, em tempo algum nem lugar, nem por nenhum meio pode subtrair-se e fugir? As carícias dos lascivos querem provocar o amor; porém, nada há mais carinhoso que tua caridade, nem que se ame com maior proveito que tua verdade, sobre todas as coisas formosa e resplandecente. A curiosidade parece afetar amor à ciência, enquanto só tu conheces sumamente todas as coisas. Até a mesma ignorância e estultícia cobrem-se com o nome de simplicidade e inocência, porque não acham nada mais simples do que tu. E que pode haver mais inocente do que tu, pois, até mesmo o castigo dos maus lhes vem de suas más ações? A indolência gosta do descanso; porém, que descanso certo pode haver fora do Senhor? O luxo gosta de ser chamado de saciedade e abundância; mas só tu és a plenitude e a abundância inesgotável de eterna suavidade. A prodigalidade veste-se com a capa da liberalidade; porém, só tu, és verdadeiro e liberalíssimo doador de todos os bens. A avareza quer possuir muitas coisas;

porém, só tu as possuis todas. A inveja litiga acerca de excelências; porém, que há mais excelente do que tu? A ira busca a vingança; e que vingança mais justa do que a tua? O temor espanta-se com as coisas repentinas e insólitas, contrárias ao que se ama ou se deseja manter seguro; mas que há em ti de novo e repentino? Quem há capaz de te arrebatar o que amas? E onde, senão em ti, se encontra inabalável segurança? A tristeza definha-se com a perda das coisas com que a cobiça se deleita, e não quer que se lhe tire nada, como nada pode ser tirado de ti.

Assim peca a alma, quando apartada de ti, e busca fora de ti o que não pode achar puro e sem mescla senão quando se volta para ti. Perversamente te imitam todos os que se afastam de ti e se levantam contra ti. Porém, mesmo imitando-te assim, indicam que és o criador de toda criatura, e que, portanto, não existe lugar onde alguém se possa afastar de ti de modo absoluto.

Que amei, então, naquele furto, ou em que imitei, embora viciosa e imperfeitamente, a meu Senhor? Acaso em deleitar-me obrando contra a lei enganosamente, já que não o podia fazer por força, simulando, cativo, uma falsa liberdade ao fazer impunemente o que estava proibido, imagem tenebrosa de tua onipotência?

Eis aqui o servo que, fugindo de seu senhor, seguiu uma sombra[9]. Ó podridão! Ó monstro da vida e abismo da morte! Como pôde agradar-me o ilícito, e não por outro motivo, senão porque não era lícito?

Capítulo 7
Ação de graças

Como agradecerei ao Senhor[10] por poder recordar minha memória todas estas coisas sem que minha alma sinta medo algum? Amar-te-ei, Senhor, e dar-te-ei graças, e confessarei teu nome, porque me perdoaste tantas e tão nefandas ações. Devo à tua graça e misericórdia teres-me dissolvido os pecados como gelo, como também todo o mal que não pratiquei. Que pecados, realmente, não poderia cometer, eu que amei gratuitamente o crime?

Confesso que todos já me foram perdoados, tanto os cometidos voluntariamente, como os que deixei de fazer por teu favor. Quem dentre os homens, conhecendo sua fraqueza, é capaz de atribuir às próprias forças sua castidade e inocência, para amar-te menos, como se tivera menor necessidade de tua misericórdia, com a qual perdoas os pecados aos que se convertem a ti?

Aquele, pois, que, chamado por ti, seguiu tua voz e evitou todas estas coisas que lê de mim, e que eu recordo e confesso, não se ria de mim por haver sido curado, estando enfermo, pelo mesmo médico que o preservou de cair enfermo, ou melhor, de que adoecesse tanto. Antes, esse deve amar-te tanto e ainda mais do que eu, porque o mesmo que me sarou a mim de tantas e tão graves enfermidades, esse mesmo o livrou a ele de cair.

Capítulo 8
O prazer da cumplicidade

E que fruto tirei eu, miserável, daquelas ações que agora recordo com rubor? Sobretudo daquele furto em que amei o próprio furto, e não outra coisa? Nenhum, pois o furto em si nada valia, ficando eu mais miserável com ele. Contudo, é certo que eu sozinho não o teria praticado — a julgar pela disposição de meu ânimo na ocasião; — não, de modo algum; eu sozinho não o faria. Portanto, apreciei também nesta ocasião a companhia de outros culpados, com quem o cometi. Logo, tampouco, é certo que não apreciei nada mais além do furto, embora não apreciasse nada mais, pois também essa cumplicidade era nada.

Mas, que é, na verdade? E quem mo poderá ensinar, senão o que ilumina meu coração e rasga suas sombras? De onde me vem a ideia desta pesquisa, desta discussão, destas considerações? Se eu então amei as peras que roubei, e queria apenas seu deleite, podia ter cometido sozinho, se isso bastasse, aquela iniquidade pela qual alcançaria aquele deleite, sem necessidade de excitar o prurido de meu apetite com a conivência de almas cúmplices. Porém, como não achava deleite algum nas peras, colocava este no próprio pecado, que consistia na companhia dos que pecavam comigo.

Capítulo 9
O prazer do pecado

E que sentimento era aquele de minha alma? Certamente, mui torpe e eu um desgraçado por alimentá-lo. Mas, que era na realidade? E quem há que entenda os pecados[11]? Era como um riso, como que a fazer-nos cócegas no coração, provocado por ver que enganávamos aos que não suspeitavam de nós tais coisas, e porque sabíamos que haviam de detestá-las.

Porém, por que me deleitava o não pecar sozinho? Acaso por que ninguém se ri facilmente quando está só? Isso é verdade; porém, também é verdade que às vezes o riso tenta e vence aos que estão sós, sem que ninguém os veja, quando se oferece nos sentidos ou à alma algo extraordinariamente ridículo. Porque a verdade é que eu sozinho nunca teria feito aquilo; não, eu sozinho jamais faria aquilo. Tenho viva, diante de mim, meu Deus, a lembrança daquele estado de minha alma, e repito que eu sozinho não teria cometido aquele furto, no qual não me deleitava o objeto do roubo, mas a razão do roubo, o que, sozinho, não me teria agradado de modo algum, nem eu o teria feito.

Ó amizade inimiga! Sedução inescrutável da alma, vontade de fazer mal por passatempo e brinquedo, apetite do dano alheio sem proveito algum próprio e sem desejo de vingança! Só porque sentimos vergonha de não ser sem-vergonhas quando nos dizem: "Vamos! Façamos!"

Capítulo 10
Deus, o sumo bem

Quem desatará este nó, tão enredado e emaranhado? Como é feio! Não quero voltar para ele os olhos, não quero nem mesmo vê-lo. Só a ti quero, justiça e inocência, tão bela e graciosa aos olhos puros, e com insaciável saciedade. Só em ti se acha o descanso supremo e a vida sem perturbação. Quem entra em ti, entra no gozo de seu Senhor[12], e não temerá, e se sentirá sumamente bem no sumo bem. Eu me afastei de ti e andei errante, meu Deus, mui longe de teu apoio em minha adolescência, e cheguei a ser para mim região de esterilidade.

LIVRO TERCEIRO

Capítulo 1
O gosto do amor

Cheguei a Cartago, e por toda parte crepitava a meu redor a sertã de amores impuros. Ainda não amava, mas já gostava de amar, e com secreta indigência odiava a mim próprio por não me sentir mais indigente. Gostando do amor buscava o que amar, e odiava a segurança e os caminhos sem perigos, porque tinha dentro de mim fome de alimento interior, de ti mesmo, ó meu Deus, embora eu não sentisse essa fome como tal; antes, estava sem apetite algum dos manjares incorruptíveis não porque estivesse saciado deles, mas porque, quanto mais vazio, tanto mais enfastiado me sentia.

E por isso minha alma não se sentia bem, e, ferida, lançava-se fora de si, ávida de se roçar miseravelmente às coisas sensíveis, as quais, se não tivessem alma, não seriam certamente amadas.

Amar e ser amado era para mim a coisa mais doce, sobretudo se podia gozar do corpo da criatura amada. Deste modo manchava com torpe concupiscência a fonte da amizade, e obscurecia seu candor com os vapores tartáreos da luxúria. E com ser tão torpe e desonesto, desejava com afã, transbordando de vaidade, passar por elegante e cortês.

Caí também no amor, em que desejava ser colhido. Porém, ó meu Deus, misericórdia minha, quanto fel não misturaste àquela suavidade, e quão bom foste ao fazê-lo! Porque, enfim, fui amado, e cheguei secretamente aos laços do prazer, e me deixei atar alegre com trabalhosos laços, para ser logo açoitado com as varas de ferro ardente do ciúme, das suspeitas, dos temores, das iras e das contendas.

Capítulo 2
A paixão dos espetáculos

Arrebatavam-me os espetáculos teatrais, cheios de imagens de minhas misérias e incentivos para o fogo de minha paixão. Mas, por que quer o homem condoer-se quando contempla coisas tristes e trágicas, que de modo algum gostaria de padecer? Contudo, o espectador deseja sofrer como elas, e até essa mesma dor é seu deleite. Que é isso, senão incompreensível loucura? Porque tanto mais se comove alguém com elas quanto menos livre se está de semelhantes afetos, embora chamemos de misérias os sofrimentos, e de misericórdia a compaixão.

Porém, que misericórdia pode haver em coisas fingidas e representadas? Porque nelas não se incita o espectador a que socorra a alguém, senão que o mesmo é convidado apenas a se condoer, apreciando tanto mais o autor daquelas histórias quanto maior é o sentimento que elas nos inspiram. De onde resulta que, se tais desgraças humanas — quer sejam tomadas das histórias antigas, quer sejam inventadas — são representadas de forma que não causem sofrimento ao espectador, este sai aborrecido e murmurando; porém, se, pelo contrário, é levado à tristeza, fica atento e satisfeito.

Quer isso dizer que se amam as lágrimas e a dor? Sem dúvida todo homem quer divertir-se; mas como não agrada a ninguém ser miserável, e sendo grato a todos ser misericordioso, e como a piedade não pode existir sem que se sinta dor, não seria esta a causa verdadeira para que apreciemos essas emoções dolorosas?

Também isso provém da amizade. Mas para onde se dirige? Para onde vai? Por que corre à torrente da pez ardente, aos ardores horríveis de negras leviandades, em que a amizade se transforma por vontade própria, afastada e privada de sua celestial serenidade?

Deve-se, portanto, repelir a compaixão? De modo algum. Convém, pois, que alguma vez se amem as dores; mas evita nisso a impureza, ó minha alma, debaixo da proteção de Deus, do Deus de nossos pais, louvado e exaltado por todos os séculos[1]; cuidado com a impureza, porque nem agora me acho livre de tal compaixão. Mas naquele tempo comprazia-me no teatro com os amantes, quando eles se gozavam em suas torpezas — embora estas se executassem apenas de modo imaginário no jogo cênico. — E assim, quando um deles se perdia, eu quase piedosamente me contristava, e sentia prazer numa e noutra coisa.

Mas agora tenho mais compaixão do homem que se alegra em seus pecados, que do que sofre pela carência de um prazer funesto ou com a perda de uma mísera felicidade. Esta misericórdia é certamente mais verdadeira, porém, nela a dor não causa deleite. Porque, embora seja certo que merece aprovação quem por motivos caridosos se compadece do miserável, contudo, quem é verdadeiramente compassivo preferiria que não houvesse razões para se compadecer. Porque assim como não é possível que exista uma benevolência malévola, tampouco o é que haja alguém verdadeira e sinceramente misericordioso que deseje que haja miseráveis para ter de quem se compadecer.

Há, pois, dores que merecem compaixão, porém, nenhuma que mereça amor. Por isso tu, Deus, que amas as almas muito mais copiosa e elevadamente que nós, te compadeces delas de modo muito mais puro, porque não sentes nenhuma dor. Mas quem será capaz de chegar a isso?

Mas eu, desventurado, amava então a dor, e buscava motivos para senti-la quando, naquelas desgraças alheias, falsas e mímicas, me agradava tanto mais a ação do ator, e me mantinha tanto mais atento quanto mais copiosas lágrimas me fazia derramar.

Mas, que pode haver de estranho em que eu, infeliz ovelhinha transviada de teu rebanho, por não suportar tua proteção, estivesse atacado de ronha asquerosa? De aqui nasciam, sem dúvida, os desejos daqueles sentimentos de dor, que, todavia, não queria que fossem muito profundos em mim, porque não desejava padecer coisas como as representadas, mas comprazia-me que aquelas coisas, ouvidas ou fingidas, me tocassem superficialmente. Mas, como acontece com os que se coçam com as unhas, costumava terminar provocando em mim mesmo um tumor abrasador, podridão e pus repelente.

Tal era minha vida. Mas, seria isto vida, meu Deus?

Capítulo 3
O estudo da retórica e os demolidores

Entretanto, tua misericórdia, fiel, de longe pairava sobre mim. Mas, em quantas iniquidades não me consumi, meu Deus, levado por sacrílega curiosidade, que, separando-me de ti, conduzia-me aos mais baixos, desleais e enganosos obséquios aos demônios a quem sacrificava minhas ações sendo em todas castigado com duro açoite por ti!

Tive também a ousadia de apetecer ardentemente e de procurar meios para e morte na celebração de uma de tuas solenidades, dentro dos muros de tua Igreja. Por isso me açoitaste com duras penas, que nada eram comparadas com minhas culpas, ó Deus, misericórdia infinita, e meu refúgio contra os terríveis malfeitores, com os quais vaguei de cabeça erguida, afastando-me cada vez mais de ti, preferindo meus caminhos aos teus, amando a liberdade fugitiva!

Aqueles estudos, que se denominavam honestos ou nobres, tinham por objetivo as contendas do foro, nos quais deveria sobressair com tanto maior louvor quando maiores fossem as mentiras. Tal é a cegueira dos homens, que até de sua própria cegueira se gloriam!

Eu já conseguira ser o primeiro da escola de retórica, e por isso me vangloriava soberbamente, e me inflava de orgulho. Contudo, tu sabes, Senhor, que eu era muito mais sossegado que os demais, e totalmente alheio às turbulências dos *eversores* (demolidores) — nome sinistro e diabólico que logrou converter-se em distintivo de urbanidade, entre os quais vivia com impudente pudor por não pertencer a seu grupo. É verdade que andava com eles, e que me deleitava às vezes com sua amizade, porém, sempre aborreci o que faziam, as troças com que impudentemente surpreendiam e ridicularizavam a timidez dos novatos, sem outra finalidade senão divertir-se enganando-os, fazendo disso alimento para suas malévolas alegrias. Nada há mais parecido a estas ações que as dos demônios, pelo que nenhum nome lhes quadra melhor que o de *eversores* ou *perversores,* por serem eles antes transtornados e pervertidos totalmente pelos espíritos malignos, que assim os burlam e enganam, sem que o saibam, justamente no que eles gostavam de ludibriar ou enganar aos demais.

Capítulo 4
O Hortênsio de Cícero

Entre esses tais estudava, em tão tenra idade, os livros da eloquência na qual desejava sobressair com o fim condenável e vão de satisfazer a vaidade humana. Mas, seguindo a ordem usada no ensino desses estudos, cheguei a um livro de um tal Cícero, cuja linguagem quase todos admiram, embora o mesmo não aconteça com seu conteúdo.

Esse livro contém uma sua exortação à filosofia, e se chama *Hortênsio*[*]. Esse livro mudou meus sentimentos, e transferiu para ti, Senhor, minhas súplicas, e fez com que meus votos e desejos fossem outros. De repente, mostrou-se vil a meus olhos toda esperança vã, e com incrível ardor de meu coração suspirava pela imortalidade da sabedoria, e

---
[*] Diálogo do qual só nos restam fragmentos. Cícero fazia aí o elogio da filosofia, respondendo às perguntas de Hortênsio.

comecei a me reerguer para voltar a ti. Porque não era para limar o estilo — aperfeiçoamento que, parece, eu deveria comprar com o dinheiro de minha mãe, naquela idade de meus 19 anos, fazendo dois que morrera meu pai — não era, repito, para limar o estilo que eu me dedicava à leitura daquele livro, nem era o estilo o que a ela me incitava, mas o que ele dizia.

Como ardia, meu Deus, como ardia em desejos de voar para ti das coisas terrenas, sem que eu soubesse o que obravas em mim! Porque em ti está a sabedoria[2], e o amor à sabedoria tem um nome em grego, que é filosofia, pela qual aquelas páginas me apaixonavam. Não faltam os que enganam servindo-se da filosofia, colorindo ou encobrindo seus erros com nome tão grande, tão doce e honesto. Mas quase todos os que tal fizeram em seu tempo e em épocas anteriores, são apontados e refutados nesse livro. Também se encontra ali bem claro aquele salutar aviso de teu Espírito, dado por meio de teu servo bom e piedoso (Paulo): Vede que ninguém vos engane com vãs filosofias e argúcias sedutoras, de acordo com a tradição dos homens e com a tradição dos elementos deste mundo, e não de acordo com Cristo, porque nele habita corporalmente toda a plenitude da divindade[3].

Mas então — tu bem o sabes, luz de meu coração — como eu ainda não conhecia o conselho de teu Apóstolo, só me deleitava naquela exortação o fato de me excitarem fortemente, inflamando-me com sua palavra a amar, a buscar, a conquistar, a reter e a abraçar energicamente não a esta ou àquela seita, senão à própria sabedoria, onde quer que estivesse. Só uma coisa me esfriava tão grande incêndio: não ver ali o nome de Cristo. Porque este nome, Senhor, este nome de meu Salvador, teu Filho, por tua misericórdia eu o bebera piedosamente com o leite de minha mãe, e o conservava no mais profundo de meu coração; e assim, tudo quanto fosse escrito sem este nome, por mui verídico, elegante e erudito que fosse, não me arrebatava totalmente.

Capítulo 5
A desilusão das Escrituras

Em vista disso, decidi dedicar-me ao estudo da Sagrada Escritura, para a conhecer. Mas eis que deparo com algo encoberto para os soberbos e obscuro para as crianças, mas humilde a princípio e sublime à medida que se avança e coberto de mistérios, e eu não era tal que pudesse entrar por ela, dobrando a cerviz à sua passagem. Contudo, ao fixar nela a atenção, não pensei o que agora estou dizendo, mas simplesmente me pareceu indigna de ser comparada com a majestade dos escritos de Túlio. Meu orgulho recusava seu estilo, e minha mente não lhe penetrava o íntimo. Contudo, as Escrituras eram tais que haveriam de crescer com os pequenos; mas eu de nenhum modo queria ser criança, e, enfatuado de soberba, considerava-me grande.

Capítulo 6
A sedução do maniqueísmo

Deste modo vim a dar com uns homens que deliravam soberbamente, demasiado carnais e loquazes, em cuja boca há laços diabólicos e liga viscosa feita com as sílabas de teu nome, do de nosso Senhor, Jesus Cristo, e do de nosso Paráclito e Consolador, o Espírito Santo. Estes nomes nunca se afastavam de seus lábios, porém, só no som e ruído da boca, pois nos demais, seu coração estava vazio de toda verdade.

Diziam: "Verdade! Verdade!" — e, incessantemente, falavam-me da verdade, que nunca existiu neles; antes, diziam muitas coisas falsas, não apenas de ti, que és verdade por excelência, mas também dos elementos deste mundo, criação tua, sobre os quais, mesmo quando os filósofos diziam a verdade, tive de ultrapassá-los nos raciocínios por amor de ti, ó pai sumamente bom, beleza de todas as belezas!

Ó verdade, verdade! quão intimamente suspirava então por ti desde o íntimo de minha alma, quando eles te faziam soar ao meu redor frequentemente e de muitos modos, embora apenas com as palavras e em seus muitos e volumosos livros. Estes eram as bandejas nas quais, estando já faminto de ti, serviam-me em teu lugar o sol e a lua, formosas obras de tuas mãos, porém, obras tuas, e não a ti, e nem ainda sequer das principais. Porque tuas obras espirituais são mais excelentes que estas corporais, embora estas sejam brilhantes e celestes. Mas eu tinha sede e fome não daquelas primeiras, mas de ti mesmo, ó verdade, na qual não há mudança alguma nem obscuridade momentânea[4]!

E continuavam eles servindo-me nessas bandejas esplêndidos fantasmas, de acordo com os quais teria sido melhor amar a este sol, pelo menos verdadeiro à vista, em lugar daquelas falsidades que pelos olhos do corpo enganavam à alma.

Contudo, como as tomava por ti, comia delas, não certamente com avidez, porque não tinham o teu gosto — pois não eras aqueles vãos fantasmas — nem me nutria com elas, antes sentia-me cada vez mais extenuado. Isso porque a comida que se toma em sonhos, não obstante ser muito semelhante à que se toma acordado, não alimenta aos que dormem, porque estão dormindo. Aqueles, porém, não eram semelhantes a ti de modo algum, como agora me certificou a verdade, porque eram fantasmas corpóreos ou falsos corpos, em cuja comparação são mais reais estes corpos verdadeiros — celestes ou terrestres — que vemos com os olhos da carne assim como os veem os animais e as aves.

Vemos estas coisas, e são mais reais do que quando as imaginamos, e, por sua vez, quando as imaginamos, são mais reais do que quando por meio delas conjecturamos outras maiores e infinitas, que de modo algum existem. Com tais quimeras me alimentava eu então, e por isso não me saciava.

Mas tu, meu amor, em quem desfaleço para ser forte, nem és estes corpos que vemos, embora no céu, nem os outros que não vemos, porque és o Criador de tudo, e não os consideras como as obras-primas de tua criação.

Oh! quão longe estavas daqueles meus fantasmas imaginários, fantasmas de corpos que jamais existiram, a cuja comparação são mais reais as imagens dos corpos existentes; e, mais reais ainda que essas imagens, esses mesmos corpos, os quais, todavia, não és tu! Mas nem sequer és a alma que dá vida aos corpos — vida essa que é melhor e mais real que os corpos — mas é a vida das almas, a vida das vidas, que vives por ti mesma e não te mudas: a vida de minha alma.

Mas onde estavas então para mim? E quão longe, sim, quão longe peregrinava eu longe de ti, privado até das bolotas com que eu alimentava os porcos! Quão melhores eram as fábulas dos gramáticos e poetas que todos aqueles enganos! Porque os versos, a poesia e a fábula de Medeia voando pelo ar são coisas certamente mais úteis que os cinco elementos do mundo diversamente disfarçados, conforme os cinco antros ou covas tenebrosas, que não existem, mas que matam a quem neles acredita. Porque versos e poesia eu os posso converter em iguaria saborosa, e, quanto ao voo de Medeia, se o recitava bem, não o afirmava, e, se me agradava ouvi-lo, não lhe dava crédito. Mas eu acreditei naqueles erros.

Ai de mim, por que degraus fui descendo até a profundidade do abismo, cheio de fadiga e devorado pela falta de verdade! E tudo isso, meu Deus — a quem me confesso porque te compadeceste de mim quando ainda não te conhecia — tudo por buscar-te, não com a inteligência — com a qual quiseste que eu fosse superior aos animais — mas com os sentidos da carne, porque estavas dentro de mim, mais profundo do que o que em mim existe de mais íntimo, e mais elevado do que o que em mim existe de mais alto.

Assim vim a encontrar aquela mulher procaz e desprovida de prudência — enigma de Salomão — que, sentada em uma cadeira à porta de sua casa, diz aos que passam: Comei à vontade dos pães escondidos, e bebei da doçura da água roubada[5], a qual me seduziu por andar vagando fora de mim, debaixo do império do sentido carnal da vista, ruminando em meu íntimo o que meus olhos haviam devorado.

Capítulo 7
Alguns erros dos maniqueus

Não conhecia em outra realidade — a verdadeira — e me sentia como que movido por um aguilhão a concordar com a opinião daqueles insensatos impostores quando me perguntavam de onde procedia o mal, se Deus estava limitado por forma corpórea, se tinha cabelos e unhas, e se deviam ser considerados justos os que tinham várias mulheres simultaneamente, e os que causavam a morte de outros ou sacrificavam animais.

Eu, ignorando essas coisas, perturbava-me com essas perguntas, e, afastando-me da verdade, pensava caminhar para ela, porque não sabia que o mal nada mais era que privação do bem, até chegar ao próprio nada. E como haveria eu de saber isso, se com a vista dos olhos não conseguia ver mais do que corpos, e com a da alma não ia além dos fantasmas?

Tampouco sabia que Deus é espírito, e que não tem membros dotados de comprimento ou largura, nem quantidade material alguma, porque a quantidade ou matéria é sempre menor na parte que no todo, e, mesmo que fosse infinita, sempre seria melhor em uma parte definida por um espaço determinado do que em sua infinitude, não podendo estar toda inteira em todas as partes, como o espírito, como Deus.

Ignorava também totalmente o princípio de nossa existência, pelo qual somos, e com verdade a Escritura nos chama de *imagem de Deus*[6].

Não conhecia tampouco a verdadeira justiça interior, que não julga pelo costume, mas pela lei retíssima do Deus onipotente, segundo a qual se hão de formar os costumes dos países e épocas conforme os mesmos países e tempos, e que, sendo a mesma em todas as partes e tempos, não varia de acordo com as latitudes e as épocas, lei essa segundo a qual foram justos Abraão, Isac, Jacó e Davi, e todos os que são louvados pela boca de Deus, embora os ignorantes, julgando as coisas de acordo com a sabedoria humana[7], e medindo a conduta alheia pela própria, os julgam iníquos. É como se um ignorante em armaduras, não sabendo o que é próprio de cada membro, quisesse cobrir a cabeça com a couraça e os pés com o capacete, e se queixasse de que as peças não se lhe adaptem convenientemente. Ou como se alguém se queixasse de que, em determinado dia, considerado feriado do meio-dia em diante, não lhe permitissem vender a mercadoria à tarde, como acontecera pela manhã; ou porque vê que na mesma casa permite-se a um escravo qualquer tocar no que não se consente ao que assiste à mesa; ou porque não se permite fazer diante dos comensais o que se faz atrás de uma estrebaria; ou, finalmente, se indignasse porque, sendo uma a casa e uma a família, não se distribuíssem as coisas a todos por igual.

Tais são os que se indignam quando ouvem dizer que em outros séculos se permitiram aos justos coisas que não se permitem aos justos de agora, e que Deus mandou àqueles uma coisa, e a estes outra, de acordo com a diferença dos tempos, servindo uns e outros à mesma norma de santidade. E, contudo, bem veem estes que no mesmo homem, e no mesmo dia, e na mesma hora, e na mesma casa, o que convém a um membro não convém a outro; e que o que pouco antes foi lícito, passando a hora já não o é mais; e que o que se concede em uma parte, é justamente proibido e castigado em outra.

Diremos, por isso, que a justiça é vária e volúvel? O que acontece é que os tempos que ela preside e rege não caminham do mesmo modo, porque são tempos. Mas os homens, cuja vida terrestre é breve, como não sabem harmonizar as causas dos séculos passados e das gentes que não viram nem experimentaram, com as que agora veem e experimentam, e, por outra parte, como veem facilmente o que no mesmo corpo, no mesmo dia e na mesma hora convém a cada membro, a cada tempo, a cada parte e a cada pessoa, escandalizam-se com as coisas daqueles tempos, enquanto que aprovam as de agora.

Ignorava eu então estas coisas, e não as advertia, e, embora de todos os lados me ferissem os olhos, eu não as via; e embora visse, quando declamava algum poema, que não me era lícito pôr um pé qualquer em qualquer parte do verso, senão em uma espécie de metro uns e em outra outros, e em um mesmo verso nem sempre em todas as partes o mesmo pé, e que a própria arte conforme a qual declamava, não obstante mandar coisas tão distantes, não era diversa em cada parte, senão uma em todas elas, contudo, não via como a justiça, à qual serviram aqueles varões bons e santos, pudesse conter simultaneamente, de modo muito mais excelente e sublime, preceitos tão diversos, sem variar em nenhuma parte, apesar de não mandar ou distribuir aos diferentes tempos todas as coisas simultaneamente, mas a cada um as que lhe são próprias. E, cego, censurava àqueles piedosos patriarcas, que não só usavam do presente como Deus lhes mandava e inspirava, mas também prediziam o futuro conforme Deus lhes revelava.

Capítulo 8
Moral e costumes

Acaso foi alguma vez ou em alguma parte injusto amar a Deus de todo o coração, com toda a alma e com toda a mente, e amar ao próximo como a nós mesmos[8]? Por isso, todos os pecados contra a natureza, como o foram os dos sodomitas, hão de ser detestados e castigados sempre e em toda parte, pois, mesmo que todos os cometessem, não seriam menos réus de crime diante da lei divina, que não fez os homens para usar tão torpemente de si, pois viola-se a união que devemos manter com Deus quando a natureza, da qual é autor, se mancha com a perversidade da libido.

Com relação aos pecados que são contra os costumes humanos, também hão de ser evitados de acordo com a diversidade dos costumes, a fim de que o pacto mútuo entre povos e nações, firmado pelo costume ou pela lei, não seja quebrado por nenhum capricho de cidadão ou forasteiro, porque é indecorosa a parte que não se acomoda ao todo.

Mas quando Deus manda algo contra esses costumes ou pactos, sejam quais forem, deve ser obedecido, embora o que mande nunca tenha sido feito; e se se deixou de fazer, deve ser restaurado, e se não estava estabelecido, deve-se estabelecer. Porque, se é lícito a um rei mandar na cidade que governa coisas que ninguém antes dele nem ele próprio havia mandado, e se não é contra o bem da sociedade obedecê-lo, antes o seria o não obedecê-lo — por ser lei primordial de toda sociedade humana obedecer a seus reis — quanto mais deveria ser Deus obedecido sem titubeios em tudo que mandar, como rei do universo? Porque, assim como entre os poderes humanos o maior poder se antepõe ao menor, para que este lhe preste obediência, assim Deus antepõe-se a tudo e a todos.

O mesmo se deve dizer dos crimes cometidos por desejo de causar danos, quer por agressão, quer por injúria; e ambas as coisas, ou por desejo de vingança, como ocorre entre inimigos, ou por alcançar algum bem sem trabalhar, como o ladrão que rouba ao viajante; ou para evitar algum mal, como acontece com o que teme; ou por inveja, como acontece ao desgraçado com o que é mais feliz, ou ao que conseguiu riquezas, temendo ser igualado ou que já lhe sejam iguais; ou unicamente pelo prazer, como acontece com o espectador dos combates dos gladiadores, ou com o que se ri e zomba dos demais.

Estas são as cabeças ou fontes de iniquidade, que nascem da paixão de mandar, de ver ou de sentir, quer de uma só dessas paixões, ou de duas, ou de todas juntas, razão por que se vive mal, ó Deus altíssimo e dulcíssimo, contra os *três e sete,* o saltério de dez cordas, teu decálogo.

Mas, que pecado pode atingir a ti, que não és atingido pela corrupção? Ou que crimes podem cometer-se contra ti, a quem ninguém pode causar dano? Mas o que vingas são os crimes que os homens cometem contra si, porque, mesmo quando pecam contra ti, agem impiamente contra suas almas, e sua iniquidade engana-se a si própria, ou corrompendo e pervertendo sua natureza — feita e ordenada por ti — ou usando imoderadamente das coisas permitidas, ou desejando imoderadamente as não permitidas, pelo uso daquilo que é contra a natureza[9].

Também se fazem réus dos mesmos crimes os que com o pensamento e a palavra se enfurecem contra ti, dando coices contra o aguilhão, ou quando, quebrados os freios da sociedade humana, alegram-se, audazes, com as facções ou desuniões, de acordo com suas simpatias ou antipatias. E tudo isso se faz quando és abandonado, fonte da vida, único e verdadeiro criador e senhor do universo, e com orgulho egoísta ama-se uma parte do todo como se fosse o todo.

Essa a razão pela qual só se pode voltar para ti com piedade humilde e assim nos purificas dos maus costumes, e te mostras propício com os pecados dos que te confessam, e ouves os gemidos dos cativos, e nos livras dos grilhões que nós mesmos forjamos, contanto que não ergamos contra ti os chifres de uma falsa liberdade, quer arrastados pela ânsia de possuir mais, quer pelo temor de perder tudo, preferindo nosso próprio interesse a ti, bem de todos.

Capítulo 9
Pecados e imperfeições

Mas, entre maldades, crimes e tanta multidão de iniquidades, estão os pecados dos que progridem, pecados que os homens de bom juízo vituperam, de acordo com a regra da perfeição, e louvam pela esperança de frutos futuros, como o verde que antecede as colheitas.

Há outras ações semelhantes a ações vergonhosas ou a delitos, e que não são pecados, porque nem te ofendem a ti, Senhor, nosso Deus, nem tampouco à sociedade humana, como acontece quando procuramos coisas convenientes para o uso da vida e as circunstâncias, e não se sabe se essa busca é cobiça, ou quando castigamos a alguém com desejo de que se corrija, fazendo uso do poder ordinário, e não se sabe se o fazemos ou não por vontade de mortificar.

Por isso, muitas ações que parecem condenáveis aos homens, são aprovadas por teu testemunho, e muitas, louvadas pelos homens, são condenadas por teu testemunho, porque muitas vezes as aparências do ato diferem das intenções de seu autor, assim como circunstâncias ocultas do tempo.

Mas quando mandas, de repente, algo insólito e imprevisto, mesmo que o tenhas proibido uma vez, mesmo que escondas por algum tempo as razões de teu mandamento, mesmo que seja contra o pacto de alguns homens da sociedade, quem pode duvidar de que se há de obedecer, sendo justa a sociedade humana que te serve? Mas, felizes dos que sabem que tu o mandaste, porque os que te servem fazem tudo o que mandas, ou porque assim o exige o tempo presente, ou para prefigurar o futuro.

Capítulo 10
Ridicularias dos maniqueus

Desconhecendo eu estas verdades, ria-me de teus santos servos e profetas. Mas, que fazia eu quando me ria deles, senão dar motivo para que te risses de mim, deixando-me cair insensivelmente, e pouco a pouco, em tais ridicularias, a ponto de acreditar que o figo, quando colhido, juntamente com sua mãe, a árvore, chora lágrimas de leite, e que se um santo da seita comia o tal figo, colhido não por delito próprio, mas alheio, misturando-o em suas entranhas, depois, gemendo e arrotando enquanto rezava, exalava anjos e até mesmo partículas de Deus, partículas essas do verdadeiro Deus que ficariam cativas para sempre naquele fruto se não fossem libertadas pelos dentes e pelo estômago do santo eleito?

Também acreditei, miserável, que se devia ter mais misericórdia com os frutos da terra que com os homens para os quais foram criados, porque, se algum faminto, que não fosse maniqueu, me pedisse de comer, parecia-me que atendê-lo era como condenar aquele bocado à pena de morte.

Capítulo 11
O sonho de Mônica

Mas estendeste tua mão do alto, e livraste minha alma deste abismo de trevas, enquanto minha mãe, tua fiel serva, chorava-me diante de ti muito mais do que as outras mães costumam chorar sobre o cadáver dos filhos, porque via minha morte com a fé e o espírito que havia recebido de ti. E tu a escutaste, Senhor, tu a escutaste e não desprezaste suas lágrimas, que, correndo abundantes, regavam o solo debaixo de seus olhos por toda parte onde fazia sua oração; sim, tu a escutaste, Senhor. Com efeito, donde podia vir aquele sonho, com que a consolaste, condescendendo por isso a me admitir em sua companhia e mesa, o que havia começado a me negar porque aborrecia e detestava as blasfêmias de meu erro?

Nesse sonho viu-se de pé sobre uma régua de madeira, e a um jovem resplandecente, alegre e risonho que vinha ao encontro dela, toda triste e aflita. Este, ao lhe perguntar a causa de sua tristeza e lágrimas diárias, não por curiosidade, como acontece ordinariamente, mas para instruí-la, e respondendo-lhe ela que chorava a minha perda, mandou-lhe e admoestou-lhe, para sua tranquilidade, que prestasse atenção e visse que onde ela estava também estava eu. Apenas olhou, viu-me junto de si, de pé sobre a mesma régua.

De onde veio este sonho, senão porque tinhas os ouvidos atentos a seu coração, ó Deus bom e onipotente, que cuidas de cada um de nós como se não tiveras mais que cuidar, cuidando de todos como de cada um!

E como explicar que, contando-me minha mãe esta visão, e querendo-a eu persuadir de que significava o contrário, e que não devia desesperar de ser algum dia o que eu então era, ela, sem nenhuma hesitação, me respondeu: "Não; não me foi dito: onde ele está ali estás tu, mas onde tu estás ali está ele?"

Confesso, Senhor, e muitas vezes disse que, pelo que me recordo, me comoveu mais esta resposta de minha mãe solícita, imperturbável diante de explicação falsa tão especiosa, e por ter visto o que se devia ver — e que eu certamente não veria antes que ela o dissesse — que o mesmo sonho com o qual anunciaste a esta piedosa mulher com tanta antecedência, a fim de consolá-la em sua aflição presente, uma alegria que não havia de se realizar senão muito tempo depois.

Seguiram-se, efetivamente, quase nove anos, durante os quais continuei a me revolver naquele abismo de lodo[10] e trevas de erro, afundando-me tanto mais quanto mais esforços fazia para me libertar. Entretanto, aquela piedosa viúva, casta e sóbria como as que tu amas, já um pouco mais alegre com a esperança, porém, não menos solícita em suas lágrimas e gemidos, não cessava de chorar por mim em tua presença em todas as horas de suas orações; e suas preces eram aceitas a teus olhos, mas deixavas-me ainda revolver-me e envolver-me naquela escuridão.

Capítulo 12
Uma profecia

Nessa mesma ocasião lhe deste outra resposta, de que ainda me lembro — pois passo em silêncio muitas circunstâncias, pela pressa que tenho de chegar àquelas que te devo confessar com mais urgência, ou porque não as recordo — deste, digo, outra resposta à minha mãe por meio de um sacerdote teu, um bispo educado em tua Igreja e exercitado em tuas Escrituras, a quem, como ela pedisse que se dignasse falar comigo, para refutar meus erros, desenganar-me de minhas más doutrinas e ensinar-me as boas — isto fazia com quantos julgava idôneos — ele negou-se com muita prudência, pelo que pude ver depois, contestando-lhe que eu estava incapacitado para receber qualquer ensinamento, por estar muito orgulhoso com a novidade da heresia maniqueísta, e por haver posto em apuros a muitos ignorantes com algumas questões fáceis, como ela mesma lhe havia indicado: "Deixe-o — disse — e unicamente ore por ele ao Senhor! Ele mesmo, lendo os livros dos hereges, descobrirá o erro e conhecerá sua grande impiedade." — Ao mesmo tempo contou-lhe como, quando criança, sua mãe, seduzida pelo erro, entregara-o aos maniqueus, chegando não só a ler, mas a copiar quase todas as suas obras, e como ele mesmo, sem necessidade de que ninguém o contestasse ou convencesse, chegou a conhecer quão digna de desprezo era aquela seita, abandonando-a enfim.

Mas como, depois de assim falar, minha mãe não se aquietasse, instando com maiores rogos e mais abundantes lágrimas a que me visitasse, para discutir comigo sobre o tal assunto, o bispo, cansado já de sua insistência, lhe disse: "Vai-te em paz, mulher, e continua a viver assim, que não é possível que pereça o filho de tantas lágrimas" — palavras que ela recebeu como vindas do céu, segundo me recordava muitas vezes em seus colóquios comigo.

LIVRO QUARTO

Capítulo 1
Dos 19 aos 28 anos

Durante esse período de nove anos — desde os 19 até os 28 — fui seduzido e sedutor, enganado e enganador, de acordo com a diversidade de minhas paixões; publicamente, por meio daquelas doutrinas que se chamam liberais; ocultamente, com o falso nome de religião, mostrando-me aqui soberbo, ali supersticioso, e em toda parte vaidoso. De um lado, perseguindo a aura da glória popular até os aplausos do teatro, os certames poéticos, os torneios de coroas de feno, as bagatelas de espetáculos e a intemperança da concupiscência; por outro lado, desejando muito purificar-me dessas imundícies, levando alimento aos chamados eleitos e santos, para que na oficina de seu estômago fabricassem anjos e deuses que me libertassem. Tais coisas seguia eu e praticava com meus amigos, iludidos comigo e por mim.

Riam-se de mim os arrogantes, e que ainda não foram prostrados e salutarmente esmagados por ti, meu Deus; mas eu, pelo contrário, hei de confessar diante de ti minhas torpezas para teu louvor. Permite-me, te suplico, e concede-me que me lembre fielmente dos desvios passados de meu erro, e que eu te sacrifique uma hóstia de louvor[1].

Porque, sem ti que sou eu para mim mesmo, senão um guia que conduz ao precipício? Ou que sou eu, quando tudo me corre bem, senão uma criança que mama teu leite, e que se alimenta de ti, alimento incorruptível? E que é o homem, seja quem for, se é homem?

Riam-se de nós os fortes e poderosos, que nós, débeis e pobres, confessaremos teu santo nome.

Capítulo 2
Professor de retórica

Naqueles anos eu ensinava retórica, e, vencido pela cobiça, vendia a arte de vencer pela loquacidade. Contudo, bem sabes, Senhor, que preferia ter bons discípulos, dos, que se chamam "bons", aos quais ensinava sem artifício a arte de enganar, não para que usassem dela contra a vida de um inocente, mas para algum dia defender algum culpado. Mas, ó Deus, tu me viste de longe vacilar sobre um caminho escorregadio, viste brilhar, entre espesso fumo, os fulgores da boa-fé que eu demonstrava ao ensinar àqueles amantes da vaidade, aqueles pesquisadores de mentiras, eu, seu irmão, seu semelhante[2].

Por essa mesma época tive em minha companhia uma mulher não reconhecida pelo chamado matrimônio legítimo, mas procurada pelo inquieto ardor de minha paixão imprudente; mas era só uma, e eu lhe era fiel. E assim experimentei pessoalmente a distância que há entre o amor conjugal contraído com o fim de ter filhos, e o amor lascivo, no qual a prole também nasce, mas contra o desejo dos pais, embora, uma vez nascida, os obrigue a amá-la.

Lembro-me também de que, querendo participar de um certame de poesia, um arúspice mandou-me perguntar que presente lhe daria para eu sair vencedor. Mas eu, que abominava aqueles nefandos sortilégios, respondi-lhe que não queria que se matasse uma mosca para obter a vitória, mesmo que o prêmio fosse uma coroa de ouro imperecível, porque ele teria de matar animais em seus sacrifícios, julgando com tais honras assegurar para mim os votos dos demônios.

Mas, confesso, Deus de meu coração, que, se repudiei semelhante maldade, não o fiz por amor da tua pureza, porque ainda não te sabia amar, eu, que sabia conceber apenas resplendores corpóreos. Porque não é verdade que a alma que suspira por semelhantes fábulas não fornica longe de ti[3], e se apoia na falsidade, e se apascenta de vento[4]? Mas eis que, não querendo que se oferecessem sacrifícios aos demônios, eu mesmo me sacrificava a eles com aquela superstição. Com efeito, que significa apascentar ventos, senão apascentar os espíritos diabólicos, isto é, tornando-nos, por nossos erros, objeto de riso e de escárnio?

Capítulo 3
A atração da astrologia

Por isso, não cessava de consultar os impostores chamados matemáticos, porque não usavam em suas adivinhações de quase nenhum sacrifício, nem dirigiam preces a nenhum espírito, o que também, consequentemente, é condenado e repelido com razão pela piedade cristã e verdadeira. Porque o bom é confessar-te a ti, Senhor, e dizer-te: Tem misericórdia de mim, e cura minha alma, porque pecou contra ti[5], e não abusar de tua indulgência para pecar mais livremente, mas ter sempre presente a sentença do Senhor: Eis-te curado: não peques mais, para que te não suceda algo pior[6] — palavras cuja eficácia pretendem os astrólogos destruir dizendo: "A necessidade de pecar vem dos céus; foram Vênus, Saturno ou Marte que fizeram isto" — e tudo para que o homem, que é carne, e sangue, e soberba podridão, fique sem culpa, e se atribua esta ao criador e ordenador do céu e das estrelas. E quem é este, senão tu, nosso Deus, suavidade e fonte de justiça, que dás a cada um de acordo com suas obras[7], e não desprezas ao coração contrito e humilhado[8]?

Havia então um varão sábio, peritíssimo na arte médica, na qual era célebre; sendo procônsul, pôs com suas próprias mãos sobre minha cabeça insana a coroa da vitória, como procônsul, e não como médico, porque daquela minha enfermidade só tu me podias sarar, pois resistes aos soberbos e dás tua graça aos humildes[9].

Não obstante, porventura deixaste de cuidar de mim também por meio daquele ancião? Ou talvez desististe de curar minha alma? Digo isto porque, tendo-me familiarizado muito com ele, e sendo assistente assíduo e frequente de suas conversas, que eram agradáveis e graves, não pela elegância da linguagem, mas pela vivacidade das sentenças, como ficasse sabendo, por conversa, que eu me dedicava à leitura dos livros dos genetlíacos ou astrólogos, admoestou-me benigna e paternalmente a que os deixasse, e a que não gastasse inutilmente nessas quimeras meus cuidados e trabalho, que devia empregar em coisas úteis, acrescentando que também ele havia cultivado aquela arte, a ponto de querer adotá-la, em sua juventude, como profissão para ganhar a vida, pois, se havia entendido Hipócrates, podia também entender aqueles livros; mas que, por fim, deixara aqueles estudos pelos da medicina, apenas por sua falsidade, não querendo, como homem sério, ganhar o pão enganando aos outros. "Mas tu — disse-me ele — que tens de que viver entre os homens com tuas aulas de retórica, segues essas mentiras não por necessidade, mas por livre curiosidade, razão mais para que acredites no que te digo, pois cuidei de aprendê-la tão perfeitamente que quis viver apenas de seu exercício."

Mas, como eu lhe perguntasse por que muitas das coisas prognosticadas pela tal ciência eram verdadeiras, respondeu-me, como pôde, que a força do acaso está espalhada por toda a natureza. "Porque — dizia ele — se às vezes, consultando alguém as páginas de um poeta qualquer, por acaso encontra um verso que, não obstante pensar o poeta em coisas muito diversas quando o compôs, adapta-se, contudo, de modo admirável, ao assunto que o preocupa, assim também nada tem de estranho que a alma humana, movida por instinto superior, inconsciente do que se passa em si, diga, não por arte, mas por sorte, algo que corresponda aos atos e gestos do consulente."

E isto, Senhor, me ensinou ele, ou melhor, me ensinaste por seu intermédio, e delineaste em minha memória o que eu mesmo mais tarde devia procurar. Mas então, nem ele, nem meu caríssimo Nebrídio, jovem adolescente muito bom e casto, que zombava de toda aquela arte divinatória, puderam persuadir-me a que abandonasse essas coisas, porque impressionava-me mais a autoridade daqueles autores, e não havia encontrado ainda argumento certo, qual eu desejava, que me demonstrasse sem ambiguidade que os presságios que os astrólogos acertam são obra da sorte ou casualidade, e não da arte de observar os astros.

Capítulo 4
A morte do amigo

Por aqueles anos, quando pela primeira vez comecei a ensinar em minha cidade natal, conheci um amigo, a quem amei excessivamente por ser meu condiscípulo, de minha idade, e por estarmos ambos na flor da adolescência. Juntos fomos criados quando crianças, juntos íamos à escola, juntos havíamos brincado. Mas nessa época não era amigo tão íntimo como o foi depois, embora também depois não o fosse tanto quanto o exige a verdadeira amizade, porque não há verdadeira amizade senão entre os que unes por meio da caridade, derramada em nossos corações pelo Espírito Santo que nos foi dado[10].

Contudo, aquela amizade, aquecida ao calor de estudos semelhantes era-me sumamente grata. Consegui até afastá-lo da verdadeira fé, pouco profunda e arraigada em sua adolescência, inclinando-o para as fábulas supersticiosas e prejudiciais, razão das lágrimas de minha mãe.

Comigo esse homem já errava em espírito, e minha alma não podia viver sem ele.

Mas eis que, seguindo de perto no encalço de teus servos fugitivos, ó Deus das vinganças, que és ao mesmo tempo fonte de misericórdias, e nos convertes a ti por modos surpreendentes, eis que tu o arrebataste desta vida, quando eu apenas havia gozado um ano de sua amizade, mais doce para mim que todas as doçuras da vida que então levava.

Quem será capaz de enumerar teus louvores, mesmo limitando-se ao que experimentou em si mesmo? Que fizeste então, meu Deus! E quão impenetrável é o abismo de teus juízos! Porque, sendo meu amigo atacado de febre, ficou por muito tempo sem sentidos, banhado no suor da morte, e como temessem por sua vida, batizaram-no sem que ele o soubesse, com o que não me importei, persuadido de que seu espírito guardaria melhor os sentimentos que eu lhe havia inculcado do que o sinal que recebera no corpo inconsciente.

A realidade, contudo, foi muito outra. Porque, melhorando, e sendo posto a salvo, logo que lhe pude falar — e o fiz logo que ele o pôde, pois, não me afastava um momento de seu lado, e dependíamos mutuamente um do outro — tentei rir-me em sua presença do batismo, julgando que também ele zombaria comigo de um batismo recebido sem conhecimento nem sentido, mas ele já sabia que o havia recebido. Olhando-me então com horror, como a um inimigo, admoestou-me com admirável e repentina franqueza, dizendo-me que se queria continuar a ser seu amigo deixasse de dizer tais coisas. Admirado e perturbado, reprimi toda minha emoção, esperando que convalescesse primeiro, e recobradas as forças, estivesse disposto a discutir comigo no que mais me agradasse. Mas tu, Senhor, livraste-o de minha loucura, guardando-o em ti para meu consolo, pois, poucos dias depois, estando eu ausente, voltaram as febres e morreu.

Com que dor se ensombreou meu coração! Tudo o que via era morte para mim. A pátria me era um suplício, e a casa paterna tormento insuportável, e tudo o que o lembrava transformava-se para mim em crudelíssimo martírio. Buscavam-no por toda parte meus olhos, e ele não aparecia. Cheguei a odiar todas as coisas, porque nada o continha, e ninguém mais me podia dizer como antes, quando chegava depois de alguma ausência: "Ali vem ele". Tornei-me para mim mesmo um grande problema, perguntando a minha alma por que estava triste, e me conturbava tanto, e ela não sabia que responder-me. E se eu lhe dizia: "Espera em Deus" — minha alma não me obedecia, e com razão, porque para mim, era mais real e melhor o amigo queridíssimo que perdera, que o fantasma em que mandava que esperasse. Só o pranto me era doce, e ocupava o lugar de meu amigo nas delícias de meu coração,

Capítulo 5
O conforto das lágrimas

Mas agora, Senhor, que já se passaram essas coisas, agora que o tempo suavizou minha ferida, poderei ouvir de ti, que és a própria verdade, aproximando o ouvido de meu coração de tua boca, para que me digas por que o pranto é doce aos desgraçados? Acaso, embora presente em toda parte, lançaste para longe de ti nossa miséria, permanecendo imutável em ti, enquanto deixas que sejamos atormentados por nossas provas? E, contudo, se nossos gemidos não chegassem a teus ouvidos, não haveria esperança alguma para nós.

Mas, por que motivo o gemer, o chorar, o suspirar e o queixar-se, colhe-se da amargura da vida como fruto doce? Por acaso por que esperamos que nos ouças? Isso acontece quando se trata de súplicas, que sempre levam em si o desejo de chegar a ti; porém, poder-se-á dizer o mesmo da perda ou do pranto que então me inundava? Eu não esperava ressuscitar meu amigo com minhas lágrimas, mas limitava-me a me condoer e a chorar, porque era miserável e havia perdido minha alegria. Ou será que o pranto, que de si é amargo, se nos torna agradável quando, pelo fastio, aborrecemos os prazeres que antes nos eram gratos?

Capítulo 6
Inconsolável

Mas para que falar dessas coisas, se agora não é tempo de investigar, mas de me confessar a ti? Eu era miserável, como o é toda alma prisioneira do amor das coisas temporais, que se sente despedaçar quando as perde, sentindo então sua miséria, que a torna miserável antes mesmo de as perder. Assim era eu naquele tempo, e, chorando muito amargamente, descansava na amargura. E era tão miserável que, muito mais que ao amigo caríssimo, eu amava minha vida miserável, porque mesmo que quisesse trocá-la, não queria, contudo, perdê-la como ao amigo, e ainda não sei se gostaria de perdê-la por ele, como se conta de Orestes e Pílades — se não é coisa inventada — que queriam morrer juntos um pelo outro, porque para eles viver separados era pior que a morte. Mas não sei que novo afeto nascera em mim, muito contrário a este, porque sentia grandíssimo tédio de viver, e ao mesmo tempo tinha medo de morrer. Creio que quanto mais amava o amigo tanto mais odiava e temia a morte, como inimigo feroz que mo havia arrebatado, e pensava que ela acabaria de repente com todos os homens, como o fizera com ele. Assim era eu então, pelo que me lembro.

Meu Deus, eis aqui meu coração, ei-lo por dentro! Vê, porque sei, esperança minha, que me purificas da impureza desses afetos, atraindo para ti meus olhos, e libertando meus pés dos laços que me aprisionavam[11]. Maravilhava-me de que vivessem os outros mortais depois da morte daquele a quem haviam amado como se nunca houvera de morrer; e mais me maravilhava ainda de que, morto ele, eu continuasse a viver, porque eu era outro ele. Bem disse um poeta quando chamou ao amigo "metade de sua alma"[12]. Porque senti que minha alma e a sua não eram mais que uma em dois corpos, e por isso causava-me horror a vida, porque não queria viver pela metade, e ao mesmo tempo tinha muito medo de morrer, para que não morresse de todo aquele a quem eu tanto amara.

Capítulo 7
De Tagaste para Cartago

Ó loucura, que não sabe amar os homens humanamente! Ó homem insensato, que sofre imoderadamente os reveses humanos! Tudo isso era eu então, e assim agitava-me, suspirava, chorava, perturbava-me, e não encontrava descanso nem conselho. Trazia a alma rota e ensanguentada, impaciente de ser levada por mim, e não encontrava lugar onde a pudesse depor. Nem os bosques amenos, nem os jogos e cantos, nem os lugares suavemente perfumados, nem os banquetes esplêndidos, nem os deleites da alcova e do leito, nem, finalmente, os livros e os versos podiam dar-lhe descanso. Tudo me causava horror, até a própria luz. Tudo o que não era o que ele era se me tornava insuportável e odioso, exceto gemer e chorar, pois, somente nisto achava algum descanso. E se minha alma deixava de chorar, logo pesava sobre mim o grande fardo de minha miséria.

A ti, Senhor, deveria ser elevada, para ter cura. Eu o sabia, mas não o queria nem podia. Tanto mais quanto o que pensava de ti não era algo sólido e firme, mas um fantasma, e meu erro era o meu Deus. Se nele tentava descansar minha alma, logo resvalava como quem pisa em falso, e caía de novo sobre mim. Eu era para mim mesmo uma infeliz morada, na qual não podia estar e da qual não podia sair, E para onde iria meu coração, fugindo de si mesmo? Para onde fugir de mim mesmo? Para onde não me seguiria?

Por isso fugi de minha pátria, porque meus olhos buscariam menos meu amigo onde não estavam acostumados a vê-lo. E assim me fui de Tagaste para Cartago.

Capítulo 8
O consolo do tempo e da amizade

O tempo não corre debalde, nem passa inutilmente sobre os sentidos; antes, causa na alma efeitos maravilhosos. Assim vinha e passava, dias após dias, e vindo e passando deixava em mim novas esperanças e novas recordações, e pouco a pouco restituía-me a meus prazeres de outrora, a que ia cedendo minha dor, certamente, substituída não por novas dores, mas por sementes de novas dores. Mas, por que me penetrara aquela dor tão facilmente, até o mais íntimo de meu ser, senão porque derramei minha alma sobre a areia, amando a um mortal como se não o fora? O que mais me confortava e alegrava eram sobretudo as consolações de outros amigos, com os quais amava o que amava em teu lugar, isto é, uma fábula enorme, uma grande mentira, a cujo contato impuro se corrompia nossa mente, arrastada pelo prurido de tudo ouvir, fábula que não morria para mim, ainda que morresse algum de meus amigos.

Outras coisas havia que cativavam mais fortemente minha alma a eles, como conversar, rir, servir-nos mutuamente com amabilidade, ler juntos livros bem-escritos, gracejar uns com os outros e divertir-nos juntos; às vezes discutir, mas sem ódio, como quando discordamos de nós mesmos, para com tais dissensões, muito raras, condimentar as muitas conformidades; ensinar ou aprender reciprocamente muitas coisas, suspirar impacientes pelos ausentes e receber alegres os que chegavam. Estes sinais, e outros semelhantes, que procedem de corações amantes e amados, e que se manifestam no rosto, na língua, nos olhos, e em mil outros gestos graciosos, inflamavam nossas almas, como em uma centelha, fazendo de muitas uma só.

Capítulo 9
O amigo Deus

Isto é o que se ama nos amigos; e de tal modo se ama, que a consciência humana se considera culpada se não ama ao que a ama, ou se não retribui amor com amor, sem procurar na pessoa do amigo mais que o sinal exterior de sua benevolência. Daqui o pranto quando morre um amigo, e as trevas de dores, e as lágrimas do coração, e a doçura que se transforma em angústia, e a morte dos que morrem transformada na morte dos que vivem.

Bem-aventurado o que te ama, Senhor, e ao amigo em ti, e ao inimigo por ti, porque só não perde o amigo quem tem a todos por amigos naquele que se não pode perder. E quem é este, senão nosso Deus, o Deus que fez o céu e a terra, e os enche, porque, enchendo-os, os criou? Ninguém, Senhor, te perde, senão o que te abandona. Mas, quem te deixa, para onde vai, ou para onde foge, senão de ti manso para ti irado? Onde não achará tua lei para seu castigo? Porque tua lei é a verdade, e a verdade és tu[13].

Capítulo 10
As mentiras da beleza

Ó Deus das virtudes! Converte-nos e mostra-nos tua face, e seremos salvos![14] Porque, para onde quer que se volte a alma humana, onde quer que se estabeleça fora de ti, sempre encontrará dor, mesmo que se trate das formosuras que estão fora de ti e fora dela, as quais, todavia, nada seriam se não existissem em ti. Elas nascem e morrem, e, nascendo, começam a existir, e crescem para alcançar a perfeição, e, uma vez perfeitas, começam a envelhecer e morrem. Embora nem tudo chegue à velhice, tudo perece. Logo, quando nascem e se esforçam por existir, quanto mais depressa crescem para existir, tanto mais se apressam para não existir. Essa é sua condição. Eis tudo o que lhes deste, porque são partes de coisas que não existem todas a um só tempo, mas, morrendo e sucedendo-se umas às outras, formam o conjunto de que são partes.

De modo semelhante forma-se também nosso discurso, por meio dos sinais sonoros, porque este nunca se realizaria se nele uma palavra não se retirasse, uma vez pronunciadas suas sílabas, para dar lugar a uma outra.

Que minha alma te louve por todas estas coisas, ó Deus, criador de quanto existe, mas não se pegue a elas com o visco do amor sensível, porque também elas caminham para o não ser, e dilaceram a alma com desejos pestilenciais, e ela quer existir e gosta de descansar nas coisas que ama. Mas nelas não acha onde descansar, porque não são estáveis. Elas fogem, e quem poderá segui-las com os sentidos da carne? Ou quem as pode alcançar, embora estejam presentes? Tardo é o sentido da carne, por ser sentido da carne, mas essa é a sua condição. É suficiente para o que foi criado, mas não o é para deter o curso das coisas, do princípio que lhes foi fixado, até o fim que lhes foi sinalado, porque em teu Verbo, que as criou, ouvem estas palavras: "Desde aqui... até ali".

Capítulo 11
A verdade de Deus

Não queiras ser vã, ó minha alma, nem ensurdeças o ouvido de teu coração com o tumulto de tua vaidade. Ou vê também tu: o próprio Verbo clama para que voltes, porque só acharás lugar de descanso imperturbável lá onde o amor não é abandonado se ele não nos abandona. Eis que essas coisas passam para dar lugar a outras, e para que assim se componha este universo inferior em todas as suas partes. "Mas, por acaso, passo de um lugar para outro?" — diz o

Verbo de Deus — Pois fixa nele tua morada, confia a ele tudo o que dele recebeste, alma minha, já que estás cansada de tantos enganos. Confia à Verdade quanto da Verdade recebeste, e não perderás nada; antes, tua podridão se cobrirá de flores, e serão curadas todas as tuas enfermidades, e serão reformadas e renovadas, estreitamente unidas a ti tuas partes inconsistentes, e já não te arrastarão para o lugar para onde caminham, mas permanecerão contigo para sempre onde está Deus, que é eternamente imutável.

Por que, perversa, segues tua carne? Seja esta, convertida, a que te siga a ti. Tudo o que por ela sentes é parte, mas ignoras o todo de que são partes, e que, todavia, te dão prazer. Mas, se os sentidos de tua carne fossem idôneos para compreender o todo, e se, para teu castigo, não tivessem sido limitados, com justiça, a compreender apenas partes do universo, sem dúvida quererias que passasse tudo o que existe de presente, para melhor desfrutar do conjunto.

O que falamos também ouves pelo sentido da carne, e não queres, certamente, que as sílabas se detenham, mas que voem, para que venham as outras, e assim ouvires o conjunto. O mesmo acontece sempre com todas as coisas que compõem um todo, quando essas partes, que o formam, não existem ao mesmo tempo: há mais encanto no todo do que nas partes percebidas separadamente, se se pode percebê-las em sua totalidade. Mas melhor do que todas elas, é o que as fez, que é nosso Deus, que não passa, porque nada vem depois dele.

Capítulo 12
O amor em Deus

Se te agradam os corpos, louva a Deus neles, e dirige teu amor para seu artífice, para que não o desagrades nas mesmas coisas que te agradam.

Se te agradam as almas, ama-as em Deus, porque, embora mutáveis, fixas nele, permanecerão; de outro modo, passariam e pereceriam. Ama-as, pois, nele, e arrasta contigo até ele quantas almas puderes, dizendo-lhes: "Amemo-lo" — porque ele criou estas coisas, e não está longe daqui. Porque não as fez e se foi, mas dele procedem e nele estão. Mas eis que ele está onde se aprecia a verdade: no mais íntimo do coração; mas o coração se afastou dele.

Voltai, pois, pecadores, ao coração[15], e ligai-vos a ele, que é vosso criador. Firmai-vos nele, e estareis firmes; descansai nele, e estareis descansados. Para onde ides nesses ásperos caminhos? Para onde ides? O bem que amais, dele procede, mas só é bom e suave enquanto refere a ele; porém, será justamente amargo se, abandonando a Deus, se amar injustamente o que dele procede. Por que andais ainda por caminhos difíceis e trabalhosos? O descanso não está onde o buscais. Buscai o que buscais, mas não está lá onde o buscais. Buscais a vida feliz na região da morte: não está lá. Como achar a vida bem-aventurada onde nem sequer há vida?

Nossa verdadeira vida veio até nós, e sofreu nossa morte, e a matou com a abundância de sua vida, e gritou como trovão, clamando para que voltássemos a ele, para o lugar escondido de onde veio até nós, passando primeiro pelo seio de uma virgem, onde se desposou com ele a natureza humana, carne mortal, para não ficar sempre mortal.

Dali, como o esposo que sai do leito nupcial, deu saltos como um gigante, para correr seu caminho[16]. E não se deteve, mas correu gritando com suas palavras, com suas obras, com sua morte, com sua vida, com sua descida aos infernos e com sua ascensão, clamando para que voltássemos a ele, porque, se se afastou de nossa vista, foi para que entremos em nosso coração, e ali o achemos; porque, se partiu, ainda está conosco. Não quis ficar por muito tempo em nossa companhia, mas não nos abandonou. Retirou-se de onde nunca se afastou, pois o mundo foi criado por ele[17], e no mundo estava, e ao mundo veio para salvar os pecadores[18]. E a ele se confessa minha alma, e ele a cura das ofensas que lhe fez[19].

Filhos dos homens, até quando sereis duros de coração[20]? Será possível que, depois de haver baixado a vida até vós, não queirais subir e viver? Mas para onde subis, quando estais no alto, e pondes no céu vossa boca[21]? Descei para subir, para subir até Deus, já que caístes levantando-vos contra Deus.

Dize-lhes isto, minha alma, para que chorem neste vale de lágrimas[22], e assim os arrebates contigo para Deus, porque, se dizes estas palavras ardendo em chamas de caridade, com espírito divino as dizes.

Capítulo 13
O problema do belo

Então, eu nada sabia dessas coisas, e por isso amava as belezas inferiores, e caminhava para o abismo, dizendo a meus amigos: "Porventura, amamos algo que não é belo? E que é o belo? E que é a beleza? Que é que nos atrai e prende às coisas que amamos? Porque, certamente, se nelas não houvesse certa graça e formosura, de nenhum modo nos atrairiam."

E eu notava e via que nos próprios corpos uma coisa era o todo, e, como tal, belo, e outra o que lhe era conveniente, por acomodar-se de maneira perfeita a alguma coisa, como a parte do corpo em relação ao conjunto, o calçado em relação ao pé, e outras coisas semelhantes. Esta consideração brotou em minha alma do íntimo de meu coração, e escrevi alguns livros sobre o belo e o conveniente*, creio que dois ou três — tu o sabes, Senhor — pois já

---

* *De pulchro et apto,* primeira obra de santo Agostinho, da qual não se encontram exemplares.

me esqueci, e não os tenho mais porque se me extraviaram não sei como.

Capítulo 14
Razões de uma dedicatória

Mas, meu Senhor e meu Deus, por que dediquei esses livros a Hiério, orador de Roma, a quem não conhecia, apreciando-o apenas pela fama de sua doutrina, que era grande, e por alguns ditos seus, que ouvira, e que me agradaram? Mas eu o apreciava principalmente porque ele agradava aos outros, que o exaltavam com estupendos elogios, admirados de que um sírio, educado na eloquência grega, chegasse tão depressa a ser orador admirável na latina, e grande conhecedor de todas as matérias relativas ao estudo da sabedoria. Assim, ouve-se louvar a um homem, e, embora ausente, começa-se a amá-lo. Será que o amor entra no coração do que ouve pela boca do que louva? De maneira alguma, mas o amor de um se inflama ao contato do amor do outro. Esta a razão pela qual se ama ao que é louvado, porém, só quando se está persuadido de que o louvor vem de coração sincero ou, o que é o mesmo, quando o louvor é inspirado pelo amor.

Deste modo amava eu então aos homens, pela opinião dos homens, e não pela tua, meu Deus, em quem ninguém se engana. Contudo, por que não o louvava como se louva a um cocheiro célebre ou a um caçador afamado pelas aclamações do povo, mas de modo mais distinto e mais sério, tal como eu gostaria de ser louvado?

Porque, certamente, eu não gostaria de ser louvado e amado como os histriões, embora eu também os ame e louve; antes, preferiria mil vezes permanecer desconhecido a ser louvado dessa maneira, e mesmo ser odiado a ser amado assim. De que modo se equilibram em uma alma gostos tão vários e diversos? Como é que amo em outro o que não rejeitaria nem afastaria para longe de mim se não o odiasse, sendo eu e ele homens? Aprecia-se um bom cavalo, sem que se queira ser cavalo, se isso fosse possível. Mas de um histrião não se pode dizer o mesmo, pois tem a mesma natureza que nós. Logo, amo em um homem o que teria horror de ser, embora também eu seja homem! Grande abismo é o homem, cujos cabelos tu, Senhor, tens contados, sem que se perca um sem que tu o saibas; e, contudo, mais fáceis de contar são seus cabelos que suas paixões e os movimentos de seu coração.

Mas aquele orador era do número dos que eu amava a ponto de desejar ser como ele; mas eu andava errante por meu orgulho e era arrastado por toda espécie de vento[23], embora em segredo fosse governado por ti. E como sei, e como te confesso com tanta certeza que amava mais a ele por amor dos que o louvavam do que pelos méritos que lhe valiam esses louvores?

Porque, se em vez de o louvarem, aquelas mesmas pessoas o criticassem, e se me contassem dele as mesmas coisas, mas como censura e desprezo, certamente não me entusiasmaria por ele; não obstante, as coisas não seriam distintas nem o homem outro, mas unicamente os sentimentos dos narradores.

Eis onde jaz enferma a alma débil que ainda não se apoiou na firmeza da verdade, levada e trazida, lançada e rechaçada, segundo os sopros das línguas que ventam dos peitos dos que opinam! E de tal modo se lhe obscurece a luz, que não distingue a verdade, não obstante estar ela à nossa vista.

Para mim era importante que aquele homem conhecesse meu estilo e meus trabalhos. Se ele os considerasse bons, me entusiasmaria ainda mais por ele; mas se, pelo contrário, os reprovasse, meu coração, fútil e vazio de tua firmeza, se lastimaria. Contudo, meu prazer era pensar e refletir no problema do belo e do conveniente, objeto do livro que lhe dedicam admirando-o na minha imaginação, mesmo que ninguém o louvasse.

Capítulo 15
Os primeiros livros

Mas não acertava ainda em ver a chave de tão grandes obras em tua arte, ó Deus onipotente, único criador de maravilhas[24], e assim ia-se minha alma pelas formas corpóreas, e definia o belo como o que agrada por si mesmo, e o conveniente como o que agrada por sua acomodação a outra coisa, e apoiava essa distinção com exemplos tomados dos corpos.

Daqui passei à natureza da alma, mas a falsa opinião ou conceito que tinha das coisas espirituais não me permitia perceber a verdade. A própria força da verdade saltava-me aos olhos, mas eu afastava das coisas incorpóreas minha inteligência palpitante, voltando-a para as figuras, as cores e as grandezas materiais, e, como não podia ver nada semelhante na alma, julgava que tampouco era possível ver minha alma.

Mas, como eu na virtude amava a paz, e no vício aborrecia a discórdia, notava naquela certa unidade e neste certa divisão, parecendo-me residir nessa unidade a alma racional e a essência da verdade e do sumo bem, e, na divisão, não sei que substância de vida irracional e natureza do sumo mal, que não era apenas substância, mas também verdadeira vida, sem proceder, todavia, de ti, meu Deus, de quem procedem todas as coisas. E chamava àquela unidade mônada, como alma sem sexo, e a esta multiplicidade díada, como a ira nos crimes, a concupiscência nas ações vergonhosas, sem saber o que dizia. Ignorava então, e ainda não havia aprendido que o mal não é nenhuma substância, nem que nosso espírito não é o bem soberano e imutável.

Porque, assim como se cometem crimes quando o movimento da alma é vicioso e se precipita insolente e turbulento, e se cometem pecados quando o afeto da alma, fonte dos prazeres carnais, é imoderado, assim também os erros e falsas opiniões contaminam a vida se a alma racional está viciada, como estava a minha então. Ignorava que ela deveria ser ilustrada por outra luz para participar da verdade, por não ser ela o mesmo que a verdade, porque tu, Senhor, alumiarás minha lâmpada; tu, meu Deus, iluminarás minhas trevas[25], e todos participamos de tua plenitude[26], porque és a luz verdadeira que ilumina a todo homem que vem a este mundo[27], e porque em ti não há mudança nem a mais instantânea obscuridade[28].

Eu me esforçava para chegar a ti, mas era repelido por ti para que experimentasse a morte, pois, resistes aos soberbos[29]. E que maior soberba que afirmar, com incompreensível loucura, que eu era o mesmo que tu em natureza? Porque, sendo eu mutável, e reconhecendo-me tal — pois, se queria ser sábio, era para fazer-me de pior melhor — preferia, contudo, julgar-te mutável que não ser eu o que tu és. Eis aqui por que era repelido, e por que resistias à minha soberba cheia de vento.

Eu não sabia imaginar mais do que formas corporais; carne, acusava a carne; espírito errante, não conseguia voltar para ti[30]; e caminhando, andava atrás de fantasmas que nada são nem em ti, nem em mim, nem nos corpos; nem me eram sugeridos por tua verdade, mas imaginados por minha vaidade, de acordo com os corpos. E dizia aos pequeninos, teus fiéis, meus concidadãos, dos quais eu, sem saber, andava desterrado, dizia-lhes eu, tagarela inepto: "Por que a alma, criatura de Deus, se engana?" Mas não queria que me dissessem: "E por que Deus se engana?" E porfiava em defender que tua substância imutável era obrigada a se enganar, para não confessar que a minha, mutável, se desencaminhara espontaneamente, e que era castigada pelo erro.

Teria eu 26 ou 27 anos quando escrevi esses volumes, revolvendo dentro de mim apenas imagens corporais, cujo ruído aturdia os ouvidos de meu coração, os quais procurava eu aplicar — ó doce verdade! — à tua melodia interior, quando meditava sobre o belo e o conveniente. Meu desejo era estar diante de ti, e ouvir tua voz, e alegrar-me intensamente com a voz do esposo[31]; mas não podia, porque as vozes de meu erro me arrebatavam para fora, e, com o peso de minha soberba, caía no abismo, pois ainda não davas gozo e alegria a meus ouvidos, nem exultavam meus ossos, porque ainda não haviam sido humilhados[32].

Capítulo 16
As dez categorias de Aristóteles

E de que me servia que, tendo vinte anos de idade, pouco mais ou menos, e chegando-me às mãos a obra de Aristóteles, intitulada *As dez categorias* — que meu mestre, o retórico de Cartago, e outros, considerados doutos, citavam com grande ênfase e ponderação, fazendo-me suspirar por ela como por algo grandioso e divino — de que me servia ler essa obra e compreendê-la sozinho? Falando com outros, que afirmavam apenas ter conseguido entendê-la por intermédio de mestres eruditíssimos, que lha haviam explicado não apenas com palavras, mas também com figuras pintadas na areia, nada me souberam dizer que eu já não tivesse entendido em minha leitura particular.

Parecia-me que essa obra falava com muita clareza das substâncias, como o homem, e das coisas que nelas se encerram, como a forma do homem; a estatura, quantos pés mede; o parentesco, de quem é irmão; onde se encontra, quando nasce; se está de pé, sentado, calçado ou armado; se faz alguma coisa ou se padece alguma coisa, e, enfim, uma infinidade de relações que se contêm nestes nove predicamentos ou gêneros, dos quais citei alguns exemplos, ou no próprio gênero da substância, que são também inumeráveis os que encerra.

De que me aproveitava tudo isso, se até me prejudicava, porque, julgando que naqueles dez predicamentos se achavam compreendidas, de modo absoluto, todas as coisas, esforçava-me por compreender-te também a ti, meu

Deus, ser maravilhosamente simples e imutável, como se fosses subordinado à tua grandeza e formosura, como se estas estivessem em ti como em seu sujeito, como se fosses um corpo, sendo que tua grandeza e beleza são uma mesma coisa contigo, ao contrário dos corpos, que não são grandes ou belos por serem corpos, pois, embora fossem menores e menos belos, nem por isso deixariam de ser corpos.

Mentira, portanto, era o que pensava de ti, e não verdade; ilusões de minha miséria, e não representação sólida de tua beleza. Havias ordenado, Senhor, e pontualmente se cumpria em mim tua vontade, que a terra me produzisse abrolhos e espinhos, e que eu só conseguisse meu sustento à custa de trabalho[33].

De que me aproveitava também ler e compreender por mim mesmo todos os livros que pude ter nas mãos sobre as artes chamadas liberais, sendo eu então o pior escravo de minhas más inclinações? Comprazia-me em sua leitura, mas não sabia de onde vinha quanto de verdadeiro e certo achava neles, porque tinha os ombros voltados para a luz e o rosto para os objetos iluminados, razão pela qual meus olhos, que os viam iluminados, não recebiam luz.

Tu sabes, Senhor, meu Deus, como sem ajuda de mestre, entendi tudo o que li, quanto as leis da retórica, da dialética, das dimensões das figuras, da música e dos números, porque também a vivacidade da inteligência e a agudeza do espírito são dons teus. Mas não te oferecia por eles sacrifício algum, e por isso causavam-me mais dano do que proveito, porque insisti em me apoderar de tão boa parte de minha herança, e não guardei em ti minha força[34], mas afastando-me de ti, parti para uma região longínqua, a fim de dissipá-la entre as rameiras de minhas paixões[35].

De que me serviam dons tão preciosos, se não usava bem deles? Porque só compreendi que aquelas artes eram tão difíceis de entender, mesmo para os estudiosos e sábios, quando me vi obrigado a explicá-las: entre eles, o mais destacado era o que me compreendia menos vagarosamente.

Mas de que me servia tudo isso, se eu te concebia, Senhor meu Deus, ó Verdade, como um corpo luminoso e infinito, e eu como uma parcela desse corpo. Que prodigiosa perversidade! Mas assim era eu, e nem me envergonho agora, meu Deus, de confessar tuas misericórdias para comigo, e de te invocar, já que não me envergonhei então de professar ante os homens minhas blasfêmias e de ladrar contra ti. De que me aproveitava, repito, a inteligência ágil para entender aquelas doutrinas, e para explicar com clareza tantos e tão enredados livros, sem que ninguém mos houvesse explicado, se em matéria de piedade errava monstruosamente e com sacrílega torpeza? E que prejuízo sofriam teus pequeninos em serem de inteligência muito mais tardia, se não se afastavam de ti, para que, seguros no ninho de tua Igreja, se cobrissem de penas, e lhes crescessem as asas da caridade com o sadio alimento da fé?

Ó Deus e Senhor nosso! Esperemos, ao abrigo de tuas asas; protege-nos, leva-nos[36]! Tu levarás os pequeninos, e até que sejam anciãos tu os levarás[37], porque nossa firmeza só é firmeza quando está em ti; mas quando é nossa, então é debilidade. Nosso bem vive sempre contigo, e, porque nos afastamos dele, nos pervertemos. Voltemos já, Senhor, para que não sejamos destruídos, porque em ti vive nosso bem, que és tu sem deficiência alguma, sem medo de não o encontrar quando voltarmos, pois, dali viemos, e, embora ausentes, nem por isso desaba nossa casa, tua eternidade.

LIVRO QUINTO

Capítulo 1
Oração

Recebe, Senhor, o sacrifício de minhas Confissões por intermédio de minha língua, que tu formaste e impeliste a confessar teu nome, e cura a todos os meus ossos, e que eles digam: Senhor, quem semelhante a ti[1]? Na verdade, quem se dirige a ti, nada te ensina do que se passa em si, porque não há coração fechado que se possa subtrair em teu olhar, nem dureza de homem que possa repelir tua mão, antes a abrandas quando queres, ou para compadecer-te, ou para castigar; não há quem se esconda de teu calor[2].

Mas, que minha alma te louve para que te ame, e confessa tuas misericórdias para que te louve. Não interrompem, nem calam teus louvores as criaturas todas do universo, nem os espíritos todos, com sua boca voltada para ti, nem os animais e coisas corporais, pela boca dos que os contemplam, a fim de que, apoiando-se em tua criação, nossa alma se levante de sua fraqueza, e chegue a ti, seu admirável criador, onde encontrará rejuvenescimento e verdadeira fortaleza.

Capítulo 2
Os que fogem de Deus

Afastem-se e fujam de ti os inquietos e os pecadores. Tu os vês, e distingues suas sombras. E eis que, apesar deles, todas as coisas continuam belas; somente eles são feios. E em que te poderiam causar danos? Ou em que poderiam desonrar teu império, justo e íntegro desde os céus até as coisas mais ínfimas? E para onde fugiram, quando fugiram de tua presença? E em que lugar não os podes encontrai? Fugiram, sim, para não ver-te a ti, que os estás vendo, mas tropeçaram contigo, que não abandonas nada do que criaste; tropeçaram contigo, injustos, para assim serem justamente castigados por se terem subtraído à tua brandura, por terem ofendido tua santidade, por terem caído sob teus rigores. Estes, evidentemente, ignoram que estás em toda parte, que nenhum lugar te limita, e que só tu estás presente mesmo nos que se afastam de ti. Que se convertam, pois, e te busquem, porque não abandonas tua criatura, como elas abandonaram a seu Criador. Que se convertam, e logo estarás em seus corações, nos corações dos que te confessam, dos que se lançam em ti, dos que choram em teu regaço depois de percorrerem caminhos difíceis. E tu, fácil, enxugarás suas lágrimas; e chorarão ainda mais, mas serão felizes por chorar, porque és tu, Senhor, e nenhum homem de carne e sangue, tu, Senhor, que os criaste, que os consolas e robusteces.

E onde estava eu quando te buscava? Certamente, estavas diante de mim, mas eu me havia afastado de mim mesmo, e não me encontrava, e muito menos a ti!

Capítulo 3
Fausto e o maniqueísmo

Falarei, na presença de meu Deus, do ano 29º de minha vida. Já havia chegado a Cartago um dos bispos maniqueus, chamado Fausto, grande laço do demônio, no qual caíam muitos pelo encanto sedutor de sua eloquência, que, embora também exaltada por mim, eu a sabia contudo distinguir das verdades objetivas, que eu desejava conhecer. Não era o prato do estilo que eu considerava, mas o alimento doutrinal que nele me era servido por aquele famoso Fausto, tão reputado entre os seus.

A fama mo apresentara como homem doutíssimo em toda espécie de ciência, e particularmente instruído nas artes liberais. E como eu tinha lido muitas coisas dos filósofos, e as conservava na memória, pus-me a comparar algumas destas com as grandes fábulas do maniqueísmo, parecendo-me mais prováveis as doutrinas daqueles que chegaram a conhecer a ordem do mundo, embora não tivessem encontrado a seu Criador[3], porque tu és grande, Senhor, e pondes os olhos nas coisas humildes, e as elevadas as conheces de longe[4], e não te aproximas senão dos contritos de coração. Nem serás encontrado pelos soberbos, embora sua curiosa perícia seja capaz de contar as estrelas do céu e as areias do mar; seja capaz de medir as regiões do céu e de investigar o curso dos astros.

Com a inteligência e o engenho que lhes deste investigam estas coisas, e descobriram muitas delas, e predisseram com muitos anos de antecedência os eclipses do sol e da lua, no dia e hora em que hão de suceder, e a parte que se há de ocultar, sem que lhes falhe nunca o cálculo, acontecendo sempre tal e como haviam anunciado.

Além disso, deixaram por escrito as leis por eles descobertas, as quais ainda hoje se leem, e de acordo com elas se prediz em que ano, e em que mês do ano, e em que dia do mês, e em que hora do dia, e em que parte de sua luz se hão de eclipsar o sol e a lua; e tudo acontece como está predito.

Admiram-se disto os ignorantes, e ficam pasmados, mas os sábios gloriam-se disso, e se desvanecem, e com ímpia soberba afastam-se e se eclipsam de tua luz. E, prevendo com tanta antecipação o eclipse do sol, que há de suceder, não veem o seu, que já está presente, porque não procuram religiosamente saber de onde lhes vem a inteligência, com que investigam essas coisas, e, achando que tu os criaste, não se entregam a ti, para que conserves o que lhes deste, nem se te oferecem em sacrifício, como se se tivessem feito a si mesmos; nem dão morte às suas soberbas, que alçam voo como aves do céu; nem às suas insaciáveis curiosidades, que, como peixes do mar, passeiam pelas secretas sendas do abismo; nem às suas concupiscências, que os igualam aos animais do campo[5], a fim de que tu, ó Deus, fogo devorador[6], destruas estas suas preocupações de morte, e os tornes a criar para uma vida imortal.

Mas não conheceram o caminho, teu Verbo, por quem fizeste as coisas que numeram, e eles próprios que as numeram, e os sentidos com que percebem as coisas que numeram, e a mente em virtude da qual as numeram. Tua sabedoria escapa aos números[7], mas teu Filho Unigênito se fez para nós sabedoria, justiça e santificação[8], e foi contado entre nós, e pagou tributo a César. Não conheceram este caminho, por onde desceriam de seu orgulho até ele, e por ele subiriam até ele; não conheceram, digo, este caminho, e se julgaram mais elevados e resplandecentes que estrelas, e assim vieram a rolar por terra, e seu coração insensato se obscureceu.

É verdade que dizem muitas coisas verdadeiras acerca das criaturas; mas, como não procuram piedosamente a Verdade, isto é, o autor da criação, por isso não o encontram, e, se o encontram, reconhecendo-o por Deus, não o honram como a Deus, nem lhe dão graças. Antes, se desvanecem em seus pensamentos, e se dizem sábios[9], atribuindo a si próprios o que é teu, e, do mesmo modo, atribuindo a ti, com perversíssima cegueira, suas coisas, isto é, suas mentiras, a ti, que és a própria Verdade, alteram a glória de um Deus incorruptível, concebendo-a à semelhança de imagem do homem corruptível, das aves, dos quadrúpedes, das serpentes. E convertem tua verdade em mentira, e adoram e servem à criatura antes do que ao Criador[10].

Lembrava-me, porém, de muitas de suas opiniões verdadeiras acerca das criaturas, cuja explicação encontrava nos números, na ordem dos tempos e no testemunho visível dos astros, e as comparava com os ensinamentos de Manés, que escreveu sobre essas matérias numerosas e intermináveis loucuras, sem achar nenhuma explicação para os solstícios e equinócios, os eclipses do sol e da lua, e para outras coisas, enfim, das quais tomara conhecimento pelos livros da sabedoria profana.

Contudo, mandavam-me que acreditasse nessas doutrinas, embora não concordassem absolutamente com meus cálculos e com o que meus olhos testemunhavam.

Capítulo 4
Ciência e ignorância

Senhor, Deus de verdade, acaso, para te agradar, basta conhecer essas coisas? Infeliz do homem que, conhecendo-as todas, te ignora; mas feliz de quem te conhece, embora as ignore! Quanto ao que conhece a ti e a elas, este não é mais feliz por causa de sua ciência, mas só é feliz por ti, se, conhecendo-te, te glorifica como Deus, e te dá graças, e não se desvanece em seus pensamentos.

Porque, assim como é melhor quem reconhece estar na posse de uma árvore e te dá graças por sua utilidade, embora ignore quantos côvados tem de altura e quantos de largura, que o que a mede, e conta todos os seus ramos, mas não a possui, nem conhece, nem ama a seu Criador, assim o homem fiel, a quem pertencem todas as riquezas do mundo, e que, nada possuindo, possui tudo, por estar unido a ti, a quem servem todas as coisas — embora desconheça até o curso dos setentriões — seria insensatez duvidar — é certamente melhor do que o que mede os céus e conta as estrelas, e pesa os elementos, mas é negligente contigo, que dispuseste todas as coisas em número, peso e medida[11].

Capítulo 5
Loucuras de Manés

Mas quem pediu ao tal Manés que escrevesse sobre coisas cujo conhecimento não é necessário à piedade? Porque disseste ao homem: Vê que a piedade é a sabedoria[12]. Manés podia muito bem ignorar essa piedade e, todavia, ser muito instruído nas ciências profanas. Mas, porque não as conhecia, e se atrevia desavergonhadamente a ensiná-las, claramente indicava que de nenhum modo conhecia a piedade. Porque é por certo vaidade alardear conhecimentos humanos, mesmo verdadeiros, e é piedade confessar-te a ti. Por isso Manés, afastando-se dessa regra, falou tanto sobre essas coisas, que, convencido de ignorante pelos que as conhecem bem, viu-se claramente o crédito que merecia em matérias mais obscuras. Porque ele não quis ser pouco estimado, mas empenhou-se em persuadir aos demais de que tinha em si, pessoalmente, na plenitude de seu poder, o Espírito Santo, que consola e enriquece teus fiéis. Assim surpreendido em erro ao falar do céu e das estrelas, e do curso do sol e da lua, embora tais coisas não pertençam à doutrina da religião, claramente se descobre ser sacrílego seu atrevimento ao dizer coisas não só ignoradas, mas também falsas, e isso com tão insensato orgulho a ponto de querer atribuí-las à pretensa divindade de sua pessoa.

Assim, pois, quando ouço dizer que este ou aquele irmão em Cristo, ignora esses problemas, e confunde uma coisa com outra, suporto com paciência seu modo de opinar, e nada vejo que lhe possa ser prejudicial enquanto não fizer indigna de ti, Senhor, criador do universo, mesmo que ignore até o lugar e a natureza das coisas materiais. O mal é ele acreditar que esses problemas pertencem à essência da piedade, e com grande pertinácia atrever-se a afirmar o que ignora. Mas ainda essa fraqueza é suportada nos começos da fé pela mãe caridade, até que o homem novo cresça e se transforme em varão perfeito[13], e não possa ser arrebatado por qualquer vento de doutrina.

Quanto a Manés, que se atreveu a se fazer de doutor, de autor, de guia e cabeça daqueles a quem persuadia tais coisas, e de tal forma que os que o seguiam acreditassem que iam atrás não de um homem qualquer, mas de teu Espírito Santo, quem não julgaria que tão grande loucura, uma vez demonstrada sua falsidade, deveria ser detestada e lançada para bem longe?

Contudo, eu ainda não estava certo se o que havia lido em outros livros, sobre as mudanças dos dias e das noites, uns mais longos, outros mais curtos, e sobre o suceder-se dos dias e das noites, e dos eclipses do sol e da lua, e outros fenômenos semelhantes, poderiam ser explicados conforme sua doutrina. Caso isso fosse possível, eu ainda ficaria em dúvida quanto ao modo por que se realizariam esses fenômenos, caso em que anteporia à minha fé à autoridade de Manés, pelo grande crédito de santidade em que o tinha.

Capítulo 6
A eloquência de Fausto

Durante os quase nove anos em que meu espírito errante deu ouvidos aos mantiqueus, esperei ansiosamente a vinda de Fausto. Porque os demais adeptos, com os quais topava casualmente, não sabendo responder às objeções que eu lhes fazia, mandavam-me a ele, que, à sua chegada com uma simples entrevista, resolveria facilmente todas aquelas minhas dificuldades e ainda outras maiores que me ocorressem, de maneira claríssima.

Logo que chegou, pude averiguar que se tratava de um homem simpático, de conversa atraente, e que expunha os temas comuns dos maniqueus, mas com muito mais agrado que eles. Mas, que interessava à minha sede este elegantíssimo servidor de copos preciosos? Eu já tinha os ouvidos fartos daquelas teorias, e nem me pareciam melhores por serem expostas em melhor estilo, nem mais verdadeiras pela elegância de suas formas; nem eu considerava Fausto mais culto por que seu rosto tinha mais graça e sua linguagem mais finura. Aqueles que mo haviam elogiado não eram bons juízes: recomendavam-me Fausto como homem sábio e prudente, somente porque agradava-lhes sua facúndia, ao contrário de outra espécie de homens, com que mais de uma vez tive de tratar, que tinham como suspeita a verdade, e se negavam a reconhecê-la, se lhes era apresentada com linguagem cuidada e abundante.

Mas eu, meu Deus, nessa época já tinha aprendido de ti, por modos ocultos e maravilhosos — e creio que eras tu que me ensinavas, porque era verdade, e ninguém pode ser mestre da verdade senão tu, seja qual for o lugar e modo onde ela se manifeste — já havia aprendido de ti que não se deve considerar verdadeiro um pensamento porque se exprime eloquentemente, nem falso porque é dito sem atavios; e que, pelo contrário, um pensamento não é verdadeiro porque é enunciado com simplicidade, nem falso porque sua forma é brilhante; mas que a sabedoria e a ignorância são como manjares, proveitosos ou nocivos, e as palavras, elegantes ou triviais, como pratos preciosos ou toscos, nos quais se podem servir ambos os manjares.

Assim, pois, a ânsia com a qual por tanto tempo esperara por aquele homem, deleitava-se enfim com o ardor e vivacidade de suas disputas, com os termos apropriados que empregava, e a facilidade com que lhe vinham à boca para revestir seu pensamento. Deleitava-me, certamente, e eu o louvava e exaltava com os outros, e muito mais ainda do que eles.

Contudo, na reunião dos ouvintes, molestava-me não poder apresentar-lhe minhas dúvidas, e dividir com ele os cuidados de meus problemas, conferindo com ele minhas dificuldades em forma de perguntas e respostas. Quando, enfim, o puder fazer, acompanhado de meus amigos, comecei a falar-lhe em ocasião e lugar oportunos para tais discussões, apresentando-lhe algumas objeções das que mais me preocupavam; mas então vi que se tratava de homem completamente ignorante das artes liberais, com exceção da gramática, que conhecia de modo vulgar. Contudo, como havia lido alguns discursos de Cícero, e pouquíssimos livros de Sêneca, alguns poemas e livros da seita, escritos em bom latim e com arte, e como se exercitava todos os dias em falar, adquirira grande facilidade de expressão, que ele tornava mais agradável e sedutora com o bom emprego de seu talento e certa graça natural.

É ou não assim como estou contando, meu Senhor e meu Deus, juiz de minha consciência? Diante de ti estão meu coração e minha memória, e que já então guiavas no segredo oculto de tua providência, pondo diante de meus olhos[14] meus erros vergonhosos, para que os visse e odiasse.

Capítulo 7
Desilusão

Por isso, quando reconheci sua ignorância naquelas artes em que eu o julgava mui avantajado, comecei a desesperar de que me pudesse esclarecer e resolver as dificuldades que me preocupavam. É verdade que podia ignorar tais coisas e possuir a verdadeira piedade, contanto que não fosse maniqueu, porque seus livros estão cheios de fábulas intermináveis acerca do céu e dos astros, do sol e da lua, as quais eu já não esperava que mas pudesse explicar tão sutilmente como eu o desejava, cotejando-as com os cálculos matemáticos que eu lera em outras partes, para ver se deveria preferir o que diziam os livros de Manés, ou se, pelo menos, estes apresentavam demonstrações de igual valor.

Mas, quando apresentei minhas dificuldades à sua consideração e crítica, com grande modéstia, não se atreveu a tomar sobre si tal encargo, pois, certamente sabia que ignorava o assunto, e não se envergonhava de confessá-lo. Não pertencia ao número daquela classe de charlatães que me vi obrigado a suportar, que pretendiam ensinar-me tais coisas, mas não me diziam nada. Este, pelo menos, tinha coração, senão dirigido a ti, pelo menos não demasiado incauto com referência a si próprio. Não ignorava totalmente sua ignorância, razão pela qual não quis meter-se temerariamente em questões de onde não pudesse sair, ou de mui difícil retirada. Por isso mesmo agradou-me muito mais, por ser a modéstia de uma alma que se conhece muito mais bela que o saber que me fazia inveja, e em todas as questões mais difíceis e sutis o achei sempre igual.

Quebrantado, assim, meu entusiasmo pelos livros de Manés, e muito mais desconfiado dos outros doutores maniqueus, quando este, tão renomado, se me havia mostrado tão ignorante em muitas das questões que me inquietavam, continuei a tratar com ele, mas por causa de seu amor ardente pelas letras, que eu ensinava aos jovens de Cartago, lendo com ele os livros que desejava conhecer por ter ouvido falar deles ou os que eu considerava apropriados à sua inteligência.

Quanto ao mais, todo o empenho que eu havia posto em progredir na seita desapareceu por completo apenas conheci este homem, mas não a ponto de me separar definitivamente dela, pois, não achando na ocasião caminho melhor que aquele por onde cegamente me lançara, determinei continuar provisoriamente na mesma, até que tivesse a fortuna de encontrar algo melhor e preferível. Foi assim que aquele Fausto que havia sido para muitos laço de morte, sem o saber nem querer, começava a desfazer o laço em que me enredara. É que tuas mãos, meu Deus, no segredo de tua providência, não abandonavam minha alma, e minha mãe, dia e noite, não deixava de te oferecer em sacrifício por mim o sangue de seu coração, que corria por suas lágrimas.

E tu, Senhor, agiste comigo de modo admirável, pois isso foi obra tua, meu Deus. Porque o Senhor é quem dirige os passos do homem e quem escolhe seu caminho[15]. E quem poderá dar-nos a salvação, senão tua mão, que refaz o que fez?

Capítulo 8
Viagem a Roma

Também foi obra tua o fato de me persuadirem a ir a Roma, para ali lecionar o que ensinava em Cartago. Mas não deixarei de confessar-te o motivo que me moveu, porque também nestas coisas se descobre a profundidade de teu desígnio, e merece ser meditada e exaltada tua misericórdia sempre presente. O motivo que me levou a Roma não foram maiores lucros e maior consideração, como me prometiam os amigos que tal me aconselhavam — embora também essas razões fossem importantes para mim nesse tempo — mas o principal e quase único motivo de minha determinação era saber que os jovens de Roma eram mais sossegados nas classes, mercê da rigorosa disciplina a que estavam sujeitos, segundo a qual não lhes era lícito entrar desordenada e turbulentamente nas aulas dos professores, dos quais não eram alunos, nem sequer entrar nas mesmas sem permissão, o contrário do que acontecia em Cartago, onde a liberdade dos estudantes é tão vergonhosa e desmedida que invadem única e furiosamente as aulas, e transtornam a ordem estabelecida pelos mestres em seu próprio interesse. Além do mais, com incrível estupidez, cometem uma multidão de insolências, que deveriam ser castigadas pelas leis, se a tradição não os protegesse. Aliás, essa tradição apenas manifesta o que há de lamentável no caso desses jovens, que já fazem como lícito o que jamais será permitido por tua lei eterna, e julgara agir impunemente, quando a cegueira com que agem é seu maior castigo, padecendo, eles incomparavelmente maiores males do que os que fazem aos outros.

Assim, pois, vi-me obrigado como mestre a suportar nos outros costumes que, quando estudante, não quis adotar como meus; e por isso agradava-me ir para uma cidade na qual, segundo me asseguravam, não aconteciam tais coisas. Mas tu, Senhor, minha esperança e minha porção na terra dos vivos[16], a fim de que eu mudasse de residência para a saúde de minha alma, me punhas espinhos em Cartago, para arrancar-me de ali, e deleites em Roma para atrair-me para lá, por meio de homens que amavam uma vida morta: dos quais uns agiam aqui como loucos, e outros me prometiam alhures bens ilusórios, e, para corrigir meus passos, usavas ocultamente da sua e da minha perversidade.

Porque os que perturbavam minha paz estavam cegos por uma raiva vergonhosa, e os que me convidavam para mudar sabiam a terra, e eu, que detestava em Cartago uma verdadeira miséria, buscava em Roma uma falsa felicidade.

Mas o verdadeiro motivo de eu sair de Cartago e ir para Roma só tu, ó Deus, o sabias, sem mo indicar a mim nem à minha mãe, que chorou atrozmente minha partida, seguindo-me até o mar. Mas tive de enganá-la, porque me retinha por força, obrigando-me a desistir de meu propósito ou a levá-la comigo, para o que fingi que tinha de me despedir de um amigo que eu não queria abandonar, até que, soprando o vento, ele pudesse navegar. Assim enganei à minha mãe, e a tal mãe, e fugi, e tu também me perdoaste este pecado misericordiosamente, protegendo-me a mim, cheio de execráveis imundícias, das águas do mar para chegar às águas de tua graça, com as quais, lavado, se secassem os rios dos olhos de minha mãe, com que todos os dias regava a terra em tua presença, por minha causa.

Contudo, como se recusasse a voltar sem mim, apenas pude persuadi-la a permanecer aquela noite em uma capela próxima a nosso navio, consagrada à memória de são Cipriano. Mas naquela mesma noite parti às escondidas, deixando-a a orar e a chorar. E que te pedia ela, meu Deus, com tantas lágrimas, senão que não me deixasses navegar? Mas tu, vendo as coisas de um ponto mais alto, escutando a essência de seu desejo, não atendeste ao que ela então te pedia, para fazer-me tal como sempre te pedia.

Soprou o vento, enfunou nossas velas, e desapareceu de nossas vistas a praia, onde minha mãe, na manhã seguinte, louca de dor, enchia de queixas e de prantos teus ouvidos insensíveis, que me deixavam correr atrás de minhas paixões para dar fim às minhas concupiscências, castigando com o justo açoite da dor a saudade demasiado carnal de minha mãe. Porque, como todas as mães, e ainda muito mais que a maioria delas, desejava manter-me a seu lado, desconhecendo as grandes alegrias que lhe preparavas com minha ausência. Não o sabia, e por isso chorava e se lamentava, denunciando com esses lamentos a herança que recebera de Eva, buscando com gemidos ao que com gemidos havia dado à luz.

Por fim, depois de me haver acusado de mentiroso e de mau filho, pôs-se de novo a rogar por mim, e voltou para sua vida habitual, enquanto eu me dirigia a Roma.

Capítulo 9
Enfermo

Em Roma fui recebido com o açoite de uma enfermidade corporal, que esteve a ponto de me mandar para a sepultura carregado de todos os pecados que havia cometido contra ti, contra mim e contra o próximo, pecados numerosos e pesados, que se acrescentavam à cadeia do pecado original, pelo qual todos morremos em Adão[17]. Ainda não me tinhas perdoado nenhum deles em Cristo, nem ele havia desfeito em sua cruz as inimizades[18] que contraíra contigo com meus pecados. E como poderia ele desfazê-los por uma cruz onde eu não via mais que um fantasma? Porque tão falsa me parecia a morte de sua carne como verdadeira a morte de minha alma, e tão verdadeira a morte de sua carne como falsa a vida de minha alma, que disto se não persuadia. Entretanto, agravando-se as febres, eu estava a ponto de partir e de perecer. Mas, para onde iria, se então tivesse que sair deste mundo, senão para o fogo e tormentos merecidos por minhas ações, de acordo com a verdade da ordem por ti estabelecida? Minha mãe tudo ignorava, mas, ausente, orava por mim, e tu, presente em todas as partes onde ela estava, lhe davas ouvidos, e, exercias tua misericórdia para comigo onde eu estava, restituindo-me a saúde do corpo; mas meu coração sacrílego continuava enfermo. Na verdade, estando em tão grande perigo, não desejava teu batismo. Quando menino, eu era melhor, porque então o supliquei à piedade de minha mãe, como já recordei e confessei. Mas, para minha vergonha, eu havia crescido, e, em minha loucura, zombava dos conselhos de tua medicina, que não me deixou morrer duas vezes em tais sentimentos.

Se o coração de minha mãe transpassado por essa ferida, nunca haveria de sarar. Porque não posso declarar de modo suficiente o grande amor que me dedicava, e a que ponto seus sofrimentos para me dar à luz em espírito eram piores que os que suportara quando me deu à luz pela carne.

Por isso, não vejo como poderia sarar se minha morte em tal estado tivesse ferido as entranhas de seu amor. E onde estariam tantas orações, continuamente repetidas? Estariam em ti, somente em ti. Acaso tu, Deus das misericórdias, desprezarias o coração contrito e humilhado[19] de uma viúva casta e sóbria, que frequentemente dava esmolas e servia obsequiosa a teus santos? Que em nenhum dia deixava de levar sua oblação a teu altar? Que ia duas vezes por dia — de manhã e à tarde — à tua Igreja, sem faltar jamais, e isto não para entreter-se em vãs conversações e cochichos de velhas, mas para te ouvir nos sermões, e para que a ouvisses em suas orações? Poderias desprezar as lágrimas de uma mãe que não te pedia nem ouro, nem prata, nem bem algum mutável e frágil, mas a salvação de seu filho? Poderias, ó Deus, a quem ela devia o ser o que era, poderias desprezá-la e negar-lhe teu auxílio? De nenhum modo, Senhor; pelo contrário, tu a assistias, e a escutavas, mas pelo modo assinalado por tua providência.

Como poderias enganá-la naquelas visões e respostas, de algumas das quais já falamos, e de outras que passo em silêncio, que ela guardava em seu coração fiel, e que te apresentava em suas orações contínuas como compromissos assinados por tua mão, e que devias cumprir. Porque, por tua misericórdia infinita[20], gostas de te fazer devedor daqueles a quem perdoas todas as dívidas.

Capítulo 10
Agostinho e os erros dos maniqueus

Restabeleceste-me, pois, daquela doença, e por então salvaste o filho de tua serva enquanto ao corpo, a fim de poder mais tarde salvá-lo melhor e mais seguramente. Em Roma juntei-me ainda com os que se diziam santos, falsos e enganadores, e não só convivia com os ouvintes entre os quais se contava o dono da casa em que eu adoecera e convalescera — mas também com os que se chamam eleitos.

Ainda então me parecia que não éramos nós os pecadores, mas não sei que estranha natureza a que pecava em nós, razão pela qual minha soberba se deleitava em me considerar isento de culpa, e de modo algum obrigado a confessar meu pecado, quando agia mal, para que pudesses curar minha alma, que pecava contra ti[21]. Antes, gostava de me desculpar, acusando a não sei que ser estranho que estava em mim, mas que não era eu. Mas, na verdade, eu era tudo aquilo, e minha impiedade me havia dividido contra mim mesmo. E o mais incurável de meu pecado era que não me considerava pecador, preferindo minha execrável iniquidade que fosses vencido em mim, para minha perdição, ó Deus onipotente, a que fosses vencedor de minha alma para minha salvação. Ainda não tinhas posto guarda diante de minha boca, nem porta de proteção ao redor de meus lábios, a fim de que meu coração não declinasse para as más palavras, nem buscasse desculpas para seus pecados, como os homens que obram iniquidade[22]. Esta era a razão pela qual eu ainda mantinha relações de amizade com os eleitos dos maniqueus. Mas, desesperado de poder fazer algum progresso naquela falsa doutrina, limitava-me a segui-la até encontrar algo melhor, professando-a já com mais liberdade e negligência.

Por esse tempo, veio-me também à ideia de que os filósofos chamados acadêmicos haviam sido mais prudentes que os outros, por sustentarem que se deve duvidar de tudo, e que nenhuma verdade pode ser compreendida pelo homem. Pareceu-me então que era esse o seu pensamento, como vulgarmente se julga, não tendo ainda compreendido suas verdadeiras intenções.

Quanto a meu hóspede, não deixei de repreendê-lo, pela excessiva credulidade com que aceitava as fábulas de que estavam cheios os livros dos maniqueus. Contudo, era mais amigo desses homens que dos que eram estranhos à sua heresia. É verdade que já não a defendia com o primitivo entusiasmo; mas sua familiaridade — em Roma havia muitos deles ocultos — tornava-me mais preguiçoso para procurar outra coisa, sobretudo desesperando de achar a verdade em tua Igreja, ó Senhor dos céus e da terra, Criador de todas as coisas visíveis e invisíveis, verdade da qual eles me afastavam, por me parecer mui torpe acreditar que tinhas figura de carne humana, e que estavas limitado pelos contornos de um corpo como o nosso. E porque, quando queria pensar em meu Deus, não sabia imaginar senão massas corpóreas — pois não me parecia que pudesse existir algo diferente — esta foi a causa principal e quase única de meu erro inevitável.

Daqui se originava também minha crença de que a substância do mal era também corpórea, massa negra e disforme, ora espessa — a que chamavam terra —, ora tênue e sutil, como o corpo do ar, a qual imaginavam como um espírito maligno que investia sobre a terra. E como minha piedade, por pouca que fosse, me obrigava a pensar que um Deus bom não podia criar nenhuma natureza má, eu imaginava duas massas contrárias entre si, ambas infinitas, a do mal um pouco menor, a do bem um pouco maior; e deste princípio pestilencial originavam-se-me os demais sacrilégios. Com efeito, quando meu espírito se esforçava por voltar à fé católica, era rechaçado, porque a fé católica não era o que eu imaginava. E me parecia ser mais piedoso, ó Deus, a quem louvam em mim tuas misericórdias, julgar-te infinito por todas as partes, com exceção de um ponto, a oposição do mal, no qual era forçoso reconhecer teus limites, do que julgar-te limitado por todas as partes segundo as formas do corpo humano.

Também me parecia ser melhor admitir que não havias criado nenhum mal — o qual aparecia à minha ignorância não só como substância, mas como substância corpórea, por não poder imaginar o espírito senão como corpo sutil que se difundia pelos espaços — do que crer que a natureza do mal, tal como a imaginava, procedesse de ti.

Também supunha que nosso Salvador, teu Filho Unigênito, saíra, para nos salvar, dessa substância luzidíssima de teu corpo, e não acreditava a seu respeito senão no que me sugeria minha vaidade. E por isso julgava que tal natureza não podia nascer da Virgem Maria sem se ajuntar com a carne, mas não via como poderia juntar-se à carne sem se corromper, e por isso tinha medo de acreditar em sua encarnação, para não me ver obrigado a julgá-lo manchado pela carne.

Sem dúvida agora teus fiéis se rirão branda e amorosamente se lerem estas minhas confissões; mas eu, realmente, era assim.

Capítulo 11
Desculpas dos maniqueus

Por outra parte, eu já não acreditava que se pudessem defender os pontos que os maniqueus criticavam em tuas Escrituras. Contudo, às vezes desejava sinceramente discutir cada um desses pontos com algum varão, grande conhecedor de seus livros, para ver o que realmente sentia a respeito. Quando ainda em Cartago, já me mostrara interessado pelos discursos de um tal Elpídio, que falava e discutia publicamente contra os maniqueus, alegando citações da Sagrada Escritura que não era fácil refutar.

Por sua vez, as respostas dos maniqueus me pareciam fracas, e mesmo assim não a expunham facilmente em público, mas somente a nós, e muito em segredo, dizendo que as Escrituras do Novo Testamento haviam sido falsificadas por não sei quem, com o intuito de mesclar a lei dos judeus com a fé cristã, razão pela qual eles próprios não podiam mostrar nenhum exemplar sem alteração.

Mas o que principalmente me mantinha cativo, e como que sufocado, eram as tais grandes massas, que pareciam oprimir-me, e debaixo de cujo peso, arquejante, me era impossível respirar a aura pura e simples de tua verdade.

Capítulo 12
Os estudantes de Roma

Com toda diligência começara a pôr em obra o desígnio que me levara a Roma, que era ensinar a arte retórica, começando por reunir a princípio alguns estudantes em casa, para me tornar conhecido deles, e, por seu intermédio, dos demais.

Mas logo vim a saber, com surpresa, que os estudantes de Roma faziam outras travessuras, que eu não havia experimentado na África. Porque, se era verdade, como me haviam assegurado, que em Roma não se praticavam as mesmas violências dos jovens corrompidos de Cartago, também me asseguravam que aqui os estudantes entravam em acordo para deixar de repente de assistir às aulas, passando para outro professor, com o fim de não pagar o devido salário, faltando assim à palavra dada, e desprezando a justiça por amor ao dinheiro.

Também a estes odiava meu coração, porém, não com ódio perfeito[23], porque, na realidade, mais os aborrecia pelo prejuízo que me podiam causar do que pela simples injustiça de seu comportamento. Sem dúvida são infames os que assim agem, e se maculam longe de ti[24], amando passatempos e enganos passageiros e a recompensa de lodo, que não se pode colher com as mãos sem manchá-las, agarrando-se a um mundo que foge, e desprezando a ti, que permaneces eternamente, a ti que chamas e perdoas à alma humana, quando, depois de suas prostituições, se volta para ti. Mesmo ainda agora aborrece-me gente tão depravada e sem modos, embora deseje que se corrijam, a fim de que prefiram ao dinheiro a ciência que aprendem, e a essa mesma ciência a ti, Deus, verdade e abundância de verdadeiro bem e paz castíssima. Mas naquele tempo — confesso — preferia que não fossem maus para meu interesse do que bons por teu amor.

Capítulo 13
Viagem a Milão. Santo Ambrósio

Por isso, quando a cidade de Milão escreveu ao prefeito de Roma pedindo para aquela cidade um professor de retórica, com viagem paga pelo Estado, eu mesmo solicitei esse emprego por intermédio dos mesmos amigos que estavam embriagados com as vaidades dos maniqueus, dos quais ia-me separar, sem que eles ou eu o soubéssemos. Símaco, então prefeito da cidade, propôs-me o tema de um discurso, e, sendo eu aprovado, mandou-me para Milão.

Chegado a Milão, visitei o bispo Ambrósio, famoso entre os melhores da terra, piedoso servo teu, cujos discursos distribuíam zelosamente entre teu povo a flor de teu trigo, a alegria do óleo e a sóbria embriaguez de teu vinho. A ele era eu conduzido por ti sem o saber, a fim de que ele me conduzisse a ti sabendo-o.

Esse homem de Deus recebeu-me paternalmente, e se interessou muito por minha viagem, como bispo. Comecei a amá-lo; a princípio, não certamente como mestre da verdade, que eu desesperava de achar em tua Igreja, mas como homem afável para comigo. Ouvia-o atentamente quando pregava ao povo, não com a devida intenção, mas como se quisesse sondar sua eloquência, para ver se correspondia à sua fama, ou se era maior ou menor que a que se apregoava, ficando suspenso com suas palavras, mas sem cuidar no que dizia, coisa que eu até desprezava. Deleitava-me com a suavidade dos sermões, os quais, embora mais eruditos que os de Fausto, eram contudo, menos alegres e agradáveis no estilo. Quanto à substância dos mesmos não havia comparação, pois Fausto se perdia por entre as fábulas dos maniqueus, e Ambrósio ensinava salutarmente a mais sã doutrina da salvação. Mas a salvação anda longe dos pecadores[25], tal como eu era então. Todavia, insensivelmente e sem o saber, ia-me aproximando dela.

Capítulo 14
Catecúmeno

Embora sem cuidar de aprender o que dizia, interessado apenas em ouvir como dizia — era este gosto frívolo o único que ainda permanecia em mim, desesperado já de que se abrisse para o homem caminho que o levasse a ti — infiltravam-se em meu espírito, juntamente com as palavras que me agradavam, as coisas que desprezava, por não poder separar umas das outras, e assim, ao abrir meu coração à sua eloquência, nele entrava ao mesmo tempo a verdade, mas isso gradualmente.

A princípio começou a aparecer-me que seus ensinamentos podiam ser defendidos e que as afirmações da fé católica — que eu julgava desarmada contra os ataques dos maniqueus — não eram absolutamente temerárias, máxime depois de me serem explicadas uma, duas e mais vezes, as passagens obscuras do Velho Testamento, que, interpretadas por mim no sentido literal, me davam a morte. Assim, pois, declarados no sentido espiritual muitos dos lugares daqueles livros, comecei a repreender aquele meu desespero, que me levava a crer na impossibilidade de resistir aos que detestavam e zombavam da lei e dos profetas.

Não obstante, não me julgava na obrigação de seguir o partido dos católicos, só porque também o catolicismo podia ter defensores doutos, capazes de refutar objeções com eloquência e lógica; nem tampouco por isso me parecia que devia condenar os que antes defendia, pois as armas de defesa eram iguais. Assim, se por uma parte a fé católica não me parecia vencida, contudo ainda não me parecia vencedora.

Apliquei então todas as forças de meu espírito para ver se podia de algum modo, com argumentos decisivos, convencer de falsidade os maniqueus. A verdade é que se eu não tivesse podido conceber uma substância espiritual, imediatamente todas as suas invenções se desfariam e seriam arrancadas de minha alma. Mas não podia.

Contudo, considerando e comparando sempre mais o que os filósofos haviam sentido acerca deste mundo material, e de toda a natureza, que é objeto dos sentidos da carne, cada vez mais me capacitava de que eram muito mais prováveis as doutrinas destes que as dos maniqueus. Por isso, duvidando de tudo e flutuando no meio de tudo, a maneira dos acadêmicos, como os julga a opinião geral, determinei abandonar aos maniqueus, julgando que durante o tempo de minha dúvida não devia permanecer em uma seita à qual eu já antepunha alguns filósofos, recusando-me, contudo, de maneira categórica, a confiar-lhes a cura das enfermidades de minha alma, por ser-lhes desconhecido o nome salutar de Cristo.

Em consequência, resolvi tornar-me catecúmeno na Igreja Católica, que me havia sido recomendada por meus pais, até que alguma claridade certa viesse dirigir meus passos.

# LIVRO SEXTO

Capítulo 1
Esperanças

Ó minha esperança desde a minha juventude[1]! Onde estavas para mim, ou a que lugar te havias retirado? Acaso não foste tu que me criaste, diferenciando-me dos quadrúpedes, fazendo-me mais sábio do que as aves do céu? Mas eu caminhava por trevas e resvaladouros, e te procurava fora de mim, e não encontrava o Deus de meu coração, e caí nas profundezas do mar[2]. Eu perdera a confiança e desesperava de encontrar a verdade.

Minha mãe já viera a meu encontro, forte em sua piedade, seguindo-me por mar e por terra, confiando em ti em todos os perigos. Até nas tormentas que padeceram no mar ela encorajava os marinheiros — sendo estes os que costumam animar os navegadores inexperientes quando se perturbam — assegurando-lhes que chegariam felizmente ao término da viagem, porque assim lho tínheis prometido em visão.

Encontrou-me em grave perigo, na desesperação de buscar a verdade. Contudo, quando lhe disse que já não era maniqueu, sem ser ainda cristão católico, não pulou de alegria, como quem ouve algo inesperado, por estar já segura sobre aquele ponto de minha miséria, que a fazia chorar-me diante de ti como a um morto que haveria de ressuscitar. Apresentava-me continuamente a ti em pensamento, como sobre um esquife, para que dissesses ao filho da viúva: "Jovem, eu te digo: levanta-te"[3], e seu filho revivesse, e recomeçasse a falar, e o entregasses à sua mãe.

Nem se turbou seu coração com imoderada alegria ao ouvir quanto já se havia cumprido do que com tantas lágrimas te suplicava todos os dias de sua vida, vendo-me, senão na posse da verdade, já afastado do erro. Antes, porque estava certa de que lhe concederias o que faltava — pois lhe havias prometido a graça total — respondeu-me, com muita calma e com o coração cheio de confiança, que esperava em Cristo que, antes de sair desta vida, me havia de ver católico fiel.

Foi o que me disse. Mas diante de ti, ó fonte das misericórdias, redobrava suas orações e lágrimas, para que apressasses teu auxílio e esclarecesses minhas trevas, e corria com maior solicitude à Igreja para ficar suspensa dos lábios de Ambrósio, como da fonte de água viva que jorra para a vida eterna[4]. Minha mãe amava a este varão como a um anjo de Deus, pois sabia que fora ele quem me fizera flutuar naquela indecisão, pela qual antevia, segura, que eu haveria de passar da enfermidade para a saúde, depois de um perigo mais grave, que os médicos chamam de crítico.

Capítulo 2
Obediência de Mônica

Assim, um dia, como costumava na África, levou papas, pão e vinho puro à sepultura dos mártires, mas o porteiro não quis receber suas ofertas. Quando soube que essa proibição vinha do bispo, resignou-se tão piedosa e obedientemente, que eu mesmo me admirei de que tão facilmente se pusesse a condenar aquele costume, e não a criticar a proibição de Ambrósio,
É que seu espírito não era dominado pela embriaguez, nem o amor do vinho a incitava ao ódio da verdade, como acontece a muitos homens e mulheres, que ao ouvir o cântico da sobriedade, sentem a mesma náusea que os bêbados diante de um copo de água. Mas ela, ao trazer as cestas com as iguarias de costume, para serem provadas e repartidas, não bebia mais que um pequeno copo de vinho temperado, segundo seu paladar bastante sóbrio, para fazer honra aos outros. E se eram muitos os sepulcros que devia honrar desse modo, levava sempre o mesmo copo; usando-o em toda parte, de tal maneira que o vinho não só estava muito aguado, mas até quente. Dividia-o em pequenos tragos com as pessoas presentes, porque buscava a piedade, e não o prazer. Assim, logo que soube que este

esclarecido pregador e mestre da verdade proibira tal costume — mesmo para os que o praticavam sobriamente, para não dar aos ébrios ocasião de se embriagarem, e porque essa espécie de *parentales** oferecia muita semelhança com a superstição dos gentios — ela se absteve de muito boa vontade, e, em lugar da cesta cheia de frutos da terra, aprendeu a levar ao sepulcro dos mártires um coração cheio de santos desejos, dando o que podia aos pobres, e celebrando desse modo a comunhão com o corpo do Senhor, cuja paixão serviu de modelo aos mártires em seu sacrifício e em sua vitória.

Mas, parece-me, meu Senhor e meu Deus — e assim o crê meu coração em tua presença — que minha mãe não teria abandonado tão facilmente esse costume — que, todavia, era necessário cortar — se outro a houvesse proibido, outro a quem não amasse tanto como a Ambrósio. De fato, ela o estimava muito por minha salvação, e ele a tinha em grande consideração pela religiosidade e fervor com que frequentava a Igreja, na prática das boas obras. Por isso, muitas vezes quando me encontrava com ele, costumava prorromper em louvores à minha mãe, e me felicitava por ser seu filho, ignorando o filho que ela tinha em mim, filho que duvidava de tudo, e julgava impossível achar o caminho da vida.

Capítulo 3
Primeiras conquistas

Eu ainda não gemia ao orar para que me socorresses, mas meu espírito achava-se ocupado em investigar e inquieto por discutir, considerando ao próprio Ambrósio como homem feliz segundo o mundo, vendo-o tão

---

* *Parentales,* festas pagãs que celebravam de 13 a 21 de fevereiro, consagradas especialmente aos deuses lares.

honrado pelas mais altas autoridades. Somente seu celibato me parecia difícil. Mas eu não podia imaginar, por nunca o ter experimentado, as esperanças que o animavam, nem a luta que tinha de travar contra as tentações de sua própria grandeza, nem os consolos de que gozava na adversidade, nem os saborosos deleites que experimentava, na boca interior de seu coração quando ruminava teu alimento. Ele, por sua vez, desconhecia minha inquietação e o precipício em que estava para cair, porque não lhe podia perguntar, como desejava, o que queria. Uma multidão de homens de negócios, a quem ele acudia nas dificuldades, impediam-me de o ouvir e de lhe falar.

Quando estes o deixavam livre, isso por muito pouco tempo, dedicava-se a reparar as forças do corpo com o necessário alimento ou as do espírito com a leitura. Quando lia, seus olhos percorriam as páginas e sua inteligência penetrava-lhes o sentido, mas sua voz e sua língua repousavam*.

Muitas vezes, estando eu presente — pois ninguém estava proibido de entrar, nem era costume anunciar quem se apresentava — vi-o ler em silêncio, e nunca de outra maneira, e ali ficava eu por muito tempo calado — porque, quem se atreveria molestar um homem tão atento? — e me afastava, conjecturando que naqueles curtos instantes que encontrava para reparar o espírito, livre do tumulto dos negócios alheios, não queria que o ocupassem com outra coisa, lendo mentalmente, talvez de medo que algum ouvinte, suspenso e atento à leitura, encontrando alguma passagem obscura, pedisse explicações, ou o obrigasse a dissertar sobre questões difíceis, gastando o tempo em tais coisas, sendo assim impedido de ler todos os livros que desejava, embora fosse mais provável que fizesse assim para poupar a voz, que facilmente lhe enrouquecia.

---

* Era costume naqueles tempos ler em voz alta, tanto pela dificuldade dos textos como pela escassez dos livros, muitas vezes lidos em comum.

Em todo caso, qualquer que fosse sua intenção, só poderia ser boa em um homem como ele.

O certo é que não se apresentava nenhuma ocasião para interrogar a teu santo oráculo que habitava em seu coração sobre as coisas que eu queria, exceto quando se tratava de uma resposta breve, e minhas inquietudes pediam muito tempo e vagar para consultá-lo, o que nunca encontrava. Ouvia-o, é certo, explicar perfeitamente ao povo a palavra da verdade[5] todos os domingos, dando-me cada vez mais a certeza de que podiam ser desatados todos os nós das calúnias sutis que aqueles que me enganavam teciam contra os livros sagrados.

Assim, quando verifiquei que vossos filhos espirituais, a quem regeneraste no seio da santa mãe, a Igreja, não entendiam aquelas palavras: Fizeste o homem à sua imagem[6] — de modo a acreditar que estavas encerrado na forma do corpo humano — embora eu então não imaginasse, nem sequer suspeitasse de longe o que fosse uma substância espiritual — alegrei-me com isso, envergonhando-me por ter ladrado durante tantos anos, não contra a fé católica, mas contra invenções de minha inteligência carnal. Tinha sido ímpio e temerário por criticar uma doutrina que eu deveria ter procurado conhecer. Mas tu — que estás ao mesmo tempo tão alto e tão perto de nós, tão escondido e tão presente, tu que não tens membros maiores nem menores, que estás inteiro em toda parte sem estar todo em nenhum lugar, certamente não tens nossa forma corpórea, e, contudo, fizeste o homem à tua imagem, e eis que ele, da cabeça aos pés, é limitado pelo espaço.

Capítulo 4
O espírito da letra

Não sabendo, pois, como poderia subsistir esta tua imagem no homem, eu deveria bater à porta, procurando conhecer de que modo deveria entender essa crença, em lugar de me opor insolentemente, como se ela fosse o que eu imaginava. E assim, tanto mais fortemente me roía o coração o cuidado de ter alguma certeza, tanto mais me envergonhava de ter sido o joguete dos que me haviam prometido a certeza, e por ter sustentado com pueril empenho e animosidade tantas coisas duvidosas como certas.

Depois vi a razão por que eram falsas. Mas já era certo que elas eram incertas, embora as tivesse julgado certas por algum tempo, quando, com minhas cegas discussões, combatia tua Igreja Católica. Embora então não a conhecesse como mestra da verdade, pelo menos sabia que não ensinava aquilo de que gravemente a acusava.

Daí, minha confusão, e as mudanças que se operavam em meu pensamento, ó meu Deus, vendo que tua Igreja única, corpo de teu Filho único, na qual, ainda menino, me ensinaram o nome de Cristo, não gostava de bagatelas pueris, e que em sua doutrina sadia nada havia que te representasse, a ti, Criador de todas as coisas, limitado a um lugar, embora amplo e considerável, mas, enfim, limitado pela figura dos membros humanos.

Também me alegrava de que as Antigas Escrituras da lei e os profetas já não me fossem propostos naquele aspecto de antes, em que me pareciam absurdas, quando eu acusava teus santos de pensamentos que nunca haviam tido. Agradava-me ouvir a Ambrósio dizer muitas vezes em seus sermões ao povo, recomendando com muito zelo a regra de que a letra mata e o espírito vivifica[7]. E quando, levantando o véu místico, descobria o significado espiritual de textos que, entendidos segundo a letra, pareciam ensinar um erro, nada dizia que me chocasse, embora eu ainda ignorasse se ele dizia a verdade.

Abstinha meu coração de qualquer adesão, temendo cair em um precipício; mas esta suspensão matava-me muito mais, porque queria estar tão certo das coisas que não via como o estava de que sete e três são dez. Eu não estava tão louco para acreditar que nem mesmo essa verdade pudesse ser compreendida pela inteligência. Mas, assim como entendia isso, queria entender igualmente as outras verdades, quer fossem corporais, que não tinha presentes a meus sentidos, quer espirituais, nas quais não sabia pensar senão de modo material.

É verdade que poderia sarar crendo, e deste modo, purificado pela fé, o olhar de meu espírito pudesse dirigir-se de algum modo até tua verdade, sempre imutável e indefectível. Mas, como sói acontecer ao que caiu nas mãos de um mau médico, que depois receia entregar-se nas mãos de um bom, assim me sucedia a mim no que diz respeito à saúde de minha alma, que, não podendo sarar senão pela fé, recusava-se a sarar por temor de crer em falsidades. Minha alma resistia às tuas mãos, ó meu Deus, que preparaste o remédio da fé, e o derramaste sobre as enfermidades da terra, dando-lhe tanta autoridade e eficácia.

Capítulo 5
Os mistérios da Bíblia

Contudo, desde esse tempo, comecei a dar preferência à doutrina católica, porque me parecia que nela se mandava com mais modéstia, e sem mentira, a crer no que não era demonstrado — ou porque, embora existindo provas, estas não fossem acessíveis a todos, ou porque não existiam — o que não acontecia entre os maniqueus, que desprezavam a fé, e prometiam com temerária arrogância a ciência, e depois nos obrigavam a acreditar em uma infinidade de fábulas completamente absurdas, na impossibilidade de demonstrá-las.

Depois, com mão suavíssima e cheia de misericórdia, começaste, Senhor, a tratar e a preparar pouco a pouco meu coração, e me persuadi de tudo o que eu acreditava sem ter visto, e a cuja realização eu não havia assistido: tantos fatos da história dos povos, tantas notícias relativas a lugares e cidades que não havia visto, tudo o que admitia confiando em amigos, em médicos e em outras classes de pessoas que, se não as acreditássemos, não poderíamos dar um passo na vida. E sobretudo, de que modo inabalável eu acreditava ser filho de meus pais, coisa que não poderia saber sem prestar fé no que ouvia. Então, me persuadiste de que os culpados não são os que acreditam em teus livros, cuja autoridade estabeleceste entre quase todos os povos, mas os que não creem neles, e que eu não devia dar ouvidos aos que talvez me dissessem: "Como sabes que esses livros foram dados aos homens pelo Espírito de Deus, único e verdadeiro?" Porque precisamente isto era o que eu devia crer, porque nenhuma objeção caluniosa, por mais agressiva que fosse, que eu havia lido em muitos escritos contraditórios dos filósofos, nunca conseguiram arrancar-me a certeza de tua existência, embora ignorasse o que eras e a certeza de que o governo das coisas humanas está entre tuas mãos.

Isto eu acreditava algumas vezes mais fortemente e outras mais debilmente; mas que existias e que cuidavas do gênero humano, sempre acreditei, embora ignorasse o que devia pensar de tua natureza, ou qual o caminho que nos conduz ou reconduz a ti. Por isso, persuadido de nossa impossibilidade para achar a verdade apenas pela razão, e compreendendo que para isso nos é necessária a autoridade das Sagradas Escrituras, comecei a entender que de nenhum modo terias conferido tão soberana autoridade a essas Escrituras em todo o mundo, se não quisesses que crêssemos em ti por elas e que te procurássemos por elas.

E, quanto aos absurdos em que antes costumava tropeçar, e que eu ouvira explicar muitas vezes de modo aceitável, eu os atribuía à profundidade dos mistérios, parecendo-me a autoridade das Escrituras tanto mais venerável e digna da fé sacrossanta quanto, de leitura fácil para todos, ela reserva a uma interpretação mais penetrante a majestade de seu mistério. Pela clareza da linguagem, a humilde familiaridade do estilo, ela se abre a todos, e, no entanto, estimula a reflexão dos que não são levianos de coração. Recebe a todos em seu vasto seio, mas não deixa ir a ti, por caminhos estreitos, senão um pequeno número; muito mais, porém, do que se ela não estivesse nesse ponto elevado de autoridade, e não atraísse as turbas ao regaço de sua santa humildade.

Pensava eu nessas coisas, e me assistias; suspirava, e me ouvias; vacilava, e me governavas; andava pela via larga do século, e não me abandonavas.

Capítulo 6
Alegria de bêbado

Eu aspirava às honras, às riquezas e ao matrimônio, e tu te rias de mim. E nesses desejos sofria grandes amarguras, sendo-me tu tanto mais propício quanto menos consentias que eu achasse doçura no que não eras tu. Vê, Senhor, meu coração, tu que quiseste que eu te recordasse estas lembranças e tas confessasse. Una-se agora a ti minha alma, a quem livraste do visco tenaz da morte. Como era infeliz! E tu a picavas no mais dolorido de sua ferida, para que deixasse tudo, e se convertesse a ti, que estás acima de tudo. Sem ti nada existiria. Ferias minha alma para que se voltasse para ti, e fosse curada.

Que miserável era eu então! E como fizeste para que eu sentisse minha miséria? Era o dia em que me preparava para declamar os louvores do imperador, nos quais devia mentir muito, e, mentindo, havia de assegurar a aprovação dos que sabiam que eu não dizia a verdade. Preocupado, meu coração palpitava e se consumia com a febre de pensamentos insanos, quando, ao passar por uma das ruas de Milão, vi um mendigo já bêbado, creio eu, mas bem-humorado e divertido. Suspirei então, e discorri com os amigos que me acompanhavam sobre as muitas dores que nos acarretavam nossas loucuras. Com todos os nossos esforços, quais eram os que então me afligiam, nada mais fazia que arrastar a carga de minha infelicidade cada vez mais pesada, aguilhoado por meus apetites, para, enfim, não conseguir outra coisa que uma alegria tranquila, na qual já nos havia precedido aquele mendigo, alegria a que nós talvez não conseguíssemos chegar. O que ele havia conseguido com umas poucas moedas de esmola, era exatamente o que eu aspirava com tão trabalhosos caminhos e rodeios: a alegria de uma felicidade temporal.

É verdade que a alegria do mendigo não era verdadeira, mas a que eu buscava com minhas ambições era ainda muito mais falsa. Ele, pelo menos, estava alegre, e eu angustiado; ele seguro, e eu inquieto. Se alguém me perguntasse se preferia estar alegre, ou triste, eu responderia: alegre; mas se me perguntassem novamente se queria ser como aquele mendigo ou ser como eu era, sem dúvida escolheria a mim mesmo, embora cheio de cuidados e de temores. Mas isto eu faria por minha perversidade, ou por verdade? Eu não devia preferir-me ao mendigo por ser mais douto, pois a ciência para mim não era fonte de felicidade, mas um meio de agradar aos homens, e apenas agradar-lhes, e não instruí-los. Por isso, Senhor, quebravas meus ossos com a vara de tua disciplina[8].

Longe de minha alma os que dizem: 'Importa levar em conta a causa da alegria, porque o mendigo se alegrava com a embriaguez, e tu com a glória." Que glória, Senhor? Com a que não está em ti. Porque assim como aquele prazer não era verdadeira alegria, assim aquela glória não era a verdadeira glória, antes perturbava mais ainda meu coração. O bêbado, naquela mesma noite, curaria sua embriaguez, enquanto eu já dormira com a minha, e me levantara com ela, e tornaria a dormir e a levantar com ela tu sabes quantos dias!

Importa, é certo, conhecer os motivos da alegria de cada um, eu o sei, e a alegria da esperança fiel dista infinitamente daquela vaidade. Mas então, havia entre nós, outra diferença, pois, certamente ele era o mais feliz, não só porque transbordava de alegria, enquanto eu me consumia de cuidados, mas também porque ele comprara o vinho desejando a felicidade dos outros, enquanto eu procurava com mentiras uma glória vã.

Muitas coisas disse então a meus amigos a esse propósito, e muitas vezes eu costumava examinar minha situação, e achava que ia mal. Isso me fazia sofrer, e redobrava minha dor; se me sorria alguma ventura, não me movia para apanhá-la, porque voava-me das mãos antes mesmo que a pudesse alcançar.

Capítulo 7
Alípio

Os que convivíamos em boa amizade lamentávamos estas coisas, mas de modo especial e familiaríssimo eu o fazia com Alípio e Nebrídio. Alípio como eu, era do município de Tagaste, nascido de uma das melhores famílias da cidade. Mas era mais jovem do que eu, pois havia sido meu discípulo quando comecei a ensinar em nossa cidade, e depois em Cartago. Ele me queria muito, por lhe parecer bom e douto, assim como eu a ele, por sua grande inclinação à virtude, que já se manifestava nele em tão tenra idade.

Contudo, o abismo dos costumes cartagineses, onde ferve o gosto dos espetáculos frívolos, engolfara-o na loucura dos jogos circenses. Alípio rolava miseravelmente por esse abismo na época em que eu ensinava publicamente retórica, mas ele não seguia minhas lições, por causa de uma desavença que surgira entre mim e seu pai. Eu sabia que Alípio amava perdidamente o circo, e isso muito me preocupava, por me parecer que se iam perder, se é que já não estavam perdidas, magníficas esperanças. Mas não encontrava modos para admoestá-lo e repreendê-lo, nem por motivos de amizade nem de magistério, pois julgava que tinha sobre mim a mesma opinião que seu pai. Mas isso não era verdade. Pondo de parte nesse assunto a vontade paterna, começou a me cumprimentar, comparecia à minha aula, ouvia-me por alguns instantes, e logo se retirava.

Mas já me esquecera de falar com ele para que não perdesse talento tão precioso com aquele cego e apaixonado gosto por jogos tão fúteis. Mas tu, Senhor, que governas tua criação não te esqueceste de que Alípio deveria ser ministro de teus sacramentos entre teus filhos; e para que fosse atribuída abertamente a ti a sua emenda, a realizaste certamente por meu intermédio, mas sem que eu o soubesse.

Um dia, estando sentado no lugar de costume, diante de meus discípulos, veio Alípio, saudou-me, sentou-se, atento ao assunto de que eu tratava; e por casualidade trazia eu entre as mãos uma lição que, para melhor explaná-la, e tornar mais clara e agradável sua explicação, pareceu-me oportuno fazer uma comparação com os jogos circenses, zombando até com sarcasmo dos escravos dessa loucura. Mas tu sabes, Senhor, que então não pensei em curar Alípio dessa parte. Mas ele tomou para si o que eu havia dito, e acreditou que eu só o dissera por sua causa. Qualquer outro tomaria isso como motivo de desgosto; mas ele, jovem virtuoso, tomou-o como causa para censurar a si próprio, e para me estimar ainda mais.

Já havias dito em outro tempo, escrevendo-o em teus livros: "Corrige ao sábio, e ele te amará"[9]. Eu não o repreenderia, mas tu, servindo-te de todos, quer eles o saibam ou não, de acordo com a ordem que conheces — e essa ordem é justa — fizeste de meu coração e de minha língua carvões abrasadores, para queimar e curar aquela alma de boa esperança, mas pervertida.

Senhor, cale teus louvores quem não percebe tuas misericórdias, que eu te confesso do mais íntimo de meu ser. Depois de ouvidas minhas palavras, Alípio saiu daquele fosso profundo, onde, gostosamente se enterrara, experimentando o inefável prazer e sacudiu da cegueira, e sacudiu sua alma com grande temperança, lançando para longe todas as imundícias dos jogos circenses, onde nunca mais voltou.

Depois venceu a resistência paterna para me escolher como mestre, e seu pai cedeu e consentiu. Voltando a ser meu discípulo, foi envolvido comigo na superstição dos maniqueus, apreciando neles aquela ostentação de continência, que ele julgava legítima e sincera. Na realidade, era uma loucura sedutora, um laço onde caíam almas preciosas, ainda inábeis para sondar o fundo da virtude, e, por isso mesmo, vítimas fáceis da aparência que mascarava uma virtude hipócrita e fingida.

Capítulo 8
A atração do anfiteatro

Não querendo de nenhum modo deixar a carreira do mundo, tão decantada por seus pais, partira antes de mim para Roma, a fim de estudar direito, e lá se deixou arrebatar de novo, de modo incrível e com incrível paixão, pelos espetáculos de gladiadores.

A princípio, detestava e aborrecia espetáculos semelhantes. Mas certo dia, encontrando-se por casualidade com alguns amigos e condiscípulos, que voltavam de um jantar, não obstante negasse energicamente e resistisse, foi arrastado por eles com amigável violência para o anfiteatro, onde naquele dia se celebravam jogos funestos e cruéis.

Dizia-lhes Alípio: "Mesmo que arrasteis para lá meu corpo, e o retenhais ali, podereis por acaso obrigar minha alma e meus olhos a contemplar tais espetáculos? Estarei ali como se não estivera, e assim triunfarei deles e de vós." Mas eles, não fazendo caso de tais palavras, levaram-no, talvez desejando averiguar se poderia ou não cumprir a palavra.

Quando chegaram, colocando-se nos lugares que puderam, todo o anfiteatro já fervia nas paixões mais selvagens.

Mas Alípio, fechando as portas dos olhos, proibiu que sua alma participasse de tanta maldade. E oxalá também tivesse tapado os ouvidos! Porque, em um lance da luta, foi tão grande e veemente o clamor da turba, que, vencido pela curiosidade, e julgando-se suficientemente forte para desprezar e vencer o que visse, fosse o que fosse, abriu os olhos, e foi ferido na alma mais gravemente do que a ferida física do gladiador a quem desejou contemplar; caiu, e sua queda foi mais miserável que a do gladiador, causa de tantos gritos. Estes, entrando-lhe pelos ouvidos, abram-lhe os olhos, para ferir e derrubar sua alma, mais temerária do que forte, e tanto mais fraca quanto mais se apoiava em si mesma, em lugar de se apoiar em ti. Logo que viu sangue, dessedentou-se de crueldade e não se afastou do espetáculo; pelo contrário, prestou mais atenção. Assim, sem o saber, bebia o furor popular, e se deleitava naquela luta criminosa, embriagado de sangrento prazer.

Já não era o mesmo que ali viera, mas um da turba, com a qual se misturara, digno companheiro daqueles que para ali o arrastaram.

Que mais direi? Contemplou o espetáculo, gritou, apaixonou-se, e foi atacado da loucura, que havia de estimulá-lo a voltar, não só com os que a princípio o haviam levado, mas à sua frente, e arrastando a outros consigo! Mas tu te dignaste, Senhor, livrá-lo deste estado com mão poderosa e cheia de misericórdia, ensinando-o a não confiar em si, mas em ti, embora isto acontecesse muito tempo depois.

Capítulo 9
Alípio, ladrão a contragosto

Contudo, essa aventura gravara-se em sua memória como remédio para o futuro. O mesmo se deu com outra, que aconteceu quando ainda era estudante em Cartago, e seguia meus cursos. Era meio-dia. Alípio estava repassando uma declamação, segundo o costume dos estudantes, quando foi preso como ladrão pelos guardas do foro. Sem dúvida, o permitiste, meu Deus, apenas para que esse jovem, que haveria de ser tão grande no futuro, começasse já a aprender que, ao julgar outro homem, ninguém deve condenar ninguém levianamente, e com temerária credulidade.

Com efeito, Alípio passeava diante do tribunal, sozinho, com as tábuas e o estilete, quando um jovem estudante, o verdadeiro ladrão, levando escondido um machado, sem que Alípio o percebesse, entrou pelas grades que rodeiam a rua dos banqueiros, e se pôs a cortar o chumbo das mesmas.

Ao ruído dos golpes, os banqueiros que estavam embaixo alvoroçaram-se e chamaram gente para prender o ladrão, fosse quem fosse. Mas este, ouvindo suas vozes, fugiu a toda pressa, abandonando o machado, de medo de ser preso com ele. Ora, Alípio, que não o havia visto entrar, viu-o sair e fugir precipitadamente; desejando, porém, saber a causa, entrou no lugar, e, achando o machado, se pôs, admirado, a examiná-lo. Mas nesse momento chegam os emissários dos banqueiros, e o surpreendem sozinho, empunhando o machado, a cujos golpes, alarmados, haviam acudido. Prendem-no, levam-no à força, e gloriam-se diante dos inquilinos do foro de terem apanhado o ladrão em flagrante, e já o iam entregar à justiça.

Mas a lição devia ficar por aqui, Senhor, porque imediatamente saíste em socorro de sua inocência, da qual só tu eras testemunha. Quando o conduziam à prisão ou ao suplício, veio-lhes ao encontro um arquiteto, encarregado da direção suprema dos edifícios públicos. Os guardas alegraram-se com esse encontro, porque sempre que faltava alguma coisa no foro esse magistrado suspeitava deles. Agora ele saberia quem era o verdadeiro ladrão. Mas este senhor tinha visto muitas vezes Alípio na casa de um senador, a quem costumava visitar frequentemente.

Reconheceu-o, tomou-o pela mão, separou-o da turba, e perguntou-lhe a causa de tamanha desgraça.

Sabendo o que se passara, o arquiteto deu ordens à turba alvoroçada e enfurecida contra Alípio para que o seguisse. Quando chegaram à casa do jovem autor do delito, achava-se à porta um menino, muito pequeno para temer comprometer seu amo, e que poderia revelar tudo, porque o seguira até o foro. Alípio, ao reconhecê-lo, apontou-o ao arquiteto, o qual, mostrando-lhe o machado, lhe disse: "Sabe de quem é este machado?" Ao que o menino respondeu sem demora: "Nosso." Depois, interrogado, confessou o resto.

Deste modo, o processo foi transferido para aquela casa, para confusão da turba, que já começava a triunfar de Alípio. O futuro dispensador de tua palavra, e juiz de tantas causas de tua Igreja, saiu dessa aventura com mais experiência e sabedoria.

Capítulo 10
Os três amigos

Encontrei Alípio em Roma, onde se uniu a mim com tão estreito vínculo de amizade, que foi comigo para Milão, tanto para não se separar de mim como para exercitar um pouco do que havia aprendido de direito, embora isto fizesse mais para agradar aos pais do que por vontade própria. Já por três vezes fora assessor, deixando a todos admirados por sua inteireza, e ficando ele mais admirado ainda de que juízes preferissem o dinheiro à inocência.

Também ficou provada sua integridade, não só contra os atrativos da cobiça, mas também contra o aguilhão do medo. Em Roma, era assessor do conde encarregado das finanças da Itália. Havia nesse tempo um senador poderosíssimo, a quem estavam sujeitos muitos clientes, uns por benefícios, outros por terror. Segundo o costume dos poderosos, este senador tentou fazer não sei que proibido pelas leis, e Alípio se lhe opôs. À promessa de recompensa, Alípio respondeu com o riso. Zombou das ameaças que lhe eram dirigidas, deixando a todos admirados pela rara qualidade de sua alma, que não desejava a amizade e nem temia a inimizade de pessoa tão influente, bem conhecido por seus inúmeros meios de prestar favores ou de prejudicar. Até o próprio juiz, de que Alípio era assessor, embora não quisesse consentir, não se opunha abertamente, responsabilizando a Alípio que, dizia ele, não lhe permitia fazer o que desejava, porque, se concordasse — e era verdade — demitir-se-ia imediatamente.

Mas Alípio quase se deixara seduzir por sua paixão pelas letras, mandando copiar códices segundo a tarifa dos trabalhos feitos para o Estado; porém, consultando à justiça, inclinou-se pelo melhor, preferindo a equidade, que lhe proibia esta ação, ao poder que lha permitia.

Isso é pouco, mas o que é fiel no pouco também o é no muito, e de modo nenhum podem ser vãs aquelas palavras saídas da boca de tua Verdade: Se não fordes fiéis nas riquezas injustas, quem vos confiará as verdadeiras? E se nas alheias não fordes fiéis, quem vos dará o que vos pertence[10]?

Assim era então este amigo, tão intimamente unido a mim, e que comigo vacilava sobre o modo de vida que deveríamos seguir.

Também Nebrídio deixou sua pátria, vizinha de Cartago, e a própria Cartago, que costumava visitar frequentemente — abandonando as magníficas propriedades do pai, a casa e até a própria mãe, que não o podia seguir; viera para Milão não por outro motivo que para viver comigo na procura apaixonada da verdade e da sabedoria. Como eu, ele suspirava, participando de minha perplexidade, mostrando-se investigador ardente da vida feliz e indagador acérrimo das questões mais difíceis.

Eram três bocas famintas que comunicavam mutuamente a própria fome, esperando que lhes desses comida no tempo oportuno[11]. Na amargura, que por tua misericórdia se seguia a todas as nossas ações mundanas, se desejávamos averiguar a causa de tais sofrimentos, encontrávamos trevas. Afastávamos-nos gemendo e clamando: Até quando durará este sofrimento? E isto repetíamos frequentemente, mas, dizendo-o, não abandonávamos nosso modo de vida, porque não víamos nenhuma certeza a que nos pudéssemos abraçar, se o abandonássemos.

Capítulo 11
Entre Deus e o mundo

É com espanto que minha memória me recordava diligentemente todo o tempo decorrido desde meus 19 anos, quando comecei a arder no desejo da sabedoria, propondo, achada esta, abandonar todas as vãs esperanças e enganadoras loucuras das paixões.

Mas já tinha trinta anos, e ainda continuava preso ao mesmo lodaçal, ávido de gozar dos bens presentes, que me fugiam e me dissipavam, enquanto dizia: "Amanhã hei de encontrar; a verdade aparecerá clara, e a abraçarei. Fausto está para vir, e dará todas as explicações. Ó grandes varões da Academia: é verdade que não podemos compreender nenhuma coisa com certeza para a conduta de nossa vida?

"Mas não! Procuremos com mais diligência ainda, e não nos desesperemos. Eis que já não me parecem absurdas nas Escrituras as coisas que antes me pareciam tais: podemos compreendê-las de modo diferente, mais razoável. Fixarei, pois, os pés naquele degrau em que me colocaram meu pais quando criança, até que pareça a verdade em toda sua evidência.

"Mas onde encontrá-la? Quando buscá-la? Ambrósio não tem tempo livre para me ouvir, e eu tampouco o tenho para ler. E mesmo que o tivesse, onde encontrar os livros? E onde ou quando poderei comprá-los? A quem hei de pedi-los?

"Repartamos o tempo, dediquemos algumas horas para a salvação da alma. Nasceu uma grande esperança. A fé católica não ensina o que eu pensava, e eu a criticava sem fundamento. Seus doutores têm como crime limitar Deus em figura humana, e ainda hesito em bater para que nos sejam reveladas as outras verdades! As horas da manhã são dedicadas aos alunos; mas que faço das outras? Por que não as consagro a essa busca?

"Mas, quando visitar os amigos poderosos, de cujos favores necessito? Quando preparar as lições que os alunos me pagam? Quando reparar as forças do espírito com o abandono das preocupações?

"Perca-se tudo! Deixemos essas coisas vãs e fúteis. Entreguemos-nos por completo à investigação da verdade. A vida é miserável, a morte incerta. Se esta me surpreende de repente em que estado sairei deste mundo? E onde aprenderei o que deixei de aprender aqui? Não serei antes castigado por essa negligência? Mas, e se a própria morte cortasse e pusesse fim a todo cuidado e sentimento? Também isso seria conveniente averiguar. Mas afastemos esse pensamento! Não é inutilmente, não é em vão que se difunde por todo o orbe o grande prestígio da autoridade da fé cristã. Deus nunca teria feito tantas e tais coisas por nós, se com a morte do corpo terminasse também a vida da alma. Porque, pois, hesitar em abandonar as esperanças do século, para me consagrar por inteiro à procura de Deus e da vida feliz?

Mas vamos devagar! Os bens deste mundo também têm sua doçura, que não é pequena. Não devo abandoná-los às pressas. Seria feio ter que voltar novamente a eles. Eis-me prestes a conseguir um cargo. Que mais se pode desejar? Tenho uma multidão de amigos poderosos. Sem me apressar muito, poderia, no mínimo, conseguir uma presidência. Poderei então casar-me com uma mulher de alguma fortuna, para que meus gastos não me sejam muito pesados: estes seriam os limites de meus desejos. Muitos grandes homens, e mui dignos de imitação, apesar de casados, dedicaram-se ao estudo da sabedoria."

Enquanto dizia isto, e se alternavam estes ventos, que impeliam meu coração de aqui para ali, o tempo passava, e eu me demonstrava a me converter ao Senhor, adiando de dia para dia[12] o viver em ti, embora não deixasse de morrer todos os dias em mim. Amando a vida feliz, temia buscá-la em sua morada, procurando-a e fugindo dela ao mesmo tempo. Pensava que haveria de ser mui desgraçado se me visse privado das carícias da mulher, e não pensava no remédio de tua misericórdia, que cura esta enfermidade, porque não o havia experimentado ainda. Julgava que a continência é obra de nossa própria energia, energia que eu não tinha a consciência de possuir. Eu era bastante néscio para ignorar que ninguém como está escrito, é casto sem que tu lhe dês força[13]. Essa força tu certamente ma darias se eu ferisse teus ouvidos com os gemidos de minha alma, e se com fé sólida lançasse em ti meus cuidados.

Capítulo 12
Casar ou não?

Proibia-me Alípio que me casasse, dizendo-me repetidas vezes que, se o fizesse, não poderíamos dedicar-nos juntos, com segura tranquilidade, ao amor da sabedoria, como há muito desejávamos. Alípio, nessa matéria, era castíssimo, de tal modo que causava admiração, porque, no princípio de sua juventude, experimentara o prazer carnal, mas não se prendera a ele. Antes, arrependeu-se muito, e o desprezou, vivendo depois em perfeita continência.

Eu lhe retrucava com os exemplos dos que, embora casados, haviam-se dedicado ao estudo da sabedoria, servindo a Deus, e guardando fidelidade e amor aos amigos. Na verdade, eu estava longe dessa grandeza de alma. Prisioneiro da enfermidade da carne, arrastava com mortal delícia minha cadeia, temendo que ela se rompesse e repelindo as palavras dos que me aconselhavam, como o ferido repele a mão que lhe quer desatar as ligaduras.

Além do mais, a serpente infernal falava por minha boca a Alípio, e por minha língua lhe tecia e armava doces laços em seu caminho, para que seus pés honestos e livres se enredassem.

Alípio admirava-se de que eu, a quem tanto estimava, estivesse tão preso ao visco do prazer, a ponto de afirmar, todas as vezes que tratávamos desse assunto, que eu não podia de modo algum levar vida casta. Para me defender ante sua admiração, dizia-lhe que havia muita diferença entre sua rápida e furtiva experiência do prazer, de que apenas se lembrava, e que, pela mesma razão, podia desprezar facilmente, e as delícias de uma ligação como a minha, à qual, se juntasse o honesto nome de matrimônio, já não deveria admirar-se de que eu não pudesse desprezar aquela vida. Alípio também começou a desejar o matrimônio, não certamente vencido pelo apetite do prazer, mas pela curiosidade. Desejava saber, dizia ele, o que era aquele bem, sem o qual minha vida — que ele tanto apreciava — não me parecia vida, mas tormento. Com efeito, livre desse vínculo, sua alma pasmava de tal servidão, e do espanto passava ao desejo de experimentá-la, para depois talvez cair naquela mesma escravidão que ele estranhava, pois queria fazer um pacto com a morte[14], e o que ama o perigo nele cairá[15].

Certamente que nem ele, nem eu dávamos muita importância ao que há de decoroso ou honesto no matrimônio, como a direção da família e a educação dos filhos. Mas o que me mantinha cativo e me atormentava violentamente era o hábito de saciar minha insaciável concupiscência, e a ele era a admiração que o arrastava para o mesmo cativeiro. Assim éramos, Senhor, até que tu, ó Altíssimo, que não desamparas nosso lodo, compadecido, por modos maravilhosos e ocultos, viestes em socorro destes infelizes.

Capítulo 13
O pedido de casamento

Instavam solicitamente comigo para que me casasse. Já havia feito o pedido, já havia recebido uma promessa, ajudado principalmente por minha mãe, que esperava que eu, uma vez casado, seria regenerado nas águas salutares do batismo. Minha mãe alegrava-se por me ver cada dia mais apto para recebê-lo, vendo que na minha fé se realizavam seus votos e tuas promessas.

Contudo, minha mãe, por meu pedido como por seu desejo, te suplicava com forte clamor de coração, todos os dias que lhe revelasses alguma coisa sobre meu futuro matrimônio. Mas nada lhe revelaste. Via, sim, algumas coisas vãs e fantásticas, que o espírito humano engendra quando preocupado. Ela mas revelava, mas sem a confiança que costumava dar às visões que lhe enviavas, mas com desprezo. Costumava dizer que distinguia, por um gosto que não podia explicar com palavras, a diferença que há entre tuas revelações e os sonhos de sua alma.

Contudo, insistia no matrimônio, e pediu-se a mão de uma jovem, a que ainda faltavam dois anos para ser núbil; mas, como ela agradava, era preciso esperar.

Capítulo 14
Um projeto desfeito

Éramos muitos os amigos que detestávamos as turbulentas preocupações da vida humana. Em nossas conversas havíamos debatido e quase resolvido separar-nos de todos para viver sossegadamente. Tínhamos pensado em organizar esse modo de vida de tal sorte que tudo o que tivéssemos seria posto em comum, formando de todos os patrimônios um patrimônio único. Graças à nossa amizade sincera não haveria mais a fortuna deste ou daquele, mas uma só fortuna comum.

Seríamos cerca de dez homens os que desejávamos formar essa sociedade, alguns muito ricos, como Romaniano, meu conterrâneo a quem graves cuidados de negócios haviam trazido à corte. Era muito amigo meu desde menino, e um dos que mais instavam nesse projeto, tendo seu parecer muita autoridade, pois sua fortuna era muito maior que a dos demais. Havíamos combinado que todos os anos seriam nomeados dois que, como magistrados, cuidassem de todo o necessário, ficando os outros em paz. Mas quando se começou a discutir se nossas mulheres consentiriam nesse acordo, — alguns dentre nós eram casados, e outros pensavam em casar — todo o plano, tão bem-construído, se desvaneceu entre nossas mãos, fez-se em pedaços e foi esquecido.

Voltamos novamente aos suspiros e gemidos, e a caminhar pelos largos e batidos caminhos do século[16], porque em nosso coração havia mil pensamentos, mas teu conselho permanece eternamente[17]. Do alto de tua sabedoria te rias de nossos projetos, e preparavas o cumprimento dos teus, a fim de dar-nos alimento no tempo oportuno, abrindo tuas mãos e enchendo-nos de bênçãos[18].

Capítulo 15
A separação da amante

Entretanto, multiplicavam-se meus pecados, e quando arrancaram de meu lado, como empecilho para meu casamento, aquela com quem partilhava meu leito, meu coração, ao qual ela estava unida, ficou ferido e ensanguentado. Ela, por sua vez, voltando para a África, fez-te voto, Senhor, de não conhecer outro homem, deixando em minha companhia o filho natural que dela tivera.

Mas eu, desgraçado, incapaz de imitar uma mulher, e não podendo suportar o prazo de dois anos que deveria transcorrer até receber por esposa a que pedira em casamento — e porque eu não era amante do matrimônio, mas escravo da sensualidade — procurei outra mulher, não na qualidade de esposa, mas para alimentar e manter íntegra ou agravada a enfermidade de minha alma, sob a guarda do mau hábito, até o advento do reino da esposa.

Mas nem por isso sarava a chaga causada pela separação da primeira mulher; mas, depois de ardor e sofrimento agudíssimos, começava a se corromper, doendo tanto mais desesperadamente quanto menos ardente se tornava.

Capítulo 16
A aproximação de Deus

Louvor e glória a ti, ó fonte das misericórdias! Eu me tornava cada vez mais miserável, e tu te aproximavas cada vez mais de mim. Já estava junto de mim tua destra, para me arrancar do lodo dos meus vícios, e me purificar, e eu não o sabia. Mas nada havia que me apartasse do profundo abismo dos prazeres carnais, senão o medo da morte e de teu juízo futuro, que jamais se apartou de meu coração, através das várias doutrinas que segui.

Discutia com meus amigos Alípio e Nebrídio a respeito do sumo bem e do sumo mal; e facilmente meu coração teria dado a palma a Epicuro se não estivesse convencido da imortalidade da alma e da sanção de nossos atos coisas em que Epicuro não quis acreditar. E eu perguntava; "Se fôssemos imortais, e vivêssemos em perpétuo prazer dos sentidos, sem temor algum de perdê-lo, não seríamos felizes? Que mais poderíamos desejar?" E eu não sabia que isto era uma grande miséria, não poder, tão imerso no vício e cego como estava, imaginar a luz da virtude e de uma beleza, que por si mesma deve ser abraçada, invisível aos olhos da carne, e somente visível das profundezas da alma. Na minha miséria, não procurava saber de que fonte manava essa grande doçura em conversar com os amigos, mesmo sobre esses assuntos vergonhosos, e por que, segundo o modo de pensar de então, não podia ser feliz sem meus amigos, por maior que fosse a abundância dos prazeres carnais. Eu amava a meus amigos desinteressadamente, e também sentia que eles me amavam com o mesmo desinteresse.

Ó caminhos tortuosos! Pobre da alma temerária que, apartando-se de ti, esperava achar algo melhor! Dá voltas e mais voltas, de costas, de lado, de bruços, mas tudo lhe é duro, porque só tu és seu descanso. Mas logo te fazes presente, e nos livras de nossos miseráveis erros, e nos pões em teu caminho, e nos consolas, e dizes: "Correi, que eu vos levarei e conduzirei, ao termo, e serei vosso sustento!"

LIVRO SÉTIMO

Capítulo 1
A ideia de Deus

Já estava morta minha adolescência má e nefanda; entrava na juventude, e quanto mais avançava em idade, mais vergonhosa se tornava minha vaidade, a ponto de não poder imaginar uma substância que não se pudesse perceber com os olhos.

Não te imaginava mais, meu Deus, sob a forma de um corpo humano, desde que comecei a entender algo da sabedoria — sempre fugi dessa opinião, e me alegrava encontrar essa doutrina na fé de nossa mãe espiritual, a Igreja Católica; — mas não me ocorria outro modo de pensar em ti. E sendo eu homem, e que homem, esforçava-me em imaginar a ti, o sumo, o único e verdadeiro Deus. Com toda minha alma eu te julgava incorruptível, inviolável e imutável. Não sabia de onde nem como me vinha essa certeza, mas via com evidência e tinha como certo que o que não se corrompe é melhor do que o que se pode corromper. Sem hesitar, colocava o que não pode ser vencido acima do que o pode ser, e o que não sofre mudança alguma parecia-me melhor do que o que está sujeito a mudanças.

Meu coração clamava violentamente contra todas estas minhas imaginações, e me esforçava por afugentar com um golpe o enxame de imagens imundas que voluteavam a meu redor. Mas, apenas disperso, em um abrir e fechar de olhos, tornava a se formar, para cair em tropel sobre minha vista, obscurecendo-a. Sem te dar uma figura humana, eu, contudo, não te podia conceber como algo corporal, situado no espaço, quer imanente ao mundo, quer difundido por fora do mundo, através do infinito; tal era o ser incorruptível, inviolável e imutável que eu colocava acima do que é corruptível, sujeito à deterioração e às mudanças. O que não ocupava espaço me parecia nada, mas um nada perfeito, e não um simples vazio, como quando se tira um corpo de um lugar, permanecendo o lugar vazio de todo o corpo, terrestre, úmido, aéreo ou celeste, mas, enfim, um lugar vazio, como que um nada espaçoso.

Assim, pois, com o coração pesado, sem consciência clara de mim mesmo, considerava como um perfeito nada tudo o que não se estendesse por determinado espaço, ou não se difundisse, ou não se juntasse, ou não se dilatasse, ou não assumisse ou pudesse assumir um desses estados. Era sobre as formas percorridas por meus olhos que se modelavam as imagens pelas quais andava meu espírito, e não via que a mesma faculdade com que formava essas imagens não era da mesma natureza que elas, não obstante não pudesse formá-las se ela não fosse por sua vez algo grande.

E também a ti, vida de minha vida, te imaginava como um Ser imenso, penetrando, por todas as partes, através dos espaços infinitos, toda a massa do mundo, alastrando-se sem limites na imensidão, de sorte que a terra, o céu e todas as coisas te continham, e tudo isso tinha em ti seu limite, sem que te limitasses em parte alguma. Mas assim como a massa do ar — deste ar que está sobre a terra — não impede que passe por ele a luz do sol, não o impede de a atravessar, de a penetrar sem romper ou cortar, antes enchendo-a totalmente, assim eu pensava que não somente o corpo do céu, do ar e do mar, mas também o da terra se deixava atravessar e penetrar por ti em todas as suas partes, grandes e pequenas, para captar, tua presença, que, com secreta inspiração, governa interior e exteriormente tudo o que criaste. Assim conjecturava eu, por não poder imaginar outra coisa; mas minha hipótese era falsa. Porque, se fosse assim, uma parte maior da terra conteria maior parte de ti; e uma parte menor da terra conteria uma parte menor. E de tal modo estariam as coisas cheias de ti, que o corpo de um elefante ocuparia tanto mais de teu ser que o corpo do passarinho, pois aquele é maior do que este, e ocupa mais espaço. Assim, fragmentado entre as partes do universo, estarias presente nas grandes partes do universo por grandes partes de ti, e nas pequenas por pequenas, o que não acontece. Mas ainda não tinhas iluminado minhas trevas[1].

Capítulo 2
Objeção contra o maniqueísmo

Bastava-me, Senhor, para arruinar aqueles enganados enganadores e mudos charlatães — porque tua palavra não soava em sua boca — bastava-me, certamente, o argumento que há muito tempo, estando ainda em Cartago, costumava opor-lhes Nebrídio, impressionando a todos os que então o ouvimos.

"Que podia fazer contra ti — dizia — aquela não sei que raça de trevas, que os maniqueus costumam opor-te como massa inimiga, se não quisesses lutar contra ela?"

Se respondiam que te podia ser nociva em algo, então serias violável e corruptível. Se diziam que não te podia prejudicar em nada, não havia razão para luta. E que luta? Uma luta em que uma parte de ti mesmo, um de teus membros, produto de tua própria substância, se misturava às forças adversas, a naturezas não criadas por ti, corrompendo-se assim e degradando-se a ponto de mudar sua felicidade em miséria e de ter necessidade de auxílio para se libertar e purificar. E essa parte de ti seria a alma que teu Verbo devia salvar de sua escravidão, ele que é livre, de suas impurezas, ele que é puro, de sua corrupção, ele que é intacto sem deixar de ser corruptível, sendo feito de uma só e mesma substância.

E assim, se os maniqueus declaram incorruptível tudo o que és, isto é, a substância de que te formas, todas essas proposições são erros execráveis; e se eles te consideram corruptível, essa mesma afirmação também é falsa, e logo à primeira palavra abominável.

Bastava-me, pois, este argumento contra aqueles homens para lançá-los completamente de meu peito angustiado, porque, sentindo e dizendo de ti tais coisas, não tinham outra saída que um horrível sacrilégio de coração e de língua.

Capítulo 3
Deus e o mal

Mas eu, mesmo quando afirmava e cria firmemente que és incorruptível, inalterável, absolutamente imutável, nosso Senhor, Deus verdadeiro, que não só és criador de nossas almas, mas de nossos corpos, e não somente de nossas almas e corpos, mas de todas as criaturas e de todas as coisas. Contudo, eu não tinha ainda a explicação, a solução do problema da causa do mal, qualquer que ela fosse, estava certo de que deveria procurá-la de modo que não me visse obrigado por sua causa a julgar mutável a um Deus imutável, porque isso seria transformar-me no que procurava.

Por isso, buscava-a com segurança, certo de que não era verdade o que diziam os maniqueus, dos quais fugia com toda a alma, porque via-os em sua pesquisa sobre a origem do mal cheios de malícia, preferindo crer que tua substância era capaz de padecer o mal do que a deles ser suscetível de o cometer.

Esforçava-me por compreender a tese que ouvira professar, de que o livre-arbítrio da vontade é a causa do mal que fazemos, e de que teu reto juízo é a causa do mal que padecemos. Mas não era capaz de entender isso nitidamente. E assim, esforçando-me por apartar desse abismo os olhos de minha alma, nele me precipitava de novo, e, tentando sair dele repetidas vezes, outras tantas voltava a me precipitar.

Erguia-me para tua luz o fato de eu ter a consciência de possuir uma vontade como tinha consciência de minha vida. Assim, quando queria ou não queria alguma coisa, estava certíssimo de que era eu, e não outro o que queria ou não queria, e então quase me convencia de que ali estava a causa do meu pecado. Quanto ao que fazia contra a vontade, notava que isso mais era padecer o mal do que praticá-lo, e julgava que isso não era culpa, mas castigo, pelo qual não hesitava em me confessar justamente ferido por ti, considerando tua justiça.

Mas de novo refletia: "Quem me criou? Por acaso não foi Deus, que não só é bom, mas a própria bondade? De onde, pois, me veio essa vontade de querer o mal e de não querer o bem? Acaso para que eu sofra as penas merecidas? Quem depositou era mim, e semeou em minha alma esta semente de amargura, sendo ela obra exclusiva de meu dulcíssimo Deus? Se foi o demônio que me criou, de onde procede ele? E se este, de anjo bom, se fez demônio, por decisão de sua vontade perversa, de onde lhe veio essa vontade perversa que o transformou em demônio, tendo sido criado anjo por um Criador boníssimo?"

Esses pensamentos tornavam a me deprimir e sufocar, mas não me arrastavam até esse abismo de erro onde ninguém te confessa[2], e onde se prefere fazer-te escravo do mal que pensar considerar o homem capaz de o cometer.

Capítulo 4
A substância de Deus

Assim, pois, empenhava-me por descobrir as outras verdades, como havia descoberto que o incorruptível é melhor que o corruptível, e por isso confessava que tu, qualquer que fosse tua natureza, devias ser incorruptível. Porque ninguém pôde nem poderá jamais conceber algo melhor do que tu, que és o sumo bem por excelência. Por isso, sendo certíssimo e absolutamente verdadeiro que o incorruptível deve ser preferido ao corruptível, o que eu já fazia, meu pensamento já poderia conceber algo melhor do que o meu Deus, se não fosse incorruptível.

Portanto, logo que vi que o incorruptível deve ser preferido ao corruptível, imediatamente deveria procurar-te no incorruptível, e depois, indagar a causa do mal, isto é, a origem da corrupção, que de nenhum modo pode violar tua substância. Porque, nem por vontade, nem por necessidade, nem por nenhum acontecimento imprevisto, pode a corrupção causar danos a nosso Deus, porque ele é Deus, e não pode querer senão o que é bom, e ele próprio é o sumo bem, e estar sujeito à corrupção não é nenhum bem.

Tampouco podes ser obrigado, contra tua vontade, seja ao que for, porque tua vontade não é maior do que teu poder. Seria maior caso pudesses ser maior do que és, pois a vontade e o poder de Deus são o mesmo Deus. E que pode haver de imprevisto para ti, se conheces todas as coisas, e se todas elas existem por que as conheces?

Mas, por que tantas palavras para demonstrar que a substância de Deus, não é corruptível, já que, se o fosse, não seria Deus?

Capítulo 5
A origem do mal

Buscava eu a origem do mal, mas buscava-a mal, e não via o mal que havia em meu modo de buscá-la. Diante dos olhos de minha alma colocava toda a criação, tanto o que podemos ver — como a terra, o mar, o ar, as estrelas, as árvores, os animais — como o que não podemos ver — como o firmamento, e todos os anjos e seres espirituais, porém, estes como se fossem corpos colocados em seus respectivos lugares, de acordo com minha fantasia. — Fiz de tua criação uma espécie de massa imensa, especificada por diversos gêneros de corpos, corpos verdadeiros e espíritos, que eu imaginava como corpos.

E eu a imaginava imensa, não quanto ela era realmente — que isto era impossível — mas quanto me agradava, embora limitada por todos os lados. E a ti, Senhor, como a um ser que a rodeava e penetrava por todas as partes, embora infinito em todas as direções, como se fosses um mar imenso, que tivesse dentro de si uma esponja tão grande quanto possível, embora limitada, a qual estivesse cheia, em todas as suas partes, desse imenso mar.

É assim que eu imaginava tua criação finita, cheia de ti, infinito, e dizia: "Eis aqui a Deus, e eis aqui as coisas que Deus criou; Deus é bom, imenso e infinitamente mais excelente que suas criaturas; mas, como é bom, fez boas todas as coisas; e vede como as abraça e penetra! Mas, se é assim, onde está o mal, e de onde e por onde conseguiu penetrar no mundo? Qual é sua raiz e qual sua semente? Será que não existe? E então, por que tememos e evitamos o que não existe? E se tememos em vão, esse mesmo temor já é certamente um mal que atormenta e despedaça sem motivo nosso coração, e tanto mais grave quanto é certo que não há razão para temer. Portanto, ou o mal que tememos existe, ou esse temor é o mal. De onde, pois, procede o mal, se Deus, que é bom, fez boas todas as coisas? Bem superior a todos os bens, o Bem soberano, criou sem dúvida bens menores do que ele. De onde vem o mal? Acaso a matéria de que se serviu para a criação era má, e, dando-lhe forma e organização, deixou nela algo que não converteu em bem? E por que isto? Acaso, sendo onipotente, não podia mudá-la, transformá-la por inteiro, de modo que nela nada ficasse de mal? Finalmente, por que se quis servir dessa matéria para criar? Por que não usou dessa mesma onipotência para destruí-la totalmente? Poderia ela existir contra sua vontade? E, se era eterna, porque deixou-a existir por tanto tempo no infinito do passado, resolvendo tão tarde servir-se dela para fazer alguma coisa? Ou, já que repentinamente quis fazer algo, não teria sido melhor, sendo onipotente, suprimir a matéria, ficando ele só, bem total verdadeiro, sumo e infinito? E, se não era justo que, sendo bom, não criasse nem produzisse bem algum, por que não destruiu e aniquilou essa matéria má, criando uma que fosse boa, e com a qual faria toda a criação. Porque ele não seria onipotente se não pudesse criar algum bem sem a ajuda dessa matéria que não havia criado.

Tais eram os pensamentos de meu coração miserável, oprimido pelos devoradores cuidados da morte, e por não ter encontrado a verdade. Contudo, de modo estável, firmara-se em meu coração a fé de teu Cristo, nosso Senhor e Salvador, professada pela Igreja Católica, ainda informe, certamente, em muitos pontos, e como que flutuando fora das normas da doutrina; contudo, minha alma não a abandonava, mas, cada dia mais se abraçava a ela.

Capítulo 6
O absurdo dos horóscopos

Também já havia rechaçado as enganosas predições e ímpios delírios dos astrólogos.

Ainda por isso, meu Deus, quero confessar-te tuas misericórdias desde o mais íntimo de minhas entranhas! Foste tu, tu, e só tu — pois, quem nos poderá apartar da morte do erro, senão a Vida que ignora a morte, a Sabedoria que ilumina as pobres inteligências, sem necessidade de outra luz, e que governa o mundo até nas folhas trêmulas das árvores? — foste tu que medicaste a pertinácia com que me opunha a Vindiciano, sábio ancião, e a Nebridío, jovem de alma admirável, que diziam — o primeiro, com firmeza; o segundo, com alguma hesitação, mas frequentemente — que não existia a tal arte de predizer as coisas futuras, e que as conjecturas dos homens muitas vezes têm o apoio da sorte, e que, à força de falar, acertavam em predizer algumas coisas, sem que os mesmos que as diziam o soubessem.

Foste tu que me proporcionaste um amigo mui afeiçoado na consulta aos astrólogos, não muito entendido nessa ciência, mas que os consultava, como disse, por curiosidade, apesar de conhecer uma história, que ouvira do pai, segundo dizia. Ignorava ele até que ponto essa história era eficaz para destruir a autoridade daquela arte.

Esse homem, chamado Firmino, douto nas artes liberais e instruído na eloquência, veio-me consultar, como a amigo caríssimo, acerca de alguns assuntos sobre os quais alimentava esperanças segundo o mundo, para ver o que eu pensava dos mesmos de acordo com suas constelações, como eles dizem. Eu, que nessa matéria já começara a me inclinar ao parecer de Nebrídio, embora não me negasse a fazer-lhe o horóscopo, e dizer-lhe o que, segundo ele, se deduzia, acrescentei, contudo, que estava já quase persuadido de que tudo aquilo era fútil e ridículo.

Então ele me contou que seu pai era grande apaixonado pela leitura de tais livros, e que tivera um amigo igual e simultaneamente apaixonado. Conversando ambos sobre a matéria, entusiasmaram-se cada vez mais no estudo daquelas bagatelas, e chegaram ao ponto de observar os momentos de nascer até dos animais domésticos, notando a posição das estrelas a fim de coligir dados para as experiências daquela quase arte.

Firmino dizia ter ouvido o pai contar que, estando sua mãe para o dar à luz, também estava grávida uma criada daquele amigo de seu pai, coisa que não poderia passar despercebida a seu senhor, que cuidava com extrema diligência e precisão de conhecer até o parto das cadelas.

E sucedeu que, contando com o maior cuidado os dias, horas e as partes mínimas das horas, da esposa e da escrava, ambas as mulheres deram à luz no mesmo momento, vendo-se desse modo obrigados a fazer até em seus menores detalhes os mesmos horóscopos para os nascidos, um para o filho e outro para o servo.

Tendo começado o parto, ambos comunicaram o que se passava em suas casas, e prepararam criados para mandar um ao outro, a fim de anunciar com igual rapidez o nascimento das crianças, o que conseguiram fazer facilmente, como se o fato se passasse em suas próprias casas. E Firmino contava que os mensageiros que haviam sido enviados vieram a se encontrar tão igualmente equidistantes de suas respectivas casas, que nenhum deles podia notar a menor diferença na posição das estrelas, assim como nas demais frações de tempo. E, contudo, Firmino, como filho de grande família, corria pelos mais felizes caminhos do século, crescia em riquezas, e era exaltado com honras, enquanto que o escravo, sujeito ao jugo da escravidão, tinha que servir a seus senhores, segundo ele próprio contava, pois o conhecia.

Ouvindo essa história, na qual acreditei em razão do crédito que merecia seu narrador — toda aquela minha resistência se quebrou, e caiu por terra, esforçando-me eu em seguida para afastar Firmino daquela curiosidade, dizendo-lhe que, vistas as suas constelações, para prognosticar-lhe conforme a verdade, deveria certamente ver nelas a seus pais, primeiros entre seus concidadãos; o renome de sua família, a mais nobre da cidade; seu nascimento ilustre, sua educação esmerada e seus conhecimentos nas artes liberais. E, pelo contrário, se aquele servo me consultasse sobre suas constelações — que eram as mesmas de Firmino — se também tivesse de lhe dizer a verdade — deveria ver nos mesmos signos sua família paupérrima, sua condição servil, e tantas outras coisas, tão diferentes e opostas às primeiras.

Tanto que, para dizer a verdade, vendo as mesmas constelações deveria tirar horóscopos divergentes, porque fazer prognósticos semelhantes seria mentir.

De onde concluí com toda certeza que os horóscopos verdadeiros não se podem atribuir a uma arte, mas ao acaso, e que os falsos não se devem atribuir à ignorância dessa arte, mas à mentira do acaso.

Mas, apoiando-me nisso, e ruminando dentro de mim tais coisas, para que nenhum daqueles loucos que buscam nisso o lucro, e a quem eu então desejava refutar e ridicularizar, não me objetasse que Firmino podia ter-me contado mentiras, ou a ele seu pai, fixei minha atenção nos que nascem gêmeos, muitos dos quais saem do seio materno com tão pequeno intervalo de tempo, que por maior influência que isto tenha na ordem das coisas, como pretendem, não pode ser apreciada pela observação humana, nem de modo algum consignado nos signos de que depois deverá usar o astrólogo para fazer um horóscopo verdadeiro. Mas seu horóscopo não será verdadeiro porque, contemplando os mesmos signos, deveria predizer a mesma sorte para Esaú e para Jacó, sendo que os sucessos da vida de ambos foram muito diversos.

O astrólogo, portanto, deveria prognosticar coisas falsas, ou, no caso de falar coisas verdadeiras, estas forçosamente deveriam ser diferentes, a despeito da identidade das observações. Logo, se seus prognósticos fossem verdadeiros, não o seriam por efeito da arte, mas do acaso. Porque tu, Senhor, governador justíssimo do Universo, por inspiração secreta, desconhecida dos consulentes e astrólogos, fazes que cada um receba a resposta que lhe convém, de acordo com os méritos das almas, do fundo do abismo de teu justo juízo, ao qual o homem não pode dizer: Que é isto? Por que isto[3]? Não o diga, não o diga, porque é um simples homem.

Capítulo 7
Ainda a origem do mal

Deste modo, ó meu auxílio, já me havias libertado daquelas ataduras, embora eu buscasse ainda a origem do mal, e não encontrasse solução. Mas não permitias que as ondas de meu pensamento me apartassem daquela fé, que me assegurava que existias, que tua substância é imutável, que cuidas dos homens, que hás de julgá-los, e que traçaste o caminho da salvação dos homens em direção àquela vida que há de sobrevir depois da morte, em Cristo, teu Filho e Senhor nosso, e nas Sagradas Escrituras, recomendadas pela autoridade de tua Igreja Católica.

Postas, pois, a salvo estas verdades, e solidamente fortificadas em meu espírito, buscava cheio de ardor a origem do mal. E que tormentos de parto eram aqueles de meu coração! Que gemidos, meu Deus! E ali estavam teus ouvidos atentos, e eu não o sabia. Quando, era silêncio, levava avante minhas pacientes buscas, grandes clamores se elevavam até tua misericórdia: eram as tácitas angústias de minha alma.

Sabes o que eu padecia, mas nenhum homem o sabia. Com efeito, quão pouco era o que minha língua transmitia aos ouvidos de meus mais íntimos familiares! Acaso percebiam eles todo o tumulto de minha alma, que nem o tempo, nem as palavras bastavam para declarar? Contudo, nada te escapava das queixas que meu coração rugia, e meu desejo estava diante de ti, e a luz de meus olhos não estavam mais comigo[4], porque ela estava dentro, e eu estava fora. Ela não ocupava lugar algum, e eu só pensava nas coisas que ocupam lugar, razão pela qual não achava nelas lugar de descanso, nem me acolhiam de modo que pudesse dizer: "Basta! Aqui estou bem!" — Nem deixavam que eu me dirigisse para onde me sentisse suficientemente bem. Eu era superior a estas coisas, mas inferior a ti. Serias minha verdadeira alegria se eu te fosse submisso, pois, sujeitaste a mim tudo o que criaste inferior a mim. Tal era a justa medida e a região intermediária de minha salvação: permanecer como imagem tua, e, servindo-te, ser o senhor de meu corpo. Mas, como me levantei soberbamente contra ti, investindo contra meu Senhor com o escudo de minha dura cerviz[5], até mesmo essas coisas inferiores se fizeram superiores a mim, e me oprimiam, e não me davam um momento para descansar ou respirar.

Quando eu as olhava, elas me vinham ao encontro amontoada e confusamente de todas as partes; mas quando pensava nelas, opunham-se as mesmas imagens dos corpos a que me retirasse, como se me dissessem: "Para onde vais, indigno e impuro?" Mas estas coisas cobravam novas forças com a minha chaga, porque humilhaste o soberbo como a um homem ferido[6], e meu orgulho me separava de ti, e meu rosto, inchado ao extremo, fechava meus olhos.

Capítulo 8
A piedade de Deus

Mas tu, Senhor, permaneces eternamente, e não te iras eternamente contra nós[7], porque te compadeceste da terra e da cinza, e foi de teu agrado corrigir minhas deformidades. Tu me aguilhoaste com estímulos interiores para que estivesse impaciente, até que, por uma visão interior, te transformasses para mim em objeto de certeza. E a inchação de meu orgulho baixava graças à mão secreta de tua medicina, e a vista de minha alma, turbada e obscurecida, ia sarando dia a dia graças ao colírio enérgico das dores salutares.

Capítulo 9
Agostinho e o neoplatonismo

E, primeiramente, querendo tu mostrar-me como resistes aos soberbos e dás tua graça aos humildes[8], e com quanta misericórdia mostraste aos homens a senda da humildade, por se ter feito carne teu Verbo, e ter habitado entre os homens[9], me deparaste, por meio de um homem inchado de monstruosa soberba, alguns livros dos platônicos, traduzidos do grego para o latim.

Neles — não certamente com estas palavras, mas substancialmente o mesmo — vi expresso com muitas e diversas razões — que "no princípio era o Verbo, e o Verbo estava em Deus, e o Verbo era Deus. Este estava desde o princípio em Deus. Todas as coisas foram feitas por ele, e sem ele nada foi feito do que foi feito. O que foi feito é vida nele, e a vida era a luz dos homens. E a luz brilha nas trevas, mas as trevas não a compreenderam." Diziam também esses livros que a alma do homem, embora dê testemunho da luz, não é a luz, mas o Verbo, Deus, é a verdadeira luz, que ilumina a todo homem que vem a este mundo. E que neste mundo estava, e que o mundo é criatura sua, e que o mundo não o conheceu.

Mas que ele veio para sua casa, e que os seus não o receberam, e que a quantos o receberam deu o poder de se tornarem filhos de Deus, desde que acreditem em seu nome, não o li nesses livros.

Também neles li que o Verbo, Deus, não nasceu de carne nem de sangue, nem por vontade do homem, nem por vontade da carne, mas de Deus. Mas que o Verbo se fez carne, e habitou entre nós, isso não o li naqueles livros.

Igualmente achei nesses livros, dito de diversas e múltiplas maneiras que o Filho, consubstancial ao Pai, não considerou rapina o ser igual a Deus, porque o é por natureza. Mas que se aniquilou a si mesmo, tomando a forma de escravo, que se fez semelhante aos homens, sendo julgado homem por seu exterior; e que se humilhou, fazendo-se obediente até a morte, e morte de cruz, pelo que Deus o ressuscitou de entre os mortos, e lhe deu um nome sobre todo nome, para que ao nome de Jesus se dobrem todos os joelhos no céu, na terra e no inferno, e toda língua confesse que o Senhor Jesus está na glória de Deus Pai[10], não o dizem aqueles livros.

Neles se diz também que antes de todos os tempos e sobre todos os tempos, teu Filho único permanece imutável, coeterno a ti, e que de sua plenitude recebem as almas para serem felizes, e que, para serem sábias, elas são renovadas participando da sabedoria que permanece em si mesmas. Mas que morreu, segundo o tempo, pelos ímpios, e que não perdoaste a teu Filho único, mas que o entregaste por todos nós[11], não se encontra ali. Porque escondeste estas coisas aos sábios e as revelaste aos humildes[12], a fim de que os sofredores e sobrecarregados viessem a ele e os reconfortasse, porque ele é manso e humilde de coração, e dirige aos mansos na justiça e ensina aos pacíficos seus caminhos[13], vendo nossa humildade e nosso trabalho, e perdoando todos os nossos pecados[14].

Mas aqueles que, elevando-se no coturno de uma doutrina, digamos, mais sublime, não ouvem ao que lhes diz: Aprendei de mim que sou manso e humilde de coração, e encontrareis descanso para vossas almas[15], embora conheçam a Deus, não o glorificam como a Deus, nem lhe dão graças, mas se desvanecem em seus pensamentos, e seu coração insensato se obscurece, e dizendo que são sábios, se tornam néscios[16].

E por isso lia também aí que a glória de tua natureza incorruptível havia sido adulterada em ídolos e simulacros vários, à semelhança da imagem do homem corruptível, das aves, dos quadrúpedes e serpentes[17], isto é, naquele manjar do Egito pelo qual Esaú perdeu sua primogenitura, porque teu povo primogênito, voltando o coração para o Egito, honrou em teu lugar a cabeça de um quadrúpede, inclinando sua alma, tua imagem, diante da imagem de um bezerro comendo feno[18].

É o que encontrei nesses livros, mas não me alimentei dessas afirmações, porque agradou-te, Senhor, tirar de Jacó o opróbrio de sua inferioridade, a fim de que o maior servisse ao menor[19], chamando os gentios para tua herança.

Também eu vinha dentre os gentios para ti, e pus minha atenção no ouro que quiseste que teu povo levasse do Egito, pois era teu onde quer que estivesse[20]. E disseste aos atenienses, por boca de teu Apóstolo, que em ti vivemos, nos movemos e existimos, como alguns deles o disseram, e é deles que vinham os livros que me ocupavam[21]. Mas não me fixei nos ídolos dos egípcios, aos quais ofereciam teu ouro os que mudaram a verdade de Deus em mentira, adorando e servindo antes à criatura do que ao Criador[22].

Capítulo 10
A descoberta de Deus

Admoestado por essas leituras a voltar a mim mesmo, entrei guiado por ti em meu interior, e o pude fazer porque te fizeste minha ajuda. Entrei e vi com os olhos de minha alma, fosse como fosse, acima desses mesmos olhos, acima de minha inteligência, a luz imutável; não esta vulgar e visível a toda carne, nem outra quase do mesmo gênero, embora maior, mas aparentemente mais poderosa, e enchendo com sua força todo o espaço. Não, não era esta luz, mas uma luz diferente, completamente diferente.

Ela não estava sobre meu espírito como o azeite sobre a água, como o céu sobre a terra, mas estava sobre mim porque me criou; eu lhe era inferior por ter sido criado por ela. Quem conhece a verdade conhece esta luz, e quem a conhece, conhece a eternidade. Quem a conhece é o amor!

Ó eterna verdade, amor verdadeiro, amada eternidade! Tu és meu Deus. Por ti suspiro dia e noite. Quando te conheci pela primeira vez, tu me tomaste para me fazer ver que havia o que ver, mas que eu ainda não estava em condições de ver. E deslumbrante a fraqueza de minha vista com a violência de teu brilho, e me estremeci de amor e de horror. Pareceu-me estar longe de ti na região da dessemelhança, como se ouvira tua voz do alto: "Sou o pão dos fortes: cresce, e comer-me-ás. Não me transformarás em ti, como fazes com o alimento de tua carne, mas tu serás mudado em mim[23]".

E conheci então que "castigaste o homem por causa de sua iniquidade", e "que secaste minha alma como uma teia de aranha"; e eu disse: Porventura não é nada a verdade, porque não se acha difundida pelos espaços finitos e infinitos? E tu me gritaste de longe: Pelo contrário. Eu sou o que sou — e eu ouvi como se costuma ouvir no coração, sem deixar lugar para dúvidas; antes, mais facilmente duvidaria de minha vida que da existência da verdade, que se manifesta à inteligência pela criação[24].

Capítulo 11
Deus e as criaturas

E contemplei as outras coisas que estão abaixo de ti, e vi que nem existem absolutamente e nem absolutamente deixam de existir. Certamente existem, porque procedem de ti; mas não existem, pois não são o que tu és, porque só existe verdadeiramente o que permanece imutável. Mas para mim é bom apegar-me a Deus[25], porque, se não permaneço nele, tampouco poderei permanecer em mim. Ele, porém, permanecendo em si, renova todas as coisas[26], e tu és meu Senhor, porque não necessitas de meus bens[27].

Capítulo 12
O mal e o bem da criação

Do mesmo modo se me deu a entender que também são boas as coisas que se corrompem. Se fossem sumamente boas, não poderiam se corromper, como tampouco o poderiam se não fossem boas de algum modo. Com efeito, se fossem sumamente boas, seriam incorruptíveis; e se não tivessem nenhuma bondade, nada haveria nelas que se pudesse corromper. Porque a corrupção é nociva, e não poderia ser nociva se não diminuísse o que é bom. Logo, ou a corrupção é inofensiva, o que não é possível, ou, o que é certíssimo, tudo o que se corrompe é privado de algum bem. E assim, se algo for privado de todo o bem, ficará reduzido a nada. E se algo subsiste escapando à corrupção, seria ainda melhor, porque permaneceria incorruptível. E que há de mais monstruoso do que afirmar que uma coisa se torna melhor pela perda do que tem de bom? Logo, ser privado de todo bem é o nada absoluto. De onde se segue que, enquanto as coisas existem, elas são boas. Portanto, tudo o que existe é bom; e o mal, cuja origem eu procurava, não é uma substância, porque se fosse substância seria um bem. Ou ele seria uma substância incorruptível, e, consequentemente, um grande bem; ou seria uma substância corruptível, que não se poderia corromper se não fosse boa.

Vi, pois, e me foi manifestado que tu eras o autor de todos os bens, e que não há em absoluto substância alguma que não tenha sido criada por ti. E como não fizeste todas as coisas iguais, por isso todas elas existem, porque cada uma de *per si* é boa, e todas juntas muito boas, porque nosso Deus fez todas as coisas boas em extremo[28].

Capítulo 13
Os louvores da criação

E certamente para ti, Senhor, não existe absolutamente o mal; e não só para ti, mas nem para a universalidade de tua criação, porque nada existe fora dela capaz de romper ou de corromper a ordem que tu lhe impuseste. Mas, porque, nos pormenores, determinados elementos não se harmonizam com outros, estes são considerados maus. Mas, como esses mesmos elementos convêm a outros, são da mesma forma bons, e bons em si mesmos. E mesmo esses elementos, que não concordam entre si, concordam com a parte inferior das criaturas que chamamos terra, com seu céu cheio de nuvens e de ventos, como lhe é conveniente. Não queira Deus que eu diga: Oxalá não existissem estas coisas! — Embora, considerando-as separadamente, eu as desejasse melhores, somente o fato de existirem deveria bastar para eu te louvar porque louváveis se mostram na terra os dragões e todos os abismos; o fogo, o granizo, a neve, o vento da tempestade, que executam tuas ordens; os montes e todas as colinas; as árvores frutíferas e todos os cedros; as feras e todos os gados; os répteis e todos os voláteis empenhados; os reis da terra e todos os povos; os príncipes e todos os juízes da terra, os jovens e as virgens, os anciões e os jovens; todos louvam teu nome[29].

Mas como também do alto dos céus és louvado, sim louvado, nosso Deus, porque lá no alto todos os teus anjos, todas as tuas virtudes, o sol e a lua, todas as estrelas e a luz, os céus dos céus, e as águas que estão sobre os céus glorificam teu nome[30], eu não desejava nada melhor, porque, considerando o todo, os elementos superiores me pareciam sem dúvida melhores que os inferiores; mas um julgamento mais sadio me fazia considerar o todo melhor que os elementos superiores tomados à parte.

Capítulo 14
Recapitulação

Não têm juízo são[31], aqueles aos quais desagrada alguma parte de tua criação, como acontecia comigo, quando me desagradavam tantas de tuas obras. Mas, porque minha alma não se atrevia a dizer que meu Deus lhe desagradava, por isso não queria considerar como teu o que lhe desagradava. Por isso fora atrás da teoria das duas substâncias, na qual não achava descanso, e disse coisas estranhas. Mas desembaraçando-se desses erros, inventara para si um deus que se difundia pelos espaços infinitos de todos os lugares, e, julgando que eras tu, colocou-o em seu coração, e de novo se tornou o templo de seu ídolo, coisa abominável a teus olhos.

Mas, depois que afagaste minha cabeça, sem eu o saber, e fechaste meus olhos para que não vissem a vaidade[32], desprendi-me um pouco de mim mesmo, e minha loucura adormeceu profundamente; quando despertei em ti, vi que eras infinito, e esta visão não procedia da carne.

Capítulo 15
Deus e a criação

Contemplei depois as outras coisas, e vi que deviam a ti sua existência, e que todas estão contidas em ti, não como em um lugar, mas de modo diferente: conservas todas elas em tua verdade, como em u'a mão; todas as coisas são verdadeiras enquanto existem, e só é falso o que julgamos existir, mas não existe.

Também vi que cada coisa adapta-se não só a seus lugares, mas também a seus tempos, e que tu, que és o único eterno, não começaste a obrar depois de infinitos espaços de tempo, porque todos os espaços de tempo — passados ou futuros — não poderiam passar nem vir se não agisses e permanecesses.

Capítulo 16
Onde está o mal

E conheci por experiência que não é de admirar que o pão seja um tormento para o paladar enfermo, embora seja agradável para o paladar sadio, e que olhos enfermos considerem odiosa a luz, que para os puros é amável. Se tua justiça desagrada aos maus, muito mais desagradam a víbora e o caruncho, que criaste bons e convenientes para a parte inferior de tua criação, com a qual também os maus e tanto mais se assemelham quanto mais diferem de ti, assim como se assemelham às partes superiores do mundo na medida em que se assemelham a ti.

Perguntei que era a iniquidade, e não achei substância, mas a perversidade de uma vontade que se aparta da suprema substância de ti, meu Deus — e se inclina para as coisas baixas, e que derrama suas entranhas, e se incha por fora.

Capítulo 17
Caminho para Deus

Admirava-me de já te amar, e não a um fantasma em teu lugar; mas não me repousava no gozo de meu Deus. Era arrebatado a ti por tua beleza, e logo apartado de ti por meu peso, e me precipitava sobre estas coisas a gemer. Meu peso, eram os hábitos carnais. Mas tua lembrança me acompanhava. Nem de modo algum duvidava já de que existia um ser a quem eu devia unir-me, mas a quem eu não estava em condições de me unir, porque o corpo, que se corrompe, sobrecarrega a alma, e a morada terrena deprime a mente que pensa em muitas coisas[33]. Assim mesmo estava certíssimo de que tuas belezas invisíveis se descobrem à inteligência desde a criação do universo através de tuas obras, bem como tua virtude sempiterna e tua divindade[34].

Com efeito, procurando saber de onde procedia minha faculdade de apreciar a beleza dos corpos — quer celestes, quer terrestres — e o que me permitia julgar rápida e cabalmente das coisas mutáveis quando dizia: "Isto deve ser assim, aquilo não deve ser assim" — procurando, digo, a origem de minha faculdade de julgar quando assim julgava, achei a eternidade imutável e verdadeira da verdade acima de meu espírito mutável.

E, gradualmente, fui subindo dos corpos para a alma, que sente por intermédio do corpo; e dela à sua força interior à qual os órgãos dos sentidos anunciam as coisas exteriores, até onde alcançam os animais. De aqui passei novamente para a potência raciocinante, à qual pertence julgar as percepções dos sentidos corporais, e que, por sua vez, julgando-se sujeita a mudanças, levantou-se até a sua própria inteligência, e afastou o pensamento de suas cogitações habituais, e se apartou da multidão de fantasmas contraditórios, para ver de que luz estava inundada quando, sem nenhuma dúvida, clamava que o imutável deve ser preferido ao mutável, e de onde tirava o conhecimento do próprio imutável, porque, se não tivesse dele alguma noção, de nenhum modo o preferira ao mutável com tanta certeza. E, finalmente, chegou ao que é num abrir e fechar de olhos. Foi então que "tuas perfeições invisíveis se manifestaram à minha inteligência através de tuas obras, mas não pude fixar nelas os olhos; minha fraqueza recuou, e voltei a meus hábitos, não levando comigo senão uma lembrança amorosa, que, por assim dizer, desejava o perfume de manjares saborosos, que eu ainda não podia provar.

Capítulo 18
A senda da humildade

Buscava um meio de adquirir a fortaleza necessária para te gozar, e não a encontrei enquanto não me abracei ao Mediador entre Deus e os homens, o homem Cristo Jesus, que está sobre todas as coisas, Deus bendito por todos os séculos[35], o qual clama e diz: Eu sou o caminho, a verdade e a vida[36], e o alimento unido à carne (que eu não tinha forças para tomar), porque o Verbo se fez carne, a fim de que fosse amamentada nossa infância pela tua sabedoria, pela qual criaste todas as coisas.

Sem humildade, eu não possuía o Deus da humildade, e não sabia o que nos poderia ensinar sua fraqueza. Porque teu Verbo, verdade eterna, dominando as partes superiores de tua criação, levanta a si as que se lhe sujeitam, e, nas partes inferiores, construiu para si, com o nosso lodo, uma casa humilde, para humilhar e afastar de si aqueles que deseja sujeitar e atrair, curando-lhes a soberba e alimentando-lhes o amor, para que, confiados em si, não se afastassem para mais longe, mas, pelo contrário, se humilhassem, vendo a seus pés a humildade de um Deus que também se vestiu de nossa túnica de carne[37], e, cansados, se prostrem diante dela, para que, ao se levantar, a exaltem.

Capítulo 19
A doutrina do Verbo

Mas eu então julgava de outra maneira. Não considerava meu Senhor Jesus Cristo mais que um homem de extraordinária sabedoria, a quem ninguém pode igualar. Sobretudo seu miraculoso nascimento de uma Virgem, que nos ensina a desprezar os bens temporais em troca da imortalidade, e parecia-me ter-lhe merecido, por decreto da Providência divina, uma soberana autoridade para ensinar os homens.

Mas o mistério que se encerra nestas palavras: O Verbo se fez carne, eu nem sequer podia suspeitar. Somente conhecia, pelas coisas que dele nos deixaram escritas, que comeu, bebeu, dormiu, passeou, que se alegrou, se entristeceu e pregou, e que essa carne não se juntou a teu Verbo com alma e inteligência humanas. Tudo isso sabe o que conhece a imutabilidade de teu Verbo, que eu já conhecia, quanto me era possível, sem que duvidasse um ponto sequer disso. Com efeito, mover os membros do corpo à vontade, ou não movê-los, estar dominado por algum afeto ou não o estar, traduzir por palavras sábios pensamentos, e depois calar, são caracteres próprios da mutabilidade de uma alma e de uma inteligência. Se esses testemunhos das Escrituras fossem falsos, tudo o mais correria o risco de ser mentira, e o gênero humano não teria mais nesses livros a fé, condição de salvação. Mas como são verdadeiras as coisas nelas escritas, eu reconhecia em Cristo um homem completo, não somente o corpo de um homem, ou um corpo e uma alma sem inteligência, mas um homem verdadeiro, que eu julgava superior a todos os outros não por ser a pessoa da verdade, mas em razão de uma extraordinária excelência de sua natureza humana, e de uma mais perfeita participação quanto à sabedoria.

Quanto a Alípio, pensava que os católicos, crendo em um Deus revestido de carne, entendiam que em Cristo, além de Deus e da carne, não havia alma; e não julgava que lhe atribuíssem inteligência humana. E como estava bem persuadido de que os atos atribuídos tradicionalmente a Cristo não podiam ser senão obras de uma criatura dotada de vida e de razão, esse era o motivo pelo qual Alípio se aproximava tão preguiçosamente da fé cristã. Mas quando depois soube que este erro era próprio dos hereges apolinaristas, aderiu alegremente à fé católica.

Eu, porém, confesso que só aprendi mais tarde a diferença existente, quanto à interpretação das palavras o Verbo se fez carne, entre a verdade católica e o erro de Fotino*. A reprovação dos hereges põe em maior evidência o sentimento de tua Igreja e o que esta considera como doutrina sã. Porque convém que haja heresias, para que os provados se descobrissem entre os fracos[38].

Capítulo 20
Do platonismo às Escrituras

Mas então, tendo lido aqueles livros dos platônicos, induzido por eles a buscar a verdade incorpórea, vi

---

* Fotino, bispo de Límnio, afirmava que o Verbo não havia sido Filho de Deus até encarnar-se nas entranhas da Virgem Maria, negando toda união substancial entre a natureza humana e o Verbo divino.

manifestar-se à minha inteligência, através de tuas obras, tuas perfeições visíveis. Rejeitado para longe de ti, compreendi em que consistia essa verdade, que as trevas de minha alma me impediam de contemplar. Estava certo de que existes, e de que és infinito, sem contudo te estenderes por lugares finitos ou infinitos; e de que és verdadeiramente aquele que é, sempre idêntico a si mesmo, sem se mudar em outro, nem sofrer alteração alguma, que parcialmente ou com algum movimento, quer de qualquer outro modo; e de que tudo o mais vem de ti, pela única e indiscutível razão de que existe. Tinha certeza de todas estas verdades, mas também de que me achava demasiado fraco para gozar de ti. Tagarelava muito sobre essas coisas, como se fora instruído, e, se não procurasse o caminho da verdade em Cristo, nosso Salvador, não seria perito, mas perituro, porque já começava a querer parecer sábio, cheio de meu castigo, e não chorava, mas inchava-me com a ciência. Onde estava aquela caridade que edifica sobre o fundamento da humildade, que é Cristo Jesus? Ou quando ma ensinariam aqueles livros, com os quais, creio, quiseste que me encontrasse antes de ler tuas Escrituras, para que ficassem gravados em minha memória os afetos que produziram em mim, e para que depois, quando encontrasse em teus livros a paz do coração, tocando com teus dedos suaves as feridas de minha alma, pudesse discernir e perceber a diferença existente entre presunção e confissão, entre os que, vendo para onde se deve ir, não veem por onde se vai, nem o caminho que conduz à pátria bem-aventurada, não só para contemplá-la, mas também para habitá-la?

Porém, se antes de tudo me tivesse instruído em tuas sagradas letras, e em sua intimidade tivesse experimentado tua doçura, para depois conhecer os livros dos platônicos, talvez eles me arrancassem dos sólidos fundamentos da piedade; ou, se tivesse persistido nos sentimentos salutares de que estava impregnado, talvez julgasse que só por esses livros se poderia tirar o mesmo proveito.

Capítulo 21
A verdade das Escrituras

Por isso lancei-me avidamente sobre as veneráveis Escrituras inspiradas por teu Espírito, sobretudo as do Apóstolo Paulo. E se desvaneceram todas aquelas dificuldades nas quais julguei descobrir contradições entre ele e seu texto, em desacordo com os testemunhos da lei e dos profetas. Descobri a unidade daqueles castos oráculos, e aprendi a me alegrar com tremor[39].

Comecei a lê-los e compreendi que tudo o que lera de verdadeiro nos tratados dos neoplatônicos se encontrava aqui, mas realçado por tua graça, a fim de que o que vê não se glorie, como se não houvesse recebido, não só o que vê, mas também o poder ver. Com efeito, que tem ele que não haja recebido[40]? E quiseste ainda, tu, que és imutável, que não só ele seja advertido para que te veja, mas também para que seja curado, a fim de que te possua; e para que o que está muito longe para te ver, tome, contudo, caminho para chegar a ti, para te ver e te possuir.

Com efeito, embora o homem se deleite com a lei de Deus segundo o homem ulterior[41], que fará dessa outra lei que luta em seus membros contra a lei de seu espírito, e que o traz cativo debaixo da lei do pecado, que está em seus membros[42]? Porque tu és justo, Senhor; nós, porém, pecamos, cometemos iniquidades[43]; procedemos como ímpios, e tua mão se fez pesada sobre nós[44], e é justamente que fomos entregues ao pecador antigo, ao príncipe da morte, porque ele persuadiu nossa vontade a se tornar semelhante à sua, que não quis persistir em tua verdade[45].

Que fará esse homem infeliz? Quem o livrará do corpo desta morte, senão tua graça, por Jesus Cristo, nosso Senhor[46], a quem tu geraste coeterno e criaste no princípio de teus caminhos[47], ele, em quem o príncipe deste mundo não achou nada digno de morte, e a quem, contudo, matou[48], com o que foi anulada a sentença que havia contra nós[49]?

Nada disto dizem aqueles livros. Nem têm aquelas páginas esse ar de piedade, essas lágrimas da confissão, esse teu sacrifício, essas tribulações espirituais, esse coração contrito e humilhado[50], nem a salvação de teu povo, nem a cidade prometida, nem o penhor do Espírito Santo, nem o cálix de nossa redenção[51].

Nos livros platônicos ninguém canta: "Minha alma não estará sujeita a Deus. Porque dele procede minha salvação, pois é meu Deus, e meu amparo, do qual não me separarei jamais[52]."

Ninguém ali ouve esta voz: Vinde a mim os que sofreis. Desdenham teus ensinamentos, porque és manso e humilde de coração. Porque escondeste estas coisas aos sábios e prudentes, e as revelaste aos pequeninos[53].

Uma coisa é ver uma colina agreste a pátria da paz, e não encontrar o caminho que conduz a ela, e fatigar-se debalde por lugares sem caminhos, entre os ataques e emboscadas dos desertores fugitivos, com seu chefe, o leão ou dragão[54]; e outra coisa conhecer o caminho que conduz até lá, defendido pelos cuidados do imperador do céu, e onde não roubam os desertores da celestial milícia, porque eles o evitam como um suplício.

Esses pensamentos penetravam-me as entranhas por modos maravilhosos, quando eu lia ao menor de teus Apóstolos[55]. Considerava tuas obras, e me enchia de assombro.

LIVRO OITAVO

Capítulo 1
Hesitações

Meu Deus, que eu me lembre de ti em ação de graças, e confesse tuas misericórdias para comigo. Que meus ossos se penetrem de teu amor, e digam: Senhor, quem semelhante a ti[1]? Rompeste meus grilhões, e te oferecerei um sacrifício de louvor[2]. Contarei como os rompeste, e todos os que te adoram dirão quando me ouvirem: "Bendito seja o Senhor no céu e na terra! Grande e admirável é seu nome!" Tuas palavras, Senhor, tinham-se gravado em minhas entranhas, e me via cercado de ti por todas as partes. Tinha certeza de tua vida eterna, embora não a visse mais que em enigma e como em espelho[3]. Já não tinha a menor dúvida quanto à tua substância incorruptível, nem de que toda substância procedia dela. E o que desejava não era tanto estar mais certo de ti, mas mais firme em ti.

Quanto à minha vida temporal, tudo eram vacilações, e era necessário que meu coração se purificasse do velho fermento. Agradava-me o caminho, que é o próprio Salvador, mas hesitava ainda em caminhar por seus estreitos desfiladeiros.

Então me inspiraste a ideia — que me pareceu excelente — de me dirigir a Simpliciano, que eu considerava como um de teus bons servidores, em quem brilhava tua graça*. Ouvira também dele que desde sua juventude te consagrava devotamente sua vida, e como já era ancião, parecia-me que em tão longa vida, empregada no estudo de teus caminhos, teria grande experiência e instrução, e verdadeiramente assim era. Por isso desejava confiar-lhe minhas inquietações, a fim de que me indicasse um método de vida que permitisse a um homem com minhas disposições interiores caminhar por teus caminhos.

---

* São Simpliciano, presbítero da Igreja de Roma, fora mandado a Milão para instruir santo Ambrósio nas Sagradas Escrituras e nos santos padres, sucedendo-o como bispo em 397.

Via tua Igreja cheia de fiéis, e que um seguia por um caminho, outro por outro.

Quanto a mim, desgostava-me a vida que levava no século, e era para mim carga pesadíssima, agora que já não me animavam como outrora os apetites carnais, com a esperança de honras e riquezas, para suportar tão pesada servidão. Essas paixões haviam perdido para mim o encanto, em vista de tua doçura e da beleza de tua casa, que já amava[4]. Mas me sentia ainda fortemente amarrado à mulher. Sem dúvida o Apóstolo não me proibia casar, embora em seu ardente desejo de ver todos os homens semelhantes a ele, recomendasse um estado mais perfeito. Mas eu, ainda muito fraco, escolhia o partido mais fácil, e por este motivo vivia hesitando em tudo o mais, e me consumia com preocupações enervantes, porque a vida conjugal, a que me julgava destinado e obrigado, ter-me-ia forçado a submeter-me a novas misérias, que eu não queria suportar.

Tinha ouvido da boca da própria Verdade que há eunucos que mutilaram a si próprios pelo reino dos céus, embora acrescentando que o compreenda quem o puder compreender[5]. São vãos, por certo, todos os homens nos quais não reside a ciência de Deus, e que nas coisas visíveis não puderam achar aquele que é[6]. Mas eu já havia saído dessa vaidade, já havia ultrapassado, e pelo testemunho de toda a criação, te encontrara, a ti, nosso Criador, e a teu Verbo, Deus em ti, e contigo um só Deus, por quem criaste todas as coisas.

Há ainda outro gênero de ímpios: o dos que, conhecendo a Deus, não o glorificaram como tal, nem lhe dão graças[7]. Eu também tinha caído nesse pecado; mas tua destra me amparou e libertou, colocando-me em lugar onde pudesse convalescer, porque disseste ao homem: Eis que a piedade é a sabedoria[8]. E ainda: Não queiras parecer sábio[9], porque os que se dizem sábios tornaram-se insensatos[10].

Já havia encontrado, finalmente, a pérola preciosa, que devia comprar com a venda de tudo o que possuía. Mas vacilava ainda.

Capítulo 2
Visita a Simpliciano.
Conversão de Vitorino

Dirigi-me, portanto, a Simpliciano, pai espiritual do então bispo Ambrósio, que o amava verdadeiramente como pai. Contei-lhe os labirintos de meu erro. Mas quando lhe disse que havia lido alguns livros dos platônicos, traduzidos em latim por Vitorino, outrora retórico em Roma — e do qual ouvira dizer que morrera cristão* — ele me felicitou por não ter lido as obras de outros filósofos, cheias de erros e de enganos, segundo os elementos deste mundo[11], mas apenas estes, que insinuam por mil modos a Deus e a seu Verbo.

Depois, para me exortar à humildade de Cristo, escondida aos sábios e revelada aos humildes, evocou a lembrança do próprio Vitorino, que conhecera intimamente, quando estava em Roma. Não guardarei silêncio sobre o que me contou dele, porque é um dever publicar os grandes louvores de tua graça a seu respeito. Esse doutíssimo ancião, grande conhecedor de todas as ciências liberais, e que havia lido e criticado tantos livros de filosofia, mestre de tantos nobres senadores, a quem o prestígio de seu magistério valera uma estátua no foro romano, que ele aceitara (coisa que os cidadãos deste mundo têm em grande conta), ele que, até aquela idade avançada, havia adorado os ídolos, participando dos cultos sacrílegos, objeto do fervor de quase toda a orgulhosa nobreza romana da época, que inspirava ao povo sua devoção por Osíris, por "toda sorte de monstros divinizados, pelo ladrador Anúbis"**, monstros que em outros tempos "pegaram em armas contra Netuno, Vênus e Minerva", e a

---

* C.M. Vitorino mereceu uma estátua em Roma, no foro de Trajano. Escreveu muito sobre retórica, filosofia e métrica. Traduziu, para o latim, entre outras obras, a *Isagoge,* de Porfírio, as *Enéadas,* de Plotino, e as *Categorias,* de Aristóteles.

** Virgílio, Eneida, VIII, 698-9.

quem, vencidos, a própria Roma dirigia súplicas, esse velho Vitorino, que durante tantos anos havia defendido esses deuses com sua terrível eloquência, não se envergonhou de se fazer escravo de teu Cristo e criança de tuas águas, sujeitando sua cerviz ao jugo da humildade, e dobrando sua fronte ante o opróbrio da cruz.

Senhor, Senhor, que inclinaste os céus e desceste, que tocaste os montes e fumegaram[12], de que modo te insinuaste naquele coração?

Segundo disse Simpliciano, Vitorino lia as Escrituras e investigava e esquadrinhava com grande curiosidade toda a literatura cristã, e dizia a Simpliciano, não em público, mas muito em segredo e familiarmente: "Sabes que já sou cristão?" Ao que respondia aquele: "Não hei de acreditar, nem te contarei entre os cristãos enquanto não te vir na Igreja de Cristo." Mas ele ria e dizia: "Por acaso são as paredes que fazem os cristãos?" E isto de que já era cristão, o dizia muitas vezes, contestando-lhe Simpliciano outras tantas vezes com a mesma resposta, opondo-lhe sempre Vitorino o gracejo das paredes.

Vitorino temia ofender a seus amigos, soberbos adoradores dos demônios, julgando que desde o cimo de sua babilônica dignidade, como cedros do Líbano ainda não abatidos pelo Senhor, haviam de cair sobre ele suas pesadas inimizades.

Mas depois que hauriu forças nessas leituras maravilhosas, temendo ser renegado por Cristo diante de seus anjos, se tivesse medo de o confessar diante dos homens[13], pareceu-lhe cometer um grande crime por se envergonhar dos mistérios de humildade de teu Verbo, não se envergonhando do culto sacrílego de demônios soberbos, de que ele próprio se fizera soberbo imitador; envergonhou-se da vaidade, e se enrubesceu diante da verdade. De improviso, disse a Simpliciano, segundo este mesmo contava: "Vamos à Igreja: quero me tornar cristão." Simpliciano, não cabendo em si de alegria, foi com ele. Uma vez instruído nos primeiros sacramentos da religião, não muito depois, deu seu nome para receber o batismo que regenera, para admiração de Roma e alegria da Igreja. Viram-no os soberbos, e se encheram de raiva; rangiam os dentes, e se consumiam. Mas teu servo havia posto no Senhor Deus sua esperança, e não tinha mais olhos para as vaidades e as loucuras enganadoras[14].

Enfim, chegou a hora da profissão de fé. Em Roma, os que se preparam para receber tua graça, pronunciam de um lugar elevado, na presença do povo fiel, palavras consagradas, aprendidas de memória. Os sacerdotes, dizia-me Simpliciano, haviam proposto a Vitorino que recitasse a profissão de fé em segredo, como era costume fazer-se com os que julgavam capazes de se perturbar pela timidez. Mas ele preferiu confessar sua salvação na presença da plebe santa, porque nenhuma salvação havia na retórica que ensinava, e, contudo, a havia ensinado publicamente. Quanto menos, pois, devia temer diante de tua mansa grei pronunciar tua palavra, ele que não havia temido as turbas de loucos em seus discursos!

Assim, logo que subiu para fazer a profissão, todos unanimemente, conforme o iam conhecendo, repetiram seu nome como um murmúrio de regozijo — e quem ali não o conhecia? — e um grito reprimido saiu da boca de todos os que com ele se alegravam: "Vitorino! Vitorino!" Ao verem-no, logo se puseram a gritar de júbilo, mas logo se calaram pelo desejo de ouvi-lo. Vitorino pronunciou sua profissão da verdadeira fé com grande firmeza, e todos queriam raptá-lo para dentro de seus corações. E realmente o fizeram: seu amor e alegria eram as mãos que o arrebatavam.

Capítulo 3
A alegria das coisas perdidas

Bom Deus, que se passa no homem para que se alegre mais com a salvação de uma alma desesperada, quando salva do maior perigo, do que se ela sempre tivesse dado esperanças, ou se o perigo tivesse sido menor? Também tu, Pai misericordioso, sentes mais alegria por um pecador arrependido do que por 99 justos que não têm necessidade de penitência[15]. Nós também ouvimos com grande prazer falar da alegria do pastor trazendo de volta sobre os ombros a ovelha desgarrada, e da mulher que repõe em teus tesouros, para satisfação geral dos vizinhos, a dracma perdida. E arranca lágrimas de nossos olhos as alegres festas de tua casa quando se lê que teu filho menor estava morto e reviveu, estava perdido e foi encontrado[16].

Tu te alegras em nós e em teus anjos, santificados pelo santo amor, pois és sempre o mesmo, e conheces do mesmo modo e sempre as coisas que não existem sempre, nem da mesma maneira.

Mas, que se passa na alma, para que se alegre mais com as coisas encontradas ou recobradas que estima, do que se sempre as tivera consigo? Na verdade, tudo o atesta, e há inúmeros testemunhos que afirmam: "É assim mesmo!"

O imperador vitorioso triunfa, e não teria vencido sem combate; mas quanto maior foi o perigo da batalha, tanto maior é o gozo no triunfo.

A tempestade caí sobre os navegantes e ameaça tragá-los. Todos empalidecem diante da morte que os espera. O céu e o mar se acalmam, e o excesso de sua alegria nasce do excesso de seu medo.

Adoece uma pessoa amiga: seu pulso anuncia algo fatal; todos os que desejam sua cura adoecem com ela por simpatia. Passa o perigo, e embora ainda não caminhe com as forças de outrora, haja tal alegria como não existia antes, quando andava sadia e forte.

Até os prazeres da vida humana, não só os tiram os homens de desgraças que lhes sucedem contra a sua vontade, mas também de moléstias premeditadas e desejadas. Não há prazer algum em beber ou comer se não se sentiu antes o aguilhão da sede e da fome. Os que bebem costumam comer antes alguma coisa salgada, que lhes cause sede ardente; que se transformará em prazer quando acalmada com a bebida. O costume quer que as esposas não sejam entregues imediatamente aos maridos: o marido desprezaria a noiva se não tivesse que esperar o suspirar por ela.

Assim, na alegria torpe e execrável, como na alegria lícita e permitida, na mais sincera e honesta amizade, como na aventura daquele que estava morto e tornou a viver, que se havia perdido e foi encontrado, em toda parte uma alegria maior é precedida de uma dor também maior.

Por que isto, Senhor, meu Deus, quando tu mesmo és tua alegria eterna, e quando as criaturas que te rodeiam tiram de ti sua alegria? Por que esta parte do universo está sujeita a alternativas de progressos e quedas, de uniões e de separações? Será este seu modo de ser, e o único que lhe concedeste quando, desde o mais alto dos céus até o mais profundo da terra, desde o princípio dos tempos até o fim dos séculos, desde o anjo até o pequenino verme, e desde o primeiro movimento até o último, dispuseste todos os gêneros de bens e todas as tuas obras justas, cada uma em seu lugar e tempo?

Ai de mim! Quão elevado és nas alturas e quão profundo nos abismos! Jamais te afastas para parte alguma, e, contudo, quanto esforço pra voltar a ti!

Capítulo 4
A conversão dos grandes

E ia, Senhor, mãos à obra! Desperta-nos, chama-nos, inflama-nos, arrebata-nos; derrama teus perfumes, encanta-nos: amemos, corramos!

Não é verdade que muitos voltam a ti de um abismo de cegueira mais profundo ainda que o de Vitorino, e se aproximam de ti, e são iluminados, recebendo aquela luz com a qual juntamente recebem o poder de se fazerem teus filhos?

Mas se estes são menos conhecidos dos homens, mesmo os que os conhecem se alegram menos com eles; mas quando a alegria é de muitos, ainda é maior em cada um, porque se aquece e inflama de uns para os outros.

Depois, os que são conhecidos de muitos, decidem a salvação de muitos outros, e caminham adiante seguidos de muitos imitadores. Esta a razão pela qual se alegram muito por essas conversões até os mesmos que os precederam, por que não se alegram só consigo.

Mas, longe de mim pensar que em tua casa são mais aceitas as pessoas dos ricos que as dos pobres, e as dos nobres mais do que as dos plebeus, porque preferiste escolher os fracos segundo o mundo para confundir os fortes; o que é vil e desprezível segundo, o mundo, o que não é nada, para aniquilar o que é[17].

Não obstante isto, o menor de teus Apóstolos, por cuja boca pronunciaste essas palavras, quando suas armas venceram o orgulho do procônsul Paulo, quando, sujeitando-o ao leve jugo de teu Cristo, elas fizeram dele um súdito do grande Rei, quis, em memória de tão insigne triunfo, mudar seu nome de Saulo pelo de Paulo*, porque o adversário é mais completamente vencido naquele em quem domina com mais império, e por meio do qual retém maior número de sequazes. Ora, o inimigo domina com mais força os soberbos pelo brilho de seu nome, e, graças a estes, domina maior número ainda pelo prestígio de sua autoridade.

Assim, quanto mais favorável a ideia que se fazia do coração de Vitorino — que o demônio havia ocupado como fortaleza inexpugnável — e de sua língua, dardo poderoso e agudo, que tantas vezes havia dado a morte a muitos, tanto mais abundantemente deviam exultar teus filhos, ao

---

* Santo Agostinho, seguindo são Jerônimo, acredita que o Apóstolo mudou de nome em sinal de sua conversão. A opinião mais certa é a de que, sendo o Apóstolo judeu e cidadão romano, tinha dois nomes, um hebreu e outro grego ou latino.

verem que nosso Rei agrilhoara o forte[18], e que seus vasos roubados, eram agora purificados e destinados à tua honra, convertendo-se em instrumentos úteis ao Senhor para toda obra boa[19].

Capítulo 5
As duas vontades

Mas apenas teu servo Simpliciano me contou a conversão de Vitorino, inflamei-me no desejo de imitá-lo; era esta a finalidade da narração de Simpliciano. Mas quando depois acrescentou que nos tempos do imperador Juliano, uma lei proibia aos cristãos ensinar literatura e oratória, Vitorino dócil à lei, preferiu abandonar a escola de palradores a abandonar teu Verbo, que torna eloquentes as línguas dos meninos[20] não me pareceu tão valente como afortunado por ter encontrado ocasião de se consagrar a ti. Por isso eu suspirava, atado não com os ferros de uma vontade estranha, mas por minha férrea vontade.

O inimigo dominava o meu querer, e dele havia feito uma corrente, com a qual me mantinha prisioneiro. Porque da vontade perversa nasce o apetite, e do apetite obedecido procede o hábito, e do hábito não contrariado provém a necessidade, e com estes como anéis enlaçados entre si — por isso lhes chamei corrente — me mantinha preso em dura servidão. A nova vontade, que começara a nascer em mim, de te servir sem interesse, de me alegrar em ti, ó meu Deus, única alegria verdadeira, ainda não era capaz de vencer a vontade antiga e inveterada. Deste modo minhas duas vontades, a velha e a nova, a carnal e a espiritual, lutavam entre si, e, discordando, dilaceravam-me a alma.

Cheguei assim a entender, por experiência própria, o que havia lido de como a carne tem desejos contra o espírito, e o espírito contra a carne[21]. Eu estava ao mesmo tempo em ambos, embora mais no que aprovava em mim do que no que em mim desaprovava. Com efeito, nesta última parte de mim eu era passivo e constrangido, mais do que ativo e livre.

E, contudo, este hábito que se encarniçava contra mim vinha de mim mesmo, pois fora voluntariamente que eu chegara onde não queria. E quem seria capaz de protestar legitimamente, se um castigo justo segue o pecador?

Eu já não tinha tampouco aquela desculpa, com a qual costumava persuadir-me de que, se ainda não desprezava o mundo para te servir, era porque não tinha conhecimento claro da verdade, porque agora já a conhecia de modo indiscutível. Mas ainda apegado à terra, recusava-me a ingressar em tua milícia, e temia tanto ver-me livre de todos os meus laços, quanto se deve temer estar por eles amarrado.

Deste modo sentia-me docemente oprimido pelo peso do século, como em um sonho, e os pensamentos com que meditava em ti eram semelhantes aos esforços dos que desejam despertar, mas, vencidos pelo peso do sono, de novo se põem a dormir. Não há ninguém que queira estar sempre dormindo, e, segundo o modo comum de pensar, é melhor velar que dormir. Não obstante, às vezes retarda-se o despertar, quando o torpor sobrecarrega os membros; e, mesmo que desagrade, continua-se a dormir com gosto, mesmo depois de chegada a hora de despertar. Assim eu estava certo que era melhor entregar-me a teu amor que ceder à minha paixão. O primeiro partido me agradava, me dominava; o segundo me encantava, me prendia.

Já não tinha que responder-te quando me dizias: "Desperta, ó tu que dormes, levanta-te de entre os mortos, e Cristo te há de iluminar[22]". E quando por toda parte me mostravas a verdade do que dizias, não tinha absolutamente nada para responder, convencido que estava dessa verdade, senão umas palavras lentas e sonolentas: Agora... Depois... Um pouquinho mais. Mas este agora não tinha fim, e este um pouquinho mais se ia prolongando. Em vão me deleitava em tua lei, segundo o homem interior, porque em meus membros outra lei combatia a lei de meu espírito, mantendo-me cativo sob a lei do pecado que estava em meus membros[23]. Com efeito, a lei do pecado é a violência do hábito, pelo qual a alma é arrastada e presa, mesmo contra sua vontade, mas merecidamente, porque se deixa arrastar por vontade própria. Miserável! Quem poderia libertar-me deste corpo de morte senão tua graça, por Cristo, nosso Senhor[24]?

Capítulo 6
A narração de Ponticiano

Também contarei de que modo me livraste do vínculo do desejo carnal, que me prendia fortemente, e da servidão dos negócios do mundo, e confessarei teu nome, ó Senhor, meu auxílio e minha redenção[25]. Levava a vida de costume com crescente angústia; todos os dias suspirava por ti, frequentava tua Igreja, quando me deixavam livre os negócios, cujo peso me fazia gemer.

Comigo estava Alípio, livre de seus trabalhos de jurisconsulto, depois de ter sido assessor pela terceira vez. Ele aguardava a quem vender de novo seus conselhos, como eu vendia arte da eloquência, se é que, pelo ensino, a podemos transmitir.

Nebrídio, por sua vez, cedendo à nossa amizade, auxiliava na escola a nosso amigo íntimo, Verecundo, gramático e cidadão milanês, que desejava grandemente, e nos pedia, a título de amizade, que um de nós se tornasse seu fiel colaborador, pois necessitava de alguém que o ajudasse.

Não foi, pois, o interesse que moveu a Nebrídio — que poderia ganhar mais se quisesse ensinar as letras — mas, como amigo dulcíssimo e mansíssimo, não quis desprezar nosso pedido em obséquio à amizade. Agia, porém, com muita prudência, evitando ser conhecido dos grandes deste mundo, para poupar preocupações de espírito, que ele queria manter livre e o mais desocupado possível para investigar, ler ou ouvir algo sobre a sabedoria.

Mas certo dia em que Nebrídio estava ausente, não sei por que motivo, Alípio e eu recebemos a visita de um tal Ponticiano, nosso compatriota da África, que servia em alto cargo do palácio. Não sei mais o que queria de nós.

Sentamo-nos a conversar, e, por casualidade, deu com os olhos em um livro que estava sobre a mesa de jogo, à nossa frente. Pegou-o, abriu-o, e, com grande surpresa sua, por certo, viu que eram as cartas do Apóstolo Paulo, porque pensava que se tratasse de algum dos livros cujo estudo me preocupava. Então sorriu, olhou para mim, e, cumprimentando-me, manifestou-me sua admiração por ter encontrado diante de meus olhos aquele livro, e só aquele. Ponticiano era um cristão fiel, e muitas vezes prostrava-se diante de ti, nosso Deus, na Igreja, em frequentes e prolongadas orações.

E quando lhe disse que as Escrituras ocupavam o melhor de minha atenção, tomando a palavra, começou a falar-nos de Antão, monge do Egito, cujo nome era celebrado entre teus fiéis, mas que nós desconhecíamos até aquela hora. Sabendo disto, continuou a falar, descobrindo esse grande homem à nossa ignorância, que muito admirou.

Estupefactos, ficamos ouvindo tuas autênticas maravilhas, realizadas na verdadeira fé, na Igreja Católica, tão recente e quase contemporâneas*. Todos nos admiramos: nós, por serem coisas tão grandes; e ele, por ser-nos tão desconhecidas.

Daqui passou a falar das multidões que vivem em mosteiros, e de seus costumes, cheios de teu doce perfume, e dos férteis desertos do ermo, coisas todas que

---

* Santo Antão nasceu em 251 e morreu em 356, com 105 anos, dois anos depois de ter nascido santo Agostinho. É considerado o fundador da vida monástica no Ocidente e no Oriente.

desconhecíamos. Havia mesmo em Milão, fora dos muros, um mosteiro cheio de bons irmãos sob a direção de Ambrósio, de que também nada sabíamos.

Ponticiano prosseguia, e falava sempre mais, e nós o ouvíamos atentos e calados. E assim veio a nos contar que um dia, não sei quando, estando em Tréveris, saiu em companhia de três companheiros, enquanto o imperador se encontrava nos jogos circenses da tarde, para dar um passeio pelos jardins que rodeavam os muros da cidade. Por acaso, passeando dois a dois, um com Ponticiano, e os outros dois juntos, em grupos afastados, tomaram caminhos diferentes.

Caminhando sem rumo fixo, estes últimos foram dar em uma cabana, habitada por alguns servos teus, pobres de espírito, a quem pertence o reino dos céus[26]. Nela encontraram um exemplar manuscrito da *Vida de santo Antão**. Um deles começou a lê-lo, e, admirado, entusiasmado, pôs-se a pensar, enquanto lia, em abraçar aquele gênero de vida, abandonando a milícia do mundo, para servir unicamente a ti.

Estes dois eram cortesãos dos chamados agentes de negócios do imperador. Então, repentinamente tomado de amor santo e casto pudor, irado consigo mesmo, olha para o companheiro, e lhe diz: "Dize-me, te peço, onde pretendemos chegar com todos estes nossos trabalhos? Que procuramos? Qual é o fim de nossa milícia? Podemos aspirar mais no palácio do que ser amigos do César? E mesmo nisto, quanta incerteza, quantos perigos! E por quantos perigos teremos de passar para chegar a um perigo maior! E depois, quando chegaremos a isso? Mas, se eu quiser, agora mesmo posso ser amigo de Deus." Disse essas palavras, e, perturbado com aquela gestação de vida nova, voltou os olhos para o livro, e continuou a ler, e se transformava

---

* Vida escrita por santo Atanásio, e traduzida por Evágrio para o latim, em 371.

interiormente onde só tu sabias, e seu espírito se despia do mundo, como logo se viu.

Enquanto lia, e se agitavam as ondas de seu coração, sentiu de vez em quando frêmitos, e, distinguindo o melhor partido a tomar, resolveu-se a abraçá-lo, dizendo ao amigo: "Já rompi com nossas esperanças: decidi dedicar-me ao serviço de Deus, e isso quero começar agora mesmo e neste mesmo lugar. Se não me queres imitar, não me contraries."

O amigo respondeu que desejava ficar com ele, e ser companheiro de tão grande mercê e de tão grande milícia. Ambos já te pertenciam, e começavam a construir, com as convenientes despesas, uma torre de salvação, deixando tudo para te seguir.

Então Ponticiano e seu companheiro, que passeavam em outro local do jardim, procurando-os, deram também com a mesma cabana, e advertiram-nos de que voltassem, pois já chegava a noite. Mas eles, referindo-lhes sua determinação e propósito, e o modo como nascera e se confirmara neles tal desejo, pediram-lhes que, se não queriam juntar-se a eles, que não os incomodassem. Mas estes, sem se converterem, choraram-se a si mesmos, no dizer de Ponticiano, e, felicitando-os piedosamente, recomendaram-se às suas orações; depois, arrastando o coração pela terra, voltaram ao palácio, enquanto que os convertidos, fixando seu coração no céu, ficaram na cabana.

Ambos estavam noivos; mas quando suas futuras esposas ouviram o sucedido, também te consagraram sua virgindade.

Capítulo 7
A reação de Agostinho

Eis o que me contou Ponticiano. E tu, Senhor, enquanto ele falava, me fazias refletir, tirando-me da posição de costas, em que me tinha colocado, para não me ver a mim mesmo. Tu me colocavas diante de meu rosto para que visse como estava feio, disforme, sujo, manchado e ulceroso.

Eu me via, e me enchia de horror, mas não tinha para onde fugir de mim mesmo. Se experimentava afastar de mim meu olhar, Ponticiano prosseguia com a narração, e de novo me punhas diante de mim, e me lançavas contra meus olhos, para que eu descobrisse minha iniquidade, e a odiasse. Eu bem a conhecia, mas a dissimulava, reprimia, esquecia.

Então, quanto mais ardentemente amava àqueles jovens, cujas salutares disposições ouvia relatar, por se terem entregue todos a ti a fim de que os curasses, tanto mais execravelmente me odiava ao me comparar a eles. Com efeito, já se tinham passado muitos anos — aproximadamente 12 — desde que, aos 19 anos, lendo o Hortênsio de Cícero, sentira-me atraído para o estudo da sabedoria; mas ia adiando sempre a hora de me entregar à sua investigação, desprezando a felicidade terrena, quando não somente sua descoberta, mas apenas sua investigação deveria ser preferida aos maiores tesouros e reinos do mundo e aos maiores prazeres corporais, que a um aceno, afluíam a meu redor.

Mas eu, jovem miserável, sim, miserável desde o limiar da adolescência, já te havia pedido a castidade, dizendo: "Dá-me castidade e continência, mas não agora — pois temia que me escutasses muito depressa, e que me curasses logo da enfermidade de minha concupiscência, que eu mais queria saciar do que extinguir." E continuei pelas sendas perversas de uma superstição sacrílega, não porque estivesse certo dela, mas porque a preferia às demais doutrinas, que eu não buscava piedosamente, mas que hostilmente combatia.

E pensava que o motivo que me fazia adiar dia a dia o desprezo das esperanças do século, para não seguir senão a ti, era porque não descobrira uma claridade capaz de dirigir meus passos. Veio então o dia em que me vi desnudo, às voltas com as repreensões de minha consciência: "Onde está a tua palavra? Ah! não dizias que pela incerteza da verdade não te decidias a lançar para longe o fardo de tua vaidade? Agora tens a certeza, e, não obstante, ainda te oprime esse fardo, enquanto outros, que não se consumiram tanto em procurá-la, nem meditaram dez anos, e até mais, sobre tais problemas, veem nascer asas em seus ombros mais livres."

Assim me roía interiormente, devorado por violenta e horrível vergonha, enquanto Ponticiano referia tais coisas. Finda a conversa, e resolvida a questão que motivara sua vinda, Ponticiano voltou para sua casa, e eu para mim. Que coisas não disse contra mim? Com que açoite de palavras não flagelei minha alma, a fim de obrigá-la a me seguir em meus esforços para te alcançar. Ela resistia, recusava-se, sem alegar a menor desculpa. Todos os argumentos já estavam esgotados e refutados. Nada lhe restava, senão uma angústia muda: tinha medo, como da morte, de ser desviada da corrente do hábito, onde se corrompia mortalmente.

Capítulo 8
Luta espiritual

Então, em meio àquela grande luta interior que eu travava contra minha alma na câmara secreta que é nosso coração perturbado no rosto e no espírito, lanço-me sobre Alípio exclamando: "Que se passa conosco? Ouviste? Levantam-se os ignorantes e arrebatam o céu, e nós, com todo nosso saber, sem coração, nos revolvemos na carne e no sangue! Acaso temos vergonha de segui-los porque nos precederam, e não temos vergonha de os não seguir?"

Foi mais ou menos o que eu lhe disse, e depois a violência de minha emoção arrancou-me da companhia de Alípio, que me olhava atônito e em silêncio. Porque eu não falava como de ordinário, e, muito mais que as palavras, minha fronte, minhas faces, meus olhos, minha cor e o tom de minha voz declaravam o estado de minha alma.

Nossa casa tinha um pequeno jardim, de que usávamos, assim como do restante da casa, pois, nosso hóspede, o proprietário, não a habitava. Para ali me levara a tormenta de meu coração, onde ninguém pudesse estorvar o ardente combate que eu travava comigo mesmo, até que se resolvesse o assunto conforme tu sabias e eu ignorava. Mas eu delirava para reencontrar a razão, e morria para reviver; conhecia minha maldade, mas desconhecia o bem que depois haveria de me possuir.

Retirei-me, pois, para o jardim, e Alípio, seguiu-me passo a passo; mas, embora ele estivesse presente, eu não me encontrava menos só. E como haveria ele de me deixar naquele estado? Sentamo-nos o mais longe possível da casa. Presa da mais tumultuosa indignação, eu me enraivecia por não poder seguir teu agrado e aliança, ó meu Deus, aliança pela qual clamavam todos os meus ossos, que te exaltavam com louvores até o céu, E para ir a ti não há necessidade de navios nem de carros, nem mesmo de dar aqueles poucos passos que separavam da casa o lugar onde estávamos sentados. Não somente ir, mas chegar até onde estavas, nada mais era do que querer ir, mas querer de modo enérgico, e plenamente, e não com vontade vacilante, que se lança em todos os sentidos, e se agita, e luta, dividida entre duas partes contrárias, levantando-se uma enquanto a outra torna a cair.

Enfim, nas angústias da indecisão, fazia mil gestos, como costumam fazer os homens que querem e não podem, ou porque não possuem membros, ou porque os têm ligados com cadeias, debilitados pela fraqueza ou paralisados de qualquer outro modo. Se puxei os cabelos, se feri a fronte, se apertei os joelhos entre os dedos entrelaçados, eu o fiz porque quis. Não poderia querer fazê-lo e não o fazer, se a flexibilidade de meus membros não me obedecesse. Portanto, fazia muitas coisas, nas quais o querer não se confundia com o poder.

E, contudo, eu não fazia o que desejava com ardor incomparavelmente maior, e que eu poderia fazer desde que o quisesse, porque para o querer efetivamente, bastava que o quisesse plenamente, pois, nisto o poder é o mesmo que o querer, e querer já era agir.

Contudo, nada fazia, e meu corpo obedecia mais facilmente ao mais leve desejo de minha alma, movendo seus membros segundo sua vontade, do que a própria alma a si mesma para realizar seu grande desejo apenas com a vontade.

Capítulo 9
A desobediência da vontade

Mas, de onde vinha este prodígio? Qual sua causa? Resplandesça tua misericórdia, e perguntarei — se é que me podem responder — aos obscuros castigos infligidos aos homens, e as tenebrosas misérias dos filhos de Adão; De onde vem este prodígio? E qual sua causa?

A alma dá ordens ao corpo, e este obedece imediatamente; a alma dá ordens a si mesma, e resiste. Manda a alma à mão que se mova, e é tal sua presteza, que apenas se pode distinguir a ordem da execução; não obstante, a alma é alma e a mão do corpo. A alma dá à alma a ordem de querer; uma não se distingue da outra, e, contudo, ela não obedece. De onde este prodígio? E qual sua causa?

Manda, digo, que queira — e não mandara se não quisera — e, não obstante, não faz o que manda. Logo, não quer de modo total, e por isso não manda de modo total. A alma manda na proporção do querer, e enquanto não quiser, suas ordens não são executadas, porque é a vontade que dá a ordem de ser uma vontade que nada mais é que ela própria. Logo, não manda plenamente, e esta é a razão por que não faz o que manda. Porque, se estivesse em sua plenitude, não mandaria que fosse, porque já seria.

Não há, portanto, prodígio algum em querer em parte e em parte não querer; é uma enfermidade da alma. Esta, elevada pela verdade, não se levanta totalmente, porque está oprimida pelo peso do hábito. Há, portanto, duas vontades, ambas incompletas, e o que uma possui faz falta à outra.

Capítulo 10
Contra os maniqueus

Desapareçam de tua presença, ó Deus, como vãos faladores e sedutores[27] de inteligências, aqueles que, ao observarem que a vontade é dupla quando delibera, concluem que temos duas almas de naturezas diferentes, uma boa, outra má.

Na realidade, os maus são eles, crendo em tais maldades; e somente serão bons se aderirem à verdade, de acordo com os homens que possuem a verdade. E assim o Apóstolo poderá dizer deles: Outrora fostes trevas, mas agora sois luz no Senhor[28]. Mas esses homens, querendo ser luz não no Senhor, mas em si mesmos, imaginam que a natureza da alma se confunde com a de Deus; vão-se fazendo trevas ainda mais densas, porque em sua terrível arrogância, se afastaram ainda mais de ti, luz verdadeira, que ilumina a todo homem que vem a este mundo[29]. Refleti no que dizeis, e enchei-vos de confusão. Aproximai-vos dele, e sereis iluminados, e vossos rostos não serão cobertos de confusão[30].

E eu, quando deliberava sobre consagrar-me ao serviço do Senhor meu Deus, conforme há muito tempo tinha proposto, eu era o que queria, e era eu o que não queria. Mas, nem queria plenamente, nem plenamente deixava de querer. Por isso lutava comigo mesmo, e me destruía a mim mesmo. Essa destruição, embora involuntária, não mostrava, contudo, a presença em mim de uma alma estranha, mas apenas um castigo infligido à minha alma. E por isso já não era eu quem mo infligia, mas o pecado que habitava em mim[31], como castigo de outro pecado cometido mais livremente, porque eu era filho de Adão.

Com efeito, se houvesse tantas naturezas contrárias quantas são as vontades que se contradizem, não deveríamos admitir apenas duas naturezas, mas muitas. Se alguém, com efeito, delibera para saber se irá a uma de suas reuniões ou ao teatro, logo os maniqueus exclamam: "Eis aí as duas naturezas, uma boa, que o atrai para cá, e outra má, que o arrasta para lá. Senão, de onde viria essa hesitação de vontades opostas? Mas eu digo que ambas são más, tanto a que leva a eles como a que arrasta ao teatro; mas eles só julgam boa a que leva até eles.

Mas, suponhamos que um dos nossos delibera, e, altercando consigo as duas vontades, fique indeciso entre ir ao teatro ou à nossa Igreja? Não ficarão indecisos os maniqueístas na resposta que hão de dar? Porque, ou hão de confessar o que não querem, que é boa a vontade que o leva à nossa Igreja, como vão a ela os que foram iniciados em seus mistérios e lhe permanecem fiéis — ou hão de reconhecer que num mesmo homem lutam duas naturezas más e duas almas más. E então já não será verdade o que dizem, que uma natureza é boa e outra má. Ou então se convertem à verdade, e, neste caso, não negarão que, quando alguém delibera, é uma mesma alma a que hesita entre duas vontades diferentes.

Portanto, quando veem duas vontades que se contradizem em um mesmo homem, não falem mais de luta entre duas almas contrárias, uma boa e outra má, provenientes de duas substâncias e de dois princípios que se combatem. Porque tu, ó Deus verdadeiro, os reprovas, os refutas, os confundes, como no caso em que ambas as vontades são más, por exemplo, quando alguém hesita entre matar a outrem com punhal ou veneno; entre assaltar esta ou aquela propriedade alheia, quando não pode assaltar a ambas; entre comprar o prazer sem olhar despesas, ou guardar o dinheiro por avareza; entre ir ao circo ou ao teatro, quando ambos os espetáculos se realizam no mesmo dia; e ainda acrescento uma terceira incerteza: entre roubar ou não a casa do próximo se se lhe oferece ocasião, ou ainda, acrescento uma quarta hipótese: entre cometer ou não adultério, se tem possibilidade para isso. Suponhamos que todas essas circunstâncias ocorram simultaneamente; como todas são igualmente desejadas, e irrealizáveis ao mesmo tempo, a alma será despedaçada por esse conflito entre quatro vontades, ou mais ainda, tão numerosos são os objetos de desejo! Contudo eles, os maniqueus, não pretendem que exista tão grande número de substâncias diferentes.

O mesmo acontece com os desejos bons. Porque, se eu lhes pergunto se é bom deleitar-se com a leitura do Apóstolo, ou com o canto de algum salmo espiritual, ou com a explicação do Evangelho, eles responderão a cada questão: "É bom." — Mas como? Se todas essas ocupações têm a mesma atração e ao mesmo tempo, vontades opostas não dividem o coração do homem, enquanto delibera qual delas abraçar de preferência?

Todas essas vontades são boas, e lutam entre si, até que se tome uma decisão, que unifique a vontade, antes dividida. Assim também acontece quando a eternidade agrada à parte superior, e o desejo do bem temporal nos prende fortemente à inferior: é a mesma alma que, sem vontade completa, quer um e outro desses bens. Por isso despedaça-se com grande dor: a verdade nos faz preferir a eternidade, mas o hábito não quer abandonar os bens temporais.

Capítulo 11
Últimas resistências

Assim sofria e me atormentava, acusando-me mais duramente que de costume, rolando-me e debatendo-me sobre minhas cadeias, para ver se se quebravam por completo. Elas me prendiam apenas, mas ainda me prendiam. E tu, Senhor, me apressavas no segredo de minha alma, e com severa misericórdia redobravas os açoites do temor e da vergonha, a fim de que eu não me abandonasse de novo, e se quebrasse minha pequena e leve cadeia, para que não readquirisse forças para me prender mais energicamente.

E dizia para mim mesmo em meu íntimo: "Eia! Mãos à obra sem mais delongas!" E já quase passava da palavra à ação. Estava a ponto de agir, mas não me decidia. Contudo, já não recaía nas antigas paixões, mas detinha-me ao pé delas, e tomava alento, e intentava de novo. Já quase a atingia, faltava pouco, cada vez menos, e já quase chegava ao termo e a segurava; mas não a alcançava, nem a tocava, hesitando entre morrer à morte e viver da vida. O mal inveterado dominava-me mais do que o bem, cujo hábito eu não possuía; e à medida que se ia aproximando do momento em que me devia tornar outro homem, maior era o horror que me incutia, sem contudo fazer-me voltar para trás ou mudar de caminho. Simplesmente continuava a hesitar.

Mantinham-me preso umas bagatelas de bagatelas, umas vaidades de vaidades, antigas amigas minhas, que me puxavam por minhas vestes da carne, e me diziam baixinho: "Então, nos abandonas? De agora em diante nunca mais estaremos contigo? Desde este momento nunca mais te será lícito isto e aquilo?"

E que coisas, meu Deus, que pensamentos me sugeriam com o que chamei de isto e aquilo! Por tua misericórdia, afasta-as da alma de teu servo! Oh! que imundícias me sugeriam, que indecências! Mas eu já as ouvia de longe, pela metade, não como se me contradissessem abertamente, de frente mas segredando-me por cima dos ombros, e como que beliscando-me furtivamente, se me afastava, para que me voltasse para trás.

Contudo, faziam com que eu, vacilante, tardasse em me separar delas para correr para onde era chamado, enquanto o hábito violento me dizia: "Que? Pensas que poderás viver sem elas?"

Mas isto já dizia com voz muito débil. Porque do lado para onde voltava o rosto, e onde temia passar, mostrava-se para mim a casta dignidade da continência, serena e alegre, sem desordens, acariciando-me honestamente para que me aproximasse sem medo, estendendo para mim, para me acolher e abraçar, suas mãos piedosas, cheias de uma multidão de bons exemplos.

Junto dela, uma turba de meninos e meninas, uma juventude numerosa, e homens de toda idade, viúvas veneráveis e virgens idosas, e em todas essas almas a mesma continência, não estéril, mas fecunda mãe de filhos nascidos nas alegrias do esposo, que eras tu, Senhor!

E ela zombava de mim com ironia alentadora, como se dissesse: "Então, não serás capaz de fazer o que fizeram estes jovens e estas mulheres? Ou será que estes e estas encontraram forças em si mesmos, e não no Senhor, seu Deus? Foi o Senhor, seu Deus, quem me entregou a eles. Por que te apoias em ti, se não podes manter-te de pé? Lança-te nele, não temas, que ele não se afastará para que caias. Lança-te com confiança, que ele te receberá e te curará."

E enchia-me de grande vergonha, porque ainda ouvia o murmúrio daquelas bagatelas, e, vacilante, continuava indeciso.

Mas de novo aquela voz parece que me dizia: Não dês ouvidos às tentações de teus membros impuros neste mundo[32], a fim de que sejam mortificados. Eles te falam de deleites, porém, não conformes à lei do Senhor, teu Deus[33].

Essa luta se desenrolava em meu coração, de mim contra mim mesmo. Alípio, sem se afastar de meu lado, aguardava em silêncio o desenlace de minha insólita emoção.

Capítulo 12
A conversão

Mas logo que uma análise profunda tirou do abismo misterioso de minha alma, e amontoou toda minha miséria à vista de meu coração, caiu sobre minha alma enorme tormenta, portadora de copiosa chuva de lágrimas; e para derramá-las todas com seus gemidos, afastei-me de Alípio. A solidão parecia-me mais cômoda para chorar e me afastei o mais longe possível, para que sua presença não me fosse embaraçosa. Tal era o estado em que me encontrava! Alípio percebeu-o, pois, não sei o que eu disse ao me levantar, com um timbre de voz que parecia carregado de lágrimas.

Alípio continuou no lugar em que estávamos sentados, muito admirado; mas eu, não sei como, afastei-me para a sombra de uma figueira, e dei vazão às lágrimas, e dois rios brotaram de meus olhos, sacrifício agradável a teu coração. E embora não com estas palavras, mas com o mesmo sentido, te disse muitas coisas como esta: E tu, Senhor, até quando[34]? Até quando, Senhor, hás de estar irritado! Esquece-te de minhas iniquidades passadas[35]! Sentia-se ainda preso a elas, e gemia, e lamentava: "Até quando? Até quando direi amanhã, amanhã? Por que não hoje? Por que não pôr fim imediatamente às minhas torpezas?"

Assim falava, e eu chorava com amarguíssima contrição de meu coração. Mas eis que ouço da casa vizinha uma voz, de menino ou menina, não sei, que dizia cantando, e repetia muitas vezes: "Toma e lê, toma e lê."

E logo mudando de semblante, pus-me a procurar com toda a atenção em minhas lembranças se porventura havia alguma espécie de jogo em que as crianças costumassem cantar algo parecido, mas não me lembrava de ter ouvido nada semelhante. Reprimindo o ímpeto das lágrimas, levantei-me. Uma só interpretação se me oferecia: a vontade divina mandava-me abrir o livro e ler o primeiro capítulo que encontrasse.

Tinha ouvido dizer que Antão, assistindo por acaso a uma leitura do Evangelho, tomara para si esta advertência: "Vai, vende tudo o que tens, dá-o aos pobres, e terás um tesouro no céu, e depois vem e segue-me[36] — e que esse oráculo decidira imediatamente sua conversão.

Por isso, voltei depressa para o lugar onde Alípio estava sentado, e onde eu deixara o livro do Apóstolo ao me levantar. Peguei-o, abri-o, e li em silêncio o primeiro capítulo que me caiu sob os olhos: Não caminheis em glutonarias e embriaguez, não nos prazeres impuros do leito e em leviandades, não em contendas e emulações, mas revesti-vos de nosso Senhor Jesus Cristo, e não cuideis da carne com demasiados desejos[37].

Não quis ler mais, nem era necessário, pois, quando cheguei ao fim da frase, uma espécie de luz de segurança se infiltrou em meu coração, dissipando todas as trevas da incerteza.

Então, marcando com o dedo, ou não sei com que, fechei o livro, e com o rosto já tranquilo, revelei a Alípio o que se passara. Ele, por sua vez, me revelou o que acontecera com ele, e que eu ignorava. Pediu para ver o que eu tinha lido; mostrei-lhe, e ele prosseguiu a leitura. Eu ignorava o texto seguinte, que era este: Recebei ao fraco na fé[38], palavras que aplicou para si, e mas comunicou. Fortificado por essa advertência sem nenhuma perturbação e hesitação, firmou-se nessa resolução e santo propósito, tão conforme com seus costumes, nos quais já há muito tempo se distanciava vantajosamente de mim.

Entramos depois à procura de minha mãe, que ao saber do sucedido, ficou muito alegre. Contamos-lhe como o caso se passara: ela exulta, triunfa e bendiz a ti, que és poderoso para dar-nos mais do que pedimos ou entendemos[39], porque via que lhe havias concedido, a meu respeito, muito mais do que constantemente te pedia com tristes gemidos e lágrimas.

De tal forma me converteste a ti, que já não procurava esposa, nem abrigava esperança alguma deste mundo, estando já naquela "regra de fé" sobre a qual há tantos anos me havias mostrado à minha mãe. E assim converteste seu pranto em alegria[40], muito mais fecunda do que havia desejado, e muito mais cara e pura que a que podia esperar dos netos nascidos de minha carne.

LIVRO NONO

Capítulo 1
Colóquio

Ó Senhor, sou teu servo e filho de tua serva. Rompeste minhas prisões: eu te sacrificarei uma hóstia de louvor[1]. Louvem-te meu coração e minha língua, e que todos os meus ossos te digam: Senhor, quem semelhante a ti? Que eles te digam essas palavras e que me respondas e digas à minha alma: Eu sou tua salvação[2].

Quem era eu, e como era? Que de males não tive em minhas obras, ou, se não em minhas obras, em minhas palavras, ou, se não em minhas palavras, em meus desejos! Mas tu, Senhor, bom e misericordioso, puseste os olhos na profundidade de minha morte, exaurindo com tua destra o abismo de corrupção do fundo de minha alma. Tratava-se agora apenas de não querer o que eu queria, e de querer o que tu querias.

Mas, onde estava meu livre-arbítrio durante tantos anos? De que profundo e misterioso abismo foi ele chamado, para que eu sujeitasse a cerviz a teu jugo suave e o ombro a teu leve peso, ó Cristo Jesus, meu auxílio e redenção[3]?

Oh! que doçura foi para mim carecer de repente de doçuras fúteis! Temia então perdê-las, como agora sentia prazer em deixá-las! Porque tu as lançavas de mim, e entravas em seu lugar mais doce que qualquer deleite, mas não para a carne e o sangue; mais claro que toda luz, mas mais escondido que qualquer segredo; mais sublime que todas as honras, mas não para os que se levantam sobre si.

Livre estava já minha alma dos devoradores cuidados da ambição, do ganho, e do lodo em que se revolvia, e do prurido dos apetites carnais; e falava muito contigo, ó Deus e Senhor meu, minha luz, minha riqueza, minha salvação!

Capítulo 2
Adeus ao magistério

Pareceu-me bem, em tua presença, não abandonar de modo ostensivo, mas retirar suavemente do mercado da loquacidade o ministério de minha língua, para que dali por diante os jovens que não se preocupam com tua lei ou paz, mas com as enganosas loucuras e contendas forenses, não comprassem de minha boca armas para seu furor. Felizmente faltavam pouquíssimos dias para as férias das vindimas*. Decidi suportá-los até lá. Então me retiraria, como de costume, e, resgatado por ti, não tornaria mais a me vender.

Esta minha determinação era conhecida de ti; dos homens, só a conheciam os de minha intimidade. E, mesmo assim, tínhamos combinado de nada deixar transpirar. Contudo, quando subíamos do vale de lágrimas[4], cantando o cântico dos degraus[5] nos tinhas dado setas agudas e carvões destruidores contra a língua pérfida que contradiz sob o pretexto de aconselhar e, como quem se alimenta consome o que ama.

Tinhas ferido nosso coração com teu amor, e levávamos tuas palavras cravadas em nossas entranhas; os exemplos de teus servos, que de negros tornaras resplandecentes, e de mortos vivos, reuniam-se no fundo de nosso espírito em uma espécie de fogueira, que inflamava e consumia nosso torpor, para que não mais nos inclinássemos para as baixezas. Estávamos inflamados de tal ardor, para que o vento da contradição das línguas dolosas não nos apagasse, antes nos incendiasse mais ardentemente.

Contudo, por causa de teu nome, que santificaste em toda terra, nossa decisão e propósito havia de ter também seus panegiristas. Pareceria de certo modo vaidade

---

* É provável que as férias de outono dos estudantes coincidissem com as férias dos tribunais que se iniciavam a 22 de agosto, e terminavam a 15 de outubro.

não aguardar as férias tão próximas. Abandonar antes dessa data uma profissão pública, e tão à vista de todos, seria atrair sobre minha conduta todos os olhares, provocando comentários. Dir-se-ia que eu, intencionalmente, me adiantara às férias tão próximas, por desejo de parecer grande personagem. E de que me valeria que pensassem ou discutissem sobre minhas intenções, blasfemando sobre o meu bem[6]?

Além disso, nesse mesmo verão, devido ao excessivo trabalho didático, meus pulmões começaram a se ressentir: respirava com dificuldade, acusando-se a lesão pelas dores e pela voz, que não saía clara ou prolongada. A princípio senti-me perturbado, vendo-me quase obrigado a abandonar o fardo daquele magistério quase por necessidade, ou, caso quisesse me curar e convalescer, teria certamente de o interromper, Mas, quando nasceu em mim e se firmou a vontade plena de repousar e de ver que és o Senhor[7], então, tu o sabes, meu Deus, que até cheguei a me alegrar de que se me apresentasse esta desculpa sincera, com que pudesse moderar o sentimento das famílias, que por causa de seus filhos nunca me queriam ver livre.

Cheio dessa alegria, esperava que se passasse aquele tempo — talvez uns vinte dias; — mas me faltava coragem, porque já havia desaparecido de mim a ambição, que costumava carregar comigo este pesado encargo, ficando eu só, razão pela qual teria sucumbido se a paciência não tomasse o lugar da ambição.

Talvez algum de teus servos, meus irmãos, dirá que nisso pequei, porque, estando já com o coração cheio de desejos de te servir, não suportei ficar nem mais uma hora sentado na cátedra da mentira. Não discutirei. Mas tu, Senhor misericordiosíssimo, acaso não me perdoaste e resgataste também este pecado com todos os demais, horrendos e cheios de morte na água santa do batismo?

Capítulo 3
Dois amigos

Angustiava-se Verecundo por este nosso bem, porque se via obrigado a abandonar nossa companhia por causa dos vínculos matrimoniais que o aprisionavam fortemente. Não era ainda cristão, como sua mulher, mas justamente nela encontrava o maior obstáculo que o impedia de entrar pelo caminho que havíamos começado a trilhar, pois, não queria ser cristão, dizia, senão do modo que justamente lhe era proibido.

Contudo, com extrema bondade, pôs à nossa disposição sua propriedade no campo pelo tempo que nos aprouvesse. Tu, Senhor, haverás de recompensá-lo no dia da retribuição dos justos[8] com a graça que já lhe concedeste. Porque, estando nós ausentes, já em Roma, atacado de uma enfermidade corporal, Verecundo saiu desta vida depois de se fazer cristão e crente. Deste modo tiveste misericórdia não apenas dele, mas também de nós, para que, quando pensássemos no grande rasgo de generosidade que teve conosco este amigo, não nos víssemos transpassados de dor insuportável por não poder contá-lo entre os de tua grei.

Graças te sejam dadas, ó Deus nosso! Somos teus: tuas exortações e consolos o indicam. Fiel cumpridor de tuas promessas, darás a Verecundo, em paga por nos ter oferecido sua propriedade de Cassicíaco, na qual descansamos em ti das angústias do século, a amenidade de teu paraíso eternamente verde, porque lhe perdoaste os pecados sobre tua rica montanha, a tua montanha, a montanha da abundância[9].

Verecundo, como disse, angustiava-se, mas Nebrídio se alegrava conosco, porque, embora também, não sendo ainda cristão, houvesse caído na fossa desse erro tão pernicioso de julgar fantástica a carne da Verdade, teu Filho, já começava a se libertar, e, sem ter ainda recebido os sacramentos de tua Igreja, procurava ardentemente a verdade.

Não muito depois de nossa conversão e regeneração por teu batismo, fez-se por fim católico fiel, servindo-te na África junto aos seus em castidade e continência perfeitas, porque toda sua família, sob sua influência, se fizera cristã. Libertaste-o então dos laços da carne, vivendo agora no seio de Abraão[10], seja qual for o significado dessa expressão. Ali vive meu Nebrídio, meu doce amigo, que, de liberto, se tornou teu filho adotivo. Ali vive, — pois, que outro lugar conviria a uma alma assim? — ali vive, nesse lugar a cujo respeito costumava perguntar muitas coisas a mim, pobre homem ignorante. Já não aproxima seu ouvido de minha boca, mas aproxima sua boca espiritual de tua fonte, e bebe avidamente de tua sabedoria, feliz para sempre. Mas não creio que se embriague tanto que se esqueça de mim, quanto tu, Senhor, que és sua bebida, te lembras de nós.

Essa era a nossa situação. Consolávamos a Verecundo, que, sem dano da amizade, entristecia-se com nossa conversão; nós o exortávamos a se manter fiel a seu estado, isto é, à sua vida conjugal. Quanto a Nebrídio, esperávamos que nos seguisse, pois, facilmente poderia fazê-lo, e já estava quase a ponto de se decidir. Enfim, eis que se passaram aqueles dias, que me pareceram tão longos e numerosos, tal era meu desejo de liberdade e descanso, para cantar do fundo de meu ser: A ti diz meu coração: Procurei teu rosto; teu rosto, Senhor, hei de buscar[11].

Capítulo 4
A doçura dos salmos

Por fim, chegou o dia em que me libertaria afinal da profissão de retórico, da qual já me libertara em pensamento. Assim aconteceu. Livraste minha língua de onde já havias tirado meu coração. Eu te bendizia contente, e parti com todos os meus, a caminho da quinta de Verecundo. Os trabalhos literários que lá executei, já com o pensamento de te servir, mas ainda com a respiração ofegante do lutador durante uma pausa, ainda me ressentindo da soberba da escola, são atestados pelos livros nos quais anotava meus debates com meus amigos ou comigo mesmo em tua presença*. Do que tratei com Nebrídio, então ausente, claramente o indicam minhas cartas. Mas quando encontraria bastante tempo para recordar todos os teus grandes benefícios para comigo, sobretudo nessa época de minha vida, pois tenho pressa para chegar a outros assuntos mais importantes? Porque me vinha à memória — e me é doce confessá-lo, Senhor — a lembrança dos estímulos internos com que me domaste; o modo como aplanaste minha alma abatendo as colinas e montanhas de meus pensamentos; como endireitaste meus caminhos tortuosos, e suavizaste minhas asperezas; como venceste a Alípio — o irmão de meu coração — em nome de teu Filho único, Jesus Cristo, Senhor e Salvador nosso, nome que seu desprezo não podia admitir em minhas obras, porque preferia que cheirassem como os cedros das escolas, já abatidos pelo Senhor[12], e não como as salutares ervas de tua Igreja, antídoto contra o veneno das serpentes.

Que exclamações elevei a ti, meu Deus, lendo os salmos de Davi, cânticos de fé, hinos de piedade, que afastavam de mim todo espírito de orgulho! Eu ainda não tinha experiência de teu verdadeiro amor, e dividia minhas horas de lazer com Alípio, catecúmeno como eu. Minha mãe não nos deixava. Ao exterior de mulher ela juntava a calma da velhice, a caridade de mãe e a piedade de cristã. Que exclamações elevei a ti naqueles salmos, e como me inflamava com eles em teu amor, e me incendeia em desejos de recitá-los, se me fora possível, ao mundo inteiro, para rebater a soberba do gênero

---

* Refere-se aos seguintes livros: *Contra Academicos*, *De Beata Vita*, *De Ordine* e dos *Solilóquios*.

humano! Com efeito, em todo o mundo se cantam. Não há ninguém que se subtraia a teu calor[13].

Com que veemente e dolorosa indignação me levantava contra os maniqueus! E de novo me compadecia deles por que ignoravam esses mistérios, esses remédios, investindo loucamente contra o antídoto que poderia curá-los! Gostaria que estivessem perto de mim, em qualquer lugar, e que vissem meu rosto e ouvissem minhas exclamações quando lia o salmo 4 naquelas minhas férias, e que eles compreendessem os efeitos salutares que em mim causava este salmo. Quando te invoquei, tu me escutaste, ó Deus de minha justiça! Dilataste a minha alma na tribulação. Compadece-te, Senhor, de mim, e ouve minha prece[14]. Se me ouvissem, digo — sem eu o saber — para que não pensassem que era por causa deles que eu pronunciava as palavras com as quais entremeava as do Salmista, porque realmente nem eu diria tais coisas, nem as diria daquele modo, se soubesse que me viam ou ouviam; e, mesmo que as palavras fossem as mesmas, eles não as ouviriam como eu as dizia a mim mesmo, diante de ti, na íntima efusão dos afetos de minha alma.

Estremeci de medo, e ao mesmo tempo me abrasei de alegre esperança em tua misericórdia, ó Pai! E todos estes sentimentos saíam-me pelos olhos e pela voz quando, voltando-se para nós, teu Espírito de bondade nos diz: Filhos dos homens, até quando sereis pesados de coração? Por que amais a vaidade e buscais a mentira?

Também eu tinha amado a vaidade e buscado a mentira. Mas tu, Senhor, já havias glorificado a teu santo, ressuscitando-o de entre os mortos e colocando-o à tua direita, de onde haveria de enviar, segundo prometera, o Paráclito, o Espírito da Verdade[15]. E certamente já o tinha mandado, mas eu não o sabia. Já o tinha mandado porque já havia sido glorificado, ressuscitando de entre os mortos, e subindo aos céus. Antes o Espírito ainda não tinha sido dado, porque Jesus ainda não tinha sido glorificado[16].

Clama o profeta: Até quando sereis pesados de coração? Por que amais a vaidade e buscais a mentira? Sabei que o Senhor já glorificou a seu santo[17]. Clama: Até quando? Clama: Sabei! — E eu sem o saber durante tanto tempo, amando a vaidade e buscando a mentira!

Por isso, quando o ouvi me enchi de tremor, porque me lembrei de que eu era igual aos homens a quem tais palavras eram dirigidas. Os fantasmas que eu havia tomado pela verdade nada mais eram do que vaidade e mentira.

Ah! as queixas graves e fortes que me inspirava a dor de minhas lembranças! Oxalá as tivessem ouvido os que ainda amam a vaidade e buscam a mentira! Talvez também se conturbassem e vomitassem seu erro. E tu dar-lhes-ia ouvidos quando clamassem por ti, porque morreu por nós com verdadeira morte física, aquele que intercede por nós diante de ti[18].

Eu lia: Irai-vos, e não queirais pecar[19]. E como me comovia este texto, meu Deus, eu que já havia aprendido a me irar contra mim mesmo por causa de meu passado, para não pecar mais, e a irar-me justamente, porque não era uma natureza estranha, procedente das trevas, a que em mim pecava, como dizem os que não se indignam contra si, e entesouram contra si ira para o dia da ira e da revelação de teu justo juízo[20]!

Meus bens já não eram exteriores, e eu não os buscava mais à luz deste sol, com olhos carnais, porque os que querem gozar externamente, facilmente se dissipam e derramam pelas coisas visíveis e temporais, lambendo com pensamento faminto apenas as aparências. Oh! se eles se cansassem de sua privação, e perguntassem: Quem nos mostrará o bem[21]? E se ouvissem nossa resposta: Está gravada sobre nós a luz de teu rosto, Senhor! — Porque não somos nós a luz que ilumina a todo homem, mas somos iluminados por ti, a fim de que nós, que outrora fomos trevas, sejamos luz em ti[22]. Oh! se eles vissem essa luz interior e eterna, que eu havia visto! E como a havia experimentado, irritava-me por não poder mostrá-la. Se me apresentassem, em seus olhares dirigidos para fora, seu coração afastado de ti, e me dissessem: "Quem nos mostrará o bem?" Por que era ali onde me irritara contra mim mesmo, ali, na câmara íntima de meu coração, onde, arrependido, eu havia sacrificado e imolado em mim o velho homem, onde, pondo em ti minha esperança, começara a me preparar para a renovação de mim mesmo, ali fizeras com que eu sentisse tua doçura, dando alegria a meu coração. E clamava ao ler fora de mim essas palavras cuja verdade eu experimentara em mim; e não desejava mais multiplicar-me pelos bens terrenos, devorando o tempo e sendo por ele devorado, porque possuía na eterna simplicidade outro trigo, outro vinho e outro azeite.

E clamava no verso seguinte com profundo clamor de meu coração: Oh! em paz! Oh! eu seu próprio Ser[23]! Mas, que disse? Dormirei e descansarei! Com efeito, quem nos há de resistir quando se cumprir a palavra que está escrita: A morte foi devorada pela vitória[24]?

Tu és esse mesmo Ser, porque não te mudas, e em ti se encontra o descanso que faz esquecer todos os sofrimentos. Porque ninguém pode ser comparado a ti e eu não devo mais pensar em adquirir outras coisas que não são o que tu és; mas tu, Senhor, singularmente me firmaste na esperança.

Lia eu isto, e me inflamava, e não sabia que fazer com aqueles surdos, de quem eu fora a peste, um cão raivoso e cego que ladrava contra a Bíblia, dulcificada por seu mel celestial e iluminada por tua luz, e me consumia de dor por causa dos inimigos de tuas Escrituras.

Quando poderei recordar tudo o que aconteceu naqueles dias de descanso? Mas não me esqueceu, nem quero passar em silêncio, a aspereza de um açoite que usaste contra mim e a admirável presteza de tua misericórdia.

Atormentas-te-me então com uma dor de dentes, que se agravara a tal ponto que me impedia a fala. Veio-me ao pensamento[25] a ideia de pedir a todos os amigos, que rogassem por mim em tua presença, ó Deus da saúde! Escrevi meu desejo em uma pequena tábua encerada, e lha dei para que a lessem. Apenas dobramos os joelhos com suplicante afeto, logo a dor desapareceu. E que dor! E como desapareceu! Enchi-me de espanto, eu o confesso, meu Deus e Senhor[26]. Nunca, desde minha infância, havia experimentado coisa semelhante.

No fundo de meu coração reconheci um sinal da tua vontade, e, contente na fé, louvei teu nome. Contudo, esta fé não me deixava viver tranquilo quanto a meus pecados passados, que ainda não me haviam sido perdoados por teu batismo.

Capítulo 5
O conselho de Ambrósio

Terminadas as férias, informei aos milaneses que providenciassem para seus estudantes outro vendedor de palavras, visto que me decidira a consagrar-me a teu serviço, e, porque, aliás, não podia exercer aquela profissão pela dificuldade de respirar e pelas dores que sentia no peito.

Também insinuei por escrito a teu bispo e santo varão Ambrósio, com meus antigos erros, minha intenção atual, a fim de que me indicasse o que deveria ler de preferência em tuas Escrituras, a fim de me preparar e dispor melhor para receber tão grande graça.

Ele me indicou o profeta Isaías, creio que porque anuncia mais claramente que os demais o Evangelho e vocação dos gentios. Contudo, nada tenho compreendido na primeira leitura, e julgando que toda a obra era assim, decidi voltar a ela quando estivesse mais familiarizado com a palavra divina.

Capítulo 6
Batismo de Agostinho.
Seu filho Adeodato

Chegado o tempo em que nos devíamos inscrever, deixamos o campo, e voltamos para Milão.

Alípio também quis renascer em ti comigo, já revestido da humildade tão conveniente a teus sacramentos. Era tão enérgico para disciplinar seu corpo, que caminhava com os pés descalços, sem estar a isso acostumado, sobre o chão glacial da Itália.

Juntamos também a nós o jovem Adeodato, filho carnal de meu pecado, a quem dotaste de grandes qualidades. Tinha cerca de 15 anos, mas por sua inteligência já ultrapassava a muitos homens idosos e doutos. Confesso-te que eram dons teus, meu Senhor e meu Deus, criador de todas as coisas, tão poderoso para reformar nossas deformidades, pois, neste menino nada havia de meu, senão meu pecado. Se o criei em tua disciplina, foste tu, e mais ninguém, quem no-lo inspirou. Sim, confesso que eram dons teus.

Há um livro meu que se intitula *O mestre*, no qual Adeodato dialoga comigo[*]. Tu sabes que todos os conceitos que ali se atribuem a meu interlocutor são dele, quando tinha 16 anos. Muitas outras maravilhas notei ainda nele, admirado por sua inteligência. Mas quem, além de ti, poderia ser o autor dessas maravilhas? Logo o arrebataste da terra, e minha lembrança se torna mais tranquila, nada mais tendo a temer por sua infância, por sua adolescência ou por toda sua vida de homem. Associamo-lo a nós como irmão na graça, para educá-lo em tua disciplina. Fomos batizados, e os remorsos de nossa vida passada se afastaram de nós.

Naqueles dias eu não me fartava de considerar a profundidade de teus desígnios para a salvação do gênero humano, pela doçura admirável que sentia. Quanto chorei

---

[*] Adeodato nasceu em 372 e morreu em 388.

ao ouvir, profundamente comovido, teus hinos e cânticos, que ressoavam suavemente em tua Igreja! Penetravam aquelas vozes em meus ouvidos, e destilavam a verdade em meu coração. Acendia-se em mim um afeto piedoso, corriam-me lágrimas dos olhos, e me fazia bem chorar.

Capítulo 7
O canto dos fiéis. Os corpos de são Gervásio e de são Protásio

Não havia muito tempo que a Igreja de Milão começara a adotar essa prática consoladora e edificante do canto, com grande entusiasmo dos irmãos, que uniam em um só coro as vozes e o coração. Havia um ano, ou pouco mais, que Justina, mãe do jovem imperador Valentiniano, seduzida pelos arianos, perseguiu, em favor de sua heresia, teu servo Ambrósio. O povo fiel passava as noites na Igreja, disposto a morrer com seu bispo.

Ali se encontrava minha mãe, tua serva, uma das primeiras a tomar parte nessas inquietações e vigílias, não vivendo senão de orações. Nós, ainda frios, sem o calor de teu Espírito, nos sentíamos, contudo comovidos pela perturbação e consternação da cidade.

Foi então que se estabeleceu o costume de cantar hinos e salmos, como se faz no Oriente, para que o povo não se consumisse no tédio e na tristeza. Desde esse dia esse costume manteve-se, e, no resto do mundo, quase todas as tuas comunidades de fiéis passaram a fazer o mesmo.

Foi também nessa época que revelaste em sonho ao bispo acima nomeado o lugar em que jaziam ocultos os corpos dos mártires Gervásio e Protásio, que durante tanto anos havias conservado incorruptos no tesouro de teus segredos a fim de revelá-los oportunamente para reprimir o furor de uma mulher, além do mais, imperatriz.

Com efeito, depois de descobertos e desenterrados, ao serem transladados, com a pompa conveniente, para a basílica ambrosiana, alguns possessos, atormentados pelos espíritos imundos, foram curados, conforme confissão dos próprios demônios. Também um cidadão, cego havia muitos anos, e muito conhecido na cidade, perguntou a razão daquele alvoroço e alegria populares; informado, pediu a, seu guia que o levasse até as relíquias. Lá chegando, conseguiu permissão para tocar com um lenço o ataúde de teus santos, cuja morte havia sido preciosa a teus olhos[27]. Feito isto, aplicou o lenço aos olhos, que imediatamente se abriram.

Depressa correu a fama do milagre, e imediatamente se ouviram teus louvores com fervor, e o coração de tua inimiga sem se converter à tua fé reprimiu contudo o furor da perseguição.

Graças te sejam dadas, meu Deus! De onde e para onde chamaste minha memória, para que também te confessasse estes acontecimentos que, embora grandes, eu já havia esquecido e omitido?

E, contudo, quando assim se exalava o odor de teus perfumes, nós não corremos atrás de ti[28]. Eis o que redobrava minhas lágrimas ao ouvir teus cânticos. Outrora eu suspirava por ti, e, enfim, respirava, quanto o permite o ar de uma choça de olmo*.

Capítulo 8
Mônica

Tu, que fazes morar na mesma casa os que têm uma só alma[29], trouxeste para nossa companhia a Evódio, jovem de nosso município, que, militando como agente de negócios do imperador, se convertera antes de nós, e recebendo o batismo, abandonara a milícia do século, alistando-se na tua.

---

* Alusão ao profeta Isaías, 40, 6.

Estávamos juntos, e juntos pensávamos viver em santa concórdia. Buscávamos um lugar onde nos pudéssemos instalar mais comodamente para te servir e juntos voltávamos para a África, quando, chegando a Óstia Tiberina, morreu minha mãe.

Muitas coisas passo por alto, porque tenho pressa. Recebe minhas confissões e ações de graças, meu Deus, pelas inúmeras bondades que passo em silêncio. Mas não calarei o que minha alma sugere a respeito desta tua serva, que me gerou na carne para a luz temporal, e no coração para a luz eterna. Não referirei os seus dons, mas os dons que lhe deste, porque nem ela se fez a si mesma, nem a si mesma se havia educado. Foste tu quem a educaste, pois nem seu pai, nem sua mãe sabiam o que viria a ser aquela a quem geraram. A disciplina de teu Cristo, a doutrina de teu Filho único foi quem a educou em teu temor em uma família fiel, digno membro de tua Igreja.

Nem ela mesma exaltava tanto o zelo de sua mãe em educá-la, quanto o de uma velha serva, que carregara seu pai quando menino como hoje as meninas maiores costumam carregar as crianças, às costas.

Estas recordações, sua idade avançada e ótimos costumes, lhe asseguravam naquela casa o respeito de seus amos, razão pela qual ela própria cuidava solicitamente das meninas que lhe haviam sido confiadas, quer repreendendo-as quando havia mister, com santa e enérgica severidade, quer instruindo-as com discreta prudência. Além das horas em que comiam uma sóbria refeição à mesa de seus pais, embora se abrasassem de sede, nem água deixava que elas bebessem, precavendo com isto um mau costume e acrescentando este salutar aviso: "Agora bebeis água, porque não podeis beber vinho; mas quando estiverdes casadas, donas da despensa e da adega, deixareis a água, mas continuará o hábito de beber."

E unindo assim o conselho à autoridade que manda e proíbe, refreava os apetites daquela tenra idade, e acostumava aquelas jovens à temperança, que excluía até o desejo do que não lhes convinha.

E, todavia — como tua serva me contou a mim, seu filho —, insinuou-se-lhe certo gosto pelo vinho. Sua qualidade de menina sóbria fez com que seus pais a escolhessem, como era de costume, para tirar o vinho do tonel. Mergulhava a caneca pela parte superior do mesmo, e, antes de passar o vinho para a garrafa, sorvia com a ponta dos lábios um pouquinho: era-lhe impossível beber mais, porque o vinho lhe repugnava. Não fazia isto movida pelo desejo de beber, mas por excesso de exuberância juvenil, que se manifesta em movimentos, em brincadeiras, e que nos anos da meninice costumam ser reprimidos pela autoridade severa dos mais velhos. Mas, acrescentando todos os dias um pouco àquele pouco — pois quem despreza as coisas pequenas pouco a pouco vem a cair[30] — acostumou-se a esvaziar de um só gole pequenos copos quase cheios de vinho puro.

Onde estava então a prudente anciã, e sua severa proibição? Mas que remédio agiria sobre um mal oculto, se tua medicina, Senhor, não velasse sobre nós? Na ausência do pai, da mãe e das amas, estavas lá, tu que nos criaste, que nos chamas, e que te serves dos que nos educam para fazer algum bem e para a salvação das almas. Que fizeste então, meu Deus? Como a socorreste? Como a saraste? Não fizeste sair de outra alma, segundo tuas secretas providências, um sarcasmo duro e pungente, como ferro medicinal, para curar de um só golpe aquele postema?

A criada que costumava acompanhá-la, à adega, discutindo com sua jovem senhora, como costuma acontecer, estando as duas a sós, lançou-lhe em rosto esse defeito com amargo insulto, chamando-a de bêbada. Ferida com esse sarcasmo, a jovem compreendeu a fealdade de seu costume, reprovou-o, e no mesmo instante se corrigiu.

Assim como muitas vezes as lisonjas dos amigos nos pervertem, assim os insultos dos inimigos nos corrigem. Mas não é o bem que nos fazes por seu intermédio que retribuis, mas a intenção com que o fazem. Aquela criada zangada pretendia ofender sua jovem senhora, e não corrigi-la; e se o fez ocultamente foi porque assim as surpreendeu a circunstância do lugar e tempo, ou para que não viesse a sofrer por denunciar tão tarde o costume de sua senhora. Mas, tu, Senhor, governador do céu e da terra, que desvias para teus desígnios as profundezas da torrente e o curso dos séculos em sua desordem ordenada, curaste a loucura de uma alma com a insânia de outra, para que ninguém, ao advertir no caso, atribua a seu poder pessoal o mérito de ter corrigido com suas palavras a alguém cuja emenda deseja conseguir.

Capítulo 9
Esposa e mãe exemplar

Educada assim na virtude e na temperança, mais sujeita por ti a seus pais que por seus pais a ti, logo que chegou a idade núbil, foi dada em matrimônio a um homem, a quem serviu como a senhor. Procurou ganhá-lo para ti, falando-lhe de ti com suas virtudes, com as quais a tornavas formosa e reverentemente amável e admirável ante seus olhos. De tal modo tolerou suas infidelidades, que sobre este ponto jamais teve com ele a menor rixa, pois, esperava que tua misericórdia viria sobre ele, e que lhe trouxesse, com a fé, a castidade.

Seu marido, aliás, se por uma parte era sumamente carinhoso, por outra era extremamente colérico; mas ela tomava o cuidado de não se opor ao marido irado nem com ações, nem mesmo com palavras. Logo que o via tranquilo e sossegado, e o julgava oportuno, dava-lhe razão do que havia feito, se por acaso se tivesse irritado desmedidamente. Muitas senhoras, que tinham maridos mais calmos, traziam no rosto as marcas de golpes que as desfiguravam. Conversando entre amigas punham-se a murmurar sobre a conduta dos maridos. Minha mãe acusava-lhes a língua, e, como por gracejo, lembrava-lhes que, desde que ouviram a leitura do contrato matrimonial, deviam considerá-lo como documento que as tornava servas, e que a lembrança de sua condição, proibia-lhes de se mostrarem altivas diante de seus senhores. Essas senhoras, que conheciam a ferocidade de seu marido, admiravam-se de que jamais ninguém tivesse ouvido ou percebido por nenhum indício que Patrício maltratasse a mulher, nem sequer que algum dia se tivessem desentendido em alguma discussão. E como lhe pedissem familiarmente a razão disso, minha mãe ensinava-lhes como agia habitualmente, que é como disse acima. As que a imitavam, fazendo a experiência, davam-lhe graças; as que não a seguiam escravizadas, continuavam a sofrer humilhações e sevícias.

Sua sogra, a princípio irritara-se contra ela por causa dos mexericos de criadas malévolas. Mas conseguiu vencê-la de tal modo com favores, contínua tolerância e mansidão, que ela mesma, espontaneamente, denunciou ao filho as línguas intrigantes das criadas, que perturbavam a paz doméstica entre ela e a nora, e pediu que as castigasse. Ele, para agradar à mãe e conservar a disciplina familiar e a harmonia entre os seus, mandou açoitar as acusadas, segundo a vontade da acusante, e esta lhes declarou que esse era o prêmio que devia esperar dela quem, pretendendo agradá-la, lhe dissesse algum mal da nora. E como ninguém mais se atrevesse a fazê-lo, viveram as duas em doce e memorável harmonia.

A esta tua boa serva, em cujas entranhas me criaste, ó meu Deus, minha misericórdia[31], dotaste de outra grande virtude: a de intervir como pacificadora, sempre que podia, nas discórdias e querelas. Em vão ouvia de uma e outra parte essas queixas amargas, vomitadas por uma animosidade cheia de ressentimentos, quando na presença de uma amiga os ódios maldigeridos se desafogam em amargas confidências a respeito de uma amiga ausente, pois, ela nada referia de uma à outra, senão o que poderia servir para uma reconciliação.

Pequeno bem me pareceria este, se uma triste experiência não me houvesse dado a conhecer uma multidão de pessoas — por não sei que horrível contágio de pecados, espalhados por toda parte — que não só revelam as palavras pesadas de inimigos irados, mas que ainda acrescentam coisas que não foram ditas. Um homem verdadeiramente humano deveria considerar pouco o não excitar nem aumentar as inimizades dos homens, se não procura antes extingui-las falando bem.

Tal era minha mãe, ensinada por ti, mestre interior, na escola de seu coração.

Por último, conseguiu também conquistar para ti a seu marido no fim da vida, não tendo que lamentar no cristão o que havia tolerado no infiel.

Ela era também a serva de teus servos, e todos os que a conheciam te louvavam, honravam, amavam muito em sua pessoa, porque percebiam tua presença em seu coração, comprovada pelos frutos de uma vida santa.

Havia sido mulher de um só homem, saldara para com os pais sua dívida de gratidão, governara sua casa piedosamente e tinha o testemunho de suas boas obras[32]. Educara os filhos, dando-os à luz tantas vezes quantas os via apartarem-se de ti.

Quanto a nós, Senhor, que nos chamamos teus servos por tua permissão, nós, que vivemos em comum na graça de teu batismo, antes de adormecer em tua paz, ela cuidou de nós como se todos fôssemos seus filhos, e de tal modo nos serviu como se fosse filha de cada um de nós.

Capítulo 10
O êxtase de Óstia

Estando já próximo o dia em que teria de partir desta vida — que tu, Senhor, conhecias, e nós ignorávamos — sucedeu, creio, por disposição de teus ocultos desígnios

— que nos encontrássemos sós, eu e ela, apoiados a uma janela, que dava para o jardim interior da casa em que morávamos em Óstia Tiberina, de onde, separados de todos, depois das fadigas de uma longa viagem, recobrávamos forças para a viagem por mar.

Ali, sozinhos, conversávamos com grande doçura, esquecendo o passado, ocupados apenas no porvir[33], e indagávamos juntos, na presença da Verdade, que és tu, qual seria a vida eterna dos santos, que nem os olhos viram, nem os ouvidos ouviram, nem o coração do homem pode conceber[34]. Abríamos ansiosos os lábios de nosso coração aos caudais celestes de tua fonte — da fonte de vida que está em ti[35] — para que, orvalhados segundo nossa capacidade, pudéssemos de algum modo formar ideia de coisa tão grande.

E como nossa conversa chegasse à conclusão de que qualquer prazer dos sentidos carnais, por maior que seja, e por mais brilhante que seja o esplendor sensível que o cerca, não parece digno de ser comparado, à felicidade dessa vida, a seu lado, elevando nosso espírito para mais alto, com um movimento mais ardente, em direção ao Ser por excelência, percorremos umas após outras todas as criaturas corporais, até o próprio céu, de onde o sol, a lua e as estrelas lançam sobre a terra sua luz.

E ainda subimos mais acima, meditando, descrevendo e admirando tuas obras, e chegamos até nossas almas, e também fomos além delas, a fim de atingir a região da abundância inesgotável, onde apascentas eternamente a Israel com o pasto da verdade, lá, onde a vida é a sabedoria, por quem todas as coisas existem, tanto as que já existem como as que ainda não existem, sem que ela própria se crie a si mesma, pois, existe agora como antes existiu e como sempre existirá. Antes, nela não há nem passado, nem futuro: ela apenas é, porque é eterna; mas ter existido ou haver de existir não é ser eterno.

E enquanto falávamos dessa sabedoria, e suspirávamos por ela, chegamos a tocá-la momentaneamente com todo o ímpeto de nosso coração; e suspirando, e deixando ali prisioneiras as primícias de nosso espírito, voltamos ao ruído vazio de nossos lábios, onde tem princípio e fim o verbo humano, em nada semelhante a teu Verbo, nosso senhor, que permanece em si sem envelhecer, renovando todas as coisas!

E dizíamos: Suponhamos uma criatura na qual se calasse o tumulto da carne, as imagens da terra, da água, do ar e até dos céus; em quem a própria alma se calasse, e se elevasse sobre si própria não pensando mais em si; se calassem os sonhos e revelações imaginárias, e, finalmente, se calasse por completo toda língua, todo sinal, e tudo quanto se faz passando — posto que todas essas coisas digam a quem lhes presta ouvido: Não nos fizemos a nós mesmas; fez-nos o que permanece eternamente[36] — se, dito isto, se calassem, atentas a seu Criador. Admitamos que então o Criador fale sozinho, não por suas obras, mas por si mesmo, de modo que ouvíssemos sua palavra, não por uma língua de carne, nem pela voz de um anjo, nem pelo ruído das nuvens, nem por enigmas de semelhança, mas o ouvíssemos a ele mesmo, a quem amamos nestas coisas, mas sem o intermédio delas, como agora acabamos de experimentar, atingindo em um relance do pensamento a eterna sabedoria, que permanece sobre todas as coisas, suponhamos que essa visão se prolongasse, que todas as outras visões inferiores cessassem, e unicamente esta arrebatasse a alma de seu contemplador, e a absorvesse e abismasse em íntimas delícias, de modo que a vida eterna seja semelhante a este momento de intuição que nos fez suspirar, não seria isto a realização do entrar no gozo de teu Senhor[37]? Mas quando se dará isto? Por acaso quando todos ressuscitarmos? Mas então não seremos todos transformados[38]?

Tais coisas dizia eu, embora não deste modo, nem com estas palavras. Mas tu sabes, Senhor, que naquele dia, enquanto falávamos destas coisas — e à medida que falávamos nos parecia mais vil este mundo, com todos os seus deleites — disse-me minha mãe: "Filho, quanto a mim, já nada mais me atrai nesta vida. Não sei o que faço ainda aqui, nem por que ainda continuo viva, se já se desvaneceram para mim todas as esperanças do mundo. Uma só coisa me fazia desejar viver um pouco mais, e era ver-te cristão e católico antes de morrer. Deus me concedeu esta graça superabundantemente, pois, desprezada a felicidade terrena, já vejo que és seu servo. Que faço, pois, aqui?"

Capítulo 11
A morte de Mônica

Não recordo bem o que respondi a essas palavras. Mas cerca de cinco dias mais tarde, ou pouco mais, caiu de cama com febres. Estando enferma, teve um dia um desmaio, ficando por pouco tempo privada dos sentidos. Acudimos correndo, mas logo voltou a si, e vendo-nos presentes a mim e a meu irmão[*], disse-nos, como quem pergunta algo: "Onde estava eu?" —

Depois, vendo-nos atônitos de tristeza, nos disse: "Sepultareis aqui a vossa mãe". — Eu me calava, retendo as lágrimas, mas meu irmão disse não sei que palavras, com as quais parecia desejar-lhe, como algo mais feliz, morrer na pátria e não em terras distantes. Ao ouvi-lo, minha mãe repreendeu-o com o olhar, e com o rosto aflito por ter pensado em tais coisas; e depois olhando para mim, disse: "Vê o que ele diz." — E depois, dirigindo-se a nós dois: "Sepultem este corpo em qualquer lugar, e não se preocupem mais com ele. Peço apenas que se lembrem de mim diante do altar do Senhor, onde quer que estejam." E tendo-nos explicado seu pensamento com as palavras que pôde, calou-se, seu estado piorou e suas dores tornaram-se mais agudas.

---

[*] Chamava-se Navígio, e era o mais velho dos irmãos.

Mas eu, ó Deus invisível, meditando nos dons que infundes no coração de teus fiéis, e nos frutos admiráveis que deles nascem, alegrava-me e te dava graças. Lembrava-me do grande cuidado que sempre demonstrara acerca de sua sepultura, adquirida e preparada junto ao corpo do marido. Tendo vivido com ele na maior concórdia, assim também queria — coisa mui própria da alma humana pouco desejosa das coisas divinas — ter aquela felicidade, para que os homens recordassem como, depois de sua viagem para além-mar, lhe fora concedida a graça de que uma mesma terra cobrisse o pó de ambos os cônjuges.

Quando esta vaidade havia deixado de existir em seu coração, pela plenitude de tua bondade, eu não o sabia mas sentia uma alegria cheia de admiração ao ouvi-la falar assim. No entanto naquela conversa à janela, quando me disse: "Que faço eu aqui?" — era evidente que não mais desejava morrer em sua pátria.

Soube também depois que em Óstia, estando eu ausente, falou certo dia com alguns amigos meus, com maternal confiança, sobre o desprezo desta vida e o benefício da morte. Eles, maravilhados de tal coragem em uma mulher — porque tu lha havias dado — perguntaram-lhe se não temia deixar seu corpo ao longe da pátria. "Nada está longe para Deus — disse ela — nem preciso ter medo de que ele ignore no fim do mundo o lugar onde estou para me ressuscitar".

Assim, pois, nove dias depois de cair enferma, aos 56 anos de sua idade e aos trinta da minha, essa alma santa e piedosa foi libertada do corpo.

Capítulo 12
As lágrimas negadas

Fechei-lhe os olhos, e uma tristeza imensa me afluiu ao coração, e já me ia desfazer em lágrimas, quando ao mesmo tempo meus olhos, dóceis ao enérgico poder de minha vontade, fechavam sua fonte até secá-la. Como foi dolorosa essa luta! Foi então, quando ela deu o último suspiro, que o menino Adeodato se pôs a chorar aos gritos; mas, reprimido por todos nós, se calou. Deste modo sua voz juvenil, voz do coração reprimiu em mim essa espécie de emoção pueril que me provocava o pranto. Porque não julgávamos conveniente celebrar aquele luto com queixas lastimosas e gemidos, com os quais se costuma deplorar frequentemente o triste destino dos que morrem ou sua total extinção. A morte de minha mãe nada tinha de triste, e ela não morria por completo, e disto estávamos certos pelo testemunho de seus costumes, por sua fé não fingida[39] e outras razões irrefutáveis.

Que era então o que tanto me fazia sofrer interiormente, senão a ferida recente que me havia causado o rompimento repentino de nosso dulcíssimo e caríssimo costume de viver juntos?

É certo que me enchia de satisfação o testemunho que dera de mim, quando nesta sua última enfermidade, respondendo com carícias às minhas atenções, chamava-me de bom filho, e recordava com grande afeto e carinho jamais ter ouvido sair de minha boca uma só palavra dura ou injuriosa contra ela. Mas que era, meu Deus e meu Criador, o respeito que eu lhe tributava, em comparação com o devotamento de escrava com que me tratava? Por isso, porque me via privado de tão grande consolo, sentia a alma ferida, e minha vida, que formava uma só com a de minha mãe, estava como que despedaçada.

Reprimido, pois, o pranto do menino, Evódio pegou o Saltério e começou a cantar, um salmo. Toda a casa lhe respondia: "Misericórdia e justiça te cantarei Senhor[40]". Conhecida a notícia de sua morte, vieram muitos irmãos e mulheres religiosas, e, enquanto os encarregados preparavam os funerais de acordo com o costume, retirei-me para um lugar adequado, junto com os amigos que julgavam conveniente não me deixar só. Falava com eles sobre assuntos próprios das circunstâncias; e com este lenitivo da verdade mitigava meu tormento, conhecido de ti, mas ignorado por eles.

Eles me ouviam atentamente, julgando-me sem sentimento nem dor.

Mas eu, em teus ouvidos, onde ninguém me podia escutar, censurava a brandura de meu afeto e reprimia aquela torrente de tristeza, que cedia por algum tempo, mas que novamente me arrastava com seu ímpeto, embora não chegasse a derramar lágrimas ou a alterar o semblante. Somente eu sabia quão oprimido estava meu coração! E como me desagradava sobremaneira que tivessem tanto poder sobre mim estas desgraças humanas, que forçosamente têm de suceder conforme a ordem natural e a sorte de nossa condição, minha própria dor causava-me outra dor, e me atormentava uma dupla tristeza.

Quando chegou o momento dos funerais, fui e voltei sem derramar uma lágrima. Nem mesmo nas orações que te fizemos, enquanto se oferecia o sacrifício de nosso resgate por intenção da morta, cujo cadáver jazia junto ao sepulcro antes de ser depositado, como ali é costume, nem mesmo nessas orações, digo, chorei. Mas durante todo o dia andei muito triste, interiormente, pedindo-te como podia, com a mente perturbada, que aliviasses minha dor. Mas não me ouvias, sem dúvida para que fixasse bem na memória, ao menos por esta única experiência, como são poderosos os laços do costume, mesmo em uma alma que já não se alimenta de palavras mentirosas.

Decidi-me então a ir aos banhos, por ter ouvido dizer que a palavra banho *(bálneo,* em latim) vinha dos gregos, que o chamaram *balanéion* (lançar), porque o banho lançava da alma as tristezas. Mas eu o confesso à tua misericórdia — ó Pai dos órfãos[41]: depois do banho fiquei como estava antes de me banhar, porque meu coração não transudou nem uma gota do fel de sua tristeza.

Depois adormeci. Ao despertar constatei uma diminuição sensível em minha dor; só, em meu leito, lembrei-me dos versos cheios de verdade de teu Ambrósio. Porque

Tu és Deus, criador de quanto existe,
De todo o mundo supremo governante,
Que o dia vestes com tua luz brilhante,
E de sonhos gratos a noite triste
A fim de que aos membros cansados
O descanso ao trabalho prepare
E as mentes cansadas repare
E os peitos de pena oprimidos*.

Depois, pouco a pouco, voltava aos sentimentos de antes sobre tua serva. Lembrava-me de sua piedade para contigo, de sua brandura e paciência comigo, da qual subitamente me via privado. E senti vontade de chorar em tua presença, por causa dela e por ela, e por minha causa e por mim. E deixei que as lágrimas corressem incontidas, estendendo-as como um leito reparador sob meu coração. Porque teus ouvidos eram os que ali me escutavam, e não os de nenhum homem, que orgulhosamente pudesse interpretar meu pranto.

E agora, Senhor, eu to confesso nestas linhas: leia-o quem quiser, interprete-o como quiser. E se algum leitor vir um pecado nessas lágrimas que derramei por minha mãe por alguns instantes, por minha mãe então morta a meus olhos, ela que me havia chorado tantos anos para que eu vivesse aos teus, não se ria, mas antes, se é grande sua caridade, chore por meus pecados diante de ti, Pai de todos os irmãos de teu Cristo!

---

* *Deus creator omnium*
  polique rector vestiens
  diem decoro lumine
  noctem sopora gratia,
  artus solutos ut quies
  reddat laboris usui
  mentesque fessas allevet
  luctuque solvat anxios.

Capítulo 13
Preces pela mãe morta

Agora, curado já meu coração desta ferida, na qual se podia criticar um afeto muito carnal, derramo diante de ti, meu Deus, por tua serva, outro gênero de lágrimas muito diversas das lágrimas que brotam do espírito comovido à vista dos perigos que corre toda alma que morre em Adão. Sem dúvida, minha mãe, vivificada em Cristo, antes mesmo de romper os laços da carne, viveu de tal modo, que teu nome é louvado em sua fé e em seus costumes; e contudo, não me atrevo a dizer que desde que a regeneraste no batismo não saiu de sua boca nenhuma palavra contrária à tua lei. Porque a Verdade, teu Filho, disse: "Quem chamar a seu irmão de louco será réu do fogo do inferno[42]". Ai da vida dos homens, por mais louvável que seja, se tu a examinas deixando de lado tua misericórdia! Mas porque sabemos que não esquadrinhas nossos pecados com rigor, confiadamente esperamos tomar lugar a teu lado. Quem enumera diante de ti, seus próprios méritos, que enumera a não ser teus dons? Oh! se os homens se reconhecessem como homens! Se quem se glorifica se glorificasse no Senhor[43]!

Assim, pois, meu louvor, minha vida, Deus de meu coração, deixando de lado, por um momento, as boas ações de minha mãe, pelas quais te dou graças com alegria, peço-te agora perdão por seus pecados. Ouve-me em nome daquele que é o médico de nossas feridas, que foi suspenso do lenho da cruz, e que sentado agora à tua direita, intercede por nós junto de ti[44]. Eu sei que ela sempre praticou a misericórdia, e que perdoou de coração as dívidas de seus devedores; perdoa-lhe também suas dívidas, se algumas contraiu durante tantos anos que se seguiram a seu batismo. Perdoa-lhe, Senhor, perdoa-lhe, te suplico, e não entres em juízo[45] com ela. Triunfe a misericórdia sobre a justiça[46] porque tuas palavras são palavras de verdade, e prometeste misericórdia aos misericordiosos, embora eles o sejam por tua graça, tu que tens compaixão de quem te apraz, e usas de misericórdia com quem queres ser misericordioso[47].

Creio que já fizeste com ela o que te peço, mas desejo, Senhor, que aproves os desejos de minha boca[48]. Porque, estando iminente o dia de sua morte, ela não pensou em enterrar seu corpo com grande pompa, ou que fosse embalsamado com preciosas essências, nem desejou um monumento escolhido, nem se preocupou em ter um sepulcro na pátria. Nada disto nos pediu, mas unicamente desejou que nos recordássemos dela ante o altar do Senhor, ao qual servira todos os dias de sua vida, sabendo que nele se imola a vítima santa, com cujo sangue foi apagada a Escritura de nossa condenação[49], pela qual vencemos o inimigo que conta nossos delitos e procura com que nos acusar, nada achando naquele que é nossa vitória.

Quem poderá devolver-lhe seu sangue inocente? Quem poderá restituir-lhe o preço que pagou por nosso resgate, para nos arrancar ao inimigo? A este sacramento de nosso preço ligou tua serva sua alma com o vínculo da fé. Que ninguém a afaste de tua proteção. Que entre ela e ti não se interponha, nem por força, nem por insídia, o leão ou o dragão. Ela não responderá que nada deve, para não ser convencida e arrebatada pelo astuto acusador, mas responderá que suas dívidas lhe foram perdoadas por aquele a quem ninguém pode restituir o que por nós pagou sem nada dever.

Que ela repouse em paz com seu marido, antes do qual e depois do qual não teve outro; a quem serviu com uma paciência cujo fruto te oferecia[50], a fim de o ganhar também para ti. Mas inspira-nos, meu Senhor e meu Deus, inspira a teus servos, meus irmãos, a teus filhos, meus senhores, a quem sirvo de coração, com a palavra e com a pena, para que quantos lerem estas páginas se lembrem ante teu altar de Mônica, tua serva, e de Patrício, outrora seu esposo, pelos quais me introduziste nesta vida, não sei como. Que eles se lembrem com piedoso afeto dos que foram meus pais nesta luz transitória, e meus irmãos em ti, ó Pai, na Igreja Católica, nossa mãe, e meus concidadãos na Jerusalém eterna, objeto dos suspiros de teu povo em sua peregrinação desde a saída até o regresso. Assim, graças às minhas confissões, seu último desejo será mais amplamente satisfeito com essas numerosas orações do que só pelas minhas.

LIVRO DÉCIMO

Capítulo 1
Finalidade do livro

Que eu te conheça, meu conhecedor, que eu te conheça como de ti sou conhecido[1]. Virtude de minha alma, penetra-a, adata-a a ti, para que a tenhas e possuas sem mancha nem ruga[2].

Esta é a esperança com que falo, e nesta esperança encontro minha alegria, quando minha alegria é sã. Quanto aos outros bens desta vida, tanto menos se hão de chorar quanto mais os choramos, e tanto mais se hão de chorar quanto menos os choramos.

Eis que amaste a verdade[3], porque quem a pratica alcança a luz[4]. Eu desejo praticá-la em meu coração, diante de ti, por esta minha confissão, e diante de muitas testemunhas por este meu livro.

Capítulo 2
O que é confessar a Deus

E certamente, Senhor, cujos olhos desnudam o abismo da consciência humana, que poderia haver de oculto em mim, embora eu não to quisesse confessar? Nada mais faria que esconder-te de mim, e não me esconder de ti. Mas agora que meus gemidos são testemunho do desgosto que sinto por mim, tu brilhas, e és amado e desejado a ponto de eu me envergonhar de mim. Fujo de mim para te escolher, e não quero agradar a ti ou a mim senão por ti.

Portanto, quem quer que eu seja, Senhor, tu me conheces. Já te disse com que fruto me vou confessando a ti. Faço esta confissão não com palavras e vozes de carne, mas com as palavras da alma e o clamor da inteligência, que são as que teus ouvidos conhecem. Quando sou mau, confessar-me a ti nada mais é do que desprezar-me a mim; quando sou bom, é nada mais do que nada atribuir a mim. Porque tu, Senhor, abençoas o justo[5], mas antes fazes justo ao pecador[6].

Assim, meu Deus, a confissão que faço em tua presença, é e não é silenciosa; minha boca se cala, mas meu coração clama. Não digo aos homens nada de verdadeiro que já não tenhas ouvido de mim, e nem ouves nada de mim que antes não me tivesses dito.

Capítulo 3
Por que confessar-se aos homens?

Que tenho, pois, que ver com os homens, para que ouçam minhas confissões, como se eles fossem curar todas as minhas enfermidades[7]? Gente curiosa para conhecer a vida alheia, mas preguiçosa para corrigir a própria! Por que desejam ouvir de mim quem sou, eles que não querem ouvir de ti o que são? E como sabem, quando me ouvem falar de mim mesmo, se lhes digo a verdade, já que nenhum dos homens sabe o que se passa no homem, senão o espírito do homem, que nele habita[8]? Mas, se te ouvissem falar deles, não poderiam dizer: "O Senhor mente". Porque, que é ouvir-te falar a seu respeito, senão conhecerem-se a si mesmos. E quem há que, conhecendo-se, pode dizer "é falso", sem mentir?

Mas porque a caridade crê em tudo — pelo menos entre corações que não são mais que um, unidos por seus laços — por isso também eu, Senhor, me confesso a ti para que me ouçam os homens, aos quais não posso provar que falo a verdade. Mas creem-me aqueles cujos ouvidos abre para mim a caridade.

Não obstante, tu, que és meu Médico interior, faz-me ver claramente a utilidade de meu propósito. As confissões de meus pecados passados — que já perdoaste e esqueceste, para fazer-me feliz em ti, mudando minha alma com tua fé e teu sacramento — despertam o coração dos que as leem e ouvem para que não durmam no desespero nem digam: "Não posso" — mas despertem para o amor de tua misericórdia e para a doçura de tua graça, pela qual o fraco se torna forte e se dá conta de sua debilidade.

E quanto aos bons, agrada-lhes ouvir os pecados passados daqueles que já não sofrem. Agrada-lhes, não por serem pecados, mas porque o foram, e agora não o são.

Mas que proveito, Senhor — a quem todos os dias se abre minha consciência, agora mais confiante com a esperança de tua misericórdia que de sua inocência — que proveito haverá em confessar diante de ti aos homens, por meio deste livro, não o que fui, mas o que sou? Porque sobre a confissão do passado, e dos frutos que dela se pode tirar, já falei acima.

Mas há muitos que me conhecem, e outros que não me conhecem, que desejam saber quem sou agora, neste momento em que escrevo as *Confissões*. Esses já ouviram de mim ou de outros alguma coisa a meu respeito, mas não podem aplicar seu ouvido a meu coração, onde eu sou o que sou. Eles querem, sem dúvida, saber por confissão minha o que sou interiormente, lá onde não podem penetrar com a vista, com o ouvido, ou com a mente. Estão dispostos a acreditar em mim. Mas estarão dispostos a me conhecer? A caridade, que os torna bons, lhes diz que eu não minto quando confesso tais coisas de mim. É ela quem faz com que eles creiam em mim.

Capítulo 4
O fruto das confissões

Mas, com que fruto desejam ouvir-me? Por acaso desejam congratular-se comigo, ao ouvir quanto me aproximei de ti por tua graça, e orar por mim, ao ouvir quanto me retardei por culpa de meu peso? Mostrar-lhes-ei quem sou, porque não é pequeno fruto, Senhor meu Deus, que sejam muitos os que te deem graças por mim[9], e que muitos te roguem por mim. Possa o coração de meus irmãos amar em mim o que ensinas a amar, e deplorar em mim o que ensinas a aborrecer! Mas esses sentimentos eu só os desejo em uma alma irmã, e não em almas estranhas, ou nesses filhos espúrios, cuja boca fala vaidade, e cuja direita é a direita da iniquidade[10]; em sua alma fraterna que, quando me aprova, se alegra por mim, e quando me reprova se aflige por mim, porque, quer me aprove, quer me reprove, me ama.

É a estes que me darei a conhecer. Que eles respirem vendo minhas boas ações, e suspirem à vista de meus pecados. Meus bens são tuas obras e teus dons; meus males são meus pecados, objetos de teus juízos. Respirem pelo bem e suspirem pelo mal, e que subam a ti hinos e lágrimas desses corações fraternos, que são os teus turíbulos.

E tu, Senhor, que te deleitas com a fragrância de teu santo templo, compadece-te de mim, segundo tua grande misericórdia[11] por amor de teu nome; e, como jamais abandonas uma obra começada, aperfeiçoa em mim o que há de imperfeito.

Este é o fruto que espero de minhas confissões, não do que fui, mas do que sou. Quero me confessar não apenas diante de ti, com secreta alegria mesclada de temor, e com secreta tristeza mesclada de esperança, mas também diante dos filhos dos homens, companheiros de minha alegria e consortes de minha mortalidade, meus concidadãos que, como eu, peregrinam neste mundo, quer dos que me precederam, como dos que me seguem ou me acompanham. Estes são teus servos, meus irmãos, que tu quiseste fossem filhos teus e meus senhores, e a quem me mandaste servir se quero viver contigo e de ti.

Mas esta ordem teria sido de pouco proveito para mim, se teu Verbo a tivesse dado apenas com palavras, e não tivesse mostrado o caminho com a obra. Por isso eu o imito pela ação e pela palavra, e o faço debaixo de tuas asas[12] porque o perigo seria enormemente grande, se minha alma aí não se abrigasse, e se não conhecesses minha fraqueza.

Sou uma criança, mas meu Pai vive eternamente, e é o tutor que me convém; ele é ao mesmo tempo o que me gerou e o que me protege. Tu és todo o meu bem, tu, o Todo-poderoso, que estás comigo mesmo antes de eu estar contigo.

Dar-me-ei, pois, a conhecer a estes, a quem mandas que sirva, não como fui, mas como já sou agora, e como continuo a ser. Mas não quero julgar-me a mim mesmo[13]. Assim é que desejo ser ouvido.

Capítulo 5
A ignorância do homem

Tu és, Senhor, quem me julga, porque embora nenhum homem a não ser o espírito do homem que conheça o que se passa no homem, nele está[14], contudo há no homem coisas que ate o espírito que nele habita ignora. Mas tu, Senhor, que o criaste, conheces todas as suas coisas, e eu, embora em tua presença me desprezo e me considere como terra e cinza, sei algo de ti que ignoro de mim. É certo que agora vemos por espelho, em enigmas, e não face a face[15], pelo que, enquanto peregrino fora de ti, estou mais presente a mim do que a ti. Contudo, sei que em nada podes ser prejudicado, mas ignoro a que tentações posso resistir e a quais não posso.

Minha esperança é que és fiel, e que não permitirás que sejamos tentados além de nossas forças, e que, com a tentação, dás também meios para a suportar[16], para que possamos resistir.

Confessarei, portanto, o que sei de mim, e também o que de mim ignoro, porque o que sei de mim só o sei porque me iluminas, e o que de mim ignoro não o saberei enquanto minhas trevas não se converterem como meio-dia em tua presença[17].

Capítulo 6
Quem é Deus?

O que sei com certeza, Senhor, é que te amo. Feriste meu coração com tua palavra, e te amei. Mas também o céu, a terra e tudo quanto neles existe, de todas as partes me dizem que te ame; nem deixam de dizê-lo a todos os homens, a fim de que sejam inescusáveis[18]. Mas, te compadecerás profundamente daquele de quem já te compadeceste, e usarás de misericórdia com quem já foste misericordioso. De outro modo, o céu e a terra cantariam teus louvores a surdos.

Mas, que amo eu, quando te amo? Não amo a beleza do corpo, nem o esplendor que passa, nem a claridade da luz, tão agradável a estes olhos terrenos, nem as doces melodias das mais variadas cantigas, nem a fragrância de flores, de unguentos e de aromas, nem o maná, nem o mel, nem os membros dos quais são tão gratos os amplexos da carne. Nada disto amo quando amo a meu Deus. E, contudo, amo uma luz, uma voz, um perfume, um manjar, um abraço, quando amo a meu Deus, que é luz, voz, fragrância, alimento e abraço, de meu homem interior, onde resplandece para minha alma uma luz sem limites, onde se cantam melodias que o tempo não arrebata, onde se exalam perfumes que o vento não dissipa, onde se provam iguarias que a sofreguidão não diminui, onde se sentem abraços que a saciedade não desfaz. Eis o que amo quando amo a meu Deus!

Então o que é Deus? Perguntei à terra, e ela me disse: "Eu não sou Deus." E tudo o que nela existe me respondeu o mesmo. Perguntei ao mar, aos abismos e aos répteis de alma viva, e eles me responderam: "Não somos teu Deus; busca-o acima de nós." Interroguei às brisas que sopram, e todo o ar, com seus habitantes, me disse: "Anaxímenes está enganado* eu não sou Deus". Perguntei ao

---

* Anaxímenes, filósofo do século VI antes de Cristo (588-524), ensinava que o ar é o princípio de todas as coisas, e que dele nasciam até os deuses.

céu, ao sol, à lua e às estrelas. "Tampouco somos o Deus a quem procuras" — me responderam.

Disse então a todas as coisas que batem às portas de minha carne: "Dizei-me algo de meu Deus, já que não sois Deus; dizei-me alguma coisa dele." — E todas exclamaram em coro: "Ele nos criou". — Minha pergunta era meu olhar, e sua resposta a sua beleza.

Dirigi-me, então, a mim mesmo, e disse para mim: "E tu, quem és?" — E respondi: "Um homem". Para me servirem, tenho um corpo e uma alma: aquele exterior, esta interior. Por qual destas partes de mim mesmo deverei buscar a meu Deus, a quem eu já havia procurado com o corpo desde a terra até o céu, até onde pude enviar os raios de meus olhos como mensageiros? Melhor, sem dúvida, é a parte interior de mim mesmo, porque é a ela que comunicam suas notícias todos os mensageiros de meu corpo, como a presidente e juiz, das respostas do céu, da terra, e de tudo o que neles se encerra, e que proclamam: "Não somos Deus" — e — "Ele nos fez". O homem interior conhece essas coisas por ministério do exterior; mas o homem interior, que é a alma, também conhece essas coisas por meio dos sentidos do corpo.

Interroguei ao universo acerca de meu Deus, e ele me respondeu: "Não sou eu, mas foi ele quem me criou."

Mas não se mostra essa beleza a quantos têm sentidos perfeitos? Então, por que não fala a todos a mesma linguagem?

Os animais, pequenos e grandes, a veem; mas não podem interrogá-la, porque não têm uma razão encarregada, como juiz, de recolher as mensagens dos sentidos. Os homens, sim, podem interrogá-la, a fim de que as perfeições invisíveis de Deus se manifestem à inteligência através de suas obras. Mas o amor que têm pelas coisas criadas os escraviza, e essa submissão os torna incapazes de julgá-las. Ora, elas não respondem senão aos que as interrogam ao julgá-las. Elas não mudam a voz, isto é, a beleza, quando alguém se limita apenas a vê-las, enquanto que outro, quando as vê, interroga-as; elas não lhes apresentam aparências diferentes, mas, conservando o mesmo aspecto exterior, ficam mudas para uns, enquanto falam a outros. Ou melhor: elas falam a todos, mas apenas são compreendidas pelos que comparam sua voz exterior com a verdade interior. Porque a verdade me diz: "Teu Deus não é nem o céu, nem a terra, nem corpo algum." — Sua natureza o diz. Para quem sabe ver, a matéria é menor em seus elementos que em seu todo. Por isso, minha alma, digo-te que és melhor, porque vivificas a matéria do corpo, dando-lhe vida, que nenhum corpo pode dar a outro corpo. Mas teu Deus é também para ti a vida de tua vida.

Capítulo 7
Deus e os sentidos

Que amo, então, quando amo a meu Deus? Quem é aquele que está no cimo da minha alma? É por minha alma, portanto, que subirei até ele. Vencerei a força que me une ao corpo, e que enche seu organismo de vida, pois não encontro nela o meu Deus. De outra maneira, o cavalo e o burro, que não têm inteligência[19], também o encontrariam, porque essa mesma força dá vida a seus corpos.

Existe outra força, que não só dá vida, mas que também torna sensível minha carne, saída das mãos do Senhor, do Senhor que mandou ao olho que não ouça, e ao ouvido que não veja, mas àquele que sirva para ver, e a este para ouvir, e que determinou a cada um dos outros sentidos o que é próprio de seu lugar e ofício; é deles que se serve minha alma para exercer suas diversas funções, permanecendo, contudo, uma só.

Vencerei também essa força, porque também a possuem o cavalo e o burro, pois também eles sentem por meio do corpo.

Capítulo 8
O milagre da memória

Vencerei também esta força de minha natureza, subindo por degraus até meu Criador.

Mas eis-me diante dos campos, dos vastos palácios da memória, onde estão os tesouros de inúmeras imagens trazidas por percepções de toda espécie. Lá estão guardados todos os nossos pensamentos, quer aumentando, quer diminuindo, quer modificando de qualquer modo as aquisições de nossos sentidos, e tudo o que aí depositamos ou reservamos, se ainda não foi sepultado ou absorvido pelo esquecimento.

Quando ali estou, mando que se apresentem diante de mim todas as lembranças que quero. Algumas comparecem de imediato, outras depois de uma busca mais longa, que, por assim dizer, devem ser extraídas de certos receptáculos mais obscuros.

Outras, porém, irrompem em tropel, e, quando alguém deseja outra coisa, se põem no meio, como que dizendo: "Não seremos nós?" Eu as afasto com a mão do espírito da frente de minha memória, até que se esclareça o que quero, saltando de seu esconderijo para diante de meus olhos.

Há outras imagens que se apresentam facilmente e de maneira rigorosamente ordenada à medida que são chamadas, e as precedentes cedem seu lugar às que se lhes seguem, e ao cedê-lo, desaparecem, para se apresentarem novamente quando eu o quiser. É o que sucede exatamente quando conto alguma coisa de memória.

Ali se conservam também classificadas de acordo com suas espécies, as sensações que as penetraram cada uma por sua porta: a luz, todas as cores, as formas dos corpos, pelos olhos; toda espécie de sons, pelos ouvidos; todos os odores, pelas narinas; todos os sabores, pela boca; enfim, pelo sentido que se estende por todo o corpo, o duro e o brando, o quente e o frio, o suave e o áspero, o pesado e o leve, quer seja extrínseco, quer seja intrínseco ao corpo. A memória recolhe todas essas percepções em seus vastos receptáculos, em suas secretas e inefáveis sinuosidades, para lembrá-las e retomá-las de acordo com a necessidade. Todas essas imagens entram na memória por suas respectivas portas, sendo ali armazenadas.

Aliás, não são as próprias coisas que entram na memória, mas as imagens das coisas sensíveis que ali permanecem à disposição do pensamento que as evoca. Mas quem poderá dizer como foram formadas essas imagens, apesar de se conhecer o sentido pelo qual foram captadas e escondidas em seu interior? Pois, mesmo quando estou em silêncio e nas trevas, imagino, se quero, as cores, e sei distinguir o branco do preto, e todas as outras cores que desejar, sem que minhas imagens auditivas venham perturbar minhas imagens visuais, que permanecem como que latentes, isoladas. Se me apraz chamá-las, elas se apresentam imediatamente. Mesmo quando repouso minha língua e quando minha garganta se cala, canto quanto quero, sem que as imagens das cores, que ali se encontram, se interponham ou interrompam, enquanto faço uso do outro tesouro que me entrou pelos ouvidos.

Do mesmo modo as demais impressões introduzidas e acumuladas em mim pelos outros sentidos, eu as recordo como me apraz; distingo o aroma dos lírios do perfume das violetas, sem cheirar nenhuma flor; e, sem experimentar nem tocar em coisa alguma, mas apenas com a lembrança, posso preferir o mel ao arrobe e o macio ao áspero.

Tudo isto realizo interiormente, no imenso palácio de minha memória. Ali eu tenho às minhas ordens o céu, a terra, o mar, com todas as sensações que neles pude perceber, com exceção das de que já me esqueci. Ali me encontro comigo mesmo, e me recordo de mim e de minhas ações, de seu tempo e lugar, do estado de espírito em que estava, e dos sentimentos que me dominavam quando as praticava. Ali estão todas as lembranças do que aprendi ou pela crença ou pela experiência. Deste mesmo tesouro procedem as analogias formadas de acordo com minhas experiências pessoais, ou de acordo com as crenças que essas experiências me fizeram aceitar; ligo umas e outras com o passado, e, à luz desses conhecimentos, medito no futuro, nas ações, nos acontecimentos, nas esperanças, e tudo como se estivesse presente. "Farei isto ou aquilo" — digo interiormente nessas vastas sinuosidades de minha alma, repletas de tantas imagens, e de imagens de tão grandes coisas. E disso tiro esta ou aquela consequência. "Oh! Se acontecesse isto ou aquilo!" "Queira Deus não aconteça isto ou aquilo!" Isto digo em meu íntimo, e enquanto o faço, tenho presentes as imagens das realidades que exprimo, saídas do mesmo tesouro da memória: sem elas, nada poderia dizer.

Grande é este poder da memória prodigiosamente grande, meu Deus! É um santuário amplo e infinito. Quem o pôde sondar até suas profundezas? Contudo, a memória nada mais é que um poder próprio de minha alma, que pertence à minha natureza; mas eu não sou capaz de compreender inteiramente o que sou. Será o espírito demasiado estreito para se conter a si mesmo. Onde, então, se passa o que ele não pode conter de si? Estaria fora dele, e não nele? Como então não o contém? Esta ideia me causa muita admiração, e me enche de espanto. Viajam os homens para admirar as alturas dos montes, as ondas enormes do mar, as largas correntes dos rios, a imensidão do oceano, o giro dos astros, e se esquecem de si mesmos! Nem se admiram de que eu fale de todas essas coisas sem vê-las com os olhos; contudo, eu não as poderia enumerar se esses montes, se essas ondas, se esses rios, se esses astros, que eu vi, se esse oceano, no qual acredito pelo testemunho de outrem, eu não os visse interiormente com dimensões tão grandes como se realmente os visse. Mas quando eu os vi com meus olhos, eu não os absorvi; não são essas coisas que se encontram dentro de mim, mas apenas suas imagens. O único que sei é por que sentido do corpo recebi a impressão de cada uma delas.

Capítulo 9
A memória intelectual

Mas não é só isto o que encerra a imensa capacidade de minha memória. Ali estão, como em um lugar interior, remoto, que aliás, não é um lugar, todas aquelas noções aprendidas das artes liberais, pelo menos o que ainda não esqueci. Mas, neste caso, não são mais as imagens delas que levo comigo, mas as próprias realidades em si. Em que consiste a literatura, a dialética, as diferentes espécies de questões, tudo o que sei a respeito desses problemas está de tal modo em minha memória, que não está ali como a imagem solta de uma coisa, cuja realidade se deixou fora; como um som que ressoa e passa, ou como a voz que deixa no ouvido um rastro, que faz com que a julguemos ouvir, como se continuasse a soar quando já não ressoa; ou como o perfume que, passando e desvanecendo-se no vento, afeta o olfato e envia sua imagem à memória, imagem que a lembrança reproduz; ou como o manjar que, perde o sabor no estômago, mas de algum modo o conserva na memória; ou como um corpo que se sente pelo tato, e que, em sua ausência é imaginado pela memória. Todas essas realidades não são introduzidas na memória, mas apenas são captadas as suas imagens com maravilhosa rapidez, e depositadas, por assim dizer, em casulos maravilhosos, de onde são extraídas pelo milagre da lembrança.

Capítulo 10
Memória e sentidos

Mas quando ouço dizer que há três gêneros de questões a saber: se uma coisa existe, qual a sua natureza e qual sua qualidade — retenho a imagem dos sons de que se compõem estas palavras, e sei que estes sons passaram pelo ar com ruído, e já não existem. Mas as realidades significadas por estes sons, eu jamais as toquei com nenhum sentido do corpo, nem as vi em nenhuma parte fora de minha alma; nem o que depositei em minha memória são as suas imagens, mas as próprias realidades. Que me digam, se podem, por onde entraram em mim! Percorro em vão todas as portas de minha carne, e não descubro por onde poderiam ter entrado. Com efeito: os olhos dizem: "Se são coloridas, fomos nós que as anunciamos." — Os ouvidos dizem: "Se eram sonoras, foram por nós reveladas." — As narinas dizem: "Se tinham cheiro, passaram por aqui." — E o gosto diz: "Se não tem sabor, não me pergunteis por elas." — O tato declara: ''Se não têm corpo, eu não as toquei, e, se não as toquei, eu não poderia revelá-las."

De onde, então, e por onde entraram em minha memória? Não o sei. Aprendi-as dando crédito à inteligência de outros, mas eu as reconheci em minha alma e aprovei-as como verdadeiras; confiei-as a meu espírito como em depósito, de onde poderei tirá-las quando quiser. Ali estavam, pois, antes mesmo de que eu as aprendesse, porém, não na memória. E onde estavam então? E porque, ao serem nomeadas, eu as reconheci e disse: "É assim mesmo, é verdade" — senão porque já estavam em minha memória, mas tão escondidas e sepultadas em tão secretos abismos que, se alguém não as arrancasse dali com suas perguntas, talvez eu nem pudesse concebê-las.

Capítulo 11
Ideias inatas

Por esta razão descobrimos que adquirir tais conhecimentos — cujas imagens não recebemos por meios dos sentidos, mas que percebemos em nós, sem o auxílio de imagens, tais como são em si mesmos, nada mais é do que coligir com o pensamento os elementos esparsos na memória, e, graças à atenção, obrigá-los a estarem sempre como que à mão da memória, onde antes se ocultavam dispersos e descuidados, de modo que se apresentem facilmente ao chamado familiar de nosso espírito. E quantos conhecimentos dessa espécie não encerra minha memória, conhecimentos já descobertos, e, conforme disse, postos como que à mão; eis o que chamamos de "aprender" e "saber". Se os deixo de recordar de quando em quando, de tal modo se submergem e se dispersam em seus esconderijos mais profundos, que é preciso, como se fossem novos, reuni-los uma segunda vez (*cogenda*) — pois não têm outra habitação — e juntá-los de novo para que possam ser objeto do saber, isto é: é necessário tirá-los de seu estado de dispersão e juntá-los novamente. Daí a palavra *cogitare,* porque *cogo* e *cogito* são como *ago* e *agito,* e *fado, facito.* Contudo, a inteligência reivindicou essa palavra (*cogito*) como própria, de tal modo que essa operação de coligir, de reunir no espírito e não em outra parte, é propriamente o que se chama pensar (*cogitare*).

Capítulo 12
A memória e as matemáticas

A memória também contém as razões e leis infinitas dos números e dimensões, e nenhuma dessas ideias foi impressa em nós, pelos sentidos do corpo, porque não são nem coloridas, nem sonoras, nem têm cheiro, nem gosto, nem são tangíveis. Ouço, quando se fala, os sons das palavras que as exprimem; mas uma coisa são os sons, e outra muito distinta são as ideias que eles significam. As palavras soam de um modo em grego e de outro em latim; mas as ideias nem são gregas, nem latinas, nem de nenhuma outra língua.

Vi linhas traçadas por arquitetos, tão finas como um fio de aranha. Mas as linhas geométricas não são a imagem das que meus olhos carnais me revelaram. Para reconhecê-las não há necessidade alguma de se pensar em um corpo qualquer, pois, é no espírito que as reconhecemos.

Também conheci os números com que contamos pelos sentidos do corpo: mas bem diferentes são os números ideias, os quais não são imagens dos primeiros, possuindo por isso mesmo um ser muito mais excelente.

Ria-se de mim quem não pode conceber esses números, que saberei compadecer-me de sua zombaria.

Capítulo 13
A memória da memória

Todos estes conhecimentos eu os guardo em minha memória, como guardo na memória o modo pelo qual os aprendi. Também guardo na memória muitas objeções infundadas que ouvi contra essas verdades. Essas objeções sem dúvida são falsas, mas não é falso recordá-las, e saber distinguir entre essas verdades e os erros de que as acusam. Também guardo isto na memória, e vejo que uma coisa é essa distinção que faço agora, e outra o recordar ter feito muitas vezes tal distinção, quando nelas refleti muitas vezes. Lembro-me, portanto, de ter muitas vezes compreendido essas coisas, e, quanto ao ato atual de distingui-las e compreendê-las, conservo-o na memória, a fim de me lembrar mais tarde de que hoje as compreendi. Lembro-me então de que me lembrei; e se ulteriormente me lembro de que agora pude recordar essas coisas, isso acontecerá ainda por força da memória.

Capítulo 14
A lembrança dos sentimentos

Essa mesma memória conserva também os estados afetivos da alma, não do modo como estão na alma quando os experimenta, mas de outro modo muito diverso, segundo o exige a força da memória. Lembro-me de ter estado alegre, sem que o esteja de novo; recordo minha tristeza passada, sem estar triste; lembro-me de ter sentido medo, sem senti-lo de novo; lembro-me de ter cobiçado outrora, sem que o mesmo aconteça agora. Outras vezes, pelo contrário, lembro-me com alegria de minha tristeza passada, e com tristeza da alegria que experimentei. Isto nada tem de estranho quando se trata de emoções simplesmente orgânicas, porque uma coisa é a alma e outra o corpo; e assim, não é maravilha que me alegre com a lembrança de um sofrimento físico já passado. Porém, aqui o espírito é a própria memória. Quando encarregamos alguém de algum negócio, dizemos: "Tenha-o bem no espírito." — Quando nos esquecemos de algo, dizemos: "Não o tinha mais no espírito", "fugiu-me do espírito." É, portanto, a memória que chamamos de espírito. Sendo assim, por que quando me recordo com alegria de uma tristeza passada, meu espírito sente alegria e minha memória tristeza, de modo que meu espírito se alegra com a alegria que tem em si, e minha memória não se entristece com a tristeza que também tem em si? Seria a memória estranha ao espírito? Quem ousaria afirmá-lo? Sem dúvida a memória é como o estômago da alma, e a alegria e a tristeza como um manjar, doce ou amargo; quando esses sentimentos são confiados à memória, depois de passarem de algum modo por esse estômago, podem ali ser guardados, mas já perderam o sabor. Seria ridículo pensar que essas coisas se assemelham. Contudo, elas não são de todo dessemelhantes.

Vêde que é da memória que tiro a distinção entre as quatro emoções da alma: o desejo, a alegria, o medo e a tristeza. E qualquer raciocínio que eu faça, dividindo cada uma delas pelas espécies de seus gêneros, definindo-as, é na memória que encontro o que tenho a dizer, e da memória tiro tudo o que digo. Contudo, ao recordar essas emoções, não sinto nenhuma delas. Antes, mesmo que eu as recordasse para discuti-las, elas ali estavam, razão pela qual puderam ser tiradas da memória mediante a lembrança.

Talvez a lembrança tire da memória essas emoções como o ato de ruminar tira do estômago os alimentos. Mas então, por que não se sente na boca do pensamento do que raciocina a respeito das paixões, de quem as recorda, a doçura da alegria ou a amargura da tristeza? Porventura estará justamente nisto a dessemelhança que assinalei em minha comparação? De fato, quem gostaria de falar dessas emoções se, todas as vezes que falássemos do medo ou da tristeza, nos víssemos obrigados a sentir tristeza ou temor?

E, contudo, certamente não poderíamos falar desses sentimentos, se não encontrássemos na memória não apenas os sons que compõem essas palavras, de acordo com a imagem gravada em nós pelos sentidos, mas ainda as noções dos sentimentos que elas exprimem. Essas noções, nós não as recebemos por intermédio de nenhuma porta da carne, mas a própria alma, sentindo-as pela experiência de suas paixões, confiou-as à memória; ou então a própria memória as reteve, sem que ninguém lhas confiasse.

Capítulo 15
A memória das coisas ausentes

Mas, se essa recordação se fez por meio das imagens ou não, quem o poderá dizer?

Com efeito: falo em pedra, falo em sol, sem que tais objetos estejam presentes a meus sentidos: certamente tenho suas imagens na memória, à minha disposição.

Falo na dor do corpo, que está ausente de mim, porque nada me dói. Contudo, se a imagem da dor não estivesse em minha memória, não saberia o que digo e ao raciocinar não poderia distingui-la do prazer.

Falo de saúde do corpo, estando são; neste caso tenho presente o próprio objeto. Contudo, se sua imagem também não estivesse em minha memória, de nenhum modo recordaria o significado dessa palavra. Os doentes, ouvindo falar de saúde, não entenderiam o que se lhes queria dizer, sem o poder da memória que guarda a imagem na ausência da realidade.

Falo dos números com que contamos, e ei-los em minha memória, não suas imagens, mas os próprios números.

Falo da imagem do sol, e esta se apresenta à minha memória; e não evoco a imagem de uma imagem, mas a própria imagem, que obedece a meu apelo.

Falo em memória, e sei do que falo; mas de onde o sei, senão da própria memória? Acaso também ela está presente a si própria por meio de sua imagem, e não por si mesma?

Capítulo 16
A memória do esquecimento

Que me dirás quando falo do esquecimento, e ao mesmo tempo reconheço de que falo, como poderia eu reconhecê-lo se não o recordasse? Não falo do som dessa palavra, mas da realidade que ela significa. Se eu a tivesse esquecido, não seria capaz de reconhecer o significado de tal som. Por isso, quando me lembro da memória, é por ela mesmo que a memória se apresenta à memória; mas quando me lembro do esquecimento, o esquecimento e a memória fazem-se presentes simultaneamente: a memória, com que me recordo, e o esquecimento, de que me recordo.

Mas, que é o esquecimento, senão falta de memória? E como pode ele ser o objeto presente de minha lembrança, se sua presença constitui a impossibilidade de lembrar? Mas se é certo que aquilo de que nos lembramos o guardamos na memória, e se não podemos absolutamente reconhecer o que significa a palavra esquecimento, quando a ouvimos, se não nos lembrarmos do esquecimento, logo a memória é a que guarda o esquecimento. Ele lá está, pois, do contrário, nós o esqueceríamos; mas, desde que lá está, nós nos esquecemos. Segue-se que ele não está presente à memória por si mesmo, quando nos lembramos dele, mas por sua imagem, porque, do contrário, o esquecimento não faria com que nos lembrássemos, mas com que nos esquecêssemos? Mas, enfim, quem poderá descobrir, quem poderá compreender o modo como isto se realiza?

Certamente, Senhor, canso-me nessa pesquisa, e é portanto, sobre mim mesmo que me canso: tornei-me para mim mesmo uma terra de dificuldades e de excessivos suores. Porque não exploramos agora as regiões do céu, nem medimos as distâncias dos astros, nem buscamos leis do equilíbrio da terra. Sou eu que me lembro, eu, o meu espírito. Não é grande maravilha se digo que está longe de mim tudo o que não sou seu? Todavia, que há mais perto de mim do que eu mesmo? Contudo, eis que me é impossível compreender a natureza de minha memória, sem a qual eu nem mesmo poderia pronunciar o meu nome.

Que direi então, desde que tenho a certeza de que me lembro do esquecimento? Direi acaso que não está em minha memória o que recordo? Ou talvez direi que o esquecimento está em minha memória, para que esta não o esqueça? Ambas essas hipóteses são grandes absurdos. Vejamos uma terceira hipótese: com que fundamento poderei pretender que minha memória retém a imagem do esquecimento, e não o mesmo esquecimento, quando dele me lembro? Com que fundamento, repito, poderei dizer isto, se quando se grava na memória a imagem de algum objeto, é necessário que primeiramente esteja presente esse mesmo objeto, do qual se destaca a imagem, a fim de que possa ser gravada. Assim me lembro de Cartago, e assim de todos os outros lugares por que passei; assim me lembro do rosto dos homens que vi e de tudo o que meus sentidos me fizeram conhecer; assim me lembro ainda da saúde ou da dor física, coisas cujas imagens a memória tomou quando estavam presentes, a fim de que eu as pudesse contemplar e recordar mentalmente, quando, na ausência da realidade, eu as evocasse.

Se, pois, o esquecimento está na memória em imagem, e não por si mesmo, é evidente que esteve presente para que sua imagem fosse recolhida. Mas, se estava presente, como podia traçar na memória sua imagem, se o esquecimento apaga com sua presença tudo o que lá está delineado? E, contudo, seja qual for o mecanismo desse fenômeno, e por mais incompreensível e inexplicável que seja, estou certo de que me lembro do esquecimento, que apaga da memória todas as nossas lembranças.

Capítulo 17
Deus e a memória

Grande é o poder da memória! E ela tem algo que me causa horror, meu Deus, em sua multiplicidade infinita e profunda. E isto é o espírito, e isto sou eu mesmo. Que sou, pois, meu Deus? Que natureza é a minha? Vida vária e multiforme, e sobremaneira imensa. Vede o que há em minha memória: campos, antros, inumeráveis cavernas, tudo isso infinitamente cheio de toda espécie de coisas, também inumeráveis. Umas aí figuram em imagens, como é o caso de todos os corpos; outras, como as ciências, aí estão realmente presentes; outras ainda aí estão sob a forma de não sei que noções ou notações: são os estados afetivos da alma, que a memória conserva quando a alma já não os sente, embora tudo o que está na memória também esteja na alma. Percorro em todos os sentidos este mundo interior, vou de um lado para outro, e nele penetro tanto quanto possível, sem encontrar limites!

Que farei, pois, meu Deus, minha verdadeira vida? Ultrapassarei também esta minha força que se chama memória? Ultrapassá-la-ei para chegar a ti, doce luz? Que dizes? Eis que, subindo pela alma a ti, que estás acima de mim, ultrapassarei também esta minha força, que se chama memória, porque desejo atingir-te pelo lado em que és acessível, e unir-me a ti por onde é possível fazê-lo. Também os animais e as aves têm memória, porque de outro modo não voltariam, a seus covis e ninhos, nem fariam muitas outras coisas com as quais se acostumam, pois, nem mesmo poderiam adquirir hábitos sem a memória. Passarei, pois, além da memória para chegar àquele que me separou dos animais e me fez mais sábio que as aves do céu. Passarei além da memória, mas onde te hei de achar, ó Deus verdadeiramente bom, suavidade segura? Onde te hei de encontrar? Se te encontro fora de minha memória, estou esquecido de ti, e se não me lembro de ti, como te poderei encontrar?

Capítulo 18
A memória das coisas perdidas

Uma mulher perdeu uma dracma, e a procurou com sua lanterna. Mas se não se tivesse lembrado dela, tampouco a haveria de encontrar[20]; porque, se não se lembrasse, como poderia saber, ao achá-la, que era aquela a dracma que procurava?

Lembro-me também de ter procurado e achado muitas coisas perdidas; e sei isto porque, quando andava à procura de alguma, e me diziam: "Por acaso é esta?" "Por acaso é aquela?" — eu sempre respondia que não, até encontrar a que eu procurava. Se eu não tivesse conservado a lembrança do objeto perdido, fosse o que fosse, ainda que mo apresentassem, não o acharia, porque não o poderia reconhecer. E sempre que perdemos e achamos alguma coisa acontece o mesmo.

Se por acaso alguma coisa desaparece de nossos olhos, sem desaparecer da memória — como sucede com um corpo qualquer visível — conservamos interiormente sua imagem e o procuramos até que apareça a nossos olhos. Quando for encontrado, será reconhecido de acordo com essa imagem interior. E não dizemos ter encontrado um objeto perdido se não o reconhecemos, e nem o podemos reconhecer se não o recordamos. Esse objeto desaparecera para os olhos, mas era conservado pela memória.

Capítulo 19
A memória das lembranças

E que acontece quando a própria memória perde uma lembrança, como acontece quando nos esquecemos de alguma coisa e procuramos recordá-la? Onde, enfim, a buscamos, senão na própria memória? E se ela por casualidade, nos oferece uma coisa por outra, a repelimos até que apareça a que estamos buscando. E quando aparece dizemos: "É isto" — o que não diríamos se não a reconhecêssemos, e nem a reconheceríamos se não nos lembrássemos dela. É certo, portanto, que já a havíamos esquecido. Ou será que ela não saiu inteiramente de nossa memória, e nos servimos da parte que nos ficou impressa para procurar a outra? A memória, nessa hipótese, teria consciência de não poder, como de ordinário, descrever a lembrança em seu conjunto, e, truncada em seus hábitos, e como a coxear, reclamaria a parte que lhe faltava. É o que acontece quando vemos uma pessoa conhecida, ou quando pensamos nela sem poder recordar-lhe o nome. Nós o procuramos, e se um outro nome se nos apresenta ao espírito, ele não se associa à ideia da pessoa, porque não temos o costume de associá-los em nosso pensamento; por isso o afastamos, até que se apresenta um que consiga a adesão total de nossa representação costumeira da pessoa.

Mas donde nos vem este nome, senão da própria memória? Mesmo quando nos lembrarmos dele por intermédio de outrem, é pela memória que o reconhecemos.

Porque não o aceitamos como um conhecimento novo, mas, recordando-o, aprovamos ser esse o nome que nos disseram. Se se apagasse completamente da alma, nem mesmo avisados o recordaríamos.

Não se pode, pois, dizer que nos esquecemos totalmente daquilo de que nos lembramos ter esquecido. De nenhum modo poderíamos procurar uma lembrança perdida se seu esquecimento fosse absoluto.

Capítulo 20
A memória da felicidade

E a ti, Senhor, como te hei de buscar? Quando te procuro, meu Deus, estou à procura da felicidade. Que eu te procure para que minha alma viva, porque meu corpo vive de minha alma, e minha alma vive de ti. Como, pois, busco a felicidade? Porque não a possuirei até que diga basta, quando convém que o diga. Como, pois, procurá-la? Acaso pela lembrança, como se a tivera esquecido, conservando, porém, a lembrança do esquecimento? Ou talvez pelo desejo de conhecer algo ignorado, ou por não o ter conhecido, ou por tê-lo esquecido por completo, a ponto de não ter consciência de meu esquecimento?

Mas acaso não é a felicidade o que todos desejam, sem que ninguém a despreze? Pois, de onde a conheceram para assim a desejarem? Onde a viram para assim a amarem? O que é certo é que temos sua imagem. Como? Não sei. Mas há diversos modos de ser feliz: ou possuindo efetivamente a felicidade, ou possuindo-a apenas na esperança. Sem dúvida este último modo é inferior ao dos que são felizes na realidade, embora sua condição seja melhor que a dos que não são felizes nem na realidade, nem na esperança. Estes contudo, não desejariam tanto ser felizes se fossem completamente estranhos à felicidade; e que a desejam é fora de dúvida. Eu não sei como a conheceram, e, consequentemente, ignoro a noção que têm da mesma. O que me atormenta é saber se esse conhecimento reside na memória, porque, se isso acontecer, é sinal de que já fomos felizes em outros tempos. Não me preocupa saber no momento se todos fomos felizes individualmente, ou se naquele homem que pecou por primeiro, e no qual todos morremos, e de quem todos nascemos na infelicidade. O que procuro saber é se a felicidade reside na memória, porque certamente não a amaríamos se não a conhecêssemos. Ouvimos esse nome, e todos confessamos que desejamos a mesma coisa. Não é apenas o som da palavra que nos deleita. Quando um grego a ouve pronunciar em latim, ela, não lhe causa nenhum deleite, porque ignora seu significado. Mas nós nos sentimos encantados ao ouvi-la como ele também, se a ouvisse em sua língua. A felicidade, com efeito, não é grega nem latina; mas gregos e latinos, e os homens que falam as outras línguas, todos desejam possuí-la.

Logo, a felicidade é conhecida de todos, e se fosse possível perguntar-lhes a uma voz: "Quereis ser felizes?" — todos responderiam afirmativamente, sem vacilar. E isso não poderia acontecer se a memória não possuísse em si o conceito de felicidade, representado por essa palavra.

Capítulo 21
A memória do que nunca tivemos

Essa lembrança, é comparável à que conserva de Cartago quem a viu? Não, porque a felicidade não se vê com os olhos, pois, não é corpo. Acaso é comparável à lembrança dos números? Não, porque quem conhece os números não deseja adquiri-los, quando, pelo contrário, é a ideia que temos da felicidade que nos inclina a amá-la e a querer possuí-la, para sermos felizes.

Lembramo-la, talvez, como nos lembramos da eloquência? Tampouco, embora, ao ouvir essa palavra, os que ainda não são eloquentes se lembrem da realidade que ela exprime, sendo muitos os que desejam ser eloquentes, o que indica que têm ideia da eloquência. Todavia foi pelos sentidos do corpo que eles deram atenção à eloquência alheia, deleitando-se com ela, e desejando também ser eloquentes. E certamente não sentiriam prazer se não tivessem em si mesmos alguma ideia da eloquência, e nem desejariam ser eloquentes se não se tivessem deleitado. Mas a felicidade não nos é revelada nos outros por nenhum sentido corporal.

Essa lembrança, será porventura comparável à lembrança do prazer? Talvez, porque, assim como, estando triste, me lembro da alegria passada, assim, sendo infeliz, lembro-me da felicidade. Ora, essa alegria, eu jamais a vi, ou ouvi, ou senti, ou experimentei, ou toquei. Mas eu a experimentei em minha alma quando estive alegre, e seu conhecimento se fixou em minha memória, para que eu pudesse recordá-la, às vezes com desprezo, outras com desejo, segundo a diversidade das causas de minhas alegrias.

Porque também me senti inundado de alegria causada por ações vergonhosas, cuja lembrança agora detesto e abomino; outras vezes alegrei-me por ações boas e honestas, das quais me lembro com saudade, mas já pertencera ao passado, e por isso lembro-me com triste minha antiga alegria.

Mas onde, então, e quando senti alegria, para lembrar-me dela, para amá-la, desejá-la? Não sou eu apenas, ou alguns os que a desejam; mas todos, absolutamente todos queremos ser felizes. Sem um conhecimento certo da felicidade, nossa vontade não teria essa firmeza.

Que significa isto: se perguntarmos a dois homens se querem alistar-se no exército, talvez um responda afirmativamente e o outro negativamente. Mas, perguntemos se desejam ser felizes, e ambos responderão afirmativamente, sem nenhuma hesitação. E um, desejando engajar-se, e o outro, recusando-se, obedecem igualmente a este desejo de felicidade. Um gosta disto, outro daquilo, mas ambos concordam em ser felizes, como concordariam respondendo afirmativamente a quem lhes perguntasse se desejariam estar alegres. Essa alegria é o que eles chamam de felicidade. E assim, embora um siga por um caminho e outro por outro, a finalidade de todos é uma só: a alegria, como a alegria é um sentimento do qual ninguém se pode dizer inexperiente, nós a encontramos em nossa memória, e a reconhecemos ao ouvir pronunciar o nome da felicidade.

Capítulo 22
A verdadeira felicidade

Longe de meu coração, longe do coração de teu servo, que se confessa a ti, Senhor, o pensamento de encontrar a felicidade não importa em que alegria! Porque a felicidade é uma alegria que não é dada aos ímpios, mas àqueles que te servem de modo desinteressado: tu és essa alegria! Alegrar-se de ti, em ti e por ti: isso é felicidade. E não há outra. Os que imaginam outra felicidade, prendem-se a uma alegria que não é a verdadeira. Contudo, sempre há uma imagem da alegria da qual sua vontade não se afasta.

Capítulo 23
Felicidade e verdade

Então, não é verdade que todos desejam ser felizes, porque os que não querem buscar em ti sua alegria, tu que és a única felicidade, não querem verdadeiramente a felicidade? Ou acaso todos a desejam, mas, como a carne combate contra o espírito, e o espírito contra a carne, eles não fazem o que querem[21], recaem naquilo que podem, e aí se acomodam, porque aquilo que não podem não o querem bastante energicamente para o poderem fazer?

Pergunto a todos se preferem encontrar a alegria na verdade ou no erro, e ninguém hesita em declarar que preferem a verdade, como em dizer que querem ser felizes. É que a felicidade consiste na alegria que provém da verdade, E essa alegria é a alegria que nasce de ti, que és a própria Verdade, ó meu Deus minha luz, saúde de meu rosto[22]! Todos desejam essa felicidade, todos querem essa vida, a única feliz, essa alegria que se origina na verdade.

Encontrei muitos que gostam de enganar, mas ninguém que quisesse ser enganado. Onde, então, aprenderam a conhecer a felicidade, senão onde aprenderam a conhecer a verdade? Também eles amam a verdade, visto que não querem ser enganados, e, desde que amam a felicidade, que nada mais é que a alegria proveniente da verdade, eles, forçosamente, também amam a verdade; e não a amariam se sua memória não conservasse dela alguma noção. Por que, então, não se alegram com ela? Por que não são felizes? Porque se entregam demasiado a outros cuidados, que os tornam muito mais infelizes do que felizes com aquilo de que se recordam fracamente.

Há ainda um pouco de luz entre os homens: caminhem, caminhem, para que as trevas não os surpreendam[23].

Mas por que a verdade gera o ódio[24]? Por que os homens olham como inimigo aquele que a prega em teu nome, quando se ama a felicidade, que não é outra coisa que a alegria nascida da verdade? Pela simples razão de que amam a verdade de tal modo que tudo o que amam querem que seja a verdade; e, não querendo ser enganados, também não querem ser convencidos de erro. Desse modo, detestam a verdade por amor do que tomam pela verdade. Amam a luz quando ela brilha, mas odeiam-na quando os confunde; e, como não querem ser enganados, mas querem enganar a si próprios, eles a amam quando ela se anuncia, mas a detestam quando ela os denuncia. E eis seu castigo: não querem ser descobertos pela luz, mas a luz os denuncia, sem que por isso se manifeste a eles.

É assim, é assim! Assim é o coração do homem! Cego e lânguido, torpe e indecente: quer permanecer oculto, mas não consente que nada lhe seja escondido. Mas ele é castigado: não consegue esconder-se da verdade, enquanto que esta continua oculta. Contudo, infeliz como é, prefere encontrar alegrias na verdade que no erro.

Será, portanto, feliz, quando, livre de toda inquietação, se alegrar somente na verdade, princípio de tudo o que é verdadeiro.

Capítulo 24
Deus e a memória

Vê como explorei o campo de minha memória em tua procura, Senhor; não me foi possível encontrar-te fora dela. Porque nada encontrei de ti que não fosse lembrança desde que aprendi a te conhecer, e nunca me esqueci de ti desde que te conheci. Onde encontrei a verdade, aí encontrei a meu Deus, que é a própria verdade; e desde que aprendi a conhecer a verdade, nunca mais a esqueci. Por isso, desde que te conheço, permaneces em minha memória. É lá que te encontro quando me lembro de ti e quando sou feliz em ti. Estas são as santas delícias que me deste em tua misericórdia, pondo os olhos em minha pobreza.

Capítulo 25
Recapitulação

Mas onde ficas em minha memória, Senhor, em que lugar dela estás? Que esconderijo construíste aí? Que santuário aí edificaste para ti? Deste à minha memória a honra de nela morar; mas em que parte dela resides? Isso é o que quero considerar agora.

Quando te procurei pela lembrança, ultrapassei aquela parte de minha memória que também os animais possuem, pois, não te encontrei entre as imagens dos objetos materiais. E cheguei àquela parte à qual confiei os estados afetivos de minha alma, mas também aí não te encontrei. Transpus o limiar da morada que meu próprio espírito possui na memória — porque também o espírito se lembra de si — mas nem ali estavas. Isso porque não és nem a imagem de um objeto material, nem um afeto de ser vivo, como a alegria, a tristeza, o desejo, o temor, a lembrança, o esquecimento, e outros sentimentos semelhantes, e nem és meu espírito, porque és Senhor e o Deus do espírito, e tudo isso muda, enquanto permaneces imutável, enquanto subsistes acima de todas essas coisas, e te dignaste habitar em minha memória desde que te conheço.

Mas, por que perguntar em que lugar da memória habitas, como se a memória tivesse lugares? O que é certo é que habitas nela desde que te conheço, e é nela que te encontro, quando penso em ti.

Capítulo 26
Onde encontrar Deus?

Onde, então, te encontrei, para te conhecer? Não estavas ainda em minha memória antes que eu te conhecesse. Onde, então, te encontrei, para te conhecer, senão em ti, acima de mim? Aí não há absolutamente espaço. Quer nos afastemos de ti, quer nos aproximemos, aí não existe espaço algum, ó verdade, por toda parte dás ouvidos aos que te consultam, e respondes ao mesmo tempo a todas essas diversas consultas. Todos te consultam sobre o que querem, mas nem sempre ouvem as respostas que querem. Teu melhor servo é o que não pensa em receber de ti a resposta que quer, mas em querer a resposta que lhe dás.

Capítulo 27
Solilóquio de amor

Tarde te amei, Beleza tão antiga e tão nova, tarde te amei! E, no entanto, estavas dentro de mim, e eu fora, a te procurar! Minha feiura se lançava sobre toda a beleza que criaste. Estavas comigo, e eu longe de ti. Prendiam-me longe de ti coisas que nem existiriam, se não existissem em ti. Tu me chamaste, gritaste por mim, e venceste minha surdez. Brilhaste, e teu esplendor pôs em fuga minha cegueira. Exalaste teu perfume, respirei-o, e agora suspiro por ti. Eu te saboreei, e agora sinto fome e sede. Tocaste-me, e o desejo de tua paz me inflama.

Capítulo 28
A vida do homem

Quando me unir a ti com todo meu ser, para mim não haverá mais dor ou fadiga; minha vida, cheia de ti, será então a verdadeira vida. Tornas leves aqueles que enches de ti; mas, como ainda não estou cheio de ti, sou um peso para mim. Minhas alegrias, dignas de serem choradas, lutam com meus sofrimentos, pelos quais deveria alegrar-me, e ignoro de que lado está a vitória.

Ai! Senhor, tem piedade de mim! Minhas tristezas más lutam com minhas santas alegrias, e eu não sei de que lado está a vitória. Ai! Senhor, tem piedade de mim[25]! Eis minhas feridas: eu não as escondo. Tu és o médico, eu o doente; és misericordioso, e eu miserável. Acaso não é tentação a vida do homem sobre a terra[26]? Quem gosta de aborrecimentos e de dificuldades? Mandas que os suportemos, e não que os amemos. Ninguém ama o que tolera, embora goste de tolerar. Embora alguém se alegre com sua tolerância, preferiria, contudo, nada ter que tolerar. Na adversidade, desejo a felicidade, e na felicidade temo a adversidade. Haverá entre essas situações extremas um ponto de equilíbrio, onde a vida humana não seja tentação?

Ai das prosperidades do século, nas quais se teme a adversidade e onde a alegria é corrompida! Ai das adversidades do século, uma, duas, três vezes ai! Porque no mundo se deseja a felicidade, mas a adversidade é dura, e quebra a paciência! Acaso a vida do homem sobre a terra não é uma contínua tentação.

Capítulo 29
Esperança em Deus

Toda minha esperança, não está senão na grandeza de tua misericórdia. Dá o que mandas, e manda o que quiseres. Mandas que sejamos castos. "E como sei — diz alguém — que ninguém pode ser casto se Deus não lhe dá forças, já é sabedoria saber de quem procede este dom[27]." Com efeito, a continência reúne os elementos de nossa pessoa, reduzindo-os à unidade que perdemos dispersando-nos por tantos seres e coisas. Não te ama bastante quem te ama juntamente com algum outro objeto, e não o ama por ti.

Ó amor, que sempre ardes e nunca te extingues! ó caridade, meu Deus, inflama-me! Mandas a continência? Dá-me o que mandas, e manda o que quiseres!

Capítulo 30
Sonho e voluptuosidade

É certo que me mandas reprimir a concupiscência da carne, a concupiscência dos olhos e a ambição do século[28]. Proibiste as uniões ilícitas, e, quanto ao casamento, embora o tenhas permitido, ensinaste que há um estado que lhe é preferível. E, com tua graça, optei por esse estado, antes mesmo de me tornar dispensador de teu sacramento.

Mas ainda vivem em minha memória, de que falei longamente, as imagens dessas voluptuosidades: meus hábitos de outrora nela estão gravados, embora sem forças diante de mim quando estou acordado; mas durante o sono, elas não somente me impõem o prazer, mas o consentimento do prazer e a ilusão da realidade. Essas ficções têm tal poder sobre minha alma, sobre minha carne, apesar de tão falsas, que sugerem a meu sono o que a realidade não me pode sugerir quando estou acordado. Acaso então, Senhor meu Deus, eu não sou eu? Contudo, vai tão grande diferença de mim para mim mesmo, do momento em que passo da vigília para o sono até que volto do sono para a vigília! Onde está então a razão, que durante a vigília sabe resistir a tais sugestões, e que permanece irremovível mesmo na presença da realidade? Acaso se fecha juntamente com os olhos? Acaso adormece juntamente com os sentidos do corpo?

Mas por que, muitas vezes, mesmo no sono resistimos, lembrados de nossos firmes propósitos, e nele permanecemos castos, recusando nosso assentimento a essa espécie de seduções? E, contudo, a diferença é tal que, no caso contrário, tornamos a encontrar ao despertar a paz de consciência; e a própria dessemelhança dos dois estados nos mostra que não fomos nós que fizemos o que se fez em nós, e que deploramos.

Por acaso tua mão, Senhor onipotente, não pode curar todas as enfermidades de minha alma, abolindo também, por superabundância de graça, os movimentos lascivos de meu sono? Cada vez mais, Senhor, aumentarás o número de tuas bondades para comigo, a fim de que minha alma, livre do visco da concupiscência, me siga até chegar a ti, a fim de que não se insurja contra si mesma, e que, mesmo durante o sono, sob a influência de imagens bestiais, não só não cometa essas torpezas degradantes até a lascívia carnal, mas que nem mesmo consinta nisso. Não é muito para ti, ó Todo-poderoso, que podes por nós mais do que pedimos e compreendemos[29], fazer com que, nem em minha vida presente, nem em minha vida futura, eu sinta prazer nessas surpresas dos sentidos — mesmo que fossem tão pequenas, que o menor movimento bastasse para vencê-las quando adormeço com sentimentos castos.

Agora, disse a meu bom Senhor em que estado me encontro neste gênero de misérias, alegrando-me com tremor[30], pelos dons que já me concedeste, e gemendo pelo que ainda há em mim de inacabado. Espero que aperfeiçoarás em mim tuas misericórdias, até a paz total de que gozarão em ti meu ser interior e exterior, quando a morte for absorvida pela vitória[31].

Capítulo 31
A intemperança

O dia me traz nova miséria, e oxalá que ela lhe baste[32]! Comendo e bebendo, reparamos as perdas quotidianas de nosso corpo, até o momento em que destruirás o alimento e o estômago, matando minha indigência por uma maravilhosa saciedade, e revestindo este corpo corruptível de eterna incorrupção[33].

Mas agora essa necessidade me é grata, e luto contra essa doçura para não me deixar prender; é uma guerra quotidiana que sustento pelo jejum, reduzindo meu corpo à escravidão[34]. Mas minhas dores são repelidas pelo prazer, porque a fome e a sede são dores: queimam e matam como a febre se os alimentos não lhes dão remédio. Mas como esse remédio está sempre à nossa disposição, graças ao consolo de teus dons, que põem à disposição de nossa fraqueza a terra, a água e o céu, nossas misérias merecem a nossos olhos o nome de delícias.

Tu me ensinaste a não tomar os alimentos senão como remédios. Mas quando passo dessa penosa necessidade à paz da saciedade, nessa passagem a concupiscência estende-me seu laço. Essa mesma passagem é um prazer, e não há outra para se chegar onde a necessidade nos obriga. A conservação da saúde é a razão do beber e do comer; mas um prazer perigoso, como lacaio, acompanha essas funções, e ordinariamente se esforça por tomar a dianteira, de modo que faço por ela o que digo ou quero fazer por minha saúde.

Ora, a medida de um não é a mesma da de outro; o que é bastante para a saúde não o é para o prazer, e muitas vezes é difícil saber-se se é uma necessidade física que pede ainda para ser satisfeita, ou se é a sensualidade que nos engana e quer ser servida. Essa incerteza alegra nossa pobre alma, feliz por ter encontrado uma defesa e uma desculpa, impossibilitada de determinar bem o que basta para o equilíbrio da saúde, e sob o véu da higiene esconde os interesses do prazer. A essas tentações esforço-me todos os dias para resistir, e invoco tua mão para me defender; confesso-te minha perplexidade, porque sobre este ponto ainda me sinto perplexo.

Ouço a voz de meu Deus que ordena: "Não se façam pesados vossos corações com a intemperança e a embriaguez[35]". A embriaguez está longe de mim: que tua misericórdia não permita que ela se aproxime. Mas a intemperança do alimento chega às vezes a introduzir-se em teu servo: Tua misericórdia há de afastá-la de mim, porque ninguém pode ser temperante senão por tua graça[36].

Muitas coisas nos concedes quando oramos, e tudo o que recebemos de bom, antes mesmo de pedir, é a ti que o devemos ainda. E o mesmo ato de reconhecer esses dons como teus é ainda graça tua. Nunca estive embriagado, mas conheci a muitos viciados na bebida que se tornaram sóbrios por ti. Assim, é graças a ti que alguns não são o que nunca foram; e também é graças a ti que outros não são mais o que foram; é graças a ti, enfim, que estes e aqueles sabem a quem devem essa graça.

Ouvi ainda de ti outra palavra: "Não corras atrás de tuas concupiscências, e reprime tua vontade[37]." — Tua graça ainda me fez ouvir outra palavra, de que tanto gostei: "Se comemos, nada teremos de mais; e se não comemos, nada de menos[38]." — Por outras palavras: nem isto me fará rico, nem aquilo pobre. — E ouvi ainda esta outra: "Aprendi a me contentar com o que tenho: sei viver na abundância e suportar a necessidade. Tudo posso naquele que dá forças[39]." — Assim fala o soldado da milícia celeste: nada que se assemelhe ao pó que somos. Mas, Senhor, lembra-te de que somos pó, e que de pó fizeste o homem; que o homem se perdeu, e que foi encontrado[40].

Formado do mesmo pó que nós, nada pôde por si mesmo aquele cujas palavras inspiradas por ti tanto amei: "Tudo posso naquele que me dá forças[41]." — Dá-me forças, a fim de que eu possa. Dá-me o que mandas, e manda o que queres. Paulo confessa que tudo recebeu de ti, e, quando se gloria, é no Senhor que ele se gloria[42].

Ouvi também a um outro que te pedia: "Afasta de mim as concupiscências do ventre[43]." — De onde se conclui claramente, ó Deus santo, que dás a força de cumprir o que mandas.

"Bom Pai, tu me ensinaste que tudo é puro para os puros, mas que é mau para o homem comer com escândalo[44]; que tudo o que fizeste é bom, e que nada deve ser rejeitado do que se recebe com ação de graças; que os alimentos não nos recomendam a Deus[45]; que ninguém nos deve julgar pela comida ou pela bebida; que o que come não deve desprezar o que não come, e que o que come não deve julgar o que não come[46]." — Por essas lições, graças te sejam dadas; louvores a ti, meu Deus, meu Mestre, que bates a meus ouvidos e iluminas meu coração. Livra-me de toda tentação. Não é a impureza dos alimentos o que temo, mas a imundícia da concupiscência.

Sei que Noé teve permissão de comer toda espécie de carne que pudesse servir de alimento, e que Elias comeu carne para reparar as forças; sei que João Batista, asceta admirável, não se manchou com os animais — os gafanhotos — de que se alimentava. Eu sei, pelo contrário, que Esaú deixou-se enganar por um prato de lentilhas; que Davi se repreendeu a si próprio por ter desejado água; que nosso

Rei foi submetido à tentação, não de carne, mas de pão. Por isso o povo foi justamente repreendido no deserto, não por ter desejado comer carne, mas porque esse desejo o fez murmurar contra o Senhor.

Exposto a essas tentações, luto todos os dias contra a concupiscência do comer e do beber, por que isso não é coisa que se possa cortar de uma vez por todas, com um simples propósito de jamais tocá-la no futuro como fiz em relação à mulher. É um freio que devo pôr a meu paladar, ora para afrouxá-lo, ora para reprimi-lo. E quem é, Senhor, que não se deixa levar um pouco além dos limites da necessidade? Se há alguém assim, esse tal é grande, e deve engrandecer teu nome. Quanto a mim, não sou desse número, porque sou pecador. Contudo, também eu engrandeço teu nome, e Aquele que venceu o mundo intercede junto a ti por meus pecados[47] contando-me entre os membros enfermos de seu corpo, porque teus olhos viram suas imperfeições e porque todos serão inscritos em teu livro[48].

Capítulo 32
Os prazeres do olfato

Quanto à sedução dos perfumes, não me inquieto muito. Quando ausentes, não vou à sua procura; quando presentes, não os afasto; estou sempre disposto a carecer deles. Pelo menos é o que me parece, embora talvez me engane. Porque há em mim trevas deploráveis, que me escondem a vista de minhas faculdades ocultas, de sorte que, quando meu espírito se interroga a respeito de suas forças, bem sabe que não deve fiar-se em si mesmo, porque seu conteúdo muitas vezes permanece oculto, até que a experiência lho dá a conhecer. Por isso ninguém deve estar seguro nesta vida, que se chama de tentação perpétua, para que não aconteça que, assim como podemos nos tornar de piores melhores, não voltemos a nos tornar de melhores piores. Nossa única esperança, nossa única confiança, nossa firme promessa é tua misericórdia.

Capítulo 33
Os prazeres do ouvido

Os prazeres do ouvido me haviam enredado e subjugado com mais força, mas tu me desligaste, me libertaste.

Agradam-me ainda, eu o confesso, os cantos que animam tuas palavras, quando executados por voz agradável e artística, sem todavia me deixar prender por eles, guardando minha liberdade para me levantar quando quero. Para serem admitidos em mim, juntamente com os pensamentos que lhes dão vida, procuram em meu coração um lugar digno deles, mas eu sinto dificuldade para encontrar lugar que lhes seja conveniente.

Às vezes julgo dar-lhes mais honra do que devia: sinto que essas palavras santas, acompanhadas de canto, me inflamam de piedade mais religiosa e mais ardente do que se fossem cantadas de outro modo. É que todas as emoções de nossa alma, de acordo com suas características diversas, têm seu modo de expressão próprio na voz e no canto, que, por não sei que afinidade, os estimula.

Mas o prazer dos sentidos, pelo qual a alma não se deve deixar enervar, muitas vezes me engana: a sensação não se limita a acompanhar a razão, seguindo-a modestamente; mas só porque, graças à razão, foi admitida, procura precedê-la e conduzi-la. É nisso que peco sem o sentir, embora o advirta depois.

Outras vezes, porém, querendo imoderadamente evitar este engano, erro por demasiada severidade, e às vezes chego ao ponto de querer a todo custo afastar de meus ouvidos, e da própria Igreja, a melodia dessas suaves cantilenas, que servem de habitual acompanhamento aos salmos de Davi. Então parece-me que o mais seguro é o costume adotado por Atanásio, bispo de Alexandria. Lembro-me de ter ouvido muitas vezes dizer que ele os mandava recitar com tão fraca modulação de voz, que era mais uma declaração do que um canto.

Contudo, quando me vêm à lembrança as lágrimas que derramei ao ouvir os cantos de tua Igreja, nos primeiros dias de minha conversão, e quando ainda agora me comovo, não com o canto, mas com as palavras cantadas, quando o fazem com voz clara e modulações apropriadas, reconheço novamente a grande utilidade dessa instituição.

Assim, flutuo entre o perigo do prazer e a constatação dos bons efeitos que o canto pode conseguir, e, sem dar sentença definitiva, inclino-me a aprovar o costume do canto da Igreja, a fim de que, pelo canto dos ouvidos, a alma, ainda muito fraca, se eleve aos sentimentos de piedade. Aliás, quando me acontece comover-me mais com os cantos do que com as palavras cantadas, confesso que meu pecado merece penitência, e então preferiria não ouvir cantar.

Eis em que ponto estou! Chorai comigo, e chorai por mim, vós que experimentais no coração inclinações virtuosas, fonte de boas obras. Porque vós, que não as conheceis, sois insensíveis a tudo isso. E tu, Senhor meu Deus, escuta, olha e vê; tem piedade de mim, dá-me saúde[49]. Eis que me transformei para mim mesmo em um problema, sob teus olhos, e aí reside precisamente meu mal.

Capítulo 34
O prazer dos olhos

Resta ainda o prazer destes olhos carnais. Gostaria que os ouvidos fraternos e piedosos de teu templo escutassem a confissão que vou fazer, terminando assim com as tentações da concupiscência da carne, que ainda me incitam, a despeito de meus gemidos e dos desejos de ser revestido de meu tabernáculo, que está no céu[50].

Meus olhos apreciam as formas belas e variadas, das cores brilhantes e agradáveis. Oxalá elas não me prendessem a alma! Oxalá só a prendesse o Deus que criou coisas tão excelentes: ele é meu bem, e não elas. Todos os dias, enquanto estou acordado, elas se impõem a mim sem me dar descanso, como o fazem as vozes melodiosas, e às vezes tudo o que existe, quando reina o silêncio. A própria rainha das cores, esta luz que inunda tudo o que vemos, e onde quer que eu esteja durante o dia, insinua para mim de mil modos suas carícias, mesmo quando estou ocupado em outra coisa e não lhe dou atenção. E ela se insinua tão fortemente que, se de repente no-la arrebatam, nós a desejamos, nós a procuramos, e, se sua ausência se prolonga, nossa alma se entristece.

Ó luz que via Tobias quando, com os olhos fechados, mostrava ao filho o caminho da vida, caminhando à sua frente com os pés da caridade, sem jamais se perder! Luz que via Isac, quando seus olhos carnais, entorpecidos e velados pela velhice, mereceram não abençoar a seus filhos reconhecendo-os, mas reconhecê-los abençoando-os! Luz que via Jacó, também ele privado da vista por sua idade avançada, projetou os raios de seu coração iluminando sobre as gerações do povo futuro, prefigurados em seus filhos, e que a seus netos, os filhos de José, impôs as mãos misticamente cruzadas, não como desejava dispô-las o pai, que via com os olhos exteriores, mas de acordo com seu próprio discernimento interior! Eis a verdadeira luz; ela é una, e todos os que a veem e amam formam um único ser.

Quanto a esta luz corporal, de que falava, por sua doçura sedutora e perigosa, ela é um dos prazeres da vida para os cegos amantes do mundo. Mas os que nela sabem encontrar motivos para te louvar, Deus, criador do universo, convertem-na em hino em teu louvor, em lugar de se deixarem prender por ela no sono de sua alma. É assim que desejo ser. Resisto às seduções dos olhos, de medo que meus passos, que andam por teu caminho, não se prendam, e elevo para ti olhos invisíveis, para que libertes meus pés de seus laços[51]. Tu não cessas de livrá-los, porque vivem a se prender. Tu não cessas de me livrar, e eu me deixo prender a cada passo nas insídias espalhadas por toda parte, porque não dormirás, nem dormitarás, tu, que guardas a Israel[52].

Que encantos sem-número os homens acrescentaram às seduções dos olhos, pela variedade de suas artes, com sua indústria em matéria de vestidos, de calçados, de vasos, de produtos de toda espécie, de pintura e outras representações, que ultrapassam de muito o uso necessário e moderado e a expressão piedosa. Correm, no exterior, atrás das produções de suas artes, e, em seu interior abandonam. Aquele que os criou, destruindo o que ele neles fez.

Quanto a mim, meu Deus e minha glória, ainda nisto encontro matéria para cantar-te um hino, e oferecer um sacrifício de louvor àquele que sacrificou por mim, porque as belezas que da alma do artista passam para suas mãos hábeis, vêm dessa beleza, que é superior às nossas almas e pela qual minha alma suspira dia e noite.

Os artistas e seguidores das belezas exteriores tiram dessa beleza soberana apenas o critério para apreciá-las, mas não tiram dela uma regra para usá-las bem. Contudo ela ali está, mas eles não a veem. Se a vissem, não iriam além, e guardariam sua força para ti[53], e não a dissipariam em enervantes delícias.

Mesmo eu, que afirmo e compreendo essas verdades, deixo que meus passos se enredem nessas belezas; mas tu me livras de seu laço, tu me libertas, porque tua misericórdia está diante de meus olhos[54]. Deixo-me prender miseravelmente, e tu me libertas misericordiosamente, às vezes sem que eu o sinta, quando minha queda não foi brutal, às vezes infligindo-me um sofrimento, quando eu começava a me apegar.

Capítulo 35
A curiosidade

A esta acrescente-se outra forma de tentação, que oferece maiores perigos. Além da concupiscência da carne, que consiste no deleite voluptuoso de todos os sentidos, e cuja escravidão perde os que se afastam de ti, há ainda na alma uma outra cobiça, que se exerce pelos mesmos sentidos corporais, mas tende menos a uma satisfação carnal do que a fazer experiências por meio da carne: vã curiosidade, que se acoberta sob o nome de conhecimento e de ciência. Como se origina no apetite de conhecer, e como entre os sentidos os olhos são os principais instrumentos do conhecimento, o oráculo divino chamou-a de concupiscência dos olhos.

Ver, com efeito, é função própria dos olhos. Mas nós usamos dessa palavra mesmo quando se trata de outros sentidos, quando nós os aplicamos ao conhecimento. Nós não dizemos: "Ouve como isto brilha" — nem: "Sente como isto resplandece" — nem: "Apalpa como isto cintila." — Para exprimir tudo isso dizemos ver ou olhar. E até não nos limitamos a dizer: "Olha que luz!" — somente os olhos nos podem dar esta sensação — mas dizemos ainda: "Olha que som! Olha que cheiro! Olha que gosto! Olha como é duro!" Por esse motivo toda experiência que é obra dos sentidos é chamada, como disse, concupiscência dos olhos[55]: essa função da visão, que pertence essencialmente aos olhos, é usurpada metaforicamente pelos demais sentidos, quando procuram conhecer qualquer coisa.

Daqui podemos avaliar claramente o papel do prazer e o da curiosidade na ação dos sentidos. O prazer procura o que é belo, melodioso, suave, saboroso, agradável ao tato; e a curiosidade também deseja conhecer as impressões contrárias, não para se expor a um sofrimento, mas por desejo de fazer experiências e de conhecer. Que prazer pode proporcionar a vista de um cadáver dilacerado, que causa horror? E, contudo, onde há um cadáver, para lá correm as pessoas a fim de se entristecerem e empalidecer de emoção. E depois têm medo de revê-lo em sonhos, como se alguém nos tivesse obrigado a contemplá-lo na véspera, ou como se a fama de alguma beleza nos tivesse atraído. O mesmo acontece com os outros sentidos, o que seria longo enumerar.

É essa morbidez da curiosidade que está na origem das exibições de monstros nos espetáculos. É ela que nos leva a perscrutar os segredos da natureza exterior, cujo conhecimento de nada serve, e que os homens não desejam conhecer senão pelo prazer de conhecer. É ela ainda que, tendo em vista idêntico fim — uma ciência perversa — inspira as pesquisas da arte mágica. É ela também que, na própria religião, nos induz a tentar a Deus, quando lhe pedimos sinais e prodígios, não para a salvação de uma alma, mas apenas pelo desejo de vê-los.

Nessa imensa floresta, cheia de insídias e de perigos, já cortei muitas coisas, lançando-as para fora de meu coração. A força para isso recebi-a de ti, Deus de minha salvação. E, contudo, quando ousarei dizer, na vertigem quotidiana de tantas tentações de toda espécie, que atormentam minha vida, quando ousarei dizer que nada disto mais atrai minha atenção, meus olhares, e não cativa minha vã curiosidade? É fora de dúvida que o teatro já não me atrai; não me preocupo mais em conhecer o curso dos astros; minha alma jamais consultou as sombras; tenho horror de todos os ritos sacrílegos.

Mas quantas maquinações inventa o inimigo para me sugerir que te peça algum milagre, a ti, Senhor, meu Deus, a quem devo humildes e simples cuidados de servidor! Eu te conjuro, por nosso Rei, por nossa pura e casta pátria, Jerusalém, que o pensamento de consentir nessas coisas, que agora está longe de mim, cada vez mais se afaste de mim! Mas quando te peço algo pela salvação de uma alma, a finalidade de minha intenção é bem diferente: então me ouvirás, e me concederás a graça de seguir de bom grado tua vontade.

Mas que multidão de bagatelas miúdas e desprezíveis tenta cada dia nossa curiosidade! E quem poderia enumerar nossas quedas? Quantas vezes, quando nos contam banalidades, começamos por tolerá-las, para não ofender os fracos, e depois, pouco a pouco, passamos a dar-lhes atenção sempre crescente!

Não vou mais ao circo, para ver um cão correr atrás de uma lebre; mas, se por acaso passo pelo campo, e se me oferece esse espetáculo, eis-me interessado pela caçada, talvez até distraindo-me de algum pensamento profundo. E, se não chega a me fazer mudar a rota de minha montaria, sigo-a ao menos com o coração. Se por essa demonstração de minha enfermidade não conseguires fazer com que abandone esse espetáculo, elevando-me a ti por meio de alguma reflexão, ou desprezando tudo e indo adiante, fico ali como um bobo, embrutecido por minha vã curiosidade.

E que dizer quando, sentado em minha casa, uma lagartixa anda à caça de moscas, ou uma aranha enreda em sua teia os insetos que nela caem? Acaso, por serem animais pequenos, o efeito que fazem em mim não é o mesmo? É verdade que depois passo a te louvar, Criador admirável, ordenador do universo, mas não foi esse o pensamento que por primeiro chamou minha atenção. Uma coisa é alguém levantar-se depressa, e outra é não cair.

E dessas quedas minha vida está cheia, e minha única esperança está em tua extrema misericórdia. Nosso coração torna-se receptáculo de semelhantes misérias, e leva em si uma multidão enorme de vaidades, que chegam muitas vezes até a interromper e perturbar nossas orações; e enquanto, em tua presença, levantamos a voz de nosso coração até teus ouvidos, esses pensamentos fúteis lançam-se sobre nós, não sei de onde, e vêm perturbar uma ação de tanta importância.

Capítulo 36
O orgulho

Terei também essas fraquezas como desprezíveis? Ou algo poderá restituir-nos a esperança, além de tua misericórdia, muito conhecida, desde que começaste a me transformar? Sabes até que ponto já me transformaste, tu que, em primeiro lugar, me curaste da paixão da vingança, para socorrer-me também em todas as minhas iniquidades, curar todos os meus males, resgatar minha vida da corrupção, coroar-me na piedade e na misericórdia, e saciar de bens meu desejo[56]; tu, que reprimiste meu orgulho pelo temor que me inspiraste, dobrando meu pescoço a teu jugo. Agora eu o carrego, e teu jugo me é doce, como me prometeste e o cumpriste. Na verdade, teu jugo já era doce, mas eu não o sabia quando tinha medo de me sujeitar a ele.

Mas, Senhor, tu que és o único que sabe mandar sem orgulho, porque és o único Senhor verdadeiro[57] que não tem senhor, porventura cessou em mim, se isso pode acontecer nesta vida, esta terceira espécie de tentação, que consiste em querer ser temido e amado pelos homens, com o fim de conseguir uma alegria que não é verdadeira? Que vida miserável, que vaidade indigna! Aí reside o principal motivo de nossa falta de amor e de temor piedoso para contigo. Por isso resistes aos soberbos, enquanto dás tua graça aos humildes[58]. Trovejas contra as ambições do século, e as montanhas se abalam até os alicerces[59].

Porque é necessário, para cumprir alguns deveres na sociedade, fazer-se amar e temer pelos homens, o inimigo de nossa verdadeira felicidade insta conosco, e por toda parte espalha laços gritando: "Bravo! Bravo!" — a fim de que, em nossa avidez de recolher essas lisonjas, nos deixemos prender imprudentemente. Sua finalidade é fazer com que deixemos de colocar nossa alegria na verdade, para colocá-la na mentira dos homens; é que sentimos prazer em nos fazer temer e amar, não por ti, mas em teu lugar, e dessa maneira nos tornamos semelhantes a ele, não por uma união de caridade, mas para participar de seu suplício; porque ele quis estabelecer sua morada no aquilão, para fazer de nós, nas trevas e no frio, os escravos do perverso e sinuoso imitador de teu poder.

Mas nós, Senhor, vê, somos tua pequenina grei[60]: sê nosso dono. Estende tuas asas, para que nos sirvam de refúgio. Sê nossa glória; que nos amem por tua causa e que seja tua palavra temida em nós. Quem deseja ser louvado pelos homens, quando o reprovas, não será defendido pelos homens quando o condenares, e não poderá furtar-se à tua condenação. Mas quando não é um pecador o que é louvado nos desejos de sua alma, nem um artífice de iniquidades o que é abençoado[61], mas um homem que se louva pelos dons que lhe concedeste, se ele se compraz mais no louvor do que no dom pelo qual é louvado, também este é louvado com tua reprovação, a despeito dos louvores que recebe. E o que o louva é melhor do que o que é louvado, porque o que a um agradou é o dom de Deus; o outro preferiu ao dom de Deus o dom do homem.

Capítulo 37
A tentação do orgulho

Diariamente estamos às voltas com essas tentações, Senhor, somos tentados sem trégua. A língua dos homens é uma fornalha onde todos os dias somos postos à prova, Também neste ponto mandas que sejamos senhores de nós mesmos: dá o que mandas, e manda o que quiseres.

Sobre este ponto conheces os gemidos que meu coração dirige a ti, os rios de lágrimas que brotam de nossos olhos. Para mim é difícil distinguir em que medida sou purificado dessa peste, e tenho muito medo de minhas faltas ocultas, que teus olhos conhecem, e que meus olhos ignoram. Para os outros gêneros de tentação, tenho meios para me examinar, mas neste quase nenhum. Eu sei até que ponto me tornei senhor de minha alma a respeito dos prazeres da carne e das vãs curiosidades, quando me vejo privado de tais coisas por minha vontade ou por necessidade. Então pergunto a mim mesmo se é mais ou menos desagradável ver-me privado desses dons.

Quanto à riqueza, que não se cobiça senão para satisfazer a uma dessas três concupiscências, ou duas dentre elas, ou todas as três, no caso em que a alma não possa perceber se as despreza ao possuí-la, só dela depende renunciar a eles para se pôr à prova. Mas para se furtar aos louvores e experimentar nosso poder, para experimentar nosso poder nesse ponto, será acaso necessário levar uma vida má, infame, horrível, a ponto de ninguém nos conhecer sem nos detestar? Pode-se dizer ou conceber maior loucura?

Se o louvor é o companheiro habitual e necessário de uma vida boa e de boas obras, não será por isso que deveremos abandonar a vida exemplar. Contudo, não distingo se a privação de um bem me é indiferente ou penosa senão na ausência desse bem.

Então, Senhor, que hei de confessar-te neste gênero de tentação? Que tenho em grande apreço o louvor? Mas agrada-me mais a verdade. Pois, se me dessem a escolher entre estes dois partidos: ser louvado por todos por minha loucura e meus erros em tudo, ou ser escarnecido unanimemente por minha firme e absoluta certeza da verdade, bem sei qual seria minha escolha. Contudo, não gostaria que o sufrágio de uma boca estranha aumentasse para mim a alegria que experimento pelo pouco bem que faço. Mas tenho de te confessar que não só o louvor a aumenta, mas que também o vitupério a diminui.

Quando me sinto perturbado por essa miséria, uma desculpa se insinua em mim. Sabes, Senhor, o que ela vale, porque a mim me deixa perplexo. De fato, não nos mandaste apenas a continência, que nos proíbe amar certas coisas, mas também a justiça, que propõe um objeto de nosso amor; e não quiseste que amássemos apenas a ti, mas também a nosso próximo, razão pela qual muitas vezes me parece que é o progresso de meu próximo, ou as esperanças que ele dá que me encantam, quando um elogio inteligente me alegra; e que, pelo contrário, é sua maldade que me entristece quando o ouço vituperar o que ignora ou o que é bom.

Às vezes também me entristeço com os elogios que fazem de mim, quando louvam em minha pessoa qualidades que me desagradam, ou quando dão muita importância a qualidades medíocres e insignificantes.

Mas, repito-o, como saber se esse desgosto não provém de minha repugnância ao ver o que me louva em desacordo comigo a respeito de mim mesmo, não que seu interesse me mova, mas por causa do aumento de prazer que sinto quando o bem que amo em mim é amado pelos outros? Seja como for, não me considero louvado quando o elogio contradiz o julgamento que faço de mim mesmo, quer exaltando o que me desagrada, quer exagerando o valor do que me agrada menos. Serei, portanto, sobre este ponto ainda um enigma para mim mesmo?

Mas eis, ó verdade, que vejo em ti que devo ser sensível aos louvores que me prodigalizam, não em meu interesse mas no interesse do próximo. Não sei se é este o meu caso, pois neste assunto me conheces melhor do que eu mesmo. Suplico-te meu Deus, que dês a conceder a mim mesmo, a fim de que eu possa confessar a meus irmãos dispostos a orar por mim, quanto achar em mim de mau. Faze que me interrogue com mais atenção. Se é verdadeiramente o interesse do próximo que me move quando me louvam, por que sou menos sensível ao vitupério injustamente feito a um outro, do que se o fosse a mim? Porque a mordedura de uma ofensa me faz sofrer mais do que injúria igualmente injusta feita a uma outra pessoa diante de mim? Acaso também ignoro isto? Deveria então dizer que me iludo, e que meu coração e minha língua traem diante de ti a verdade?

Afasta de mim, Senhor, esta loucura, de medo que minhas palavras não sejam para mim óleo de pecador para ungir minha cabeça[62].

Capítulo 38
A vanglória

Sou pobre e necessitado[63], e nada valho, senão quando, com gemidos secretos, desagrado a mim mesmo e procuro tua misericórdia, até o dia em que minhas imperfeições forem reparadas e aperfeiçoadas, experimentando a paz ignorada pelo olho soberbo! Mas as palavras de nossa boca, ou as de nossos atos, que são conhecidas pelo público, nos expõem a uma tentação muito perigosa, filha desse amor aos louvores, que, para nos fazer valer, recolhe e mendiga os pareceres alheios. Essa paixão ainda me tenta quando eu a critico em mim, e é por isso mesmo que eu a critico. Muitas vezes, por um cúmulo de vaidade, há quem se glorie até mesmo desse desprezo da vanglória: mas na verdade não é mais do desprezo da vanglória que se glorifica, porque ninguém a despreza quando se gloria de a desprezar.

Capítulo 39
O amor-próprio

Há ainda em nós, bem dentro de nós, outra tentação do mesmo gênero: é a fonte da vaidade daqueles que se comprazem em si mesmos, embora não agradem aos outros ou porque lhes desagradem, ou porque não procuram absolutamente agradar-lhes. Por mais contentes que estejam consigo mesmos, te desagradam muito, não apenas quando se gloriam dos males como se foram bens, mas ainda quando consideram como seu bem próprio o bem de que és o autor, ou quando, reconhecendo em si tua obra, eles a atribuem a seus merecimentos; ou ainda quando, atribuindo-os à tua graça, eles não associam os outros à sua alegria, e dela se apropriam invejosamente.

Em meio a todos os perigos e provas dessa espécie, tu vês o temor de meu coração, e sinto que são mais as feridas que curas em mim do que as que eu vejo ou sinto.

Capítulo 40
À procura de Deus

Quando deixaste de me acompanhar em minha caminhada terrestre, ó Verdade, para me ensinar o que eu devia evitar ou procurar, enquanto eu te consultei, tanto quanto me era possível, submetendo a ti meus medíocres pontos de vista? Percorri com meus sentidos, como me pude, o mundo exterior. Observei a vida de meu corpo e os próprios sentidos. Depois penetrei pelos ocultos labirintos da memória em seus múltiplos domínios, tão maravilhosamente cheios de inúmeras riquezas; considerei tudo isso, e fiquei estupefacto. Sem teu socorro nada poderia distinguir, mas reconheci que nada disto eras. Explorei todas essas coisas, fiz todos os esforços para distinguir cada uma delas e para estimá-las em seu devido valor, recebendo umas pelo testemunho dos sentidos e interrogando-as, e sentindo outras unidas a mim, examinando, enumerando os sentidos, esses mensageiros, e nas vastas reservas da memória analisando certas lembranças, encerrando umas e retirando outras. Mas não era eu quem descobria todas essas coisas, e nessa pesquisa, eu, ou antes, a força pela qual eu a empreendia, não eras tu. Porque és a luz permanente que eu consultava sobre todas essas coisas para saber se elas existiam, o que eram, o que valiam, e eu ouvia tuas lições e tuas ordens. Costumo fazê-lo muitas vezes; essa é a minha alegria, e, na medida em que minhas ocupações me permitem algum lazer, refugio-me nesse prazer.

Em todas essas coisas que percorro consultando-te não encontro segurança para minha alma senão em ti: tu és o lugar onde se reúnem meus sentimentos esparsos, sem que nada se parta em mim. Todavia, fazes com que eu conheça uma extraordinária plenitude de vida interior, na qual experimento misteriosa doçura, que, se chegasse à perfeição, não sei o que seria, porque esta vida não poderia subsistir. Mas torno a cair neste mundo inferior, cujo peso me acabrunha, volto a ser presa de meus hábitos, que me prendem, e, malgrado minhas lágrimas, elas não me libertam. Tal é o peso do hábito! Não quero estar onde posso e não posso estar onde quero: miséria em ambos os casos!

Capítulo 41
Deus e a mentira

Por isso considerei minhas fraquezas de pecador nas três concupiscências, e invoquei tua destra para minha cura. Porque, o coração ferido, vi teu esplendor, e, forçado a recuar, disse: "Quem pode chegar até lá? Fui lançado para longe de teus olhos[64]." — És a verdade que preside a todas as coisas. E eu, em minha avareza, não queria perder-te, mas queria possuir ao mesmo tempo a ti e à mentira, como os que não querem mentir a ponto de perderem a noção de verdade. Eis por que te perdi, porque não admites que ninguém te possua juntamente com a mentira.

Capítulo 42
Os neoplatônicos e o caminho para Deus

Quem poderia eu encontrar que me reconciliasse contigo? Deveria eu recorrer aos anjos? E com que orações, com que ritos? Muitos que se esforçavam para voltar a ti, não o podendo por si mesmos, tentaram este caminho, segundo ouço dizer, e caíram na curiosidade de visões estranhas, sendo por isso justamente punidos pelas ilusões*.

Orgulhosos! Eles te procuravam, com o coração inchado de sua ciência de presunção, e não compungido. E atraíram para si, pela semelhança de seus sentimentos, as potestades do ar[65], que se fizeram cúmplices e companheiras de sua soberba, e se tornaram vítimas de suas virtudes mágicas. Estavam à procura de um mediador para purificá-los, mas não o encontraram, senão a um demônio, transfigurado em anjo de luz[66]. E por não possuir corpo de carne, seduziu sobremaneira a carne orgulhosa. Eram eles mortais e pecadores,

---

* Alusão aos platônicos e às suas práticas teúrgicas.

enquanto que tu Senhor, com quem eles procuravam soberbamente reconciliar-se, és imortal e sem pecado.

Era necessário ao mediador entre Deus e o homem alguma semelhança com Deus e alguma semelhança com os homens; não se assemelhando senão aos homens, estaria muito longe de Deus; não se assemelhando senão a Deus, estaria muito longe dos homens, e em ambos os casos não poderia ser mediador.

Mas esse falso mediador, a quem teus secretos juízos dão licença para iludir a soberba, não tem de comum com os homens senão uma coisa, isto é, o pecado. Ele bem gostaria de parecer ter algum traço comum com Deus; e por isso, como não está revestido de carne mortal, pretende ser imortal. Mas, como a morte é o salário do pecado[67], ele tem de comum com os homens o que o faz condenar, como eles, à morte.

Capítulo 43
Cristo, o único mediador

O verdadeiro mediador que, em tua secreta misericórdia, enviaste e revelaste aos homens, a fim de que, por seu exemplo, aprendessem a humildade, esse mediador entre Deus e os homens, o homem Jesus Cristo[68], apareceu como mediador entre os pecadores mortais e o Justo imortal: mortal como os homens e justo como Deus. E, como a vida e a paz são a recompensa da justiça, pela justiça que o une a Deus ele suprimiu a morte entre os ímpios justificados e quis morrer como eles.

Foi revelado aos santos dos antigos dias, para que eles encontrassem a salvação pela fé em sua paixão futura, como nós a encontramos na fé de sua paixão passada. De fato, só é mediador enquanto homem; enquanto Verbo não pode ser intermediário, por ser igual a Deus: Deus em Deus, e, ao mesmo tempo, Deus único.

Como nos amaste, bom Pai! que, não poupando teu Filho único, o entregaste por nós pecadores[69]! Oh! como nos amaste, a nós por quem esse Filho, que não considerava rapina o ser igual a ti, submeteu-se até a morte de cruz, sendo o único livre entre os mortos[70], tendo o poder de dar sua vida e de novamente retomá-la[71]. Por nós se fez diante de ti vencedor e vítima, e vencedor porque era vítima; por nós, diante de ti, se fez sacrificador e sacrifício, e sacrificador porque ele era o sacrifício; de escravos, fez de nós teus filhos; nascido de nós, se fez nosso escravo. É com razão que ponho nele a firme esperança de que curarás todas as minhas enfermidades por intermédio dele, que está sentado à tua direita e intercede por nós junto de ti. De outro modo desesperaria, porque meus males são grandes e numerosos, sim, grandes e numerosos. Mas mais poderoso é o remédio que nos proporcionas. Nós poderíamos pensar que teu Verbo estava muito longe para se unir ao homem, e desesperar de nós, se ele não se tivesse feito carne, habitando entre nós.

Cheio de medo por meus pecados e pelo peso enorme de minhas misérias, concebi a ideia, o projeto de fugir para a solidão; mas tu te opuseste e me tranquilizaste dizendo: Cristo morreu por todos, a fim de que os que vivem já não vivam para si, mas por aquele que morreu por eles[72].

Eis, Senhor, que lanço em ti minhas preocupações para viver, e considerarei as maravilhas de tua lei[73]. Conheces minha ignorância e minha fraqueza: ensina-me, cura-me. Teu Filho único, em quem estão escondidos todos os tesouros da sabedoria e da ciência[74], me remiu com seu sangue. Que os soberbos não me caluniem mais[75], porque eu conheço o preço de meu resgate. Como o corpo e bebo o sangue da vítima redentora, distribuo-a aos outros, e, pobre, desejo saciar-me dela na companhia daqueles que a comem e são saciados. E louvarão ao Senhor os que o buscam[76]!

LIVRO DÉCIMO PRIMEIRO

Capítulo 1
Finalidade das confissões

Porventura, Senhor, sendo tua a eternidade, ignoras o que te digo, ou vês no tempo o que se passa no tempo? Por que motivo, então, fazer-te uma relação dessas coisas todas? Certamente não é para te instruir; é para excitar em mim e nos que me leem nosso amor por ti, a fim de que todos digamos: Grande é o Senhor, e infinitamente digno de louvores[1]! Já disse e torno a dizer: "É por amor de teu amor que faço isso."

Também nós oramos, e, não obstante, a verdade nos diz: O Pai conhece vossas necessidades antes mesmo que lho peças[2]. — Por isso nós te abrimos nosso coração confessando-te nossas misérias e tuas misericórdias por nós, a fim de que nos livres inteiramente, já que começaste a fazê-lo, e para que deixemos de ser infelizes em nós para sermos felizes em ti. Porque nos chamaste para que sejamos pobres de espírito, mansos, penitentes, famintos e sedentos de justiça, e misericordiosos, e puros de coração, e pacíficos.

Eis que te contei muitas coisas, de acordo com meu poder e minha vontade, porque o quiseste primeiro, a fim de que te confessasse, Senhor meu Deus, porque és bom, e porque tua misericórdia é eterna[3].

Capítulo 2
A inteligência das Escrituras

Mas quando poderei eu contar devidamente com a língua de minha pena todas as exortações, todos os terrores, as consolações, as inspirações através dos quais me levaste a pregar tua palavra e dispensar teu sacramento a teu povo?

Mesmo que eu fosse capaz de enumerar todas essas coisas, as gotas de meu tempo me custam muito caro. Há muito que ardo em desejos de meditar tua lei, e de te confessar nela minha ciência e minha ignorância, as primícias de tuas luzes e o que ainda resta em mim de trevas, até que minha fraqueza seja absorvida por tua força. Não quero que se dispersem em outros cuidados as horas de liberdade que posso conseguir além dos cuidados indispensáveis do corpo, do trabalho intelectual, dos serviços que devemos aos homens, e dos que lhes prestamos sem lhes dever.

Senhor meu Deus, ouve minha prece; que tua misericórdia ouça meu desejo, porque ele não arde só por mim, mas também para servir à caridade fraterna, e bem vês em meu coração que não minto.

Permite que eu te sacrifique a servidão de meu pensamento e minha língua, mas dá-me o que te devo oferecer, porque sou pobre e necessitado, enquanto és rico para todos os que te invocam[4], e, sem te inquietares contigo, te preocupas conosco. Livra de toda temeridade e de toda mentira meus lábios, por dentro e por fora. Que tuas Escrituras sejam minhas castas delícias, que não me engane nelas, nem com elas engane a ninguém. Senhor, ouve-me, e tem compaixão, Senhor meu Deus, luz dos cegos e vigor dos fracos, mas também luz dos que veem e fortaleza dos fortes; fica atento à minha alma e ouve-a a gritar do fundo do abismo. Porque se teus ouvidos estão ausentes do abismo, para onde iríamos, para onde clamaríamos?

Teu é o dia e tua é a noite[5]: a um sinal teu os minutos voam. Dá-me tempo para meditar nos mistérios de tua lei, e não queiras fechá-las para os que lhe batem à porta, pois não quiseste em vão que se escrevessem os obscuros segredos de tantas páginas. Ou, porventura, estes bosques não têm seus cervos, que neles se acolhem, se alimentam, que aí passeiam, descansam e ruminam? Ó Senhor, aperfeiçoa-me e revela-me o sentido dessas páginas. Eis que tua palavra é minha alegria, tua palavra está acima de todos os prazeres. Dá-me o que amo, porque ando enamorado, e amar é um dom que me concedeste. Não abandones os dons de tua liberalidade, nem desprezes tua erva sedenta. Confessar-te-ei tudo o que descobrir em teus livros. Que eu ouça a voz de teus louvores[6], que eu beba de ti e que eu considere as maravilhas de tua lei[7], desde o começo dos tempos, quando fizeste o céu e a terra, até o reino perpétuo de tua cidade santa.

Senhor, tem piedade de mim, ouve meu desejo, pois creio que não desejo nada da terra, nem ouro, nem prata, nem pedras preciosas, nem belas roupas, nem altos cargos, nem prazeres carnais, nem a satisfação das necessidades físicas que nos acompanham em nossa peregrinação desta vida, bens todos que, aliás, nos são dados por acréscimo quando procuramos teu reino e tua justiça[8].

Vê, meu Deus, o que excita meu desejo. Os maus contaram-me seus prazeres, mas esses prazeres não se assemelham aos proporcionados por tua lei[9]. É ela que excita meu desejo. Olha, ó Pai, olha, e vê, e aprova. Oxalá sob teus olhares misericordiosos eu encontre graça diante de ti, e que os arcanos secretos de tuas palavras se abram a meu espírito que bate às suas portas!

Eu to suplico por nosso Senhor, Jesus Cristo, teu filho, o homem que está sentado à tua direita, o Filho do homem, a quem escolheste como mediador entre nós e ti[10], por quem nos procuraste quanto não te procurávamos, e nos procuraste para que te procurássemos! Em nome de teu Verbo, por quem criaste todas as coisas, e a mim entre outras; de teu Filho único, por quem chamaste à adoção o povo dos crentes, e nele a mim.

Eu te conjuro por aquele que está sentado à tua direita[11], e que intercede por nós, no qual estão ocultos todos os tesouros da sabedoria e da ciência[12], que procuro em teus livros. Moisés escreveu a seu respeito: "Isto diz ele, isto diz a verdade."

Capítulo 3
O que disse Moisés

Senhor, faze que eu ouça e compreenda como no princípio criaste o céu e a terra. Moisés escreveu isto. Escreveu e desapareceu, foi-se de aqui, onde lhe falaste, para junto de ti, e não está mais diante de mim. Se estivesse aqui, detê-lo-ia, para lhe pedir que me esclarecesse em teu nome o sentido deste texto, e aplicaria meus ouvidos às palavras que brotassem de sua boca. Se me falasse em hebraico, sua voz bateria em vão em meus ouvidos, e meu espírito nada entenderia; mas se me falasse em latim, eu compreenderia suas palavras.

Mas, como saberia se ele dizia a verdade? E, dado que o soubesse, sabê-lo-ia por seu intermédio? Não seria em meu íntimo, no reduto interior do pensamento, que a verdade, que nem é hebraica, nem grega, nem latina, nem bárbara, me diria, sem auxílio de lábios ou de língua, sem ruído de sílabas: "Ele diz a verdade", — e eu, imediatamente, com a certeza da fé, diria ao homem de Deus: "Dizes a verdade!"

Mas, não podendo interrogá-lo, é a ti, ó verdade, que enchias seu espírito quando ele dizia essas palavras verdadeiras, é a ti, meu Deus, que dirijo minha prece: perdoa meus pecados[13]. Concedeste que teu servo dissesse essas coisas: faze agora com que eu as compreenda.

Capítulo 4
O céu e a terra

Eis que existem o céu e a terra, que clamam que foram criados, porque se transformam e estão sujeitos a mudanças. Mas o que não foi criado, e, contudo, existe, nada pode conter que antes já não existisse, e nisso consiste o mudar-se e o variar. Proclamam também que não foram criados por si mesmos: "Existimos porque fomos criados." Não existíamos antes, de modo que pudéssemos criar a nós mesmos." — E essa voz que nos fala é a voz da própria evidência. Tu és, Senhor, quem as criaste. E porque és belo, eles são belos; porque és bom, eles são bons; porque existes, eles existem. Mas tuas obras não são belas, não são boas, não existem de modo perfeito como tu, seu Criador. Comparadas contigo, nem são boas, nem belas, nem existem. Isso sabemos, e por isso te rendemos graças, e nossa ciência, comparada com tua ciência, é ignorância.

Capítulo 5
A palavra e a criação

Mas como criaste o céu e a terra, e de que máquina te serviste para levar a cabo tão grande obra? Porque não fizeste como o artista, que forma um corpo de outro corpo, de acordo com a concepção de seu espírito, que tem o poder de exteriorizar a forma que percebe em si mesmo por meio do olho interior. De onde vem esse poder do espírito, se não tivesses criado o espírito? E essa forma, ele a impõe a uma matéria que já existe, própria a ser transformada, como a terra, a pedra, a madeira, o ouro, e tantas outras substâncias.

Mas de onde essas coisas tirariam a existência se não as tivesses criado? Criaste o corpo do artista, a alma que comanda a seus membros, a matéria de que faz alguma coisa, o gênio que concebe e vê em seu interior o que executará exteriormente, os órgãos dos sentidos, intérpretes por meio dos quais faz passar as intenções de sua alma para a matéria, e informa o espírito do que realizou, a fim de que este consulte a verdade, esse juiz interior, para saber se a obra é boa. Tudo isso te louva como o criador de todas as coisas.

Mas como os fizeste? Como criaste, meu Deus, o céu e a terra? Por certo não criaste o céu e a terra no céu e na terra. Nem tampouco os criaste no ar, nem sob as águas que dependem do céu e da terra. Não criaste o universo no universo, porque não havia espaço onde pudesse ser criado. Não tinhas na mão a matéria para modelar o céu e a terra. De onde teria vindo isso que não tinhas feito para dele fazer alguma coisa? Que criatura pode existir sem subentender tua existência? Contudo, falaste e o mundo foi feito. Tua palavra o criou.

Capítulo 6
Como falou Deus?

Mas, como falaste? Porventura do mesmo modo como esta voz que, saindo da nuvem, diz: Este é meu Filho bem-amado[14]? — Essa voz fez-se ouvir, e passou; teve começo e fim; suas sílabas ressoaram, depois passaram a segunda sucedendo à primeira, a terceira, à segunda, e assim por diante até a última, que vem depois de todas as outras — depois do que foi o silêncio. Por onde se vê clara e evidentemente que essa voz foi proferida pelo órgão móvel e temporal de uma criatura a serviço de tua vontade eterna. E essas palavras, pronunciadas no tempo, foram comunicadas pelo ouvido exterior à inteligência, cujo ouvido interior está atento à tua palavra eterna. Mas a inteligência comparou essas palavras que tinham soado no tempo com o silêncio de tua palavra eterna, e disse: "É diferente, muito diferente. Essas palavras estão bem abaixo de mim, porque não existem, pois fogem e passam; mas o Verbo de Deus permanece acima de mim eternamente[15].

Se, pois, é com palavras sonoras e passageiras que disseste: Que se façam o céu e a terra! — se é assim que os criaste, é que já havia, antes do céu e da terra, uma criatura corporal, cujos movimentos temporais haviam feito vibrar essa voz no tempo. Mas não havia corpo algum antes do céu e da terra, ou se algum existia, tu certamente já o tinhas criado sem o intermédio de uma voz de palavras sucessivas, a fim de que precisamente pudesse ser criada por ti essa voz de palavras sucessivas que devia pronunciar: "Façam-se o céu e a terra!" — porque um corpo, fosse o que fosse, condição da existência de tal voz, não teria existido se não o tivesses criado. Mas para criar esse corpo graças ao qual teriam podido ser emitidas essas palavras, de que palavra te serviste?

Capítulo 7
A palavra coeterna

E assim que nos convidas a compreender o Verbo, que é Deus junto de ti, que também és Deus, palavra pronunciada eternamente e na qual tudo é pronunciado eternamente. Não é uma sequência de palavras, ou uma palavra que termina e é seguida por outra, de modo que no fim tudo possa ser dito; mas tudo é dito ao mesmo tempo e eternamente. Do contrário, haveria tempo e mudança, e não a verdadeira eternidade nem a verdadeira imortalidade.

Isto eu o sei, meu Deus, e por isso te dou graças. Eu o sei, eu to confesso, Senhor; e o sabe comigo todo o que não é ingrato à infalível Verdade. Sabemos, Senhor, sabemos que não existir mais depois de ter existido, ou passar a existir quando ainda não se existia é morrer e nascer. Mas em teu Verbo, verdadeiramente imortal e eterno, nele não há nem passagem, nem sucessão. Por isso é por teu Verbo, que te é coeterno, que dizes eternamente tudo o que dizes e que existe tudo o que mandas que exista. Não é doutro modo, senão dizendo que crias: todavia as criaturas criadas por tua palavra não chegam à existência todas ao mesmo tempo nem de toda a eternidade.

Capítulo 8
A verdadeira luz

Por que, eu to suplico, Senhor meu Deus? Em um sentido eu o compreendo, mas não sei como declará-lo. Deve-se dizer que tudo o que tem começo e fim começa e acaba quando a razão eterna, onde não há começo nem fim, sabe que deve começar ou acabar? Essa razão é teu Verbo, que é o princípio, porque também nos fala[16]. Assim falou-nos no Evangelho pela voz da carne, e essa palavra ressoou exteriormente aos ouvidos dos homens, a fim de que cressem nele, e o buscassem em si mesmos, e o encontrassem na eterna verdade, onde um bom mestre, um só mestre instrui todos os seus discípulos.

Aí ouço tua voz, que me diz que só nos fala realmente quem nos ensina, e que quem não nos ensine, mesmo que fale, não nos diz nada. Mas quem nos ensina, senão a verdade imutável? Porque as lições da criatura instável só têm valor para nos conduzir à verdade, que é estável. Nela nos instruímos verdadeiramente quando, de pé, a ouvimos, alegrando-nos por causa da voz do Esposo[17], e reunindo-nos àquele de quem viemos. Essa é a razão pela qual ele é o princípio, porque, se ele não subsistisse, não saberíamos para onde voltar de nossos erros. Quando voltamos de um erro, bem-entendido, temos consciência dessa volta, e é para que tomemos consciência de nossos erros que ele nos instrui, porque ele é o princípio, e sua palavra é endereçada a nós.

Capítulo 9
A voz do Verbo

E nesse princípio, ó Deus, que criaste o céu e a terra; é em teu Verbo, em teu Filho, em tua virtude, em tua sabedoria, em tua verdade, e tua palavra, e tua ação foram igualmente admiráveis. Quem o compreenderá? Quem o explicará? Que luz é essa que me ilumina de quando em quando, e que fere meu coração sem o ofender? Tremo e inflamo-me de amor: tremo porque, de certo modo, sou tão diferente dela; e me inflamo, porque também sou semelhante a ela. A sabedoria, é a própria sabedoria que me ilumina de quando em quando: ela rasga as nuvens de minha alma, que tornam a me cobrir, se desfaleço, pelas trevas e pelo peso de minhas enfermidades. Porque, na indigência, minha força enfraqueceu de tal modo[18], que nem mesmo sou mais capaz de suportar a meu bem, até que tu, Senhor, que te mostraste compassivo com todos os meus pecados, cures também todas as minhas enfermidades. Redimirás minha vida da corrupção, e me coroarás na piedade e na misericórdia, e saciarás com teus bens meus desejos, porque minha juventude será renovada com a da águia[19]. É pela esperança que fomos salvos, é pela esperança que esperamos pacientemente em tuas promessas[20].

Quem puder ouça tua voz interior, que eu quero gritar, cheio de fé em teu oráculo: "Como são excelentes as tuas obras, Senhor, que tudo criaste em tua sabedoria[21]! Ela é o princípio, e é nesse princípio que criaste o céu e a terra."

Capítulo 10
Que fazia Deus antes da criação

Não é verdade que ainda estão cheios do erro do velho homem os que nos dizem: "Que fazia Deus antes de criar o céu e a terra?" — Se estava ocioso, se nada fazia, porque não continuou a se abster sempre de qualquer ação? Se em Deus apareceu um movimento novo, uma vontade nova de criar o que ainda não tinha criado, como falar de uma eternidade verdadeira onde nasce uma vontade que não existia antes? Porque a vontade de Deus não é uma criatura, ela precede a toda criatura: nenhuma criação seria possível se a vontade do Criador não a precedesse. A vontade de Deus, portanto, pertence à sua própria substância. Logo, se na substância de Deus nasce algo que antes não existia, não se pode mais com verdade chamá-la eterna. E se, desde toda eternidade, Deus quis a existência da criatura, por que a criatura também não é eterna?

Capítulo 11
Tempo e eternidade

Os que assim falam não te compreendem ainda, ó sabedoria de Deus, luz das inteligências! Não compreendem ainda como é criado o que é criado por ti e em ti. Empenham-se por conhecer o gosto das coisas eternas, mas seu espírito voa ainda cheio de vaidade[22], sobre as ondas do passado e do futuro. Quem poderá deter essa inteligência, quem a fixará para que adquira um pouco de estabilidade, para que entreveja por um momento o esplendor da eternidade sempre estável, e a compare com os tempos que nunca permanecem, e veja que a qualquer comparação é impossível? Então veria que a sucessão dos tempos não é feita senão de uma multidão de instantes, que não podem correr simultaneamente; que, pelo contrário, na eternidade, nada é sucessivo, tudo é presente, enquanto que o tempo não pode ser todo presente. Veria que todo o passado é repelido pelo futuro, que todo o futuro segue o passado, que todo passado e futuro tiram sua existência e curso do eterno presente. Quem poderá deter a inteligência do homem para que pare e veja como, sempre estável, a eternidade, que não é futura, nem passada, determina o futuro e o passado? Acaso poderá realizar isto minha mão? Ou esta mão de minha boca, que é minha palavra, poderia realizar tal obra?

Capítulo 12
Deus antes da criação

Eis minha resposta a questão: "Que fazia Deus antes de criar o céu e a terra?" — Não quero responder como o fez jocosamente alguém para fugir à dificuldade do problema: "Preparava suplícios para os que esquadrinham esses mistérios profundos." — Uma coisa é ver claro e outra é pilheriar. Não, essa não é minha resposta. Preferiria dizer: "Não sei" — quando não sei, que ridicularizar quem faz pergunta tão profunda, ou louvar quem responde tão mal.

Mas eu digo que tu, nosso Deus, és o Criador de toda criatura; e, se por céu e terra se entende toda criatura, ouso dizer: "Antes que Deus criasse o céu e a terra, nada fazia." Porque, se tivesse feito alguma coisa, que poderia ter feito senão uma criatura? E queira Deus que eu saiba tudo o que desejo saber para meu proveito tão evidentemente como sei que nenhuma criatura foi criada antes da criação.

Capítulo 13
O tempo antes da criação

Se algum espírito leviano, vagando através das imagens dos tempos passados, se admira de que tu, o Deus Todo-poderoso, que criaste e conservas todas as coisas, ó artífice do céu e da terra, te abstivesse, até o dia da criação, por séculos e séculos, de tal obra, que esse desperte e tome consciência do erro que está ligado à sua admiração. Como poderiam transcorrer séculos e séculos, se tu, o autor da criação, ainda não os tinhas criado? Que tempos poderiam existir antes que os criasses? E como poderiam eles passar, se jamais haviam existido? Desde que és o artífice de todos os tempos, se antes da criação do céu e da terra existiu algum tempo, por que então se diz que ficaste ocioso[23]? Porque também esse tempo mesmo foi criado por ti, e o tempo não poderia passar antes que fizesses o tempo. Se, pelo contrário, antes do céu e da terra não houvesse nenhum tempo, porque perguntam o que fazias então? Não há *então* quando ainda não havia tempo.

Não é no tempo que precedes o tempo: de outro modo não precederias a todos os tempos. Mas precedes a todo o passado da altura de tua eternidade sempre presente, e dominas todo o futuro porque é futuro, e que, apenas chegado, será passado, enquanto que tu, és sempre o mesmo, e teus anos não passam jamais[24]. Teus anos não vão nem vêm; mas os nossos vão e vêm, a fim de que todos possam existir. Teus anos existem todos simultaneamente, porque permanecem; não passam, não são excluídos pelos que chegam, porque não passam; enquanto que os nossos só existirão todos quando não mais existirem. Teus anos não passam de um dia[25], e teu dia não é um acontecimento cotidiano, e um perpétuo hoje, porque teu hoje não cede o lugar ao amanhã e o amanhã não sucede ao ontem. Teu hoje é a eternidade: por isso geraste um filho coeterno, a quem disseste: "Hoje te gerei[26]." — Todos os tempos são obra tua, e tu existes antes de todos os tempos, e é impossível que tenha existido tempo quando o tempo ainda não existia.

Capítulo 14
Que é o tempo?

Não houve, pois, tempo algum em que nada fizesses, pois o próprio tempo é obra tua. E nenhum tempo te pode ser coeterno, porque és imutável; se o tempo também o fosse, não seria tempo. Que é então o tempo? Quem seria capaz de explicá-lo de maneira breve e fácil? Quem pode concebê-lo, mesmo no pensamento, bastante nitidamente para exprimir por meio de palavras a ideia que dele faz? E, contudo, há noção mais familiar e mais conhecida de que usamos em nossas conversações? Quando falamos de tempo, sem dúvida compreendemos o que dizemos; o mesmo acontecerá se ouvirmos alguém falar do tempo. Que é, pois, o tempo? Se ninguém mo pergunta, eu o sei; mas se me perguntam, e quero explicar, não sei mais nada. Contudo, eu o declaro sem hesitar, e sei que, se nada passasse, não haveria tempo passado; que se nada sucedesse, não haveria tempo futuro; e que se nada existisse atualmente, não haveria tempo presente. Como então esses dois tempos, o passado e o futuro, existem, se o passado não existe mais e se o futuro ainda não existe? Quanto ao presente, se fosse sempre presente, se não se fosse juntar ao passado, não seria tempo, mas eternidade. Portanto, se o presente, para ser tempo, deve unir-se ao passado, como podemos declarar que existe, se não pode existir senão deixando de existir? Tanto que o que nos autoriza a afirmar que o tempo existe é a sua tendência para deixar de existir.

Capítulo 15
Tempo longo, tempo breve

Contudo, dizemos que o tempo é longo ou breve, coisas que só podemos dizer do passado e do futuro. Por exemplo, chamamos longo os cem anos passados antes do momento em que falamos, e longo os cem anos que se seguirão a esse momento; um passado curto para nós, penso eu, são os dez dias anteriores ao dia em que estamos, e breve futuro os dez dias seguintes. Mas como pode ser longo ou curto o que não existe? O passado não existe mais e o futuro não existe ainda. Por isso não dizemos: "O passado é longo" — mas dizemos do passado: "Foi longo" — e do futuro: "Será longo."

Senhor, que és minha luz, será que tua verdade não rirá também aqui do homem? Porque esse tempo passado, foi longo quando já havia passado ou quando ainda estava presente? Porque ele podia muito bem ser longo enquanto existia alguma coisa que pudesse ser longa. Mas uma vez passado, não existia mais: donde se segue que não podia ser longo, porque já deixara de existir. Não digamos, portanto: "O tempo passado foi longo" — porque não encontraremos nele nada que fosse suscetível de ser longo; uma vez passado, não existe mais. Mais digamos: "O tempo presente foi longo" — porque só era longo quando era presente. Ainda não havia passado, ainda não havia deixado de existir, e por isso era suscetível de ser longo. Mas, depois de ter passado, imediatamente deixou de ser longo, tendo cessado de existir.

Mas vejamos, ó alma humana, se um tempo presente pode ser longo, porque foi-te dado o poder de sentir e de medir os momentos. Que me respondes? Por acaso cem anos presentes são um tempo longo? Vê, primeiro, se cem anos podem ser presentes. Se se trata, do primeiro ano que corre, está presente; mas os outros 99 ainda são futuros, e por isso ainda não existem. Mas se estamos no segundo ano, já temos um ano no passado, o segundo presente, e todos os outros são futuros. Desse período de cem anos, seja qual for o ano que supomos presente, todos os que o precederam serão passados, e todos os que se lhe seguirem serão futuros. Portanto, os cem anos não podem estar simultaneamente presentes.

Vê agora se, pelo menos, o ano que corre é presente. Se estamos no primeiro mês, os outros são futuros. Se estamos no segundo, a primeiro será passado, enquanto que os demais ainda são futuros. Assim o ano que corre não está todo presente; e como não está todo presente, não é portanto verdade dizer-se que o ano esteja presente, porque um ano compõe-se de 12 meses, e seja qual for o mês que se considerar, o único mês presente é o mês em curso. Mas o mês em curso não é presente, mas somente o dia. Se estamos no primeiro dia, todos os outros são futuros; se estamos no último, todos os outros são passados; se estamos entre um desses dois dias, esse dia está entre os dias passados e os futuros.

Eis, portanto, esse tempo presente, o único em que achamos títulos para ser chamado de longo, reduzido ao espaço de um só dia. Mas, examinemos esse único dia, porque nem mesmo ele é todo presente. Compõe-se de um total de 24 horas, do dia e da noite: relativamente à primeira hora, todas as outras são futuras; relativamente à última hora, todas as outras são passadas; cada hora intermediária tem atrás de si horas passadas e diante de si horas futuras. Mas também essa única hora é composta de fragmentos fugitivos; tudo o que dela correu é passado, e tudo o que ainda lhe resta é futuro.

Se se puder conceber um tempo tal que não possa ser dividido em partículas de instantes, por menores que sejam, só esse tempo poderá ser chamado de presente, mas esse instante voa tão rapidamente do futuro para o passado, que não tem nenhuma duração. Se a tivesse, dividir-se--ia em passado e futuro, mas o presente não tem duração alguma.

Onde está, pois, o tempo que podemos chamar de longo? Será acaso o futuro? Mas nós não dizemos que o futuro é longo, porque ainda não existe, e por isso não pode ser longo. Mas dizemos: "Será longo". Quando então dar-se-á isso. Se atualmente ele ainda está no futuro, não pode ser longo: não existindo ainda, não pode ser longo. Se não deve ser longo senão na hora em que, emergindo do futuro, que ainda não existe, começar a ser e a se tornar presente, de sorte que possa ser uma realidade suscetível de ser longa, nesse caso o presente nos clama com as palavras que acima dissemos, que ele não pode ser longo.

Capítulo 16
A medida do presente

E, contudo, Senhor, temos consciência dos intervalos de tempo, e os comparamos entre si, e dizemos que uns são mais longos e outros mais breves. Medimos também de quanto tal duração é mais longa ou mais curta que outra qualquer; e respondemos que esta é o dobro ou o triplo de outra; que aquela é simples, ou que ambas são apenas iguais.

Mas é o tempo que passa que medimos quando o sentimos passar. Quanto ao passado, que não existe mais, quem poderá medi-lo, a menos que se ouse pretender que o nada pode ser medido? Assim, quando o tempo passa, pode ser percebido pela consciência e medido. Mas quando já passou ninguém o pode medir ou sentir, porque já passou.

Capítulo 17
O passado e o futuro

Pai, estou perguntando, e não afirmando; meu Deus, ajuda-me, dirige-me. Quem ousaria afirmar que não existem três partes do tempo, como aprendemos quando crianças e como ensinamos às crianças, o passado, o presente e o futuro, e que só o presente existe, porque os demais, o passado e o futuro, não existem? Ou será que eles também existem, mas que o presente sai de algum lugar secreto, quando de futuro se torna presente, e o passado também se retira para um lugar secreto, quando de presente se torna passado? Por que, os que predizem o futuro, onde o viram, se ele ainda não existe? É impossível ver-se o que ainda não existe. E os que contam o passado narrariam mentiras se não vissem os acontecimentos com o espírito. Se esse passado não tivesse existência alguma, seria absolutamente impossível vê-lo. Por conseguinte, o futuro e o passado também existem.

Capítulo 18
As previsões

Permite-me, Senhor, que eu leve adiante minhas investigações, tu que és minha esperança; faze que meu esforço não seja perturbado. Se o futuro e o passado existem, quero saber onde estão. Se ainda não sou capaz disso, pelo menos sei que, onde quer que estejam, não existem nem enquanto futuro, nem enquanto passado, mas apenas enquanto presentes. Porque, se o futuro ali estiver enquanto futuro, então ainda não existirá; se o passado aí estiver como passado, não existirá mais. Portanto, onde estiverem, do modo que estiverem, só podem existir como presentes. Quando narramos acontecimentos verídicos do passado, o que vem à nossa memória não são os próprios acontecimentos, que já deixaram de existir, mas termos concebidos de acordo com as imagens das coisas, as quais, atravessando nossos sentidos, gravaram em nosso espírito suas pegadas. Minha infância, por exemplo, que não existe mais, está em um passado que também desapareceu; mas quando eu a evoco e passo a narrá-la, é no presente que vejo sua imagem, porque essa imagem ainda está em minha memória. A predição do futuro seguiria o mesmo processo? Os acontecimentos que ainda não existem, são representados antecipadamente em nosso espírito por imagens já existentes? Confesso, meu Deus, que eu o ignoro. Mas o que sei é que habitualmente premeditamos nossas ações futuras, e que essa premeditação pertence ao presente, enquanto que a ação premeditada ainda não existe, pois ainda é futura. Quando a empreendermos, e começarmos a realizar o que havíamos premeditado, então a ação começará a existir, porque então não será mais futura, mas presente.

De qualquer modo que se produza esse misterioso pressentimento do futuro, o certo é que não se pode ver senão o que existe. Ora, o que já existe não é futuro, mas presente. Quando se diz que se vê o futuro, o que se vê não são os acontecimentos futuros, que ainda não existem, porque são futuros, mas suas causas ou talvez os sinais que os anunciam, causas e sinais que já existem; estes não são futuros, mas presentes aos que as veem, e é graças a eles que o futuro é concebido pelo espírito e predito. Esses conceitos já existem, e os que predizem o futuro veem-nos presentes em si mesmos.

Gostaria de apelar para a eloquência de um exemplo tomado entre uma multidão de outros. Contemplo a aurora, e anuncio o nascimento do sol. O que tenho sob os olhos é presente, o que anuncio é futuro: não o sol, que já existe, mas seu nascimento, que ainda não se deu. Contudo, se eu não tivesse uma imagem mental desse nascimento, como agora quando falo dele, ser-me-ia impossível predizê-lo. Mas essa aurora que vejo no céu não é o nascimento do sol, embora o preceda; nem o é tampouco a imagem que levo em meu espírito: mas essas duas coisas estão presentes, eu as vejo, e assim posso dizer com antecipação o que vai acontecer. O futuro, portanto, ainda não existe; se ainda não existe, não existe, e se não existe não pode ser visto de modo algum, mas pode ser predito de acordo com os sinais presentes, que já existem e podem ser vistos.

Capítulo 19
Oração

Mas tu, que reinas sobre tua criação, de que modo ensinas às almas o que deve acontecer, como fazes com teus profetas? De que modo ensinas o futuro, se para ti o futuro não existe? Ou antes, como ensinas os sinais presentes do futuro? Pois, o que ainda não existe não pode ser ensinado. O meio de que te serves está muito acima de minha inteligência, sobrepuja minhas forças; por mim mesmo eu não o poderia alcançar[27], mas somente por ti, quando o quiseres, ó doce Luz dos olhos de minha alma!

Capítulo 20
Conclusão

Mas o que agora parece claro e manifesto é que nem o futuro, nem o passado existem, e nem se pode dizer com propriedade que há três tempos: o passado, o presente e o futuro. Talvez fosse mais certo dizer-se: há três tempos: o presente do passado, o presente do presente e o presente do futuro, porque essas três espécies de tempos existem em nosso espírito, e não as vejo em outra parte. O presente do passado é a memória; o presente do presente é a intuição direta; o presente do futuro é a esperança.

Se me for permitido falar assim, vejo e confesso que há três tempos. Pode-se dizer também que são três os tempos: presente, passado e futuro, como abusivamente o exige o costume. Não me importo, nem me oponho, nem critico esse modo de falar, contanto que se entenda bem o que se diz, e que não se acredite que o futuro já existe e que o passado ainda existe. Uma linguagem constituída de termos próprios é coisa rara: com muita frequência falamos com impropriedade, mas todos entendemos o que queremos dizer.

Capítulo 21
A medida do tempo

Disse há pouco que medimos o tempo enquanto passa, de maneira que podemos dizer que um lapso de tempo é o duplo de outro, ou igual a um outro, e enunciar entre as partes do tempo outras relações, mediante esse processo de medida. Portanto, como eu dizia, medimos o tempo no momento em que passa. Se me perguntassem: Mas como o sabe? — eu responderia: Sei, porque o medimos, e porque é impossível medir o que não existe; ora, o passado e o futuro não existem. Quanto ao presente, como poderíamos medi-lo, se não tem duração? Portanto, só poderemos medi-lo enquanto passa; quando passou, não o medimos mais, porque não há mais nada a medir.

Mas de onde vem, por onde passa, para onde vai o tempo quando o medimos? De onde vem, senão do futuro? Por onde passa, senão pelo presente? Para onde vai senão para o passado? Do que ainda não existe, através do que não tem duração, o tempo corre para o que não existe mais. Contudo, que medimos, senão o tempo em um determinado espaço? Quando dizemos de um tempo que é simples, duplo, ou triplo, ou igual, ou quando formulamos qualquer outra relação dessa espécie, nada mais fazemos do que medir espaços de tempo. Em que espaço medimos então o tempo no momento em que passa? No futuro, donde vem para passar? Mas o que ainda não existe não pode ser medido. No presente, por onde ele passa? Mas, como medir o que não tem duração? No passado, para onde caminha? Mas o que não existe mais escapa à qualquer medida.

Capítulo 22
O enigma

Minha alma se inflama no desejo de saber o resultado deste enigma tão complicado! Senhor, meu Deus, meu bom Pai, eu to suplico por Cristo; não queiras ocultar a meu desejo problemas tão familiares e obscuros; permite que eu consiga penetrá-los, e faze com que se esclareçam com a luz de tua misericórdia, ó Senhor! A quem poderia eu interrogar a este respeito? A quem confessaria minha ignorância com maior fruto do que a ti, que não podes ver com desprazer o zelo violento que me inflama por tuas Escrituras? Dá-me o que amo, porque amo, e o amor é um dom teu. Dá-me, ó Pai, esta graça, tu que só sabes dar coisas boas a teus filhos[28]. Dá-me essa graça, porque tenho o propósito de conhecê-las, e meu esforço é rude até que me reveles esses mistérios. Eu to suplico, por Cristo, em nome do santo dos santos, que ninguém me perturbe nesta pesquisa. Tive fé, e por isso falo[29]. Minha esperança, a esperança pela qual vivo, é contemplar as delícias do Senhor[30]. Eis que tornaste velhos os meus dias[31], e eles passam, não sei como.

Nós só falamos de tempo, e de tempo, e de tempos e de tempos. Quanto tempo esse homem falou? Quanto tempo ele gastou para fazer isso? Há quanto tempo não vejo isto! A duração desta sílaba é o dobro daquela, que é breve. Eis o que dizemos e ouvimos, e todos nos compreendem, e nós nos compreendemos. São palavras evidentes, e de uso corrente, e contudo, são cheias de mistérios, e compreendê-las seria uma verdadeira descoberta.

Capítulo 23
O tempo e o movimento

Ouvi uma pessoa culta dizer que o tempo é propriamente o movimento do sol, da lua e dos astros, Não sou dessa opinião. Por que, então, não há de ser o tempo o movimento de todos os corpos? Se os astros do céu parassem, e a roda de um oleiro continuasse a rodar, acaso não haveria mais tempo para medir as voltas, para nos permitir dizer que elas, se completavam a intervalos iguais, ou ora mais rapidamente, ora mais lentamente, e que umas demoravam mais e outras menos? E, dizendo isto, não estaríamos falando no tempo? Não haveria em nossas palavras sílabas longas e breves, por que umas ressoam por mais tempo e outras por menos tempo?

Meu Deus, concede aos homens que percebam, que conheçam em um exemplo de pequena importância o que as coisas grandes e pequenas têm de comum. Há astros e luminares celestes que servem de sinais e marcam as estações, os dias, os anos. Isso é verdade, e eu jamais diria que a volta realizada por essa pequena roda de madeira constitui o dia; mas o filósofo, cuja opinião transcrevo, também não poderia pretender que a volta da roda não é tempo.

Quanto a mim, o que desejo conhecer é a natureza, a essência do tempo, que nos serve para medir os movimentos dos corpos, e nos autoriza a dizer, por exemplo, que um movimento dura duas vezes mais que outro. O que chamamos de dia não é apenas o tempo em que o sol está sobre a terra, e que distingue o dia da noite: é também todo o percurso percorrido pelo sol de Oriente a Oriente, e que nos faz dizer: "Passaram-se tantos dias" — entendendo por isso também as noites, que não são contadas à parte. Portanto, já que o dia se completa pelo movimento do sol e o círculo que ele descreve de Oriente a Oriente, pergunto eu se o dia é o próprio movimento ou se é o tempo que dura esse movimento, ou ambas as coisas simultaneamente.

Na primeira hipótese de o movimento do sol ser o dia teríamos um dia mesmo se o sol fizesse seu percurso no espaço de uma hora. Na segunda hipótese, não haveria dia se o sol fizesse seu percurso no breve espaço de uma hora; e o sol deveria fazer 24 vezes seu percurso para formar um dia. Diremos então que o movimento do sol, e a duração desse movimento, é que fazem o dia! Mas então não se poderia falar de dia se o sol efetuasse seu percurso no espaço de uma hora, mais do que se, suspendendo o sol seu percurso, passasse o mesmo tempo que é necessário habitualmente ao sol para terminar inteiramente sua revolução de manhã a manhã.

Por isso, não mais procurarei saber em que consiste o que chamamos dia, mas em que consiste o tempo, que dizemos serve para medir o percurso do sol. Fazendo uso dessa medida, diríamos que o sol completara seu giro em menos da metade do tempo habitual, se o tivesse completado em um espaço de tempo correspondente a 12 horas. E, comparando essas duas durações, declararíamos que uma é simples e que a outra é dupla, mesmo que o sol demorasse umas vezes o tempo simples, outras o tempo duplo para ir de Oriente a Oriente.

Ninguém, portanto, me diga que o tempo é o movimento dos corpos celestes. Quando a oração de um homem fez parar o sol a fim de levar a cabo sua vitória, o sol estava imóvel, mas o tempo caminhava, porque a batalha terminou no espaço de tempo que lhe era necessário.

Vejo, pois, que o tempo é uma espécie de distensão. Mas eu o vejo, ou apenas tenho a impressão de vê-lo? Tu mo demonstrarás, ó Luz, ó Verdade!

Capítulo 24
O tempo, medida do movimento

É de tua vontade que eu aprove a quem diz que o tempo é o movimento de um corpo? Não, não é. Ouço dizer que não há corpo que não se mova no tempo: tu mesmo o dizes. Mas que esse movimento de um corpo seja justamente o tempo, isso não o ouço dizer, e nem tu o dizes. Quando um corpo se move, é o tempo que me serve para medir a duração de seu movimento do começo ao fim. Se não vejo o começo, e percebo seu movimento sem ver quando para, fico sem meios de medi-lo, a não ser talvez do momento em que começo a ver o corpo mover-se até o momento em que não o vejo mais. Se o vejo por muito tempo, apenas posso dizer que a duração de seu movimento é longa, mas não posso dizer quanto é longa, porque só determinamos o valor de uma duração comparando-a. Dizemos, por exemplo: Isto durou tanto quanto aquilo, ou essa duração é o dobro daquela, e outras expressões semelhantes. Se podemos notar o ponto do espaço de onde parte um corpo em movimento, e o ponto de chegada, ou suas partes, se ele se movesse como um torno, poderíamos dizer quanto tempo levou para ir de um ponto a outro o movimento de um corpo ou dessas partes.

Assim, sendo o movimento de um corpo outra coisa que a medida de sua duração, quem não vê a qual dessas coisas se pode dar o nome de tempo? Um corpo se move às vezes com movimento mais ou menos rápido, e outras vezes se detém: ora, é o tempo que nos permite medir, não somente seu movimento, mas seu repouso, e dizer: "Ficou em repouso por tanto tempo quanto em movimento — ou: ficou em repouso duas, três vezes mais do que em movimento — ou qualquer outra determinação, quer seja exata, quer seja, como se diz, aproximativa."

Capítulo 25
Prece

Confesso-te, Senhor, que ainda ignoro a natureza do tempo. E torno a confessar, Senhor, que sei que é no tempo que digo estas coisas, e que há muito tempo estou falando do tempo, e que esse longo tempo também não seria o que é senão pela duração do tempo. Mas como posso saber isso, se desconheço o que é o tempo? Talvez eu ignore a arte de exprimir o que sei. Ai de mim, que não sei nem mesmo o que ignoro! Eis-me, meu Deus, em sua presença: tu vês que não minto e que falo de acordo com meu coração. Acenderás minha candeia, Senhor meu Deus, e iluminarás minhas trevas[32].

Capítulo 26
O tempo, distensão da alma

Acaso minha alma não te faz confissão sincera confessando-te que posso medir o tempo? De fato, meu Deus, eu o meço, e não sei o que meço. Meço o movimento dos corpos com o auxílio do tempo, e não poderei medir o tempo? E acaso poderia eu medir o movimento de um corpo; sua duração, o tempo que emprega para ir de um lugar a outro, se não medisse o tempo em que se efetua esse movimento?

Mas o próprio tempo, com que o poderei medir? É com um tempo mais curto que medimos um tempo mais longo, como com o côvado medimos uma viga? Do mesmo modo vemos que medimos a duração de uma sílaba longa de acordo com a duração de uma sílaba breve, dizendo que uma é o dobro da outra. Do mesmo modo medimos a extensão de um poema pelo número dos versos, a extensão dos versos pelo número de pés, a extensão dos pés pelo número de sílabas, a duração das sílabas longas pela duração das breves. Não é pelas folhas dos livros que fazemos esse cálculo, o que seria medir o espaço e não o tempo; mas, à passagem das palavras, à medida que as pronunciamos, dizemos: "Eis um poema longo, porque se compõe de tantos versos; esses versos são longos, porque são formados de tantos pés; esses pés são longos, porque se estendem por tantas sílabas; esta sílaba é longa, porque é o dobro de uma breve."

Mas, mesmo assim, não conseguimos uma medida exata do tempo: pode acontecer que um verso mais curto, se pronunciado mais lentamente, se faça estender por mais tempo que um verso mais longo, recitado mais depressa. O mesmo acontece com um poema, um pé, uma sílaba.

Por esse motivo é que o tempo me pareceu não ser nada mais que uma distensão. Mas distensão de que não saberia dizê-lo exatamente; talvez uma distensão da própria alma. Portanto, dize-me, meu Deus, que é o que meço quando digo um tanto vagamente: "Este tempo é mais longo do que aquele" — ou mais exatamente: "Este tempo é o dobro daquele?" — Meço o tempo, eu o sei. Mas não meço o futuro, que ainda não existe, nem o presente, porque não tem duração, e nem o passado, porque não existe mais. Que meço, então? Acaso o tempo que passa, e não o tempo passado, como disse acima?

Capítulo 27
A medida do passado

Insiste, ó meu espírito, e presta grande atenção: Deus é nosso apoio. Ele é que nos criou, e não nós[33]. Dirige tua atenção para o lado onde desponta a aurora da verdade.

Eis, por exemplo, que uma voz corpórea começa a ressoar, e soa, e continua a soar, e deixa de soar; faz-se silêncio, a voz torna-se passada, e deixa de existir. Antes de se fazer ouvir era futura, e não podia ser medida, pois ainda não existia; e agora também não o pode ser, porque já não existe mais. Só poderíamos medi-la quando ressoava, porque então havia o que medir. Mas mesmo então não era estável, porque vinha e passava. E não seria esta a razão pela qual poderia ser melhor medida? Porque, enquanto passava, estendia-se por um espaço de tempo que a tornava capaz de ser medida, porque o presente não tem duração alguma.

Admitamos que ela pôde então ser medida; eis, suponho eu, uma outra voz que começa a se fazer ouvir; ela vibra de modo contínuo, sem nenhuma interrupção. Meçamo-la enquanto vibra, porque no momento em que deixar de vibrar será passada, e já não poderá ser medida. Meçamo-la, então, e avaliemos sua duração. Mas ela vibra ainda, e não pode ser medida senão depois do início do fenômeno, quando começa a vibrar, até seu fim, quando deixa de vibrar. Porque é precisamente o intervalo que separa um começo de um fim que nós medimos. Essa a razão pela qual uma voz, que ainda não terminou de ressoar, escapa à medida: impossível dizer-se quanto ela é longa ou breve, se é igual a uma outra, simples ou dupla, ou se tem a respeito dessa outra alguma relação mais. Mas quando terminar de soar, deixará de existir. Como, então, poderemos medi-la?

E, contudo, medimos o tempo; mas não o tempo que ainda não existe, nem o que já deixou de existir, nem o que não tem duração alguma, nem o que não tem limites. Não é, portanto, nem o futuro, nem o passado, nem o presente, nem o tempo que passa que medimos: e, contudo, medimos o tempo.

Deus creator omnium (Deus, criador de tudo quanto existe): esse verso é formado de oito sílabas, alternativamente breves e longas. As quatro breves, a primeira, a terceira, a quinta e a sétima — são simples em relação às quatro longas: a segunda, a quarta, a sexta e a oitava. Cada sílaba longa tem uma duração duas vezes maior que a breve. Pronuncio-as, repito-as, vejo que é assim, segundo o testemunho evidente de meus sentidos. Tanto quanto esse testemunho é digno de fé, meço uma longa por uma breve, e noto que ela a contém duas vezes.

Mas, como uma sílaba só se faz ouvir depois de outra, se a breve vem em primeiro lugar, e a longa a segue, como poderei reter a breve, como aplicá-la à longa, a fim de medi-la e ver que esta contém aquela duas vezes, sendo certo que a longa só começa a vibrar quando a breve deixou de fazê-lo? E a própria sílaba longa, só me é possível medi-la enquanto está presente, porque eu não poderia medi-la senão quando deixou de soar. Mas, para ela, terminar é passar. Que é pois o que meço? Onde está a breve, que é minha medida? Onde está a longa, que meço? Ambas vibraram, foram-se, passaram, e não existem mais. Não obstante, eu as meço e respondo com segurança, tanto quanto se pode confiar em um sentido bem-educado, que evidentemente uma é simples e a outra dupla quanto à duração. Mas só poderei fazer isso depois que ambas passaram e terminaram.

Logo, eu não meço as sílabas, que não existem mais, mas algo que permanece gravado em minha memória.

É em ti, meu espírito, que meço o tempo. Não me objetes nada: é um fato. Não me objetes as ondas desordenadas de tuas impressões. É em ti, digo, que meço o tempo. A impressão que produzem em ti as coisas que passam persistem ainda depois que passam: essa impressão é que eu meço, porque está presente, e não as vibrações que a produziram e passaram. É ela que meço quando meço o tempo. Portanto, ou essa impressão é o tempo, ou eu não meço o tempo.

Mas quando medimos silêncios, e dizemos que este silêncio teve a mesma duração que determinada palavra, não dirigimos o pensamento para a medida dessa palavra, como se ela ainda se fizesse ouvir, a fim de podermos avaliar, no espaço de tempo, o intervalo do silêncio? Com efeito: sem o auxílio da voz dos lábios, fazemos mentalmente poemas, versos, discursos, e avaliamos a extensão de seu movimento, sua duração, uns em relação aos outros exatamente como se os recitássemos em voz alta.

Se alguém quisesse pronunciar um som prolongado, e determinar antecipadamente, no espírito, sua duração, toma em silêncio a medida dessa duração, e, confiando-a à memória, começa a proferir esse som, que vibra até que atinja o limite fixado. Ou melhor; esse som vibra e vibrará, porque a parte que passou soou; a que ainda resta, soará, e dessa maneira chegará a seu fim, enquanto a atenção presente vai fazendo o futuro passar para o passado, e o passado enriquecer-se com a parte que lhe é deixada pelo futuro, até que, esgotando-se o futuro, não haja mais que passado.

Capítulo 28
A medida do futuro

Mas como o futuro, que ainda não existe, pode diminuir ou esgotar-se? Como o passado, que não existe mais, pode aumentar, senão porque no espírito, autor dessas transformações, se realizam três ações: o espírito espera, está atento e se recorda. O objeto de sua espera passa pela atenção e se transforma em lembrança.

Com efeito: quem ousará negar que o futuro ainda não existe? Contudo, a espera do futuro já está no espírito. E quem poderá contestar que o passado já não existe? Contudo, a lembrança do passado ainda está no espírito. Enfim, haverá alguém que negue que o presente carece de duração, porque é um instante que passa? Contudo, perdura a atenção, pela qual o que vai ser seu objeto tende a deixar de existir. O futuro, portanto, não é longo, porque não existe. Um futuro longo é uma longa espera do futuro. Nem é longo o passado, que também não existe. Um passado longo é uma longa lembrança do passado.

Suponhamos que eu queira cantar uma melodia que conheço: antes de começar, minha atenção se estende pela melodia em seu conjunto. Quando começo, tudo o que deixo cair no passado passa para a memória. A atividade de meu pensamento se divide em memória, em relação ao que já disse, e em espera, em relação ao que vou dizer. Contudo, é um ato presente de atenção que faz passar o que era futuro ao estado de tempo passado. Quanto mais se prolonga essa operação, tanto menor se torna a espera e tanto maior a memória, até o momento em que a espera se esgota completamente, e, terminada, a ação passa inteiramente para a memória,

E o que acontece com a melodia tomada em seu conjunto acontece com cada uma de suas partes, com cada uma de suas sílabas, e também com uma ação mais extensa, da qual essa melodia não é talvez mais que uma pequena parte. O mesmo acontece com toda a vida do homem, cujas ações humanas são outras tantas partes, e, enfim, com a série de gerações humanas, das quais cada existência não passa de uma parte.

Capítulo 29
A eternidade de Deus

Mas tua misericórdia vale mais que todas as vidas[34], e eis que minha vida não passa de dissipação, e tua destra me acolheu[35] em meu Senhor, o Filho do homem, mediador entre ti, que és um, e nós, que somos muitos, mediador em muitas coisas e por muitos meios, a fim de que por ele eu me una àqueles que por ele se uniu a nós[36], e que, libertado dos antigos dias, recolha meu ser seguindo tua Unidade. Esquecido do passado, sem me dispersar pelas coisas futuras e transitórias, atento apenas às presentes, não é na dispersão mas na união de todas as minhas forças que procuro a palma da vocação celeste, onde ouvirei a voz de teu louvor[37], e onde contemplarei tua alegria[38], que não vem nem passa.

Agora meus anos transcorrem em gemidos[39], e tu, meu consolo, ó Senhor, meu Pai, tu és eterno. Mas eu me dissipei no tempo, cuja ordem ignoro; tumultuosas vicissitudes despedaçam meus pensamentos e as profundas entranhas de minha alma, até o dia em que me unir contigo, purificado e derretido ao fogo de teu amor.

Capítulo 30
Deus e o tempo

Então repousarei e estarei firme em ti, em tua verdade, na minha forma; não serei mais atormentado pelas perguntas das pessoas que, por uma enfermidade, que é pena de seu pecado, querem beber mais do que podem, e dizem: "Que fazia Deus antes de criar o céu e a terra?" — Ou: "Como lhe veio a ideia de criar algo, se antes nunca criara coisa alguma?" — Concede-lhes, Senhor, que refutam no que dizem, que compreendam que não se pode falar em nunca onde não há tempo. Quando se diz que alguém nunca fez nada, que se quer dizer senão que esse tal nada fez em tempo algum? Que eles, portanto, vejam que não pode existir tempo na ausência da criação, e deixem de semelhante futilidade.

Que também atentem para o que têm diante de si, que compreendam que tu, antes de todos os tempos, és o Criador eterno de todos os tempos, e que nenhum tempo te é coeterno, nem criatura alguma, embora algumas estejam acima dos tempos.

Capítulo 31
Conclusão

Senhor, meu Deus, que abismos profundos em teus segredos, e como as consequências de minhas faltas me lançaram longe! Cura meus olhos, para que eu me alegre com tua luz!

Certamente, se houvesse um espírito de ciência e de presciência tão grandes para conhecer o passado e o futuro como conheço qualquer canto popular, esse espírito nos encheria de extraordinária admiração, e de um espanto que iria até o terror. Nada, com efeito, lhe ficaria misterioso no passado e no futuro dos séculos, exatamente como, quando canto essa melodia, sei tudo o que cantei desde o começo, e tudo o que ainda me resta para cantar até o fim. Mas, longe de mim a pretensão de identificar esse conhecimento ao conhecimento que tens de todas as coisas futuras e passadas, ó Criador do Universo, Criador dos espíritos e dos corpos. Tua ciência é muito mais admirável, muito mais misteriosa. Porque aquele que canta ou que ouve cantar uma melodia conhecida, dividido entre a espera das notas que ainda vêm e a lembrança das notas passadas, passa por impressões diferentes, e seus sentidos estão distendidos. Mas contigo não se dá nada semelhante, tu que és imutavelmente eterno, Criador verdadeiramente eterno dos espíritos. Como no princípio conheceste o céu e a terra, sem que teu espírito sofresse mudança alguma, assim criaste no princípio o céu e a terra, sem que tua ação passasse por etapas distintas. Que aquele que compreende isto te louve, assim como o que não compreende. Oh! como és sublime, e os de corações humildes são tua casa! Porque levantas os que caíram[40], e os que graças a ti permanecem de pé não caem nunca.

LIVRO DÉCIMO SEGUNDO

Capítulo 1
Prece

Meu coração se atormenta, Senhor, quando, na indigência de minha vida recebe o choque das palavras de tua Escritura Sagrada. Eis por que, comumente, a abundância de palavras é testemunho da pobreza da inteligência humana. A investigação usa mais palavras que a descoberta; é mais larga a petição que a obtenção; a mão que bate cansa-se mais do que a mão que recebe.

Mas nós temos tua promessa: quem poderá desvirtuá-la? Se Deus está conosco, quem estará contra nós[1]? Pedi, e recebereis; procurai, e encontrareis; batei, e abrir-se-vos-á. Porque todo o que pede recebe, todo o que procura encontra, e a todo o que bate se lhe abrirá[2].

São promessas tuas. E quem poderá ter medo de ser enganado, quando a promessa vem da Verdade?

Capítulo 2
O céu do céu

Que minha língua humilde confesse à tua grandeza que criaste o céu e a terra, o céu que vejo, esta terra que piso, e de onde foi tirado a terra que trago comigo. Sim, criaste tudo isto.

Mas, Senhor, onde está o céu de que nos falou a voz do Salmista: "O céu do céu pertence ao Senhor, mas ele deu a terra aos filhos dos homens[3]"? — Onde está esse céu que não vemos, e em cuja comparação tudo o que vemos não passa de terra?

Porque todo este mundo material, cujo fundo é a terra, embora não seja perfeitamente belo por toda parte, é revestido, até em seus últimos elementos, de uma aparência agradável. Mas, comparado com esse céu do céu, o céu de nossa terra também não passa de terra. Por isso não é absurdo chamar de terra esses dois grandes corpos, se os compararmos a esse céu misterioso que pertence ao Senhor, e não aos filhos dos homens.

Capítulo 3
As trevas sobre o abismo

Mas esta terra era invisível e informe[4], era não sei que profundo abismo acima do qual não pairava nenhuma luz, porque não tinha nenhuma forma determinada. Daí essas palavras inspiradas por ti: "As trevas estavam sobre o abismo." — Mas que são as trevas, senão ausência de luz? Por que, onde estaria a luz, se então existisse, senão sobre a terra, para iluminá-la? Mas porque a luz ainda não existia, que era a presença das trevas, senão a ausência da luz? As trevas, portanto, estendiam-se sobre o abismo porque a luz estava ausente, do mesmo modo que onde não há ruído reina o silêncio. E que significa: o silêncio reina, senão: não há ruído?

Não ensinaste, Senhor, esta verdade à alma que se confessa a ti? Não me ensinaste, Senhor, que antes de dares forma e figura a esta matéria informe, não existia nada, sem cor, nem figura, nem corpo, nem espírito? Não era um verdadeiro nada, mas algo informe, sem figura alguma.

Capítulo 4
A matéria informe

Que nome dar a isto, como sugerir sua ideia às inteligências preguiçosas, senão apelando para um termo de uso corrente? Que se pode encontrar no mundo que esteja mais próximo dessa ausência total de forma, que a terra e o abismo? Situados no mais baixo grau da criação, eles não têm a beleza dos corpos que no alto brilham de luz fulgurante.

Por que, então, não haverias de consentir que essa matéria informe, que criaste privada de beleza para com ela, fazer um mundo cheio de beleza, fosse comodamente designada aos homens por esses termos de terra invisível e sem forma?

Capítulo 5
Sua natureza

Assim, quando o pensamento pergunta a si mesmo o que nossos sentidos podem atingir a respeito dessa matéria, e responde para si próprio: "Não é nem uma forma inteligível, como a vida, como a justiça, porque é a matéria que serviu para a criação dos corpos, nem uma forma sensível, porque nada há que se possa ver ou perceber no que é invisível e sem forma." — Quando o pensamento humano fala desse modo, procura conhecê-la ignorando-a, ou ignorá-la conhecendo-a.

Capítulo 6
Em que consiste

Quanto a mim, Senhor, se minha boca e minha pena devem confessar-te o que me ensinaste sobre essa matéria, eu te diria que outrora, ouvindo, sem nada compreender, pronunciar seu nome por pessoas que também não a entendiam, procurei concebê-la sob formas inúmeras e diversas, e não o consegui. Meu espírito revolvia-se em extrema confusão de formas feias e horríveis; mas enfim, formas, e eu chamava de informe, não o que carecia de forma, mas o que tinha tal forma que, se me aparecesse, seu aspecto insólito e bizarro desencaminharia meus sentidos e confundiria minha fraqueza de homem.

Por isso, o que eu concebia era informe, não por privação de toda forma, mas por comparação com formas mais belas. A verdadeira razão me aconselhava, se eu queria conceber algo absolutamente informe, a despojá-la de tudo o que pudesse restar-lhe ainda de forma, mas eu não o conseguia; para mim era mais fácil considerar como inexistente o que estava privado de toda forma, do que imaginar um ser situado entre a forma e o nada, e que não fosse nem forma, nem nada, um ser informe, um quase nada.

Então minha inteligência deixou de interrogar minha imaginação, cheia de imagens de formas corporais, que ela variava e combinava à vontade. Fixei meu espírito sobre os próprios corpos, examinei mais profundamente essa mutabilidade pela qual eles deixam de ser o que foram e começam a ser o que não eram. Comecei a supor que essa evolução de uma forma para outra se fazia por intermédio de algo informe, e não do nada absoluto.

Mas eu queria saber, e não apenas supor; e se minha voz, minha pena te confessassem pormenorizadamente a solução do problema que me inspiraste, qual de meus leitores seria bastante paciente para me compreender? Contudo, meu coração não deixará de te prestar homenagem e de elevar a ti um cântico de louvor por essas inspirações, porque não existem palavras capazes de exprimi-las.

É a mutabilidade das coisas mutáveis que é suscetível de tomar todas as formas em que se mudam as coisas mutáveis. E em que consiste essa mutabilidade? É por acaso espírito? É talvez corpo? Seria uma espécie de espírito ou de corpo? Se se pudesse dizer: um nada que é algo, ou o que é e não é, eu a chamaria assim. E, contudo, era necessário que ela existisse de alguma maneira, para tomar essas formas visíveis e ordenadas.

Capítulo 7
A criação do nada

Mas de onde tirava ela a matéria de sua existência, senão de ti, por quem existem todas as coisas, seja qual for o modo de sua existência? Mas, quanto menos uma coisa se te assemelha, mais longe de ti está — e não se trata de distância no espaço.

Portanto, és tu, Senhor, que não te mudas, de acordo com as circunstâncias, de natureza e de maneira de ser, mas que és sempre o mesmo, o mesmo e o mesmo, santo e santo e santo, Senhor[5], Deus Todo-poderoso, és tu, Senhor, que no princípio, que vem de ti em tua sabedoria, nascida de tua substância, fizeste algo de nada. Criaste o céu e a terra, e isso não com tua substância, porque nesse caso tua criação seria igual a teu Filho único, e, por conseguinte, de ti mesmo, e não seria justo que o que não procede de ti fosse igual a ti.

Mas fora de ti nada existia com que pudesses fazer o céu e a terra, ó Trindade una, Unidade trina. Por isso criaste do nada o céu e a terra, essa imensidão e essa pequenez. Porque és Todo-poderoso e bom, e só podes criar coisas boas: o grande céu e a pequena terra.

Fora de ti nada havia, e desse nada fizeste o céu e a terra, tuas duas obras, uma próxima de ti, a outra próxima do nada; uma acima da qual nada existe além de ti, e outra abaixo da qual não existe além do nada.

Capítulo 8
A terra invisível

Mas o céu do céu é teu, Senhor; quanto à terra, que deste aos filhos dos homens para ser visível e tangível, não era tal como agora a vemos e tocamos. A terra era invisível e informe: um abismo sobre o qual não havia luz. As trevas se estendiam sobre o abismo — isto é: mais profundas do que no abismo. Porque esse abismo das águas, agora visíveis, possui até em suas profundezas uma espécie de luz, perceptível aos peixes e aos animais que se arrastam em seu fundo. Mas tudo isso era quase o nada, sendo ainda completamente informe; e, contudo, estava apto a receber uma forma.

Senhor, criaste o mundo com uma matéria sem forma; de nada fizeste este quase nada de onde tiraste as grandes coisas que admiramos, nós os filhos dos homem. Porque este céu corporal é verdadeiramente admirável, este firmamento entre a água e a água, que criaste no segundo dia, depois da luz, dizendo: "Faça-se" — e assim se fez. Chamaste a este firmamento de céu: o céu desta terra e deste mar que criaste no terceiro dia, dando forma visível à matéria informe, criada por ti antes de todos os dias.

Já havias criado outro céu antes de haver dia, mas era o céu deste céu, porque no princípio criaste o céu e a terra. Quanto a esta terra, tua obra, nada mais era que matéria informe, sendo invisível, caótica, e as trevas reinando sobre o abismo. É desta terra invisível, caótica, desta massa informe, deste quase nada, que devias formar todas as coisas de que consta e não consta este mundo mutável, domínio da transformação, que torna possíveis a consciência e a medida do tempo. Porque o tempo é feito de mudanças que se produzem nas coisas, de vicissitudes de transformações das aparências, e a matéria das coisas e das aparências é esta terra invisível, de que falei acima.

Capítulo 9
A criação do tempo

E por isso o Espírito que instruiu teu servo, quando relata que criaste no princípio o céu e a terra, cala-se sobre os tempos, guarda silêncio sobre os dias. Porque o céu do céu, que fizeste no começo, é de alguma maneira uma criatura inteligente que, sem te ser coeterna, ó Trindade, participa todavia de tua eternidade. A doçura deliciosa de te contemplar detém sua mobilidade, e, unida a ti sem desfalecimento, desde sua criação, escapa às vicissitudes fugazes do tempo. Quanto a esta massa informe, a esta terra invisível, a estes caos, tu também não o incluíste no número dos dias, porque onde não há forma nem ordem, nada vem, nada passa, e, por conseguinte, aí não há nem dias, nem vicissitudes de espaços temporais.

Capítulo 10
Invocação à verdade

Ó verdade, luz de meu coração, faze com que se calem as trevas que me envolvem. Deixei-me cair nas trevas e fiquei às escuras; mas, do fundo desse abismo, sim, desse abismo, eu te amei ardentemente. Andei errante, mas me lembrei de ti. Ouvi tua voz que, atrás de mim, me dizia que voltasse; mas dificilmente podia escutá-la, por causa do tumulto de minhas paixões insatisfeitas[6]. E agora, eis que, ardente e anelante, volto à tua fonte. Que ninguém mo proíba: beberei de tua água, e então hei de viver. Que não seja eu minha própria vida! Vivi mal por minha culpa, e fui a causa de minha morte. Em ti eu revivo! Fala-me, ensina-me. Creio em teus livros, e tuas palavras encerram profundos arcanos.

Capítulo 11
As criaturas e o criador

Já me disseste, Senhor, a altas vozes ao ouvido de minha alma, que és eterno, e que só tu possuis a imortalidade[7], porque não mudas nem de forma, nem de movimento, e tua vontade não varia de acordo com os movimentos, porque a vontade que muda não é imortal. Esta verdade é clara para mim em tua presença. Faze, te peço, que ela se torne para mim cada vez mais clara, e que ao abrigo de tuas asas eu persevere sabiamente nessa evidência.

Também disseste, Senhor, a altas vozes a meu ouvido interior, que todas as naturezas, todas as substâncias que não são o que és, mas que existem, tu as fizeste; que só o nada não procede de ti, assim como o movimento de uma vontade que se afasta de ti, Ser supremo, para seres inferiores, porque esse movimento é falta, é pecado; que, enfim, nenhum pecado te causa dano, nem perturba a ordem de teu império, superior ou inferior. Essa verdade é clara para mim em tua presença. Faze, eu te peço, que ela se me torne cada vez mais clara, e que ao abrigo de tuas usas eu persevere sabiamente nessa evidência.

Também disseste, Senhor, a altas vozes, no ouvido interior de minha alma, que essa criatura, cujo único prazer és tu, não te é coeterna, que goza de ti em união casta e duradoura, sem trair em nenhum lugar ou tempo sua natureza mutável; que, conservando-se sempre em tua eterna presença, e unida a ti com todo seu amor, não tem que esperar futuro, nem que recordar passado, isenta de vicissitudes e distensões no tempo. Criatura feliz, se existe, por estar assim unida à tua felicidade, feliz de ser eternamente habitada e iluminada por ti! Não encontro nada a que convenha melhor, segundo me parece, a expressão céu de céu, que pertence ao Senhor, que a este habitáculo de tua divindade, que contempla tuas delícias sem que nenhum desfalecimento a arraste para outras partes, que esse puro espírito, intimamente unido por um elo de paz com esses santos espíritos, cidadãos de tua cidade, que está no céu e acima do céu.

Que isso faça com que a alma compreenda, que em sua peregrinação terrestre se afastou de ti, se já tem sede de ti, se suas lágrimas se tornaram seu pão, quando todos os dias lhe dizem: Onde está teu Deus[8]? — se ela não te pede, se ela não deseja senão habitar em tua morada todos os dias de sua vida[9] e que é sua vida, senão tu? Que são seus dias, senão tua eternidade, que, como teus anos, não passam, porque és sempre o mesmo[10]? — que isso, digo, faça compreender à alma, se possível, como tua eternidade transcende todos os tempos, pois tua morada, que não se afastou de ti, embora não te sendo coeterna, graças à sua incessante e indefectível união contigo, não padece em nada as vicissitudes do tempo. Essa verdade me é clara em tua presença; faze, te peço, que ela se me torne cada vez mais clara, e que ao abrigo de tuas asas eu persevere sabiamente nessa evidência.

Vejo claramente não sei que matéria informe nessas transformações das coisas baixas e ínfimas. Mas quem, salvo o insensato, cujo espírito vagabundo rola de quimera em quimera à mercê de seus fantasmas, quem, salvo esse insensato poderá dizer-me que, se toda forma fosse destruída, abolida, restando apenas esta matéria sem forma, graças à qual as coisas se transformam e passam de uma forma para outra, ela poderia produzir as vicissitudes do tempo? Isso lhe seria absolutamente impossível, porque, sem variedade de movimentos não existe tempo; e não há variedade onde não há forma.

Capítulo 12
A criação e a eternidade

Bem consideradas estas coisas, na medida em que mo permitiste, meu Deus, e na medida em que me incitaste a bater, e em que me abres quando bato, encontro duas obras tuas que carecem de tempo, embora nenhuma delas te seja coeterna: a primeira, que criaste de tal modo que, sem nunca deixar de te contemplar, sem que nenhuma mudança intervenha em sua atividade, livre de mudanças, embora mutável por natureza, goza de tua eternidade e de tua imutabilidade; a segunda informe, a ponto de lhe ser impossível passar de uma forma para outra, quer no movimento, quer no repouso, e, por conseguinte, incapaz de obedecer ao tempo. Mas tu não a deixaste nesse estado informe, pois, antes que houvesse dias, fizeste no princípio o céu e a terra, as duas obras de que falava.

Mas a terra era invisível e caótica, e as trevas reinavam sobre o abismo. Por essas palavras a Escritura sugere a ideia de algo informe, para obter pouco a pouco a compreensão dos espíritos que não podem conceber que a privação absoluta de forma não se confunde com o nada. É dessa coisa informe que deveria ser criado um segundo céu, uma terra visível, ordenada, a beleza da água, enfim tudo o que, na criação deste mundo, foi feito, de acordo com a tradição das Escrituras, em dias determinados. E essa obra é tal que, como consequência da transformação regular de seus movimentos e de suas formas, está sujeita às vicissitudes do tempo.

Capítulo 13
O céu e a terra no Gênesis

Meu Deus, quando ouço estas palavras de tua Escritura: "No princípio criou Deus o céu e a terra. A terra era invisível e caótica, e as trevas se estendiam sobre o abismo" — e não encontro menção do dia em que criaste essas coisas, concluo dessa omissão que se trata do céu do céu, do céu intelectual, onde é dado à inteligência conhecer simultaneamente e não parcialmente; não em enigma, não como em espelho, mas absolutamente, em plena luz, face a face[11]; de conhecer não ora isto, ora aquilo, mas, como disse, simultaneamente, sem nenhuma vicissitude de tempo; concluo que se trata também da terra invisível, caótica, estranha às vicissitudes do tempo, que ora causam isto, ora aquilo, porque onde não há forma não pode haver isto ou aquilo.

É, pois, a propósito dessas duas coisas, uma de forma acabada desde o início, a outra absolutamente informe: o céu, isto é: o céu do céu, e a terra, isto é: terra invisível e caótica, é bem a propósito delas que tua Escritura diz, sem mencionar o dia: "No princípio criou Deus o céu e a terra". E acrescenta imediatamente de que terra se trata. E, indicando o segundo dia como data da criação do firmamento, que foi chamado de céu, dá a entender também de que céu falara precedentemente sem precisar o dia.

Capítulo 14
A profundidade das Escrituras

Admirável profundidade e de tuas Escrituras, sob uma superfície que nos acaricia, como se acariciam as crianças! Sim, admirável profundidade, meu Deus, admirável profundidade! É impossível meditá-las sem um arrepio sagrado, arrepio de respeito, estremecimento de amor. Odeio violentamente seus inimigos. Oh! se pudesses fazê-los morrer sob teu gládio de dois fios, a fim de que elas não tenham mais inimigos! Gostaria que eles morressem para si mesmos, e que vivessem só para ti.

Mas eis aqui outros que não criticam, mas, pelo contrário, admiram o livro do Gênesis, e que dizem: "Não é isto, o que quis dizer por essas palavras o Espírito de Deus que as inspirou a Moisés, seu servidor. Não, o que ele quis dizer não é o que dizes, mas outra coisa: o que nós dizemos." — Eis, ó Deus de todos nós, o que eu lhes respondo: sê nosso árbitro*.

---

* Talvez o santo se refira aqui aos donatistas.

Capítulo 15
O que dizem seus inimigos

Direis que é falso o que, com voz forte, a Verdade disse ao ouvido de minha alma sobre a verdadeira eternidade do Criador: a saber, que sua substância não varia no tempo, e que sua vontade se confunde com sua substância? De onde se segue que ele não quer ora isto, ora aquilo, mas quer o que sempre quer, simultaneamente e para sempre. Vontade que não se exerce por decisões sucessivas, que não se propõe ora esta, ora aquela finalidade, que não quer o que antes não queria, nem deixa de querer o que antes queria, porque semelhante vontade estaria sujeita a mudanças, e o que está sujeito a mudanças não é eterno: ora, nosso Deus é eterno.

Tereis também como falsas estas palavras, murmuradas pela Verdade ao ouvido de minha alma: que a espera das coisas futuras se transforma em intuição, quando presentes, e que essa mesma intuição se transforma em memória, quando passadas? Que todo pensamento que varia assim está sujeito a mudanças, e que nada do que está sujeito a mudanças é eterno? Ora, nosso Deus é eterno. E, reunindo e condensando estas verdades, vejo que meu Deus, o Deus eterno, não criou o mundo por uma vontade nova, e que sua ciência não admite nada que seja transitório.

Que direis, então, meus contraditores? Isso é falso? — Não, dizem eles. — Mas então? É um erro pretender que toda natureza que tem forma, que toda matéria suscetível de tomar forma não recebe o ser senão daquele que é Bondade soberana, porque ele é o Ser soberano? — Nós também não o negamos. — Então, que negais? Negais que há uma criatura sublime, unida ao Deus verdadeiro e verdadeiramente eterno por um amor tão casto que, sem lhe ser coeterna, não se separa dele nem deriva para as mudanças e vicissitudes do tempo, mas, pelo contrário, repousa apenas em sua contemplação? Como essa criatura te ama tanto quanto pedes, ó Deus, te mostras a ela, e lhe bastas, e ela jamais se afasta de ti, nem para si mesma. Assim é essa morada de Deus, estranha à terra, estranha aos céus materiais, habitáculo espiritual e que participa de tua eternidade, porque permanece imaculado por toda a eternidade. Tu a estabeleceste pelos séculos dos séculos; estabeleceste uma lei, e essa lei não há de passar[12]. Contudo, essa lei não te é coeterna, porque teve princípio ao ser criada.

É certo que não encontramos tempo antes dessa sabedoria, porque a sabedoria foi a primeira de todas as tuas criações[13]. E, bem-entendido, não pretendo falar da sabedoria da qual és Pai, ó nosso Deus, e que te é perfeitamente igual e coeterna, por quem todas as coisas foram criadas, esse princípio em que criaste o céu e a terra; pretendo falar da sabedoria criada, dessa essência intelectual que, pela contemplação da luz, também é luz, porque, embora criada, também a chamamos de sabedoria. Mas tanto quanto a luz que ilumina difere da luz refletida, tanto a sabedoria criada difere da sabedoria incriada e a justiça justificante da justiça nascida da justificação. Não somos também nós chamados de tua justiça? Porque um de teus servos disse: "A fim de que sejamos a justiça de Deus nele." — Há, portanto, uma sabedoria criada antes de todas as coisas, e essa sabedoria foi criada como espírito racional e inteligente, em tua cidade santa, nossa mãe, que está no alto, livre e eterna nos céus[14] — e em que céus, senão nos céus dos céus[15], que te louvam, esse céu do céu que pertence ao Senhor? — Ainda uma vez é verdade que não encontramos tempo antes dessa sabedoria, porque ela precede a criação do tempo, tendo sido criada por primeiro. Mas antes dela há a eternidade de seu Criador, de onde tirou sua origem, não segundo o tempo, porque este ainda não existia, mas segundo sua condição de criatura criada.

É assim que ela procede de ti, nosso Deus, embora seja de essência absolutamente diversa da tua. Sem dúvida não encontramos nenhum tempo, não apenas antes dela, mas mesmo nela, porque ela é capaz de contemplar sempre teu rosto sem jamais se voltar, razão pela qual escapa às mudanças e às variações. Contudo, há nela certa mutabilidade que poderia lançá-la nas trevas e no frio, sem esse grande amor que a une a ti e que lhe vale de tua graça um eterno meio-dia de luz e de calor.

Ó casa luminosa e bela! Amei tua beleza e o lugar onde mora a glória de meu Senhor[16], teu criador e possuidor. Possa eu suspirar por ti durante minha peregrinação sobre a terra! Peço àquele que te criou que me possua também em ti, porque ele também me criou. Errei como ovelha perdida[17], mas espero ser levado a ti nos ombros de meu pastor, teu arquiteto.

Que me dizeis a isto, meus contraditores, vós que, todavia, considerais Moisés como servo piedoso de Deus, e seu livros como oráculos do Espírito Santo? Não é por acaso esta a casa de Deus, que, sem lhe ser coeterna, é contudo, à sua maneira, eterna nos céus? Em vão buscais aí as vicissitudes do tempo, porque não as encontrais, porque ela se eleva acima de toda extensão, da volubilidade do tempo, ela, cujo único bem é estar intimamente unida a Deus[18] para sempre.

— Assim é — dizem eles.

Mas, nas palavras que meu coração clamou a Deus, escutando interiormente a voz que canta sua glória[19], que podeis apontar como falso? O que disse de uma matéria informe, na qual não havia ordem alguma, por carecer de forma? Mas onde não havia ordem não podia haver vicissitude de tempo; e, contudo, esse quase nada, enquanto nada era absoluto, vinha evidentemente daquele de onde vem tudo o que existe de algum modo.

— Tampouco negamos isto — dizem, eles.

Capítulo 16
Outros adversários das Escrituras

Não quero discutir diante de ti senão com os que reconhecem que tua verdade fez ouvir a minha inteligência em meu íntimo. Para os que o negam, que ladrem quanto quiserem, ao ponto de não ouvirem mais a si mesmos. Tentarei persuadi-los a que se acalmem, e deem acesso em seus corações à tua palavra. Se eles não o quiserem e me rejeitarem, conjuro-te, meu Deus, não te cales, não te afastes de mim[20]. Fala com verdade em meu coração, porque só tu sabes falar assim. E que eu os deixe fora, soprando no pó e levantando terra contra seus olhos. Que me retire em mim mesmo, que levante a ti cantos de amor, que gema indizivelmente, durante minha peregrinação terrestre, lembrando-me de Jerusalém, levantando a ela meu coração — Jerusalém, minha pátria, Jerusalém, minha mãe — e para ti, que reinas sobre ela, seu pai, sua luz, seu tutor, seu esposo, suas castas e grandes delícias, sua sólida alegria, seu conjunto de todos os bens inefáveis, porque és o soberano Bem e o Bem verdadeiro. Não me apartarei mais de ti, até que, na paz dessa mãe muito amada, onde estão as primícias de meu espírito, e de onde me vêm minhas certezas, reúnas todos os elementos de minha pessoa, libertada da dispersão e da deformidade presentes, e nela me reformes e confirmes por toda a eternidade, ó meu Deus, minha misericórdia.

Quanto aos que, sem negar essas verdades, respeitando tua Escritura Sagrada, obra do piedoso Moisés, e reconhecendo nela, conosco, a mais alta autoridade a seguir, contudo nos opõem certas objeções, eu lhes digo isto: "Tu, que és nosso Deus, serás juiz entre minhas confissões e suas objeções."

Capítulo 17
Opiniões diversas sobre o céu e a terra

Com efeito, eles dizem: "Sem dúvida, isso é verdade, mas não era nisso que Moisés pensava quando, inspirado, pelo Espírito Santo, dizia: "No princípio criou Deus o céu e a terra." — Não, pela palavra céu ele não quis significar essa criatura espiritual ou intelectual, que contemplaria eternamente a face de Deus; e pela palavra terra uma matéria informe. — Que quis dizer então? — O que dizemos nós — respondem — isso é o que Moisés quis dizer, e o que expressou naquelas palavras. — E que foi que ele disse? — Pelas palavras céu e terra quis significar, em primeiro lugar, globalmente e de forma reduzida, todo este mundo visível, para em seguida pormenorizar, enumerando os dias, e como artigo por artigo, esse conjunto que aprouve ao Espírito Santo designar com uma expressão global. O povo rude e carnal ao qual falava compunha-se de tais homens que segundo pensava, ele não podia dar-lhes a conhecer senão as obras visíveis de Deus."

Quanto a esta terra invisível e caótica, a este abismo de trevas, com que, durante seis dias, foram sucessivamente criadas e ordenadas todas as coisas visíveis que são conhecidas de todos, eles concordam comigo em que se pode entender com isso, sem erro, essa matéria informe de que falei.

Mas como? Algum outro dirá talvez que a ideia dessa matéria informe e confusa nos foi proposta primeiramente sob os nomes de céu e de terra, porque é dela que este mundo visível, com todas as realidades que nele se descobrem, mundo que designamos correntemente pelos nomes de céu e de terra, foi criado e aperfeiçoado.

O quê? Algum outro dirá, talvez, que a realidade invisível e visível não foi chamada impropriamente de céu e terra, e, portanto, que o universo que Deus criou na sabedoria, isto é, no princípio, está compreendido sob esses dois termos. Mas como todas as coisas criadas foram feitas, não da substância de Deus, mas de nada, como não se confundem com Deus, e como nelas existe um princípio de transformação, quer permanecendo como morada eterna de Deus, quer mudando-se como a alma e o corpo do homem, por essas razões a matéria comum de todas essas coisas invisíveis e visíveis, matéria ainda informe, mas suscetível de forma, e de onde deveriam ser tirados o céu e a terra, em outras palavras, a criação invisível e visível, mas uma e outra tendo recebido forma, foi designada por essas expressões de terra invisível e caótica, e de trevas reinando sobre o abismo, com a seguinte distinção: por terra invisível e caótica deve-se entender a matéria corporal, antes de qualquer determinação de forma; e por trevas reinando nobre o abismo, a matéria espiritual antes da coibição de sua, digamos, imoderada fluidez e antes que a sabedoria a iluminasse.

Alguém mais poderia dizer também, se quisesse: "Esses termos céu e terra não significam realidades formadas e acabadas, lá onde lemos: No princípio criou Deus o céu e a terra — mas um esboço ainda informe, uma matéria que poderia tomar forma e servir para a criação, porque nela já existiam confusamente, sem distinção de formas e de qualidades, essas criaturas, uma espiritual, a outra corporal, que, ordenadas como agora, são chamadas de céu e de terra.

Capítulo 18
Outras interpretações

Ouço e examino todas essas opiniões, mas não quero discutir por questões de palavras, o que não serve para nada, senão para confusão dos ouvintes[21]. Pelo contrário, a lei é boa para a edificação se dela se fez uso legítimo[22], porque sua finalidade é a caridade que nasce de um coração puro, de uma boa consciência e de uma fé não fingida[23]. Nosso Mestre bem sabe quais os dois preceitos em que encerrou toda a lei dos profetas[24]. A mim, que os confesso ardorosamente, ó meu Deus, luz de meus olhos na escuridão, que me faz com que eu possa encontrar sentidos diferentes para essas palavras que são verdadeiras de todos os modos? Que me interessa, digo eu, que um outro compreenda o texto de Moisés de modo diferente do meu?! Nós todos que o lemos procuramos averiguar e compreender o que quis dizer o autor que lemos. E, como o julgamos verídico, não temos a temeridade de admitir que ele pudesse dizer o que sabemos ou o que consideramos falso.

Assim, nesses esforços que cada um fez para compreender, na Escritura Sagrada, o verdadeiro pensamento do escritor, onde está o mal se o leitor considera verdadeiro o sentido que tu, Luz de todas as inteligências sinceras, lhe fazes parecer verdadeiro, embora não tenha sido este o pensamento do autor que lemos, levando-se em conta que ele, pensando de outra maneira, só pensou verdades?

Capítulo 19
A verdade

A verdade, Senhor, é que criaste o céu e a terra. A verdade é que o princípio é tua sabedoria, na qual criaste todas as coisas[25]. A verdade é que este mundo visível compõe-se de duas grandes partes, o céu e a terra, expressões que resumem todas as realidades criadas e formadas. É verdade também que tudo o que está sujeito a mudança evoca a nosso pensamento a ideia de algo informe, suscetível de tomar forma, de mudar e de se transformar. A verdade é que uma criatura tão intimamente unida a uma forma imutável que, embora sujeita a mudanças, nunca se transforma, não está sujeita ao tempo. A verdade é que a ausência de forma, que é quase o nada, não pode conhecer as vicissitudes do tempo. A verdade é que a matéria de que uma coisa é feita, se assim podemos falar, toma o nome dessa coisa, e que assim podemos chamar de céu e de terra a essa massa informe com a qual foram feitos o céu e a terra. A verdade é que, de tudo o que recebeu forma, nada há que esteja mais perto do informe que a terra e o abismo. A verdade é que não apenas tudo o que foi criado e formado, mas ainda tudo o que poderia ser criado e formado é obra tua, tu que és o autor de tudo quanto existe. A verdade é que tudo o que é formado de matéria informe, primeiro é informe, e depois recebe forma.

Capítulo 20
O princípio e suas interpretações

De todas essas verdades, das quais não duvidam os que de ti receberam a graça de ver com os olhos da alma, e que creem firmemente que Moisés, teu servidor, falou em espírito de verdade, um escolhe uma, e diz: "No princípio Deus criou o céu e a terra" — isto é, Deus criou, em seu Verbo, que lhe é coeterno, o mundo inteligível e sensível, ou espiritual e corporal. Outro diz: "No princípio Deus criou o céu e a terra" — isto é: Deus criou em seu Verbo, que lhe é coeterno, toda a massa desse mundo corporal, com tudo o que contém de realidades aparentes e conhecidas. Um terceiro diz: "No princípio Deus criou o céu e a terra" — isto é: Deus criou em seu Verbo, que lhe é coeterno, a matéria informe das criaturas espirituais e corporais. Um quarto diz: "No princípio Deus criou o céu e a terra" — isto é: Deus criou a matéria informe das criaturas corporais, onde estavam ainda confundidos o céu e a terra, que agora distinguimos na massa do universo, com suas formas distintas e determinadas.

Um último diz: "No princípio Deus criou o céu e a terra" — isto é: desde que começou a agir, Deus criou a matéria informe, onde estavam contidos confusamente em potência o céu e a terra, de onde foram formados, e que agora se mostram e brilham com tudo o que neles existe.

Capítulo 21
A terra invisível

O mesmo se dá quanto à interpretação das palavras que se seguem. Entre essas interpretações, que são todas verdadeiras, cada um escolhe a sua. Este diz: "A terra era invisível e caótica, e as trevas se estendiam sobre o abismo" — isto é: essa massa corpórea, que Deus fez, era a matéria ainda sem forma, sem ordem, sem luz, das coisas corporais.

Outro diz: "A terra era invisível e caótica, e as trevas se estendiam sobre o abismo" — isto é: esse conjunto que chamamos de terra e de céu era a matéria ainda informe e tenebrosa, da qual deviam ser feitos o céu corporal e a terra corporal, com tudo o que nossos sentidos corpóreos neles veem.

Outro diz: "A terra era invisível e caótica, e as trevas se estendiam sobre o abismo" — isto é: esse conjunto que chamamos de céu e de terra era a matéria ainda informe e tenebrosa, com a qual deviam ser feitos o céu inteligível, que é designado alhures pela expressão céu de céu, e a terra, isto é, toda realidade corporal, nela incluindo o céu corporal; em resumo, a matéria de toda criatura visível e invisível.

Outro diz ainda: "A terra era invisível e caótica, e as trevas se estendiam sobre o abismo" — isto é: não é ao caos informe que a Escritura deu os nomes de céu e de terra, porque eles já existiam; é esse caos que ela chamou de terra invisível, caótica, abismo de trevas; é dele, segundo a Escritura, que Deus criou o céu e a terra, isto é, a criatura espiritual e a corporal.

E outro ainda: "A terra era invisível e caótica, e as trevas se estendiam sobre o abismo" — isto é: já existia uma matéria informe, da qual a Escritura diz que Deus criou o céu e a terra, a saber, toda a massa corporal do mundo, dividido em duas grandes partes, uma superior, outra inferior, com todas as criaturas que elas encerram e que nos são familiares.

Capítulo 22
Objeções

Mas a essas últimas interpretações alguém poderia opor a seguinte objeção: "Se não quereis que as palavras céu e terra signifiquem a matéria informe, haveria então alguma coisa não criada por Deus; e da qual ele deveria se servir para criar o céu e a terra? Porque a Escritura não diz que Deus criou essa matéria, a menos que entendamos como tal o sentido dado às palavras céu e terra quando diz: No princípio, Deus criou o céu e a terra." — No que se segue; "A terra era invisível e caótica" — mesmo que Moisés quisesse designar assim a matéria informe, nós não poderíamos entender com isso senão a matéria criada por Deus, conforme ao que está escrito: "Criou o céu e a terra." — Os partidários das duas últimas opiniões que acabamos de expor, ou de uma das duas, respondem dizendo: "Não negamos que esta matéria informe seja obra de Deus, de quem vem tudo o que é bom. Consideramos como bem superior o que é criado e plenamente formado, mas confessamos também que o que é suscetível de ser criado e formado, embora seja um bem inferior, é ainda um bem.

A Escritura não falou da criação por Deus dessa matéria informe, mas deixou de falar de muitas outras coisas, como, por exemplo, da criação dos querubins, dos serafins, dos tronos, das dominações, dos principados, das potestades[26], que o Apóstolo menciona como seres distintos, e que Deus evidentemente criou. Se essa palavra: "Deus criou o céu e a terra" — compreende todas as coisas, que diremos das águas sobre as quais pairava o Espírito de Deus[27]?

Se se entende que a palavra terra também as designa, como compreender por essa palavra uma matéria informe, quando vemos as águas tão belas? E, dado que o entendamos assim, por que está escrito que dessa mesma matéria informe foi criado o firmamento, e que ele foi chamado de céu, quando não se faz menção da criação das águas? Porque as águas que vemos correr com tão harmoniosa beleza, não são mais nem informes, nem invisíveis. E se elas receberam sua beleza quando Deus disse: "Que as águas que estão sob o firmamento se reúnam[28]"! — de modo que essa reunião seja sua mesma formação, que dizer das águas que estão acima do firmamento? Informes, elas não teriam merecido lugar tão honroso, e a Escritura não refere a palavra que as formou.

Assim, se o Gênesis se cala sobre a criação por Deus de certas coisas, criação essa que está fora de dúvidas aos olhos de uma fé sadia e de uma inteligência firme, e se nenhuma ciência racional ousará sustentar que essas águas são coeternas a Deus, sob o pretexto de que as vemos mencionadas no Gênesis, sem encontrar aí a indicação do momento de sua criação, por que não haveríamos de entender, à luz da verdade, que essa matéria, também informe, que a Escritura chama de terra invisível e caótica e de abismo tenebroso, foi feita por Deus de nada e não é coeterna a Deus, embora a narração da Escritura tenha negligenciado de mencionar o momento em que foi criada?

Capítulo 23
A opinião de Agostinho

Ouço e examino essas opiniões na medida de meus fracos meios, que confesso a Deus, o qual, aliás, bem os conhece. Vejo que se pode elevar duas espécies de opiniões a propósito de um testemunho formulado com a ajuda de sinais por intérpretes verídicos. Uma é relativa à variedade das coisas, a outra à intenção daquele que as exprime. Procurar conhecer a verdade sobre a criação é uma coisa; procurar saber o que Moisés, famoso servo de tua lei, quis dar a entender por suas palavras ao leitor ou ao ouvinte é outra.

No que diz respeito à primeira dessa opinião, longe de mim todos esses que têm como verdades os seus erros! Quanto à segunda, longe de mim todos os que creem que Moisés disse falsidades. Mas, possa eu unir-me em ti, alegrar-me em ti Senhor, juntamente com os que se alimentam de tua verdade na imensidão de teu amor. Aproximemo-nos juntos das palavras de teu Livro, e procuremos tuas intenções nas intenções de teu servo, por cuja pena tu no-las revelaste.

Capítulo 24
Qual a verdade?

Mas quem de nós, entre tantas verdades possíveis, que se oferecem aos estudiosos sob as diversas interpretações de tuas palavras, saberá descobrir essas intenções e poderá declarar com segurança: "Eis o pensamento de Moisés, eis como ele quer que se entenda sua narração?" — Quem poderá declará-lo, com a mesma segurança que ele, que essa narração é verdadeira, quer Moisés tenha tido esse pensamento, quer tenha tido outro?

Por mim, meu Deus, eis que eu, teu servo, que te dediquei nesta obra o sacrifício de minhas confissões, e peço a tua misericórdia me permita a realização desse desejo[29], declaro com perfeita segurança que criaste todas as coisas, as invisíveis e as visíveis, mediante tua palavra imutável.

Mas poderei dizer com a mesma confiança que Moisés teve esse pensamento, e não outro, quando escreveu: "No princípio, criou Deus o céu e a terra?" — Não porque a primeira afirmação me parece incerta, enquanto que não vejo com igual certeza o que Moisés pretendia ao escrever essas palavras. Por essa expressão: "no princípio" pode ter entendido: "no começo da criação". Pelos termos de céu e de terra, pode querer dar-nos a entender, não a natureza espiritual e corporal, já formada e perfeita, mas uma e outra, apenas esboçada e ainda informe. Vejo que ambos os sentidos são igualmente plausíveis. Mas em qual dos dois pensava Moisés quando escrevia essas palavras eu não o posso distinguir tão bem. Aliás, quer sua intenção, ao exprimir essas palavras, fosse um desses dois sentidos ou algum outro que não indiquei, eu não poderia duvidar de que tão grande homem tenha visto a verdade e a tenha formulado convenientemente.

Capítulo 25
Os diversos partidos

Que deixem, portanto, de me importunar dizendo: "O pensamento de Moisés não é o que pretendes; é o que afirmo eu." — Se apenas me dissessem: "Como sabes que Moisés verdadeiramente entendia essas palavras no sentido que lhe atribuis?" — Eu não deveria me agastar, e responder talvez o que respondi acima, mais explicitamente, mesmo se meu contraditor fosse duro de convencer.

Mas quando me dizem: "O pensamento de Moisés não é o que pretendes, é o que eu pretendo" — sem contudo negar a verdade de uma e outra interpretação, então, ó vida dos pobres, ó meu Deus, em cujo seio não há contradição, derrama paz sobre meu coração, a fim de que eu tenha paciência para suportar essas pessoas. Pois eles não me dizem essas opiniões porque inspirados por Deus, ou porque leram no pensamento de teu servo, mas porque são orgulhosos: ignoram o pensamento de Moisés, mas só apreciam o deles, não por que seja verdadeiro, mas porque é deles. De outro modo apreciariam igualmente o pensamento alheio, quando verdadeiro, como eu, de minha parte, aprecio o que eles dizem quando o que dizem é verdade, não porque ela vem deles, mas porque é verdade. Do momento em que uma de suas ideias é verdadeira, ela é tanto deles como minha, porque pertence em comum a todos os amantes da verdade.

Quanto à sua pretensão de que o pensamento de Moisés não está no que digo, mas no que eles dizem, isso eu não aceito de modo algum. Ainda que assim fosse, sua temeridade não é a da ciência, mas a da audácia; e não se origina de uma intuição justa, mas do orgulho.

Senhor, teu julgamento deve fazer tremer. Porque tua verdade nem é meu bem, nem o bem deste ou daquele: a verdade é o bem de todos nós; e tu nos chamas publicamente para que participemos dela, com essa advertência terrível, de não a possuirmos como coisa particular, de medo que nós nos privemos dela. Quem quer que reclame apenas para si o que propõe para gozo de todos, e quer arrogar-se como bem próprio o que é de todos, é rejeitado desse bem comum para o seu bem pessoal, isto é, da verdade para a mentira, porque o que fala mentira fala do que é seu[30].

Presta atenção, juiz excelente, ó Deus, que és a própria verdade: ouve o que respondo a esse contraditor. É em tua presença que falo, e na presença de meus irmãos que usam legitimamente da lei, cujo fim é a caridade. Escuta e vê o que lhes digo, se é de teu agrado. Eis as palavras fraternas e de paz que lhes dirijo: "Quando nós dois vemos que tuas palavras são verdadeiras, quando ambos vemos que minhas palavras são verdadeiras, pergunto: onde o vemos? Evidentemente não é em ti que eu a vejo, nem tampouco é em mim que a vês. Ambos a vemos na verdade imutável, que está acima de nossas inteligências.

Uma vez que concordamos sobre essa luz do Senhor, nosso Deus, por que disputar sobre o pensamento de nosso próximo? Nós não o podemos ver como vemos a verdade imutável. Mesmo que o próprio Moisés nos aparecesse e nos dissesse: "Eis meu pensamento" — nem assim veríamos esse pensamento, mas apenas acreditaríamos nele. Por isso, não nos levantemos orgulhosamente um contra o outro a respeito das Escrituras[31]. Amemos ao Senhor, nosso Deus, de todo nosso coração, de toda nossa alma, de todo nosso espírito, e ao próximo como a nós mesmos[32]. É segundo esses dois preceitos da caridade que Moisés pensou tudo o que pensou em seus livros. Não dar-lhe crédito é considerar o Senhor mentiroso atribuindo a seu servo sentimentos diversos que os que ele próprio lhe recomendou.

Vê, pois: quando uma multidão de pensamentos igualmente verdadeiros podem ser tirados dessas palavras, que loucura é afirmar temerariamente que Moisés teve este pensamento e não aquele, ferindo com nossas disputas perniciosas a caridade, por amor da qual ele escreveu todas as palavras que procuramos explicar!

Capítulo 26
Agostinho no lugar de Moisés

Contudo, meu Deus, tu que me elevas quando me humilho, que descansas minha fadiga, que ouves minhas confissões e perdoas meus pecados, já que mandas que eu ame a meu próximo como a mim mesmo, não posso crer que Moisés, teu servo muito fiel, tenha sido contemplado com menos dons do que eu teria desejado e apetecido se tivesse nascido em seu tempo, e me tivesses posto em seu lugar, para te servir com meu coração e minha língua, e distribuir essas Escrituras que, tanto tempo depois, deviam beneficiar a todas as nações, e, no mundo inteiro, dominar com o prestígio de sua autoridade as afirmações das doutrinas mentirosas e cheias de orgulho.

Se eu fosse Moisés — porque todos procedemos da mesma massa[33], e que é o homem se não te lembrares dele[34]? — se eu fosse Moisés, e me tivesses confiado a missão de escrever o Gênesis, gostaria de receber de ti tal arte de expressão, tal qualidade de estilo, que mesmo os espíritos incapazes de compreender como Deus criou não pudessem rejeitar minhas palavras como superiores às suas forças; que os que já fossem capazes, descobrissem integralmente, nas raras palavras de teu servo, todas as verdades que sua reflexão já lhes tivesse proporcionado; e que se algum outro leitor, à luz de tua verdade, nelas percebesse outro significado, também ele o pudesse encontrar nessas mesmas palavras.

Capítulo 27
Os diversos sentidos da Escritura

Assim como uma fonte, fechada em pequeno reservatório, é mais abundante e, pelos diversos regatos que alimenta, banha espaços muito mais amplos que qualquer um desses regatos que deslizam através de muitas regiões, assim a narração do ministro de tua palavra, que deveria servir a tantos intérpretes, faz brotar de seu estilo sóbrio e simples uma torrente de límpida verdade, de que cada um tira para si a verdade que pode, para depois desenvolvê-la em largos rodeios de palavras.

Alguns há que, lendo ou entendendo essas palavras, imaginam a Deus como homem ou como massa material dotada de imenso poder, e que, por decisão nova e repentina, daria nascimento fora dela, e como que a distância, ao céu e à terra, esses dois grandes corpos, um superior, outro inferior, onde estão contidas todas as coisas. Quando ouvem dizer: "Deus disse: faça-se tal coisa! e tal coisa foi feita" — imaginam que se trata de palavras que começam e terminam, que soam no tempo e que passam, pois que, apenas passadas, começa a existir o que se ordenou que existisse. Todas as suas demais concepções ressentem-se do mesmo hábito de pensar de modo carnal.

Nisto são como crianças, sem vida espiritual; enquanto essa linguagem humilde sustentar sua fraqueza como o seio de uma mãe, sua salvação não deixa de se edificar pela fé, que lhes faz considerar como certo que Deus criou todas as realidades, cuja admirável variedade impressiona a seus sentidos.

Mas se alguém, desprezando a quase pobreza de tuas palavras, sem sua orgulhosa debilidade, se lança para fora do ninho onde é alimentado, então cairá miseravelmente Senhor Deus, tem piedade dele! Que os transeuntes não o pisem, passarinho implume; manda teu anjo para que o reponha no ninho, a fim de que viva até se tornar capaz de voar!

Capítulo 28
Divergências

Para outros essas palavras já não são ninho, mas vergel ensombreado onde se descobrem a eles os frutos ocultos que procuram e bicam, voando alegremente e gorjeando.

Quando leem ou ouvem as palavras de Moisés, veem que tua estável e eterna permanência, ó Deus, domina todos os tempos passados e futuros, e que, por conseguinte, não existe criatura corporal que não seja obra tua. Veem que tua vontade, confundindo-se com teu ser, criou todas as coisas sem ser modificada, sem que nasça nela uma decisão que não existisse antes; que criaste o mundo, não tirando de tua substância uma imagem tua, formada de toda realidade, mas tirando do nada uma matéria informe, que, sem se parecer contigo em nada, pudesse ser formada à tua imagem pela volta à tua Unidade, segundo a medida antecipadamente fixada e concedida a cada realidade, de acordo com sua espécie. Veem assim que todas as obras da criação são excelentes, ou porque permanecem a teu redor, ou porque, colocadas mais ou menos longe de ti no tempo e no espaço, fazem ou sofrem as magníficas vicissitudes do mundo. Veem essas coisas, e por isso se alegram na luz de tua verdade, tanto quanto podem com suas poucas forças.

Mas outro, examinando estas palavras: "No princípio criou Deus..." — vê no princípio a sabedoria, porque também ela nos fala[35].

Outro considera as mesmas palavras, e entende por princípio o começo da criação, e a seus olhos. "Deus criou no princípio" significa: "Deus primeiro fez." E entre os mesmos que pelo termo princípio entendem que Deus criou em sua sabedoria o céu e a terra, um acredita que céu e terra designam a matéria da qual o céu e a terra foram criados; outro pensa que a expressão se aplica às realidades já formadas e diferenciadas; outro afirma que o nome de céu quer dizer a natureza formada e espiritual, e o de terra a natureza informe e material. Quanto aos que entendem pelas palavras de céu e terra a matéria ainda informe, com a qual deveriam ser formados o céu e a terra, eles não estão de acordo: um concebe essa matéria como fonte comum das criaturas sensíveis e espirituais, outros como fonte apenas da massa sensível e corporal, que continha em seu vasto seio todas as realidades visíveis, oferecidas a nossos sentidos.

Mas nem mesmo os que acreditam que nesse texto céu e terra significam as criaturas tendo já recebido sua forma e lugar: um acredita que se trata do mundo invisível e visível, outro que se trata apenas do mundo visível, onde vemos o céu luminoso e a terra tenebrosa, com tudo o que eles contêm.

Capítulo 29
Dificuldades

Mas aquele que compreende a palavra: "No princípio criou Deus..." como se ela quisesse dizer: "Primeiramente Deus criou..." — não pode entender por céu e terra, se quer permanecer na verdade, senão a matéria do céu e da terra, isto é, da criação universal, tanto dos espíritos como dos corpos.

Porque, se quer entender por isso um universo já inteiramente formado, seríamos obrigados a perguntar-lhe: "Mas se Deus criou isso antes, que criou depois?" — Depois de ter criado tudo, não encontrará mais nada para criar e, quer queira, quer não, alguém lhe perguntará: "Como é possível dizer-se que Deus criou isso primeiro, se nada criou depois?"

Se ele pretende dizer que Deus criou primeiro a matéria informe, e depois lhe deu forma, já não se trata de tese absurda, desde que saiba distinguir a prioridade na eternidade, no tempo, na escolha, na origem. Na eternidade: como Deus, antes de todas as coisas; no tempo: como a flor precede o fruto; na escolha: como o fruto vale mais do que a flor; na origem: como o som precede o canto.

Dessas quatro prioridades, a primeira e a última são muito difíceis de compreender, enquanto que não há nada mais fácil de entender que as outras duas. É uma intuição rara e excessivamente penosa a que nos mostra tua eternidade criando, e ao mesmo tempo conservando-se imutável, as coisas mutáveis, e, assim, precedendo-as. E é necessário uma inteligência aguda para se compreender, sem grande esforço, como o som precede o canto, porque o canto é o som organizado, e uma coisa pode muito bem existir sem organização, mas o que não existe não poderia ser organizado. Assim a matéria é anterior ao que dela se forma, mas não porque seja ela a que produz, mas porque é objeto da ação, nem tampouco porque seja anterior no tempo. Porque não emitimos, em um primeiro momento, sons desorganizados e desprovidos de canto, que, em um momento ulterior, adaptaríamos, dando-lhe a forma de canto, como se faz com a madeira e a prata com que se fabrica um cofre ou um vaso.

Com efeito, essas matérias precedem no tempo os objetos que delas são feitos. Mas com o canto não se dá o mesmo. Quando se canta ouve-se o som do canto: não há em primeiro lugar sons desorganizados, que depois tomariam a forma de canto. Logo que ele soa, o som se desvanece, e não deixa depois de si nada que se possa coordenar com arte. Por conseguinte, o canto é formado de sons: o som é sua matéria e, para se transformar em canto, recebe uma forma. Por isso, como dizia, o som, que é a matéria, é anterior ao canto, que é a forma. Não é a prioridade de um poder criador, porque o som não é o artífice do canto, mas é apenas posto pelo corpo à disposição da alma do cantor, para que dele faça um canto. Não se trata de prioridade temporal: o som é produzido ao mesmo tempo que o canto. Não se trata de prioridade de escolha: o som não vale mais do que o canto, pois o canto nada mais é que som, mas o caráter da beleza. Trata-se apenas de uma prioridade de origem, porque o canto não é organizado para se tornar som, mas o som para se tornar canto.

Compreenda quem puder, por esse exemplo, que a matéria das coisas foi criada antes, e chamada de céu e terra, porque dela foram tirados o céu e a terra. Não foi criada antes na ordem do tempo, porque o tempo só tem início com a forma das coisas; ora, a matéria era informe, e não se mostrou no tempo senão juntamente com o tempo. Contudo, não se pode falar dela como se tivesse alguma prioridade temporal, embora ocupe a última categoria na escala de valores (o que tem forma é evidentemente superior ao que não tem forma), ou que a eternidade do Criador a tenha precedido, para que fosse feito de nada o que deveria servir a fazer as coisas.

Capítulo 30
Espírito de caridade

Nessa diversidade de opiniões verdadeiras, que a própria verdade faça nascer a concórdia, e que nosso Deus tenha piedade de nós, para que usemos legitimamente da lei e do fim do preceito, que é a caridade,

Assim, pois, se me perguntarem qual dessas opiniões é a de Moisés, eu não falaria a linguagem de minhas confissões se não te confessasse que o ignoro.

Sei, contudo, que essas opiniões são verdadeiras, salvo as interpretações carnais, a cujo respeito já disse tudo o que pensava. Os que as admitem são, contudo, como meninos de boa esperança, que não têm medo das palavras de teu livro, tão profundas em sua humildade, tão substanciais em sua concisão. Mas nós todos que, eu o declaro, distinguimos e dizemos a verdade sobre essas palavras, amemo-nos uns aos outros; e possamos amar-te igualmente, a ti, nosso Deus, fonte de verdade, se temos sede, e não de vaidades, mas da própria verdade. Honremos a teu servo, dispensador de tua Escritura, cheio de teu espírito, e acreditemos que, escrevendo o que lhe revelaste, ele não teve em mente senão o que há de melhor nessas revelações, verdades brilhantes e frutos proveitosos.

Capítulo 31
O Gênesis e seu autor

Assim, quando alguém me diz: "O pensamento de Moisés é o meu" — e outro diz: "Não, ele pensou como eu" — creio conformar-me mais verdadeiramente ao espírito da religião dizendo: "Por que não teria ele antes admitido ambos os pontos de vista, se ambos são verdadeiros?" — E se se descobrirem nessas palavras um terceiro, um quarto sentido, e outros ainda, desde que sejam verdadeiros, por que não acreditar que Moisés viu todas essas interpretações, ele por quem o Deus único adaptou as sagradas letras às inteligências da multidão, que deveria atribuir-lhe significados diversos, mas todos verdadeiros?

Quanto a mim, digo-o sem hesitar e do fundo do coração: se, investido da mais alta autoridade, tivesse algo a escrever, preferiria fazê-lo de maneira a dar a entender por minhas palavras o que cada um pudesse conceber de verdadeiro a respeito dessas matérias a propor um significado único, bastante claro para excluir todos os outros, fossem eles isentos de erros capazes de me ofender. E também não quero, meu Deus, ser tão temerário que acredite que esse grande homem não conseguiu de ti essa graça.

Moisés, redigindo esses textos, pensou, concebeu todas as verdades que neles pudemos encontrar, e também todas as que não pudemos, ou ainda as que ainda não pudemos descobrir, mas que podem ser descobertas.

Capítulo 32
Oração

Enfim, Senhor, tu que és Deus, e não criatura de carne e sangue, se um homem não pôde ver tudo, teu Espírito Santo, que me deve conduzir pelo reto caminho[36], poderia ignorar alguma coisa do que tiveste a intenção de revelar por essas palavras a seus leitores vindouros, mesmo quando aquele por quem essas palavras foram pronunciadas não tivesse em mente senão um desses numerosos sentidos verdadeiros? Se assim é, o sentido por ele pensado era mais excelente que todos os demais. Mas a nós, Senhor, ensina-nos esse sentido, ou algum outro sentido verdadeiro que for de teu agrado; e quer nos mostres o mesmo sentido que ao homem de Deus, quer nos mostres um outro inspirado pelas mesmas palavras, alimenta nosso espírito, guarda-nos da ilusão do erro.

Eis, Senhor meu Deus! Quantas páginas escrevi sobre algumas palavras, quantas páginas! Sendo assim, minhas forças e o tempo de que disponho seriam suficientes para comentar todos os teus livros? Permite-me, pois, abreviar minhas confissões no que lhes diz respeito, e adotar uma única interpretação, que me farás conhecer como verdadeira, certa e boa, mesmo que outras muitas se me apresentem, quando isso puder acontecer. Que minha confissão seja bastante fiel para que eu expresse perfeitamente bem o pensamento de teu intérprete, porque isto é o que devo intentar; e, se não o conseguir, que eu pelo menos diga o que tua verdade me quis dizer por essas palavras, como ela disse a Moisés o que lhe aprouve.

LIVRO DÉCIMO TERCEIRO

Capítulo 1
Invocação

Eu te invoco, ó meu Deus, minha misericórdia, que me criaste, e que não te esqueceste daquele que te esqueceu. Chamo-te à minha alma, que preparas para te receber fazendo-te desejar por ela.

Não abandones ao que te invoca. Antes mesmo que eu te faça ouvir este apelo, já o tinhas prevenido: muitas vezes me incitaste, multiplicando de mil modos tuas vozes para que te ouvisse de longe, para que me convertesse, e invocasse aquele que me chamava.

Foste tu, Senhor, que apagaste todas as minhas faltas, para não ter o que castigar em mim pelo que fizeram minhas mãos, instrumentos de minhas infidelidades, e te adiantaste a todas as minhas boas ações, para recompensar o que fizeram tuas mãos, que me criaram; porque existias antes de mim, e eu não era digno de receber de ti o ser.

Contudo, eis que existo, graças à tua bondade que precedeu em mim tudo o que sou e tudo aquilo de que me fizeste. Não tinhas necessidade de mim, eu não era um bem que te pudesse ser útil, ó meu Senhor e meu Deus; se tenho o dever de te servir, isso não acontece porque a ação te cansa, ou porque, privado de meus serviços, teu poder diminua por isso, nem porque meu culto seja para ti o que é a cultura para a terra, que sem ela ficaria inculta: não, eu tenho o dever de te honrar a fim de ser feliz em ti, a quem devo meu ser capaz de felicidade.

Capítulo 2
A criação e a bondade de Deus

Porque é pela plenitude de tua bondade que toda criatura subsiste, a fim de que um bem, para ti perfeitamente inútil, ou de nenhum modo igual a ti, embora saído de ti, não fosse, contudo, privado da existência, porque podias dar-lhe existência. Com efeito, que poderiam merecer de ti o céu e a terra, que criaste no princípio? Que proclamem os méritos que tinham a teus olhos a natureza espiritual e a corporal, que criaste em tua sabedoria, para que a essa sabedoria se prendesse mesmo o que mostram de inacabada e de informe o ser espiritual e corporal, quando tendem à desordem e se afastam quanto possível de tua semelhança. O que é de natureza espiritual, mesmo informe, é ainda superior a um corpo que recebeu forma; um corpo sem forma é superior ao puro nada; ora, todas essas coisas continuariam informes sem tua palavra, se essa mesma palavra não as chamasse à tua Unidade, comunicando-lhes a forma e a excelência que têm sua fonte apenas em ti, soberano Bem. Mas que merecimentos teriam a teus olhos para existir, mesmo informes essas criaturas, que sem ti nem teriam existido?

Em que a matéria corporal merecera de ti, para existir mesmo invisível e caótica? Porque nem mesmo essa espécie de existência teria, se não lha desses. Não existindo ainda, não tinha título algum para existir. E que títulos possuía a criatura espiritual ainda no estado de esboço, senão para ser essa coisa flutuante e tenebrosa, semelhante ao abismo, diferente de ti, se por esse mesmo Verbo não fosse conduzida ao mesmo Verbo que a criou, e se, iluminada por sua claridade, também não se tivesse tornado luz, não igual, mas análoga à tua imagem? Para um corpo não é a mesma coisa existir e ser belo, porque de outra maneira um corpo não poderia ser feito; do mesmo modo, para um espírito criado, viver e viver bem não são coisas que se confundam, porque de outro modo todo espírito seria imutável em sua sabedoria.

Mas seu bem está em se unir sempre a ti[1], a fim de não perder, afastando-se, a luz que adquiriu ao se aproximar de ti, tornando a cair em uma vida semelhante a um abismo de trevas. E também nós, que por nossa alma somos criatura espiritual, nós nos afastamos de ti, nossa luz, nós fomos outrora trevas nesta vida, e ainda padecemos no que ainda resta de nossas trevas, até que sejamos um dia justiça em teu Filho único, como as montanhas de Deus, porque fomos objeto de teus juízos, semelhantes a um abismo profundo[2].

Capítulo 3
A luz

Quanto ao que nos disseste no começo da criação: "Faça-se a luz, e a luz foi feita"[3] — eu o entendo, sem incongruência, da criatura espiritual, que já era uma espécie de vida apta a receber tua luz. Mas do mesmo modo que ela não tinha merecido de ti ser dessa espécie de vida apta a receber a luz, assim, uma vez criada, ela não mereceu de ti essa iluminação. Porque sua ausência de forma alguma te agradaria se não se tivesse tornado luz, não se contentando com existir, mas contemplando a luz que a iluminava, unindo-se intimamente a ela. Assim, ela não devia a existência, e a existência feliz, senão à tua graça, voltada, por uma feliz transformação, para o que não pode mudar nem para melhor, nem para pior. Porque só tu existes, só teu ser é simples, pois, para ti viver e viver feliz não são coisas distintas, porque és tua própria felicidade.

Capítulo 4
A bondade criadora

Que faltaria, pois, a esse bem, que se confunde com teu ser, se não existisse nenhuma dessas criaturas, ou se todas tivessem permanecido informes? Tu as criaste, não porque tiveste necessidade delas, mas levado pela plenitude de tua bondade, impondo-lhes, comunicando-lhes uma forma, sem que tua felicidade aumentasse com isso. Perfeito como és, não gostas de sua imperfeição; tu as aperfeiçoas para que elas te agradem; não és um ser imperfeito, que necessitasse de sua perfeição para se aperfeiçoar.

Com efeito, teu bom Espírito era levado por sobre as águas, e não pelas águas, como se nelas descansasse. Aqueles nos quais se diz que teu Espírito descansa, a estes ele faz repousar em si. Incorruptível, imutável, bastando-se a si mesma, tua vontade era levada acima da vida, de que era o autor, e para quem viver não é o mesmo que viver feliz, porque ela vive, mesmo quando flutua nessas trevas; mas falta-lhe ainda voltar-se para seu Criador, para viver cada vez mais perto da fonte da vida, para ver a luz em sua luz[4], e nela haurir perfeição, brilho e felicidade.

Capítulo 5
A Trindade

Mas eis que se mostra a mim em enigma a Trindade que és, meu Deus, porque tu, Pai, no princípio de nossa sabedoria, que é tua sabedoria, nascida de ti, igual e coeterna, a ti, isto é, em teu Filho, criaste o céu e a terra.

Já falei longamente do céu do céu, da terra invisível e caótica, e do abismo das trevas; falei da natureza espiritual errante e fluida, e que permaneceria tal se não se tivesse voltado para Aquele de quem vem toda vida, a fim de que, por sua luz, ela se tornasse viva e bela, e existisse o céu deste céu, que foi criado mais tarde entre a água e a água.

Na palavra Deus eu já entendia o Pai, que criou essas coisas, e na palavra princípio eu entendia o Filho, em quem ele as criou, e, como eu acreditava na Trindade de meu Deus, eu a procurava em tuas santas palavras. E vi em tuas Escrituras que teu Espírito era levado sobre as águas. Eis tua Trindade, meu Deus, Pai, Filho e Espírito Santo, Criador de toda criatura!

Capítulo 6
O Espírito sobre as águas

Mas, ó luz verídica, qual o motivo que me faz aproximar de ti meu coração? Para que ele não me ensine vaidades, dissipa-lhe as trevas e dize-me, eu to suplico, por nossa mãe, a caridade, sim, eu to suplico, dize-me, por que só depois de ter nomeado o céu, a terra invisível e caótica e as trevas que flutuavam sobre o abismo, por que só então é que tuas Escrituras falam de teu Espírito? Será porque era necessário propor a noção de tal sorte que se pudesse dizer dele que pairava sobre alguma coisa, o que não seria possível se não se começasse por designar a coisa sobre a qual poder-se-ia imaginá-lo? De fato, não era acima do Pai nem do Filho que ele pairava, e seria impróprio falar que ele pairava, se não pairasse acima de nada.

Por isso era necessário dizer em primeiro lugar acima do que ele pairava, pois, não convinha falar dele senão dizendo que pairava sobre alguma coisa. Mas por que não convinha propor sua noção senão dizendo assim que pairava?

Capítulo 7
As águas sem substância

E agora, siga quem puder, pela inteligência, a teu Apóstolo, quando ele diz que tua caridade se difundiu em nossos corações pelo Espírito Santo que nos foi dado[5], quando nos ensina as coisas espirituais e nos indica o caminho supereminente[6] da caridade, e dobra o joelho por nós diante de ti, para que conheçamos a ciência supereminente de Cristo[7]. E é porque era supereminente desde o princípio que ela pairava sobre as águas.

A quem falar, como falar do peso da concupiscência, que nos lança em um abismo ab-rupto, e da caridade que nos eleva, com a ajuda de teu Espírito, que era levado por sobre as águas? A quem falar, como falar? Nós submergimos e emergimos. Mas não é em um abismo espacial que submergimos e emergimos. A metáfora é ao mesmo tempo muito exata e muito inexata. São nossas paixões, nossos amores, a impureza de nosso espírito que nos arrastam para baixo sob o peso das inquietações tão queridas. E é tua santidade que nos eleva pelo amor de tua paz, a fim de que levantemos nossos corações a ti, onde teu Espírito era levado por sobre as águas, e alcancemos o repouso supremo, quando nossa alma tiver atravessado essas águas que são sem substância[8].

Capítulo 8
À luz que ilumina as trevas

O anjo caiu, a alma do homem caiu, mostrando assim em que profundas trevas teria caído o abismo que compreendia todas as criaturas espirituais, se não tivesses dito desde o começo: "Faça-se a luz!" — se a luz não se tivesse feito, se todas as inteligências de tua cidade não se tivessem unido e sujeitado a ti, se não tivessem repousado em teu Espírito, que paira, sem nunca mudar, por sobre as criaturas mutáveis. De outro modo, ainda o mesmo céu do céu não seria mais que abismo de trevas, enquanto que agora é luz no Senhor[9].

Nessa lamentável inquietação dos espíritos decaídos, que, despojados da veste de tua luz, não fazem ver senão trevas, descobres claramente a grandeza de tua criatura racional, pois, ela não tem necessidade senão de ti para encontrar felicidade e repouso — de onde se segue que ela não pode bastar-se a si própria. Porque tu, Senhor, iluminarás nossas trevas. De ti vêm nossos vestidos de luz, e nossas trevas serão como o sol do meio-dia[10].

Dá-te a mim, meu Deus, dá-te a mim, porque te amo. Se meu amor é muito medíocre, faze que eu te ame com mais força. Não posso medir, não posso saber o que falta a meu amor para que seja suficiente, para que minha vida se lance em teus abraços, e não se livre deles antes de se perder no segredo de teu rosto[11].

Só isto sei: que me sinto mal onde quer que não estejas, não somente fora de mim, mas até em mim mesmo; e que toda a abundância de bens que não é meu Deus não é para mim mais que miséria.

Capítulo 9
O amor de Deus

Mas o Pai e o Filho também não pairavam por sobre as águas? Se os imaginamos como um corpo em um espaço, isso não é verdade nem quanto ao Espírito Santo. Se se entender por isso a excelência imutável da divindade acima de tudo o que é mutável, então o Pai, o Filho e o Espírito Santo pairavam por sobre as águas. Mas, por que o texto não menciona senão teu Espírito? Por que se menciona apenas a seu respeito um lugar onde ele estava, e que, no entanto, não é um lugar? Também apenas dele se disse que era um dom de Deus[12], e é em teu dom que repousamos; é nele que gozamos de ti. Nosso repouso é nosso lugar. Eis até onde o amor nos levanta, e teu Espírito exalta nossa baixeza, longe das portas da morte[13]. A paz, para nós, reside na boa vontade. Os corpos tendem por seu peso para o lugar que lhes é próprio; mas um peso não tende forçosamente para baixo; tende para o lugar que lhe é próprio. O fogo sobe, a pedra cai. Cada um é movido por seu peso, e tende a seu lugar. O óleo, lançado à água, coloca-se sobre ela; a água, lançada ao óleo, coloca-se abaixo dele; ambos são arrastados por seu peso e procuram o lugar que lhes é próprio. As coisas que não estão em seu lugar se agitam; mas quando o encontram, descansam.

Meu peso é meu amor; para onde quer que eu vá, é ele quem me leva. Teu dom nos inflama e nos eleva: queimamo-nos e partimos. Subimos os degraus do coração e cantamos o cântico dos degraus[14]. É com teu fogo, com teu fogo benfeitor que nos queimamos e caminhamos, subindo para a paz da Jerusalém celeste. Regozijei-me ao ouvir essas palavras: "Vamos para a casa do Senhor[15]!" — Ali nos há de instalar nossa boa vontade, e não desejaremos nada mais do que morar ali eternamente.

Capítulo 10
Os dons de Deus

Feliz a criatura que não conheceu outro estado! Não seria o que é se, apenas criada, teu dom, que paira por sobre todas as coisas mutáveis, não a tivesse elevado imediatamente a este apelo: "Faça-se a luz" — de onde nasceu a luz. Em nós, o tempo em que éramos trevas e o tempo em que nos tornamos luz são dois tempos distintos. Mas dessa criatura não se diz o que ela teria sido se não fosse iluminada por Deus. Fala-se dela como se tivesse sido flutuante e tenebrosa, para nos descobrir a causa que a transformou, isto é, que a voltou para a luz inextinguível, para que também fosse luz. Quem o puder, compreenda; quem não o puder, que te peça a graça de o compreender. Por que se há de molestar a mim, como se eu fosse a luz que ilumina a todo homem que vem a este mundo[16]?

Capítulo 11
O homem e a Trindade

Quem é capaz de compreender a Trindade toda-poderosa? Contudo, quem não fala dela, se é que dela fala?

Rara é a alma que, falando dela, sabe o que diz. Discute-se, disputa-se, mas ninguém sem paz interior, seria capaz de contemplar esta visão.

Gostaria que os homens refletissem sobre três coisas que podem perceber em si mesmos. Elas diferem muito da Trindade, e eu não as menciono senão para que lhes sirvam de tema para exercitar e experimentar o pensamento, e lhes façam assim compreender como estão longe deste mistério. Eis essas três coisas: ser, conhecer, querer. Porque existo, conheço, quero e vejo. Eu sou aquele que conhece e quer. Sei que existo e que quero, e quero existir e saber. Como nessas três coisas a vida forma um todo indivisível, a unidade da vida, a unidade da inteligência, a unidade da essência, a impossibilidade de distinguir elementos inseparáveis e, contudo, distintos, quem o puder que o entenda, O que é certo é que o homem está diante de si; que ele examine, veja e me responda. Aliás, por ter encontrado e reconhecido esta analogia, não se creia por isso ter compreendido o Ser imutável, que transcende esses atributos, que existe imutavelmente, conhece imutavelmente e quer imutavelmente. Mas é porque tais atributos pertencem juntamente a Deus que é a Trindade, ou esses três atributos pertencem a cada pessoa divina, cada uma sendo assim una e tríplice? Ou ambas as coisas são verdadeiras: a Trindade, miraculosamente simples e múltipla, sendo para si mesmo seu próprio fim infinito, o que faz com que exista, se conheça e se baste imutavelmente na grandeza superabundante de sua unidade? Quem poderia conceber facilmente este mistério? Quem poderia exprimi-lo? Quem ousaria enunciá-lo de algum modo?

Capítulo 12
A criação e a Igreja

Vai adiante, minha fé, em tua confissão — Dize a teu Senhor: "Santo, santo, santo! Meu Senhor, meu Deus!"

— Em teu nome fomos batizados, Pai, Filho e Espírito Santo[17]; em teu nome balizamos, Pai, Filho e Espírito Santo. Porque também entre nós Deus criou por seu Cristo um céu e uma terra, ou melhor, os espirituais e os carnais de sua Igreja. E nossa terra, antes de receber a forma da doutrina, era invisível e caótica, e estávamos cobertos das trevas da ignorância, porque castigaste o homem por causa de sua iniquidade[18], e teus juízos são semelhantes a abismos profundos[19].

Mas como teu Espírito pairava por sobre as águas, tua misericórdia não abandonou nossa miséria, e disseste: "Faça-se a luz." Fazei penitência, porque se aproxima o reino de Deus. Fazei penitência, faça-se a luz[20]! E porque nossa alma se tinha conturbado dentro de nós mesmos, nós nos lembramos de ti, Senhor, às margens do Jordão, sobre essa montanha que tem a tua altura[21], mas que se tornou pequena por nós. Nossas trevas nos desagradaram, nós nos voltamos para ti, e a luz se fez. E eis que outrora fomos trevas e que agora somos luz no Senhor[22].

Capítulo 13
Nós e a luz

Contudo, somos luz apenas pela fé, e não por uma visão clara[23]. Porque é na esperança que fomos salvos, e a esperança que vê não é mais esperança[24]. O abismo clama pelo abismo, mas já pela voz de tuas cataratas[25]. O que diz: Não pude falar-vos como a criaturas espirituais, mas como a carnais[26], este não julga ainda ter atingido seu termo, e, esquecendo-se do que fica para trás, avança para o que está diante dele[27], e geme sob o peso que o esmaga, e sua alma tem sede do Deus vivo, como o cervo tem sede da água das fontes, e diz: "Quando hei de chegar[28]?" — Porque ele deseja o abrigo de sua morada, que está no céu[29], e interpela o abismo inferior nestes termos: "Não vos conformeis com este mundo, mas reformai-vos e renovai vosso coração[30], e não queirais fazer-vos crianças pela inteligência, mas sede pequeninos quanto à malícia, para que sejais perfeitos na inteligência...[31]" E ainda: "Ó gálatas néscios, quem vos fascinou[32]?" — Mas não é mais sua voz que fala assim, é a tua voz, porque mandaste teu Espírito do alto do céu por Aquele que subiu ao céu e abriu as cataratas de seus dons[33], a fim de que uma torrente de alegria alegrasse tua cidade[34]. É por essa cidade que suspira o amigo do esposo[35], que já possui as primícias do Espírito, mas que ainda geme, porque esta à espera da adoção e do resgate de sua pessoa[36]. É por ela que ele suspira, porque ele é membro da Esposa de Cristo; por ela ele está cheio de zelo, porque ele é o amigo do esposo; por ela, não por si mesmo, porque é pela voz de tuas cataratas, e não por sua própria voz, que ele se dirige ao outro abismo[37], objeto de seu zelo e de sua crença. Ele teme que, como a serpente enganou a Eva com sua astúcia, assim as inteligências débeis não se corrompam e não decaiam da pureza que está em teu Esposo, teu Filho único[38]. Como será brilhante essa luz, quando o veremos tal como ele é[39], e quando passarão essas lágrimas que se transformaram no pão de meus dias e de minhas noites, enquanto todos os dias me perguntam: Onde está o teu Deus[40]?

Capítulo 14
Esperança

Também eu digo: "Onde estás, meu Deus? Onde estás?" — Respiro um pouco em ti[41] quando derramo minha alma sobre mim mesmo em um grito de exaltação e de louvor, verdadeiro grito de festa[42]. — Mas minha alma ainda está triste, porque ela torna a cair e a ser abismo, ou melhor, porque sente que ainda é abismo.

Minha fé, que acendeste à noite diante de meus pés, lhe diz: "Porque estás triste, ó minha alma, e por que me perturbas[43]? Espera no Senhor. Seu Verbo é uma lâmpada para teus passos[44]. Espera, persevera, até que a noite passe, a noite, mão dos iníquos, até que passe a ira do Senhor, ira da qual outrora fomos filhos quando éramos trevas." — Dessas trevas ainda arrastamos os restos neste corpo morto pelo pecado[45], até que soprem as brisas e se dissipem as sombras[46]. Espera no Senhor. Desde a manhã estarei diante dele, e contemplarei, e o louvarei eternamente[47]. Desde a manhã estarei diante dele e verei a salvação de meu rosto[48], meu Deus, que vivificará nossos corpos mortais por causa de seu Espírito que habita em nós[49], misericordiosamente levado por sobre as águas tenebrosas de nossas almas.

Por isso, em nossa peregrinação sobre a terra recebemos dele o penhor para que nos tornemos luz; ele já nos salvou em esperança, e de filhos da noite e das trevas que éramos, ele fez filhos da luz e do dia[50]. Entre uns e outros, na incerteza terrestre da ciência humana, só tu és capaz de distinguir, porque pões nossos corações à prova e chamas à luz dia e às trevas noite[51]. Quem sabe fazer essa diferença além de ti? E que temos que não o tenhamos recebido de ti[52]? Porque nós, vasos de honra, fomos feitos da mesma massa que serviu para fazer os vasos de ignomínia[53].

Capítulo 15
Símbolos

E quem, senão tu, nosso Deus, criou sobre nós um firmamento de autoridade, em tua divina Escritura? O céu se enrolará como um pergaminho[54], e agora ele se estende sobre nós como uma pele[55]. Porque mais sublime é a autoridade de tua divina Escritura depois que morreram os mortais por cujo intermédio no-las comunicaste. E sabes, Senhor, sabes como cobriste de pele os homens, quando o pecado os tornou mortais. Por isso estendeste como uma pele o firmamento de teu Livro, tuas palavras em tudo concordes, que dispuseste sobre nós pelo ministério de homens mortais. Por sua própria morte, a autoridade de tuas palavras, que eles publicaram, desenvolve sua força sobre tudo o que está situado em baixo; ela não se levantava tão alto enquanto eles viviam. É que ainda não tinhas desenrolado o céu como uma pele, nem tinhas ainda dilatado a glória de sua morte por toda parte.

Senhor, faze que vejamos os céus, obra de teus dedos[56]! Purifica nossos olhares da nuvem com que os tens velado. Ali está teu testemunho, dando sabedoria aos pequeninos[57]. Meu Deus, completa teu louvor pela boca dos meninos que ainda mamam[58]! Porque não conhecemos outros livros que assim destruam a soberba, e que aniquilem tão bem o inimigo, que, rebelde a toda reconciliação comigo, defende seus pecados[59]. Não, Senhor, eu não conheço outras palavras tão puras, que assim me persuadam à confissão, e sujeitem minha cerviz a teu jugo, convidando-me a te servir tão desinteressadamente. Faze com que eu as compreenda, bom Pai! Concede esta graça à minha submissão, porque é para os corações submissos que instituíste solidamente essas palavras.

Há outras águas, creio eu, sobre esse firmamento: águas imortais e ao abrigo da corrupção terrestre. Que elas louvem teu nome! Que os povos celestes de teus anjos te louvem, pois, não têm necessidade de contemplar esse firmamento, nem de ler para aprenderem a conhecer tua palavra[60]! Porque eles sempre veem tua face, e ali leem, sem que as sílabas passem no tempo, o objeto de tua vontade eterna. Leem, escolhem, amam. Leem perpetuamente, e o que eles leem não passa jamais. Escolhendo-os e amando-os, leem teus imutáveis desígnios. Seu livro jamais se fecha, jamais se enrola, porque tu mesmo és esse livro, e o és pela eternidade; porque os estabeleceste por sobre este firmamento, levantado por ti acima da fraqueza dos povos inferiores, para que estes, olhando-o, conheçam tua misericórdia, que te anuncia no tempo, tu que criaste o tempo. Porque tua misericórdia está no céu, e tua verdade se eleva até as nuvens[61]. As nuvens passam mas o céu permanece. Os que pregam tua palavra passam desta vida para uma outra vida, mas tua Escritura se estende por sobre os povos até o fim dos séculos. O céu e a terra hão de passar, mas tuas palavras não passarão[62]. O pergaminho se há de enrolar, e a erva sobre o qual se estendia passará com seu brilho, mas tua palavra permanece eternamente[63]. Agora é no enigma das nuvens e através do espelho dos céus, e não como é na realidade que ela nos aparece, porque a nós também, malgrado o amor que nos devota teu Filho, não é fácil ainda distinguir o que seremos[64]. Ele nos olhou através de seu véu de carne, e nos acariciou, e nos inflamou de amor, e nós corremos atrás de seu perfume[65]. Mas quando ele aparecer seremos semelhantes a ele, porque o veremos tal como ele realmente é. Vê-lo tal qual é será nossa felicidade, mas nós ainda não a possuímos.

Capítulo 16
Deus, fonte de luz

Do mesmo modo como só tu existes absolutamente, se tu possuis o conhecimento absoluto: imutável, com efeito, é teu ser, imutável teu saber, imutável tua vontade. Tua essência sabe e quer imutavelmente, tua ciência existe e quer imutavelmente, tua vontade existe e quer imutavelmente. Não é justo a teus olhos que a luz imutável seja conhecida pelo ser mutável, que ela ilumina, como ela se conhece a si própria. Por isso minha alma é como terra sem água[66], porque assim como não pode tirar de si mesma a luz, não se pode saciar por seus próprios meios. Porque em ti está a fonte da vida, e em tua luz é que veremos a luz[67].

Capítulo 17
As águas amargas

Quem reuniu em um só mar essas águas amargas? Seu fim é o mesmo: uma felicidade temporal, terrena, móvel de todas as suas ações, a despeito de inumerável diversidade de cuidados que as agitam. Quem, senão tu Senhor, poderia dizer a essas águas que se reunissem em um só lugar, e ao elemento seco que aparecesse, sedento de ti? Porque o mar é obra tua, e tu o fizeste, e tuas mãos formaram a terra seca[68]. Não é a amargura das vontades mas a reunião das águas que chamamos de mar. Também refreias as paixões más das almas e fixas os limites até onde permites que avancem, a fim de que suas ondas se quebrem sobre si mesmas; e assim, crias o mar, submetendo-o à ordem de teu poder, que reina sobre todas as coisas.

Quanto às almas sedentas de ti, que estão sob teus olhos, e que separaste das ondas do mar com outra finalidade, tu as orvalhas com uma água viva, misteriosa e doce, a fim de que a terra produza seu fruto, e a terra o produz; submissa às tuas ordens, ó Senhor que és seu Deus, nossa alma faz brotar as obras de misericórdia, de acordo com sua espécie: ela ama o próximo e vem em seu auxílio em suas necessidades temporais. Carrega em si a semente dessa piedade, em razão de uma semelhança de natureza, porque é o sentimento de nossa enfermidade que nos inclina a compadecer as misérias dos que são privados de tudo, a socorrê-los, como quiséramos que nos socorressem se estivéssemos na mesma necessidade. E não se trata apenas de apoio fácil, como uma haste ligeira, mas de proteção, de apoio enérgico, vigoroso como a árvore que carrega frutos, símbolos de benefícios, para arrancar à mão do poderoso a vítima de uma injustiça, dando-lhe um abrigo ensombreado, a ajuda sólida de uma justiça verdadeiramente justa.

Capítulo 18
Meditação

Senhor, do mesmo modo que crias e proporcionas alegria e força, eu te peço que nasça da terra a verdade, e que a justiça lance os olhos sobre nós do alto dos céus[69], e que no firmamento brilhem luminares[70]! Dividamos nosso pão com o que tem fome, acolhamos em nossa morada o pobre sem-teto, vistamos o que está nu, e não desprezemos os que pertencem à nossa mesma raça[71]! Quando tais frutos nascem de nossa terra, olha e diz: Isso é bom; faze que tua luz brilhe no momento oportuno[72]; graças a essa messe de boas obras, por mais medíocre que seja, que nos possamos elevar a uma contemplação deliciosa do Verbo da Vida, e aparecer no mundo como luminares, fixados no firmamento de tua Escritura.

É lá que nos ensinas a distinguir entre as realidades inteligíveis e as realidades sensíveis, entre as almas dadas às realidades inteligíveis e as almas que se entregam às realidades sensíveis, como entre o dia e a noite. Deste modo já não estás mais só no mistério de teu discernimento, como estavas antes da criação do firmamento, para distinguir entre a luz e as trevas; também tuas criaturas espirituais, ordenadas nesse mesmo firmamento, agora que tua graça se manifestou através do mundo, brilham sobre a terra, separam o dia da noite e marcam as partes do tempo[73]. Porque as coisas antigas são passadas, e eis que tudo é novo[74]; nossa salvação está mais próxima do que quando começamos a crer[75]; a noite precedeu e se aproximou o dia[76]; abençoas a coroa do ano[77]; envias teus operários à tua messe, semeada pelo trabalho de outros operários[78]; mandando-os também para outra sementeira, cuja messe será comida no fim dos séculos.

Assim ouves as preces do justo e abençoas seus dias. Mas continuas eternamente o mesmo e em teus anos, que não passam, preparas como um celeiro para os anos que passam[79].

Por desígnio eterno, derramas sobre a terra os bens do céu a seu tempo: a um é dada por teu Espírito a palavra de sabedoria, luminar maior para os que encontram suas delícias na luz de uma verdade brilhante como nas primeiras horas do dia; a outro dás, pelo mesmo Espírito, a palavra de ciência, luminar menos brilhante; a outro a fé; a outro o poder de curar; a outro o dom dos milagres; a outro a graça da profecia; a este o discernimento dos espíritos, àquele o dom das línguas. E todos esses dons, como estrelas, são obra de um só e mesmo Espírito, que divide a cada um seus dons como quer, e que faz aparecer e brilhar esses astros para o bem comum[80].

Mas a palavra de ciência, em que estão encerrados todos os mistérios, que variam de acordo com as épocas como varia a luz, e os outros dons de que falei ao compará-los com as estrelas, diferem a tal ponto desse brilho de sabedoria, de que goza o dia que se anuncia, que nada mais são que crepúsculo. Contudo, tais dons são necessários para esses homens, a quem teu prudente servidor não se pôde dirigir como a espirituais, mas como a carnais, ele que prega a sabedoria entre os perfeitos[81].

Quanto ao homem carnal, que, semelhante a um menino em Cristo, só bebe leite até adquirir forças para tomar alimento sólido, e que suporta o brilho do sol, que este não se julgue abandonado em sua noite, que saiba contentar-se com a luz da lua e das estrelas. Eis as ações que nos dás, nosso Deus, perfeitamente sábio, em teu livro, que é nosso firmamento, para que não distingamos todas as coisas em contemplação admirável, embora ainda estejamos sob a lei dos sinais, dos tempos, dos dias e dos anos.

Capítulo 19
Ainda a terra seca

Mas antes, lavai-vos, purificai-vos, arrancai o mal de vossos corações e de meus olhos[82], para que se mostre a terra seca. Aprendei a fazer o bem, sede justos para com o órfão e defendei a viúva[83], a fim de que a terra produza erva tenra e árvores pejadas de frutos. Vinde e disputemos, diz o Senhor, e assim no firmamento do céu se acenderão luminares que brilharão por sobre a terra.

O rico do Evangelho perguntava ao bom Mestre que deveria fazer para ganhar a vida eterna. E o bom Mestre, que é bom porque é Deus, lhe declarava: "O que deseja conseguir a vida deve observar os mandamentos, afastar de si a amargura da malícia e da perversidade, não matar, não cometer adultério, não roubar, não prestar falso testemunho, a fim de que se mostre a terra seca, geradora do respeito do pai e da mãe e do amor do próximo."

— Tudo isto já fiz — diz o rico. — De onde vêm pois tantos espinhos, se a terra é fértil? — Vai, arranca os espessos silvados da avareza, vende teus bens, enriquece-te dando tudo aos pobres, e possuirás um tesouro no céu; segue o Senhor se queres ser perfeito, junta-te aos que recolhem as palavras de sabedoria daquele que sabe o que se deve dar ao dia e à noite. Também tu o saberás e eles se tornarão para ti luminares no firmamento do céu. Mas isso nada será se ali não estiver teu coração, e teu coração não estará ali se ali não estiver teu tesouro[84]. — Assim falou teu bom Mestre. Mas a terra estéril se entristeceu, e os espinhos sufocaram a Palavra[85].

Mas vós, raça escolhida[86], os fracos do mundo[87], que tudo deixastes para seguir o Senhor, ide após ele, confundi os fortes; segui-o com vossos pés radiosos, e brilhai no firmamento para que os céus cantem suas glórias, distinguindo a luz dos perfeitos, que ainda não são semelhantes aos anjos, e as trevas dos pequenos, que ainda não perderam toda esperança. Brilhai sobre toda a terra! Que o dia incandescente de sol transmita ao dia a palavra de sabedoria, e que a noite, iluminada pela lua, transmita à noite a palavra de Ciência[88]. A lua e as estrelas brilham na noite, mas a noite não as obscurece, porque são elas que iluminam a noite, de acordo com sua capacidade.

Como se Deus tivesse dito: Façam-se luminares no firmamento, e logo se fez ouvir um ruído no céu, semelhante ao de um vento violento, e foram vistas línguas de fogo, que se dividiram e se colocaram sobre cada um deles[89], e apareceram luminares no céu, que possuíam a palavra de vida. Correi por toda parte, fogos sagrados, fogos admiráveis. Vós sois a luz do mundo, e não estais debaixo do alqueire[90]. Aquele a quem vos unistes foi exaltado e ele vos exaltou. Correi e manifestai-vos a todas as nações.

Capítulo 20
Os répteis e as aves

Que o mar também conceba e dê à luz tuas obras; que as águas produzam répteis dotados de almas vivas. Porque, separando-se o precioso do vil, vos tornastes a boca de Deus[91], pela qual ele diz: "Produzam as águas..." não a alma viva, filha da terra, mas répteis dourados de almas vivas, e pássaros que voam sobre a terra. Como esses répteis, teus sacramentos, ó meu Deus, deslizaram, graças às obras de teus santos, por entre as ondas das tentações do século para impregnar os povos de vosso nome em teu batismo.

Assim se fizeram grandes maravilhas, semelhantes a enormes cetáceos, e as palavras de teus mensageiros voaram por sobre a terra, sob o firmamento de teu Livro, que com tua autoridade deveria proteger seu voo para onde quer que fossem. Porque não há língua nem palavras em que não se ouçam suas vozes; sem som espalhou-se por toda a terra, e suas palavras até os confins do mundo[92], porque tu, Senhor, abençoando-os, os multiplicaste.

Estaria eu mentindo? Ou confundindo e misturando, incapaz de distingui-las, as claras noções das coisas do firmamento e as obras corporais que se realizam no mar agitado, sob o firmamento? Absolutamente. Há coisas cuja ideia é completa, acabada, que não recebem nenhum aumento das gerações, tais como as luzes da sabedoria e da ciência. Mas essas coisas são o objeto de operações materiais, múltiplas e variadas, e, crescendo umas de outras, elas se multiplicam sob tua bênção, meu Deus. É assim que compensaste a fraqueza logo enfastiada de nossos sentidos, dando a uma verdade única o meio de se exprimir em figuras aos olhos do espírito de mil maneiras por movimentos físicos. Eis o que produziram tuas águas, mas graças a teu Verbo. Tudo isto se originou das necessidades de povos fechados à tua verdade eterna, mas graças a teu Evangelho: porque foram essas águas que fizeram brotar essas coisas, e sua amargura estagnante foi causa de que teu Verbo as criasse.

Tudo o que fazes é belo, mas és inefavelmente mais belo tu, que criaste tudo o que existe. Se Adão não se tivesse separado de ti por sua queda, de seu seio não teria saído o oceano amargo do gênero humano com sua profunda curiosidade, seu orgulho cheio de tempestades, suas ondas instáveis. E os dispensadores de tuas palavras não teriam necessidade de representar no meio do mar imenso, por meio de operações físicas e sensíveis, teus atos e palavras místicas. Porque é nesse sentido que entendo esses répteis e essas aves: mas os homens iniciados nesses sinais, deles impregnados, não saberiam progredir além dos sacramentos materiais, aos quais estão sujeitos, se sua alma não se elevasse à vida do espírito, e, depois da primeira palavra, não tendesse à perfeição.

Capítulo 21
A alma viva

E assim, graças a teu Verbo, não são mais as profundezas do mar, mas a terra livre do amargor das águas que produz, não mais os répteis dotados de almas vivas e os pássaros, mas a alma viva. E essa alma não mais tem necessidade de batismo (necessário para os gentios), como tinha necessidade enquanto as águas as cobriam. Porque não se entra de outro modo no reino dos céus, desde que estabeleceste que essa seria a regra. Para ter fé, ela não mais pede grandes maravilhas[93]. É sem ter visto sinais e prodígios que ela crê, porque é terra fiel, já separada das águas do mar que a infidelidade torna amargas: e as línguas são um sinal, não para os fiéis, mas para os infiéis[94].

A terra que estabeleceste acima das águas não tem necessidade dos pássaros, que as águas produziram graças a teu Verbo. Manda-lhe, pois, teu Verbo, por meio de teus mensageiros. Nós contamos suas obras, mas quem age por seu intermédio, para que produzam uma alma viva, és tu. A terra a produz porque é a causa de que teus mensageiros criem nela essa alma, assim como o mar foi causa da produção dos répteis dotados de almas vivas, e das aves sob o firmamento do céu. Mas essas criaturas não são mais necessárias à terra, embora ela se alimente de peixes pescados nas profundezas do mar, nessa mesa que preparaste sob os olhos dos crentes[95]; porque eles foram pescados nas profundezas do mar a fim de alimentar a terra árida.

Também as aves, ainda que nascidas no mar, multiplicam-se sobre a terra. As primeiras pregações evangélicas tiveram por causa a infidelidade dos homens, mas também os fiéis nela encontram todos os dias numerosas exortações e bênçãos. Quanto à alma viva, é da terra que ela tira sua origem, porque somente aos fiéis aproveita abster-se de amar este mundo, a fim de que sua alma viva por ti, essa alma que estava morta quando vivia em delícias mortais[96]. Ó Senhor, só tu fazes as delícias de um coração puro.

Que teus ministros trabalhem sobre esta terra, não como nas águas da infidelidade, quando pregavam e falavam utilizando-se de milagres, de sinais misteriosos, de termos místicos, para que a ignorância, mãe da admiração, se tornasse atenta pelo medo desses sinais secretos. E assim, com efeito, que os filhos de Adão têm acesso à fé, esquecidos de ti enquanto se escondem de tua face e se tornam abismos. Que teus ministros trabalhem como em terra seca, separada das fauces do abismo; e que sejam modelo para os homens vivendo sob seus olhares e incitando-os à imitação. Por que assim ouvem não só para ouvir, mas também para agir, quando dizem: "Procurai a Deus, e vossa alma há de viver[97], a terra dará nascimento a uma alma viva. Não queirais conformar-vos ao século em que vivemos[98], abstendo-vos dele; é evitando as coisas cujo desejo causa-lhe a morte que a alma vive. Abstende-vos das violências selvagens do orgulho, das indolentes voluptuosidades da luxúria, de tudo o que usurpa mentirosamente o nome da ciência, a fim de que os animais ferozes sejam domesticados, os brutos domados e para que as serpentes se tornem inofensivas. Porque eles figuram alegoricamente os movimentos da alma humana. O fasto do orgulho, as delícias da paixão, o veneno da curiosidade, são movimentos de alma morta, mas não morta a ponto de ser privada de todo movimento; é afastando-se da fonte da vida que ela morre, o século a recolhe ao passar, e ela se modela por ele.

Mas tua palavra, meu Deus, é a fonte da vida eterna, e não passa. Por isso ela nos proíbe que nos afastemos dela por essas palavras: "Não vos conformeis com o século em que vivemos, a fim de que a terra, fertilizada pela fonte da vida, produza uma alma viva, alma que busque em tua palavra, transmitida por teus evangelistas, a força de se dominar, imitando os imitadores de teu Cristo." — É assim que se deve entender a expressão "segundo sua espécie", porque o amigo gosta de imitar o amigo. "Sede como eu — diz o Apóstolo, — porque sou como vós[99]." — Assim não haverá na alma viva senão animais sem maldade, agindo com doçura. Porque nos deste este mandamento: "Fazei tudo o que fazeis com doçura, e sereis amados por todos[100]." — Também os animais domésticos serão bons: se comerem, não sofrerão por seus excessos, e, se não comerem, sua privação não lhes será dolorosa. As serpentes, tornando-se boas, serão incapazes de causar danos, mas continuarão hábeis em sua cautela; não procurarão conhecer a natureza da natureza temporal, senão na medida necessária para compreender e contemplar a eternidade através das coisas criadas. Esses animais, as paixões, obedecem à razão, quando, afastando-se de seus caminhos mortais, vivem e se tornam bons.

Capítulo 22
Sentido místico da criação do homem

Assim, Senhor, nosso Deus e nosso Criador, quando nossos sentimentos, que nos causam a morte porque nos faziam viver mal, se libertarem do amor do século, quando nossa alma, vivendo bem, começará a se tornar alma viva, e quando for cumprida a palavra que disseste pela boca de teu Apóstolo: "Não vos conformeis com o século em que vivemos" — então se realizará o mandamento que acrescentaste imediatamente ao dizer: "Mas reformai-vos na novidade de vosso coração[101]." — Não disseste: "Segundo vossa espécie" — como se devêssemos imitar nossos predecessores ou viver de acordo com os exemplos de um homem melhor que nós. Não disseste: "Que o homem seja feito de acordo com sua espécie" — mas "façamos o homem à nossa imagem e semelhança[102]" — para que pudéssemos reconhecer tua vontade. Para este fim o dispensador de teu pensamento, que gerou filhos pelo Evangelho, não querendo senão ter crianças para alimentar com leite e agasalhar em seu seio como uma ama, dizia: "Reformai-vos renovando vosso coração, a fim de conhecer a vontade de Deus, que é boa, agradável e perfeita[103]" — Também não dizes: "Faça-se o homem" — mas "façamos o homem"; nem dizes "segundo sua espécie" — mas "à nossa imagem e semelhança". Porque aquele cujo coração é renovado, e que compreende e conhece tua verdade, não tem mais necessidade de que um outro lhe ensine a imitar sua espécie. Seguindo tuas lições, ele mesmo conhece qual é tua vontade, que é boa, agradável e perfeita. — Tu lhe ensinas — seu espírito é capaz de receber esse ensinamento — a ver a Trindade da Unidade e a Unidade da Trindade.

Eis por que, depois desta palavra no plural: "Façamos o homem"— se diz no singular: "E Deus criou o homem." — Depois deste plural: "À nossa imagem" — este singular: "A imagem de Deus." Assim o homem "se renova pelo conhecimento de Deus, à imagem de seu criador[104]" — e — "tornando-se espiritual, julga todas as coisas", que certamente hão de ser julgadas, "mas ele não é julgado por ninguém[105]".

Capítulo 23
O julgamento do homem espiritual

Ele julga tudo, quer dizer: tem autoridade sobre os peixes do mar, sobre os pássaros do céu, sobre os animais domésticos e selvagens, sobre toda a terra e sobre todos os répteis que se arrastam pela superfície do solo. Exerce essa autoridade pela inteligência, que o torna apto a perceber as coisas que são do Espírito de Deus[106]. Aliás, elevado a tão grande honra, o homem não entendeu sua dignidade, sendo comparado aos jumentos insensatos, tornando-se semelhante a eles[107].

Assim é que em tua Igreja, ó meu Deus, pelo efeito da graça que lhe concedeste — porque somos obra tua, e do número de tuas obras boas[108] — não aparecem apenas os que comandam segundo o espírito, mas ainda os que obedecem segundo o Espírito aos que comandam. Porque assim fizeste a criatura humana macho e fêmea[109], em tua graça espiritual, onde não há mais nem macho, nem fêmea, de acordo com o sexo, nem juiz, nem grego, nem escravo, nem homem livre[110]. Os espirituais, portanto, tanto os que presidem como os que obedecem, julgam espiritualmente. Eles não julgam verdades espirituais que brilham no firmamento, porque não se deve fazer juízos sobre tão sublime autoridade. Nem tampouco julgam teu Livro santo, mesmo em suas passagens obscuras: nós lhe submetemos nossa inteligência, e temos certeza de que mesmo o que está escondido a nossos olhos é palavra justa e verdadeira. O homem, embora já espiritual e renovado pelo conhecimento, de acordo com a imagem daquele que o criou, deve ser observante da lei, e não seu juiz[111]. O espiritual não procura classificar os homens em espirituais e carnais. Somente teus olhos, meu Deus, os distinguem, mesmo que nenhuma ação no-los tenham revelado aos nossos, para que os conheçamos por seus frutos[112]. Mas tu, Senhor, já os conheces, e já os separaste e chamaste no mistério de teu pensamento, antes de ter criado o firmamento.

Tampouco julga o homem, embora espiritual, os povos turbulentos deste século. Por que julgaria ele os que estão fora[113], ele que ignora quem dali sairá para saborear a doçura de tua graça, e quem permanecerá na eterna amargura da impiedade?

Por isso, o homem, que criaste à tua imagem não recebeu poder sobre os luminares do céu, nem sobre o mesmo céu invisível, nem sobre esse dia e essa noite que chamaste à existência antes da criação do céu, nem sobre essa reunião das águas, que é o mar. Mas recebeu poder sobre os peixes do mar, sobre os pássaros do céu, sobre todos os animais, sobre toda a terra, e sobre tudo o que se arrasta pela superfície do solo. Ele julga e aprova o que acha bom, e reprova o que acha mau, quer na celebração dos sacramentos, com que são iniciados os que tua misericórdia tira das águas profundas, quer nas cerimônias em que se serve esse peixe pescado nas profundezas e que come a terra piedosa, quer nas palavras e discursos sujeitos à autoridade de teu Livro, e que, semelhantes aos pássaros, voam debaixo do firmamento: interpretações, exposições, discussões, controvérsias, bênçãos, invocações que jorram da boca em sinais sonoros, para que o povo responda: Amém! É necessário que essas palavras sejam enunciadas fisicamente, e a razão disto está no abismo do século e na cegueira da carne que, impossibilitada de ver o pensamento, tem necessidade de sons que firam os ouvidos. Assim, sem dúvida é sobre a terra que os pássaros se multiplicam, embora tenham suas origens na água. O espiritual julga ainda aprovando o que encontra de bom, reprovando o que encontra de mau nas obras e nos costumes dos fiéis, em suas esmolas, comparáveis aos frutos da terra; ele julga a alma viva pelas paixões dominadas pela castidade, os jejuns, os pensamentos piedosos, na medida em que essas coisas são perceptíveis aos sentidos do corpo. Em resumo, é juiz de tudo o que pode corrigir.

Capítulo 24
Crescei e multiplicai-vos

Mas que é isto? Que mistério é este? Eis que abençoas os homens, Senhor, a fim de que eles cresçam, se multipliquem, e encham a terra. Não queres nisto dar-nos a entender alguma coisa? Por que também não abençoaste a luz, que chamaste dia, nem o firmamento, nem os luminares celestes, nem os astros, nem a terra, nem o mar? Eu diria, meu Deus, que nos criaste à tua imagem, diria que quiseste outorgar especialmente ao homem o benefício dessa bênção, se não tivesses abençoado igualmente os peixes e os monstros do mar, a fim de que cresçam, se multipliquem, encham as águas do mar, e os pássaros a fim de que se multipliquem sobre a terra.

Diria também que essa bênção foi reservada aos vivos que se reproduzem por meio de geração, se acaso a visse também sobre as árvores, as plantas, os animais da terra.

Mas não se disse nem às plantas, nem às árvores, nem aos répteis: "Crescei e multiplicai-vos" — embora todas essas criaturas se multipliquem por geração, como os peixes, os pássaros e os homens, conservando assim sua espécie.

Que dizer, então, ó minha Luz, ó Verdade? Que essa palavra não tem sentido, que é vã? De nenhum modo, ó Pai de toda misericórdia. Longe de mim, longe do servidor de teu Verbo, o pensamento de tal afirmação! E se não compreendo o sentido dessa frase, que os melhores que eu, quero dizer, os mais inteligentes, a entendam melhor, segundo a medida da sabedoria que deste, meu Deus, a cada um. Pelo menos te seja grato que eu te confesse diante de ti a certeza em que estou de que não falaste assim em vão.

Não calarei as reflexões que me sugere a leitura desse texto. Elas são verdadeiras, e eu não vejo o que me poderia impedir de ouvir assim os textos figurados de teus livros. Sei que sinais materiais podem exprimir diversamente uma ideia que o espírito não concebe senão em um sentido, e que o espírito pode conceber em sentidos diversos uma ideia expressa por uma única imagem material. Tal é a simples ideia do amor de Deus e do próximo. Símbolos múltiplos, inúmeras línguas, e em cada língua inúmeras locuções lhe dão uma expressão sensível. É assim que crescem e se multiplicam as produções das águas.

Atendei ainda a isto, vós todos que me ledes. Eis uma frase que a Escritura nos propõe sob uma só forma, e que a voz não faz soar senão de uma só maneira: "No princípio criou Deus o céu e a terra." — Essa frase não pode ser entendida diversamente — afasto a hipótese de erro ou de sofisma — de acordo com esta ou aquela espécie de interpretação igualmente verdadeira. É assim que crescem e se multiplicam as descendências humanas!

Se consideramos a própria natureza das coisas, não mais alegoricamente, mas em sentido próprio, a sentença: "Crescei e multiplicai-vos" — se aplica a todas as criaturas que nascem de uma semente. Se a entendemos em sentido figurado, como, segundo penso, é a intenção da Escritura, que não reserva em vão essa bênção aos peixes e aos homens, encontramos então multidões nas criaturas espirituais e temporais, como no céu e na terra; nas almas justas e injustas, como na luz e nas trevas; nos autores sagrados pelos quais a lei nos foi anunciada, como no firmamento estabelecido entre a água e a água; na sociedade de amargura dos povos, como no mar; no zelo das almas piedosas, como em terra seca; nas obras de misericórdia praticadas nesta vida, como nas plantas que nascem de semente e nas árvores frutíferas; nos dons espirituais dispensados para nosso bem, como nos luminares do céu; nas paixões dominadas pela temperança, como na alma viva. Em todas essas coisas encontramos multidões, fecundidade, crescimento. Mas esse crescimento e essa proliferação que faz com que um só pensamento possa ser formulado de muitos modos, e que uma só fórmula possa ser compreendida de muitas maneiras, não o achamos senão nos sinais sensíveis e nas verdades inteligíveis.

Os sinais sensíveis, tornados necessários pela profundidade de nossa cegueira carnal, correspondem, segundo penso, às gerações das águas; quanto às verdades inteligíveis, geradas por nossa fecunda inteligência, elas são figuradas, me parece, pelas gerações humanas.

E é por isso, Senhor, que disseste, creio eu, tanto às águas como aos homens: "Crescei e multiplicai-vos." — Nessa bênção, percebo que nos deste a faculdade, o poder de formular de muitas maneiras uma única ideia, e de compreender também de muitas maneiras uma fórmula única, mas obscura.

É assim que as águas do mar se povoam, e suas vagas simbolizam as diversas interpretações, que podem receber das palavras. É assim também que a terra se povoa de gerações humanas; sua aridez se revela à sua paixão pela verdade, e está sujeita ao poder da razão.

Capítulo 25
Os frutos da terra

Quero dizer também, Senhor meu Deus, o que me sugere tua Escritura no que segue. E o farei sem medo, porque direi a verdade, Não vem de ti, acaso, a inspiração do que queres que eu diga? Não creio que eu possa ser verídico se tu não me inspirares, pois, tu, és a verdade própria, e todo homem é mentiroso[114]. Por isto, quem fala mentira fala do que é seu[115]. Logo, para falar a verdade, só falarei o que me dizes.

Tu nos deste para alimento todas as plantas que têm semente e que cobrem toda a terra, e todas as árvores que contêm em si, sob forma de germes, seus frutos em potência[116]. E não foi somente a nós que deste esse alimento, mas também a todos os pássaros do céu, aos animais da terra e aos répteis, mas não aos peixes e aos grandes cetáceos. Dizíamos que esses frutos da terra significam e figuram em alegoria as obras de misericórdia, que produz para as necessidades desta vida a terra fecunda. Era comparável a uma terra assim o piedoso Onesíforo, cuja casa recebeu a graça de tua misericórdia, porque muitas vezes assistira a teu Paulo, envergonhando-se por suas cadeias[117].

É o que também fizeram os irmãos que, de Macedônia, lhe forneceram o que lhe faltava, produzindo também abundante messe[118]. E como o Apóstolo se queixa de certas árvores que não lhe tinham dado o fruto devido, quando escreve: "Em minha primeira defesa ninguém me socorreu; todos me abandonaram. Não lhes seja isto imputado[119]!" — Porque esses frutos são devidos aos que nos ministram doutrina de razão, fazendo-nos compreender os mistérios divinos. E nós lhes devemos isto como a homens, como a almas vivas, que nos oferecem exemplos de todas as virtudes; e nós também os devemos a eles como a pássaros do céu, por causa das bênçãos que distribuem abundantemente sobre a terra, porque sua voz se fez ouvir abundantemente por toda a terra[120].

Capítulo 26
O dom e o fruto

Nutrem-se com esses alimentos os que neles encontram sua alegria; não encontram neles alegria os homens que têm a seu ventre por deus[121]. Porque também entre os que carregam esses frutos, o fruto não é o que eles dão, mas o espírito com que o dão. Por isso, aquele que servia a seu Deus e não a seu ventre, vejo claramente a fonte de sua alegria e participo plenamente de sua alegria. Ele acabava de receber os presentes que os filipenses lhe tinham mandado por intermédio de Epafrodito. Vejo bem a razão de sua alegria. E é dela que se alimentava, porque ele diz com verdade: "Alegrei-me muito no Senhor, vendo enfim reflorescer para mim vossas antigas simpatias, da qual já andáveis desgostados[122]". — Os filipenses, portanto, estavam aborrecidos, e, como que secos, não produziam mais o fruto das boas obras; e se Paulo se alegra, é por eles, porque suas simpatias tornaram a florescer, e não por ele, porque eles socorreram sua indigência. Porque ele diz em seguida: "Não é por causa de minhas necessidades que falo assim; aprendi a me contentar com o que tenho. Sei acomodar-me às privações e sei viver na abundância. Em tudo e por tudo habituei-me à saciedade e à fome, à abundância e à penúria. Tudo posso naquele que me dá forças[123]."

De onde vem então tua alegria, ó grande Paulo? De onde vem tua alegria, de que te alimentas, ó homem, renovado para conhecer a Deus à imagem do teu Criador[124], alma viva, que mostrou tal domínio de si, língua alada que ensina os mistérios? É certamente a tais almas que se deve este alimento. Que é esse alimento substancioso? A alegria. Ouçamos o que segue: "Contudo, fizestes bem ao partilhar de minhas tribulações[125]." — Esta é a fonte de sua alegria, isto é o que o alimenta: as boas obras de que ele é objeto, e não o consolo que recebeu sua miséria. Ele diz: "Na tribulação dilatastes meu coração[126]"

— porque ele sabe viver na abundância e sofrer as privações, em ti, que o confortas. — "Sabeis, ó filipenses — diz ele — que nos primeiros tempos de minha pregação do Evangelho, quando deixei a Macedônia, nenhuma Igreja me assistiu com seus bens em razão do dado e do recebido, com exceção de vós, que me mandastes a Tessalônica, por várias vezes, com que atender às minhas necessidades[127]." — Alegra-se agora por eles voltarem a essas boas ações, felicitando-se por terem eles reflorido como campo que torna a encontrar sua fertilidade.

É acaso o pensamento de seus interesses que o faz dizer: "Socorrestes às minhas necessidades[128]?" — É acaso este o motivo de sua alegria? Absolutamente. E como o sabemos? Porque ele diz em seguida: "Eu não procuro o dom, mas o fruto." — Aprendi contigo, meu Deus, a distinguir o dom do fruto. O dom é a própria coisa dada por aquele que acode as nossas necessidades; é o dinheiro, a comida, a bebida, a roupa, um abrigo, um auxílio. O fruto é a vontade boa e reta do doador. Porque o bom Mestre não se limita a dizer: "Aquele que receber um profeta" — mas acrescenta: "na qualidade de profeta." — Ele não se limita a dizer: "Aquele que receber um justo..." — mas acrescenta: "na qualidade de justo." — Porque somente assim um receberá a recompensa de um profeta e o outro a de um justo. Ele não diz apenas: "Aquele que der um copo de água fresca a um de meus pequeninos" — mas acrescenta: "em sua qualidade de discípulos." — E prossegue: "Na verdade vos digo: este não perderá sua recompensa." — Dom é receber o profeta, receber o justo, dar um copo de água fresca a um discípulo; fruto é fazer isso em consideração de sua qualidade de profeta, de justo, de discípulo[129]. É com essa espécie de frutos que Elias era alimentado pela viúva: ela sabia que dava de comer a um homem de Deus, e é por isso que o alimentava. Quanto aos alimentos que lhe eram levados pelo corvo, estes não passavam de um dom, e não era o Elias interior, mas o Elias exterior que recebia esse alimento, o que poderia morrer por falta desse alimento.

Capítulo 27
Peixes e cetáceos

Por isso, Senhor, direi diante de ti a verdade. Quando ignorantes e infiéis[130] que, para serem iniciados e conquistados à fé, têm necessidade desses sacramentos de iniciação e desses milagres maravilhosos, significados, a meu ver, pelos peixes e pelos cetáceos, recebem teus filhos para assegurar-lhes a refeição corporal, ou auxiliá-los nas necessidades da vida presente, sem saberem por que o devem fazer, nem em vista de que devem agir, essas pessoas nem os alimentam, nem são alimentados por eles, porque os primeiros não o fazem com vontade santa e reta, e os segundos não se alegram com os dons recebidos, não descobrindo neles fruto algum. Ora, a alma só se alimenta com o que lhe proporciona alegria. É esta a razão pela qual os peixes e os cetáceos não se nutrem de alimentos que a terra não poderia produzir senão depois de separados e purificados da amargura das ondas do mar.

Capítulo 28
A bondade da criação

Viste, meu Deus, que tudo o que criaste te pareceu excelente. Também nós vemos tua criação, e ela nos parece excelente. Para cada espécie de obra criada, depois de ter dito: "Faça-se" — e quando elas se fizeram, viste que eram boas. Sete vezes está escrito — eu as contei — que viste a bondade de tua obra; e na oitava vez contemplaste toda tua criação, e disseste que era não apenas boa, mas excelente em seu conjunto. Consideradas separadamente, tuas obras eram apenas boas; consideradas em seu conjunto, elas eram boas e até excelentes. A beleza dos corpos também se presta ao mesmo julgamento. Um corpo, formado de membros todos belos, é muito mais bonito que todos esses membros cuja harmoniosa organização forma o conjunto, embora, considerados à parte, também eles tenham sua beleza.

Capítulo 29
A palavra de Deus e o tempo

Procurei ver com atenção se foram sete ou oito vezes que viste a bondade de tuas obras quando elas te agradaram. E não achei que tua visão estivesse sujeita à lei do tempo, o que me teria feito compreender que foi esse o número de vezes que viste o que fizeste. Então disse: "Senhor, tua Escritura não é verdadeira, inspirada por ti, a própria sinceridade e verdade[131]? Por que então me dizes que tua visão das coisas não está sujeita ao tempo, enquanto que tua Escritura me diz que cada dia viste a bondade de tuas obras? E calculei quantas vezes o fizeste."

A isto me respondes, porque és meu Deus, falando com voz forte no ouvido interior de teu servo, e fazendo violência à minha surdez, me dizes gritando: "ó homem, o que minha Escritura diz, isto também digo eu. Mas ela fala no tempo, enquanto minha Palavra nada tem a ver com o tempo, porque ela permanece em mim, eterna como eu. Assim, o que vês por meu Espírito, sou eu quem o vê; o que dizes por meu Espírito, sou eu quem o diz. Mas enquanto vês essas coisas no tempo, eu não as vejo no tempo; e assim como as dizes no tempo, eu não as digo no tempo."

Capítulo 30
Um erro dos maniqueus

Ouvi, Senhor, meu Deus, tua voz, e recolhi em meu coração uma gota suave de tua verdade. Compreendi que há homens aos quais desagradam tuas obras. Eles pretendem quem foi constrangido pela necessidade que fizeste muitas delas, como a estrutura dos céus, a ordem dos astros; que não as criaste por ti mesmo, mas que elas já existiam alhures, no estado de coisas criadas; que te limitaste a reuni-las, a ordená-las, a entrelaçá-las; que com elas construíste as muralhas do mundo, depois de vencidos teus inimigos, a fim de que essa construção os mantivesse submissos, e não pudessem mais revoltar-se contra ti; que nem criaste, nem organizaste outros seres, como os organismos corpóreos, os animais pequenos e tudo o que se prende à terra por meio de raízes; que foi um espírito hostil, uma outra natureza, que não foi criada por ti, e que se opõe a ti nas regiões inferiores do mundo, que as gerou e organizou. Esses insensatos se exprimem assim por que não veem tuas obras através de teu Espírito, nem te reconhecem nelas.

Capítulo 31
A luz do Espírito Divino

Mas os que veem tuas obras através de teu Espírito, tu é quem as vês neles. Assim, quando veem que elas são boas, tu também vês essa bondade; em tudo o que lhes agrada por tua causa, tu és que nos agradas, e o que nos agrada através de teu Espírito, é em nós que te agrada. Com efeito, quem dentre os homens sabe das coisas do homem, senão o espírito do homem que nele está? Do mesmo modo, o que está em Deus ninguém o sabe a não ser o Espírito de Deus[132]. "Quanto a nós, diz ainda Paulo, não nos foi dado o espírito deste mundo, mas o Espírito de Deus, a fim de que conheçamos os dons que nos veem de Deus[133]."

Por isso tenho razões para dizer: certamente ninguém sabe das coisas de Deus, com exceção do Espírito de Deus. Como então também nós conhecemos os dons que nos vêm de Deus[134]? Eis a resposta que recebi: As coisas que sabemos por seu Espírito ninguém as sabe a não ser o Espírito de Deus. É com justiça que se disse aos que falavam, inspirado, pelo Espírito de Deus: "Não sois vós os que falais[135]" — e aos que tiram sua ciência do Espírito de Deus: "Não sois vós que conheceis." — E com igual razão se diz aos que veem através do Espírito de Deus: "Não sois vós os que vedes." Assim, em tudo o que vemos de bom pelo Espírito de Deus, não somos nós os que vemos, mas Deus.

Por isso, uma coisa é julgar mau o que é bom, como o fazem os homens de que falei acima, e outra coisa ver que o que é bom é bom. Por exemplo: muitas pessoas amam tua criação porque é boa, mas não te amam nessa criação; e por isso preferem gozar dela que de ti. Há ainda um terceiro caso: um homem vê que uma coisa é boa, mas é Deus que nele vê que essa coisa é boa, e é Deus que é amado em sua criação. Ele não o poderia ser senão graças ao Espírito que Deus nos deu, porque o amor de Deus se difundiu em nossos corações pelo Espírito Santo que nos foi dado[136], e por quem vemos que tudo o que de algum modo existe é bom, porque recebe a existência daquele que existe, não de um modo qualquer, mas de modo absoluto.

Capítulo 32
A criação

Graças te sejam dadas, Senhor! Vemos o céu e a terra, isto é, a parte superior e inferior do mundo material, ou seja, a criação espiritual e a material; e, como adorno dessas partes de que se compõe, quer o conjunto do Universo, quer o conjunto de toda a criação, vemos que a luz foi criada e separada das trevas. Vemos o firmamento do céu, quer o que está situado entre as águas espirituais superiores e as águas materiais inferiores, o primeiro corpo do mundo que foi criado, quer ainda esses espaços de ar, chamados também de céu, onde vagueiam pássaros do céu entre as águas que se levantam em vapores, e nas noites serenas se condensam em orvalho, e as que correm pesadas sobre a terra. Vemos a beleza das águas reunidas nas planícies do mar, e a terra seca, ora nua, ora tomando forma visível e ordenada, mãe das plantas e das árvores. Vemos os luminares do céu brilhando acima de nós, o sol bastar para o dia, a lua e as estrelas consolando a noite, e todos esses astros marcando e assinalando os momentos do tempo. Vemos pulular no elemento úmido peixes, monstros, animais alados, porque a densidade do ar que sustenta o voo dos pássaros é formada pelas emanações das águas. Vemos a face da terra adornar-se de animais terrestres, e o homem, criado à tua imagem e semelhança, senhor de todos os animais irracionais, precisamente porque foi feito à tua imagem e se assemelha a ti, isto é, pela virtude da razão e da inteligência. E como na alma humana há uma parte que domina pela reflexão e outra que se submete e obedece, assim a mulher foi criada fisicamente para o homem; é fora de dúvida que ela possui um espírito e uma inteligência racional, iguais aos do homem, mas seu sexo a coloca sob a dependência do sexo masculino: é desse modo que o desejo, princípio da ação, se submete à razão para dela tirar a arte de obrar retamente. Eis o que vemos, e que cada uma dessas coisas, tomadas à parte, e que todas, em seu conjunto, são muito boas.

Capítulo 33
A matéria e a forma

Que tuas obras te louvem para que te amemos, e faze que te amemos, para que tuas obras te louvem! Elas têm seu princípio e fim no tempo, seu nascimento e ocaso, seu progresso e decadência, sua beleza e seus defeitos. Elas têm, portanto, sucessivamente sua manhã e sua noite, umas de modo misterioso, outras claramente.

Foram feitas por ti de nada, não de tua substância, nem de nenhuma substância estranha ou anterior a ti, mas de matéria concriada, isto é, criada por ti ao mesmo tempo. Por que sem nenhum intervalo de tempo deste forma à matéria informe. Sem dúvida a matéria do céu e da terra é uma coisa, e sua forma é outra; a matéria tu a fizeste de nada, a forma tu a tiraste da matéria informe. Contudo, criaste uma e outra simultaneamente, de maneira que entre a matéria e a forma não houvesse de permeio nenhum espaço de tempo.

Capítulo 34
Alegoria da criação

Também refletimos acerca do significado figurado da ordem segundo a qual se fez tua criação e da ordem pela qual a Escritura a relata. Vimos que tuas obras, consideradas separadamente, são boas, e em seu conjunto, excelentes; em teu Verbo, em teu Filho único, vimos o céu e a terra, a cabeça e o corpo da Igreja, predestinadas antes de todos os tempos, quando ainda não havia nem manhã, nem tarde. E desde que começaste a executar no tempo o que decidiste fazer fora do tempo, a fim de revelar o que estava escondido e de dar ordem às nossas desordens — porque nossos pecados estavam sobre nós e nos perdíamos longe de ti em trevas profundas, e teu Espírito benevolamente pairava sobre nós, para nos socorrer no momento oportuno — tu justificaste os ímpios; tu os separaste dos pecadores; e afirmaste solidamente a autoridade de teu Livro entre os superiores, que te eram dóceis, e os inferiores, que a eles se haveriam de submeter; reuniste em um corpo único, dotado da mesma alma, a sociedade dos infiéis, a fim de que aparecesse o zelo dos fiéis fecundo em obras de misericórdia e distribuindo aos pobres os bens da terra para adquirir os do céu.

Acendeste então os luminares no firmamento: teus santos, que possuíam a palavra de vida e brilhavam de sublime autoridade devida a seus dons espirituais. Depois, para converter as nações infiéis, fizeste com a matéria corporal dos sacramentos os milagres visíveis, as vozes das palavras sagradas, conformes ao firmamento de teu Livro, pelo qual seriam abençoados teus fiéis. Formaste depois a alma viva dos fiéis, pela disciplina das paixões bem-ordenadas e pela força da castidade. E depois essa alma, que não estava sujeita senão a ti, e que não tinha mais necessidade de nenhuma autoridade humana para imitar, tu a renovaste à tua imagem e semelhança; submeteste, como a mulher ao homem, a ação racional à superioridade da inteligência; e, como teus ministros são necessários ao progresso dos fiéis nesta vida, quiseste que esses mesmos fiéis lhes proporcionassem o necessário para suas necessidades temporais, boas obras cujo frutos recolherão mais tarde. Vemos todas essas coisas, e todas são muito boas, porque tu as vês em nós, tu que nos deste o Espírito, a fim de que por ele nos fosse possível vê-las e amar-te nelas.

Capítulo 35
Prece

Senhor Deus, tu que nos deste tudo, dá-nos a paz do descanso, a paz do sábado, a paz que não tem tarde. Porque essa ordem magnífica de coisas excelentes passará quando atingir o termo de seu destino, e terá sua tarde como teve sua manhã.

Capítulo 36
O repouso de Deus

Mas o sétimo é dia sem tarde e não tem ocaso, porque o santificaste para que se prolongue eternamente. E falando-nos do repouso de teu sétimo dia, depois de ter criado tuas excelentes obras, embora as tivesses criado sem te cansares, a voz de teu Livro nos anuncia que também nós, depois de cumpridas as nossas obras, que são excelentes porque nos deste a graça de realizá-las, encontraremos o repouso em ti, no sábado da vida eterna.

Capítulo 37
O repouso da alma

Então também descansarás em nós, como hoje obras em nós; e o repouso de que gozaremos será teu, como as obras que fazemos são tuas. Mas tu, Senhor, sempre estás ativo e sempre estás em repouso. Tu não vês no tempo, não ages no tempo nem repousas no tempo. E, contudo, fazes com que vejamos no tempo, fazes o mesmo tempo e o repouso depois do tempo.

Capítulo 38
O descanso em Deus

Vemos, portanto, as coisas que fizeste, porque elas existem. Mas porque tu as vês é que elas existem. Ornando a nosso redor, vemos que elas existem; refletindo, vemos que são boas. Mas tu já as viste feitas quando viste que deviam ser feitas. Agora estamos inclinados a fazer o bem, depois que nosso coração hauriu essa ideia em teu Espírito; outrora estávamos inclinados ao mal, apartando-nos de ti. Tu, porém, ó Deus, único bem, nunca deixaste de dizer o bem. Algumas de nossas obras, por tua graça, são boas, mas não são eternas. Contudo, esperamos depois de realizá-las repousar em tua grande santificação. Mas tu, bem que não careces de nenhum outro bem, estás sempre em repouso, porque és teu próprio repouso.

Que homem poderá dar ao homem a inteligência dessa verdade? Que anjo a outro anjo? Que anjo ao homem? É a ti que se deve pedir essa inteligência, e em ti é que a devemos procurar, é à tua porta que devemos bater. E somente assim receberemos, somente assim encontraremos, somente assim se nos abrirá tua porta[137].

Notas da introdução

[1] Jean-Jacques Rousseau, *As confissões,* I, 15. Publicada pela Ediouro.

[2] François Coppée, *O bom sofrimento,* 142. São Paulo. Livraria Salesiana Editora, 1952.

[3] Giovanni Papini, *A vida de santo Agostinho,* 195. Rio, Civilização Brasileira Editora, 1932.

[4] *Epístola 231 ad Darium Comitem,* 6 em PL XXXIII, c. 1025.

[5] Papini, o. c., 198-199.

[6] *Retractationes,* II, 6 em PL XXXII, c. 632.

[7] *De Dono Perseverantiae,* 20 em PL XLV, c. 1026.

[8] Petrarca, *De Contemptu Mundi,* colloq. 1.

[9] *Confessio Alvari,* em PL CXXI, 397-412.

[10] Pe. Angel Custodio Vega, *Obras de San Agustin,* t. II: *Las Confesiones,* 27. Madrid (BAC), 1955.

[11] P. Frei Efrem de la Madre de Dios, *Obras de Santa Teresa,* I, 460. Madri (BAC), 1951.

[12] Obras de santa Teresa de Jesus, Tomo I, *Livro da vida,* 83. Petrópolis, Editora Vozes, 1937.

[13] Ricardo Garcia-Villoslada em *Historia de la Iglesia Catolica,* t. IV, 245. Madri (BAC), 1953.

[14] Raïssa Maritain, *As grandes amizades,* 68. Rio, Agir, 1958.

[15] A edição brasileira traz o título: *Meditações.* Publicada pela Ediouro.

[16] Cf. Romano Guardini, *Pascal ou le drame de la conscience chrétienne,* 32-33. Paris, Editions du Seuil, 1951.

[17] Pascal, *Pensamentos.* Publicada pela Ediouro.

[18] Ricardo Garcia-Villoslada em *Historia de la Iglesia,* t. IV, 273, Madri (BAC), 1953.

[19] Romano Guardini, *Pascal ou le drame de la conscience chrétienne,* 87. Paris, Editions du Seuil, 1951.

[20] Michele Federico Sciacca, *Pascal,* 158. Barcelona, Luís Miracle Editor, 1955.

[21] Romano Guardini, o. c., 134.

[22] Cf. nosso paralelo: "As duas Confissões" na Introdução à obra de santo Agostinho: *A cidade de Deus,* 35-37. São Paulo, Edameris, 1961.

[23] Prescindimos em nosso estudo da autobiografia de santa Teresa do Menino Jesus, conhecida comumente sob o título de *História de uma alma.* Não se encontram na vida da popular "santa Teresinha" referências diretas às *Confissões* de santo Agostinho ou à *Autobiografia de Teresa de Ávila.* Não se deve olvidar, porém, que a santa de Lisieux também era filha do Carmelo, a grande Ordem reformada por Teresa de Ávila, que ela designa frequentemente em sua biografia como "nossa Madre santa Teresa". Cf.: *História de uma alma.* São Paulo, Livraria Salesiana Editora, 1958.

[24] Introdução à obra de santo Agostinho: *A cidade de Deus.* São Paulo, Edameris, 1961. Convém ter presente o título III — *O homem,* 1831, pelas contínuas referências que serão feitas a seguir.

[25] François Coppée, *O bom sofrimento.* São Paulo, Livraria Salesiana Editora, 1952. Título do original francês: *La Bonne soufrance.*

[26] François Coppée, o. c., 5-7; 70-73. Cf. Confissões, II, 1-9.

[27] François Coppée, o. c., 72. Cf. *Conf.* III, 11-12.

[28] François Coppée, o. c., 8. Cf. *Conf.* VII, 12-16.

[29] Adolphe Retté. *Do Diabo a Deus.* São Paulo, Livraria Salesiana Editora, 1938. Título do original francês: *Du Diable à Dieu.*

[30] Adolphe Retté, o. c. ,94-97. Cf. *Conf.* II, 1-3; m, 1; IV, 2.

[31] Adolphe Retté, o. c., 98. Cf. *Conf.* VIII, 5; 12.

[32] Adolphe Retté, o. c., 85. Cf. *Conf.* I, 13 (citação do próprio Retté).

[33] Adolphe Retté, o. c., 188-189. Cf. *Conf.* IX, 6.

[34] Giovanni Papini, *Meu encontro com Deus*. Rio, Editora Civilização Brasileira, 1960. Título da edição italiana: *La Seconda Nascita*.

[35] Giovanni Papini, o. c., 152-153.

[36] Giovanni Papini, o. c., 113. Cf. Pascal, *Pensamentos,* 107.

[37] Giovanni Papini, *A vida de santo Agostinho,* 7-8. Rio, Civilização Brasileira Editora, 1932.

[38] Não existindo ainda edição brasileira, as citações dessa obra serão feitas pela edição italiana: *Apologia pro Vita Sua, di J. H. Newman,* Edizioni Paoline, 1956.

[39] Ricardo Garcia-Villoslada em *Historia de la Iglesia,* IV, 563. Madri (BAC), 1953.

[40] P. Thureau-Dangin. *La Renaissance catholique en Angleterre au XIX siècle,* III, 71-81. Paris, 1923.

[41] Newman, *Apologia pro Vita Sua,* 154. Cf. *Conf.* VI, 11; X, 1; XII, 10-11.

[42] Newman, o. c., 45.

[43] Newman, o. c., 292.

[44] Newman, o. c., 147. Cf. Pascal, *Pensamentos,* 102.

[45] Newman, o. c., 137. Cf. *Conf.* VIII, 12.

[46] Newman, o. c., 265.

[47] Raïssa Maritain, *As grandes amizades.* Rio de Janeiro, Agir. 1958. Título do original francês: *Les Grandes amitiés.*

[48] *Convertis du XX siècle,* collection dirigée par F. Lelotte, 151. Casterman, 1955. A biografia dos Maritain foi omitida na seleção feita para a edição brasileira da obra, publicada pela Agir.

[49] Raïssa Maritain, o. c., 59. Cf. *Conf.* VI, 11; X, 1; XII, 10-11.

[50] Raïssa Maritain, o. c., 67. Cf. *Conf.* VII, 10. Vide nota 7 de nossa Introdução supracitada.

[51] Raïssa Maritain, o. c., 68.

A tradução portuguesa dos Pensamentos de Pascal, publicada pela Ediouro, é feita exatamente sob o texto da edição Brunschvicg.

[52] Raïssa Maritain, o. c., 114.

[53] Também para uma outra judia, a autobiografia de santa Teresa constituiu o passo decisivo para a conversão. Trata-se de Edith Stein, autora de *L'Être fini et l'être eternel*. Sua "iluminação" realizou-se em casa de alguns amigos na Baviera, em 1921. "Um dia — escreve ela — escolhi ao acaso uma obra bastante imponente. Intitulava-se: *Vida de santa Teresa*, escrita por santa Teresa. Eu comecei a ler. Repentinamente senti-me tão cativada, que não interrompi mais a leitura até o fim. Quando fechei o livro, pensei comigo mesma: esta é a verdade"! F. Lelotte, *Convertidos do século XX*, 56. Rio de Janeiro, Agir, 1960.

[54] As citações e referências serão feitas sobre a edição espanhola: M. F. Sciacca, *Mi Itinerario a Cristo*, Madri, Taurus, 1957, por ter sido revisada e aumentada pelo autor. A edição italiana original é de 1915: "*Il Mio Itinerario a Cristo*".

[55] M. E Sciacca, o. c., Prólogo.

[56] Carlos Eduardo de Several, Prefácio à tradução portuguesa da obra de Michele Federico Sciacca, *A hora de Cristo*, Editorial Aster, Lisboa, 1959.

[57] M. F. Sciacca, *Mi Itinerario a Cristo*, 1849. Cf. *Conf.* VII, 10.

[58] M. F. Sciacca, o. c., 26.

[59] M. F. Sciacca, o. c., 69-72.

[60] M. F. Sciacca, o. c., 66.

[61] M. F. Sciacca, o. c., 67.

[62] M. F. Sciacca, o. c., 80.

[63] M. F. Sciacca, o. c., 84.

[64] M. F. Sciacca, o. c., 98-99.

[65] Título original da obra: *Die Unruhe zu Gott*.

[66] *Convertis du XX siècle, collection dirigée par F. Lelotte,* I, 87. Também esta biografia, como a de Jacques e Raïssa Maritain, foi omitida na seleção da edição brasileira publicada pela Agir, 1960.

[67] Willibrord Verkade, o. c., 210-211 (edição espanhola). Cf. *Conf.* IX, 3-4.

[68] P. van der Meer de Walcheren, *Diário de um convertido.* Rio, Agir, 1956. Título do original francês: *Journal d'un Converti.*

[69] P. van der Meer, o. c., 19-20. Cf. *Conf.* IV, 10-13.

[70] P. van der Meer, o. c., 146.

[71] Thomas Merton, *A montanha dos sete patamares,* São Paulo, Editora Mérito, 1954. Título do original inglês: *The Seven Storey Mountain.*

[72] Thomas Merton, o. c., 219.

[73] Thomas Merton, o. c., 243-244.

[74] Thomas Merton, o. c., 238-239. Cf. *Conf.* VIII, 6-13.

[75] Thomas Merton, o. c., 267.

[76] Thomas Merton, o. c., 307-309.

[77] Thomas Merton, o. c., 458. Cf. *Conf.* XIII, 35-38.

[78] Pe. Angel Custodio Vega, *Prologo a las Confesiones,* 5, em *Obras de San Agustin* t. II, *Las Confesiones,* Madri (BAC), 1955.

Notas

Livro primeiro

[1] Sl 144, 5.
[2] Sl 146, 5.
[3] Pdr 1, 5.
[4] Rom 10, 14.
[5] Sl 21, 21.
[6] Gên 1, 1.
[7] Sl 138, 8.
[8] Jer 23, 24.
[9] At 2, 17.
[10] Sl 17, 32.
[11] Sl 34, 3.
[12] Sl 18, 13.
[13] Sl 115, 1.
[14] Sl 31, 15.
[15] Sl 26, 12.
[16] Sl 129, 3.
[17] Gên 18, 27.
[18] Sl 101, 28.
[19] Sl 91, 2.
[20] Sl 50, 7.
[21] Sl 21, 3.
[22] Mt 16, 30.

[23] Sl 77, 39.
[24] Sl 72, 27.
[25] Eneida, VI, 457.
[26] Gên 3, 19.
[27] Eneida, II, 772.
[28] Sl 60, 2.
[29] Sl 5, 9.
[30] Cic., Tusc. I, 26.
[31] Eun., 3, 5, 36, 41.
[32] Eneida, I, 38
[33] Sl 85, 15.
[34] Sl 26, 8.
[35] Tob 4, 16.
[36] Sl 30, 23.
[37] Mt 19, 14.

Livro segundo

[1] Cor 7, 25.
[2] Mt 19, 12.
[3] Sl 93, 2.
[4] Jer 2, 27.
[5] Jer 51, 6.
[6] Sl 72, 7.
[7] Sl 63, 11.
[8] Sal., Cat., 16.
[9] Jó 7, 2.
[10] Sl 115, 12.
[11] Sl 18, 13.
[12] Mt 25, 21.

Livro terceiro

[1] Dan 3, 52.
[2] Jó 12, 16.
[3] Col 2, 8.
[4] Tg 1, 17.
[5] Prov 9, 17.
[6] Gên 1, 17.
[7] 1 Cor 4, 3.
[8] Mc 12, 33.
[9] Rom 1, 26.
[10] Sl 68, 3.

Livro quarto

[1] Sl 26, 6.
[2] Sl 4, 3.
[3] Sl 72, 27.
[4] Os 12, 1.
[5] Sl 40, 5.
[6] Jo 14, 5.
[7] Mt 16, 27.
[8] Sl 50, 19.
[9] 1 Pdr 5, 5.
[10] Rom 5, 5.
[11] Sl 24, 15.
[12] HOR., Car., I, 3, 8.

[13] Sl 118, 142.
[14] Sl 79, 4.
[15] Is 46, 8.
[16] Sl 18, 6.
[17] Jo 1, 10.
[18] 1 Tim 1, 15.
[19] Sl 40, 5.
[20] Sl 4, 3.
[21] Sl 72, 9.
[22] Sl 83, 7.
[23] Ef 4, 14.
[24] Sl 71, 18.
[25] Sl 17, 29.
[26] Jo 1, 16.
[27] Jo 1, 9.
[28] Tg 1, 17.
[29] 1 Pdr 5, 5.
[30] Sl 77, 39.
[31] Jo 3, 29.
[32] Sl 50, 10.
[33] Gên 3, 18.
[34] Sl 58, 10.
[35] Lc 15, 13.
[36] Sl 62, 8.
[37] Is 46, 4.

Livro quinto

[1] Sl 34, 10.
[2] Sl 18, 7.
[3] Sab 13, 9.
[4] Sl 137, 6.
[5] Sl 8, 8.
[6] Dt 4, 24.
[7] Sl 146, 5.
[8] 1 Cor 1, 30.
[9] Rom, 1, 21.
[10] Ibid. 25.
[11] Sab 11, 21.
[12] Jó 28, 28.
[13] Ef 4, 13.
[14] Sl 49, 21.
[15] Sl 36, 25.
[16] Sl 141, 6.
[17] 1 Cor 15, 22.
[18] Ef 2, 16.
[19] Sl 50, 19.
[20] Sl 117, 1.
[21] Sl 40, 5.
[22] Sl 140, 3.
[23] Sl 138, 25.
[24] Sl 72, 27.
[25] Sl 118, 155.

Livro sexto

[1] Sl 70, 5.
[2] Sl 67, 23.
[3] Lc 7, 12.
[4] Jo 4, 14.
[5] 2 Tim 2, 15.
[6] Gên 9, 6.

[7] 2 Cor 3, 6.
[8] Sl 71, 11.
[9] Prov 9, 8.
[10] Lc 16, 10.
[11] Sl, 144, 15.
[12] Eclo 5, 8.
[13] Sab 8, 21.
[14] Is 26, 18.
[15] Eclo 3, 27.
[16] Mt 7, 13.
[17] Prov 19, 21.
[18] Sl 144, 15.

Livro sétimo

[1] Sl 17, 29.
[2] Sl 6, 6.
[3] Eclo 39, 26.
[4] Sl 37, 9.
[5] Jó 5, 26.
[6] Sl 88, 11.
[7] Sl 101, 13; 84, 5.
[8] Tg 4, 6.
[9] Jo 1, 14.
[10] Fl 6, 11.
[11] Rom 5, 6.
[12] Mt 11, 25.
[13] Sl 24, 9.
[14] Ibid. 19.
[15] Mt 11, 29.
[16] Rom 4, 21.
[17] Rom 1, 23.
[18] At 7, 39.
[19] Rom 9, 13.
[20] ÊX 11, 2.
[21] At 17, 28.
[22] Rom 1, 25.
[23] Sl 38, 12.
[24] Rom 1, 20.
[25] Sl 72, 28.
[26] Sab 7, 27.
[27] Sl 15, 2.
[28] Gên 1, 31.
[29] Sl 148, 7ss.
[30] Sl 1, 4.
[31] Sl 37, 4.
[32] Sl 118, 37.
[33] Sab 9, 15.
[34] Rom 1, 20.
[35] 1 Tim 1, 5.
[36] Jo 1, 14.
[37] Gên 3, 21.
[38] 1 Cor 11, 19.
[39] Sl 2, 11.
[40] 1 Cor 4, 7.
[41] Rom 7, 22.
[42] Ibid. 24.
[43] Dan 3, 27.
[44] Sl 31, 4.
[45] Jo 8, 44.
[46] Rom 7, 24.
[47] Prov 8, 22.
[48] Jo 14, 30.
[49] Col 2, 14.
[50] Sl 50, 19.
[51] Apo 21, 2.
[52] Sl 2, 1.
[53] Mt 11, 29-5.
[54] Sl 90, 13.
[55] 1 Cor 15, 9.

Livro oitavo

[1] Sl 34, 10.
[2] Sl 115, 16.
[3] 1 Cor 13, 12.
[4] Sl 25, 8.
[5] Mt 19, 12.
[6] Sab 13, 1.
[7] Rom 1, 21.
[8] Jó 28, 28.
[9] Prov 3, 7.
[10] Rom 1, 22.
[11] Col 2, 8.
[12] Sl 143, 5.
[13] Lc 2, 9.
[14] Sl 39, 5.
[15] Lc 15, 4.
[16] Ibid. 32.
[17] 1 Cor 1, 27.
[18] Mt 12, 29.
[19] 2 Tim 2, 21.
[20] Sab 10, 21.
[21] Gál 5, 17.
[22] Ef 5, 14.
[23] Rom 7, 22.
[24] Ibid. 25.
[25] Sl 18, 15.
[26] Mt 5, 3.
[27] Tit 4, 10.
[28] Ef 5, 8.
[29] Jo 1, 9.
[30] Sl 33, 6.
[31] Rom 7, 16.
[32] Col 5, 3,
[33] Sl 118, 85.
[34] Sl 6, 4.
[35] Sl 78, 5.
[36] Mt 19, 21.
[37] Rom 13, 13.
[38] Ibid. 14, 1.
[39] Ef 9, 20.
[40] Sl 29, 12.

Livro nono

[1] Sl 115, 16.
[2] Sl 34, 10.
[3] Sl 18, 15.
[4] Sl 83, 7.
[5] Sl 119, 3.
[6] Rom 14, 16.
[7] Sl 45, 11.
[8] Lc 14, 14.
[9] Sl 67, 16.
[10] Lc 16, 22.
[11] Sl 26, 8.
[12] Sl 28, 5.
[13] Sl 18, 7.
[14] Sl 4, 1.
[15] Lc 24, 49.
[16] Jo 7, 39.
[17] Sl 4, 3.
[18] Rom 8, 34.
[19] Sl 4, 5.
[20] Rom 2, 5.
[21] Sl 4, 6.
[22] Ef 5, 8.

[23] Sl 4, 9.
[24] 1 Cor 15, 54.
[25] 1 Cor 2, 9.
[26] Jo 20, 28.
[27] Sl 115, 15.
[28] Cânt 1, 3.
[29] Sl 67, 7.
[30] Eclo 19, 1.
[31] Sl 58, 18.
[32] 1 Tim 5, 9s.
[33] Fil 3, 13.
[34] 1 Cor 2, 9.
[35] Sl 35, 10.
[36] Sl 99, 3-5.
[37] Mt 25, 21.
[38] 1 Cor 15, 51.
[39] 1 Cor 15, 51.
[40] Sl 100, 1.
[41] Sl 67, 6.
[42] Mt 5, 22.
[43] 1 Cor 10, 17.
[44] Rom 8, 34.
[45] Sl 142, 2.
[46] Tg 2, 13.
[47] Ex 33, 19.
[48] Sl 118, 108.
[49] Col 2, 14.
[50] Lc 8, 15.

Livro décimo

[1] 1 Cor 13, 11.
[2] Ef 5, 27.
[3] Sl 50, 8
[4] Jo 3, 21.
[5] Sl 5, 13.
[6] Rom 4, 5.
[7] Sl 102, 3.
[8] 1 Cor 2, 11.
[9] 2 Cor 1, 11.
[10] Sl 143, 7.
[11] Sl 50, 3.
[12] Sl 16, 8.
[13] 1 Cor 4, 3.
[14] Ibid. 2, 11.
[15] Ibid. 13, 12.
[16] Ibid. 10, 13.
[17] Is 58, 10.
[18] Rom 1, 20.
[19] Sl 31, 9.
[20] Lc 15, 8.
[21] Gál 5, 7.
[22] Sl 26, 1.
[23] Jo 12, 35.
[24] TER., Andria, 68.
[25] Sl 30, 10.
[26] Jó 7, 1.
[27] Sab 8, 21.
[28] Jo 2, 16.
[29] Ef 3, 20.
[30] Sl 2, 11.
[31] 1 Cor 15, 54.
[32] Mt 6, 34.
[33] 1 Cor 15, 14.
[34] 2 Cor 6, 5.
[35] Lc 21, 34.
[36] Sab 8, 21.
[37] Eclo 18, 30.
[38] 1 Cor 8, 8.

[39] Flp 4, 11.
[40] Lc 15, 24.
[41] Flp 4, 13.
[42] 1 Cor 1, 31.
[43] Eclo 23, 6.
[44] Rom 14, 20.
[45] 1 Tim 4, 4.
[46] Col 2, 16.
[47] Rom 8, 34.
[48] Sl 138, 16.
[49] Sl 12, 3.
[50] 2 Cor 5, 2.
[51] Sl 24, 15.
[52] Sl 120, 4.
[53] Sl 58, 10.
[54] Sl 25, 3.
[55] Jo 2, 16.
[56] Sl 102, 3.
[57] Is 37, 20.
[58] I Pdr 5, 5.
[59] Sl 17, 14.
[60] Lc 12, 32.
[61] Sl 10, 3.
[62] Sl 140, 5.
[63] Sl 108, 22.
[64] Sl 30, 23.
[65] Ef 2, 2.
[66] 2 Cor II, 14.
[67] Rom 6, 23.
[68] 1 Tim 2, 5.
[69] Rom 8, 32.
[70] Filp 2, 6.
[71] Jo 10, 18.
[72] 1 Cor 5, 75.
[73] Sl 118, 18.
[74] Col 2, 3.
[75] Sl 118, 122.
[76] Sl 21, 27.

Livro décimo primeiro

[1] Sl 95, 4.
[2] Mt 6, 8.
[3] Sl 117, 1.
[4] Sl 85, 1.
[5] Sl 73, 16.
[6] Sl 25, 7.
[7] Sl 118, 18.
[8] Mt 6, 33.
[9] Sl 118, 85.
[10] Sl 79, 18.
[11] Rom 8, 34.
[12] Col 2, 3.
[13] Jó 14, 16.
[14] Mt 3, 17.
[15] Is 40, 8.
[16] Jo 8, 25.
[17] Jo 3, 29.
[18] Sl 30, 11.
[19] Sl 102, 3-5.
[20] Rom 8, 24.
[21] Sl 103, 24.
[22] Sl 5, 10.
[23] Gên 2, 3.
[24] Sl 101, 28.
[25] 2 Pdr 3, 8.
[26] Sl 2, 7.
[27] Sl 138, 6.
[28] Mt 7, 11.

[29] Sl 115, 1.
[30] Sl 26, 4.
[31] Sl 38, 6.
[32] Sl 17, 29.
[33] Sl 99, 3.
[34] Sl 62, 4.
[35] Sl 17, 36.
[36] Flp 3, 12.
[37] Sl 25, 7.
[38] Sl 26, 4.
[39] Sl 30, 11.
[40] Sl 144, 14.

Livro décimo segundo

[1] Rom 8, 31.
[2] Mt 7, 7.
[3] Sl 113, 16.
[4] Gên 1, 2.
[5] Is 6, 3.
[6] Sl 118, 176.
[7] 1 Tim 6, 16.
[8] Sl 41, 4.
[9] Sl 26, 4.
[10] Sl 101, 28.
[11] 1 Cor 13, 12.
[12] Sl 148, 6.
[13] Eclo 1, 4.
[14] Gál 4, 26.
[15] Sl 148, 4.
[16] Sl 25, 8.
[17] Sl 118, 176.
[18] Sl 72, 28.
[19] Sl 25, 6.
[20] Sl 27, 1.
[21] 2 Tim 1, 14.
[22] 1 Tim 1, 8.
[23] 1 Tim 1, 5.
[24] Mt 22, 40.
[25] Sl 103, 24.
[26] Col 1, 16.
[27] Gên 1, 2.
[28] Gên 1, 7.
[29] Sl 21, 26.
[30] 1 Jo 8, 44.
[31] 1 Cor 4, 6.
[32] Mt 22, 37.
[33] Rom 9, 21.
[34] Sl 8, 5.
[35] Jo 8, 25.
[36] Sl 142, 10.

Livro décimo terceiro

[1] Sl 72, 28.
[2] Sl 35, 7.
[3] Gên 1, 3.
[4] Sl 35, 10.
[5] Rom 5, 5.
[6] Ef 3, 14.
[7] Ibid. 19.
[8] Sl 133, 5.
[9] Ef 5, 8.
[10] Sl 138, 12.

[11] Sl 30, 21.
[12] At 2, 38.
[13] Sl 9, 15.
[14] Sl 73, 6.
[15] Sl 121, 1.
[16] Jo 1, 9.
[17] 1 Cor 1, 15.
[18] Sl 35, 7.
[19] Sl 38, 12.
[20] Mt 3, 2.
[21] Sl 41, 7.
[22] Ef 5, 8.
[23] 2 Cor 5, 7.
[24] Rom 8, 24.
[25] Sl 41, 8.
[26] 1 Cor 3, 1.
[27] Flp 3, 13.
[28] Sl 41, 1-2.
[29] 2 Cor 5, 2.
[30] Rom 12, 2.
[31] 1 Cor 14, 20.
[32] Gál 3, 1.
[33] Mal 3, 10.
[34] Sl 45, 5.
[35] Jo 3, 29.
[36] Rom 8, 23.
[37] Sl 41, 8.
[38] 2 Cor 11, 3.
[39] Jo 3, 2.
[40] Sl 41, 4.
[41] Jó 32, 21.
[42] Sl 41, 5.
[43] Ibid. 6.
[44] Sl 118, 105.
[45] Rom 8, 10.
[46] Cânt 2, 17.
[47] 47 Sl 5, 5.
[48] Sl 42, 5.
[49] Rom 8, 11.
[50] Tes 5, 5.
[51] Gên 1, 5.
[52] 1 Cor 4, 7.
[53] Rom 9, 21.
[54] Is 34, 4.
[55] Sl 103, 2.
[56] Sl 8, 4.
[57] Sl 18, 8.
[58] Sl 8, 3.
[59] Ibid. ib.
[60] Mt 18, 10.
[61] Sl 35, 6.
[62] Mt 24, 35.
[63] Is 40, 6.
[64] 1 Jo 3, 24.
[65] Cânt 1, 3.
[66] Sl 142, 6.
[67] Sl 35, 10.
[68] Sl 94, 5.
[69] Sl 84, 12.
[70] Gên 1, 14.
[71] Is 58, 7.
[72] Is 58, 8.
[73] Gên 1, 14.
[74] 2 Cor 5, 17.
[75] Rom 13, 11.
[76] Ibid. 12.
[77] Sl 64, 12.
[78] Jo 4, 38.
[79] Sl 101, 28.
[80] 1 Cor 12, 8.
[81] Ibid. 3, 1; 2, 6.
[82] Is 1, 16.
[83] Ibid. 17.
[84] Mt 19, 16.

[85] Ibid. 13, 7.
[86] 1 Pdr 2, 2.
[87] 1 Cor 1, 27.
[88] Sl 18, 1-4.
[89] At 2, 3.
[90] Mt 5, 14.
[91] Jer 15, 19.
[92] Sl 18, 5.
[93] Jo 4, 48.
[94] 1 Cor 14, 22.
[95] Sl 22, 5.
[96] 2 Cor 5, 15.
[97] Sl 68, 33.
[98] Rom 12, 2.
[99] Gál 4, 12.
[100] Eclo 3, 16.
[101] Rom 12, 2.
[102] Gên 1, 14.
[103] Rom 12, 2.
[104] Col 3, 10.
[105] 1 Cor 2, 15.
[106] 1 Cor 2, 14.
[107] Sl 48, 13.
[108] Ef 2, 10.
[109] Gên 1, 27.
[110] Gál 3, 28.
[111] Tg 4, 11.
[112] Mt 7, 20.
[113] 1 Cor 5, 12.
[114] Sl 115, 11.
[115] Jo 8, 44.
[116] Gên 1, 29.
[117] 2 Tim 1, 16.
[118] 2 Cor 11, 9.
[119] 2 Tim 4, 16.
[120] Sl 18, 5.
[121] Flp 3, 19.
[122] Ibid. 4, 10.
[123] Flp 3, 11.
[124] Col 3, 10.
[125] Flp 4, 14.
[126] Sl 4, 2.
[127] Flp 4, 13-6.
[128] Ibid. 16.
[129] Mt 10, 41.
[130] 1 Cor 14, 23.
[131] Jo 3, 33; 14, 6.
[132] 1 Cor 2, 11.
[133] Ibid. 14.
[134] Ibid 18.
[135] Mt 10, 20.
[136] Rom 5, 5.
[137] Mt, 7, 8.

Sobre o autor

Aurélio Agostinho, Agostinho de Hipona ou santo Agostinho — um dos mais eminentes doutores da Igreja ocidental — foi bispo católico, teólogo e filósofo, nascido em 354 em Tagaste (norte da África).

Filho de um pagão, Patrício, e de santa Mônica, iniciou os estudos na cidade natal e completou sua formação em retórica em Madaura e Cartago. Viveu uma juventude desregrada, mas permanentemente atormentada pela procura da verdade. Depois de aderir ao maniqueísmo e ao ceticismo, converteu-se à fé cristã e foi batizado aos 33 anos. Ensinou retórica nas cidades italianas de Roma e Milão, e nesta teve contato com o neoplatonismo cristão. Em 395, passou a ser bispo, atuando em Hipona. Exerceu o cargo até a morte, em 28 de agosto de 430.

Entre seus escritos, destacam-se os tratados teológicos *A doutrina cristã* e *A Trindade*; *Confissões*, obra autobiográfica; e *A cidade de Deus*, livro que estabelece, pela primeira vez, uma filosofia da história. Escreveu ainda importantes textos filosóficos, apologéticos e exegéticos, além de numerosos comentários bíblicos, sermões e cartas.

Conheça outros títulos da Coleção Saraiva de Bolso

1. *Dom Casmurro*, Machado de Assis
2. *O príncipe*, Nicolau Maquiavel
3. *A arte da guerra*, Sun Tzu
4. *A República*, Platão
5. *Assassinato no Expresso do Oriente*, Agatha Christie
6. *Memórias de um sargento de milícias*, Manuel Antônio de Almeida
7. *Memórias póstumas de Brás Cubas*, Machado de Assis
8. *Discurso do método*, René Descartes
9. *Do contrato social*, Jean-Jacques Rousseau
10. *Orgulho e preconceito*, Jane Austen
11. *Cai o pano*, Agatha Christie
12. *Seus trinta melhores contos*, Machado de Assis
13. *A náusea*, Jean-Paul Sartre
14. *Hamlet*, William Shakespeare
15. *O Manifesto Comunista*, Karl Marx e Friedrich Engels
16. *Morte em Veneza*, Thomas Mann
17. *O cortiço*, Aluísio Azevedo
18. *Orlando*, Virginia Woolf
19. *Ilíada*, Homero
20. *Odisseia*, Homero
21. *Os sertões*, Euclides da Cunha
22. *Antologia poética*, Fernando Pessoa
23. *A política*, Aristóteles
24. *Poliana*, Eleanor H. Porter
25. *Romeu e Julieta*, William Shakespeare
26. *Iracema*, José de Alencar
27. *Apologia de Sócrates*, Platão
28. *Como vejo o mundo*, Albert Einstein
29. *A consciência de Zeno*, Italo Svevo
30. *A vida como ela é...*, Nelson Rodrigues
31. *Madame Bovary*, Gustave Flaubert
32. *O anticristo*, Friedrich Nietzsche
33. *Razão e sentimento*, Jane Austen
34. *Senhora*, José de Alencar

35. *O primeiro homem*, Albert Camus
36. *Kama Sutra*, Vatsyayana
37. *Esaú e Jacó*, Machado de Assis
38. *O profeta*, Khalil Gibran
39. *Dos delitos e das penas*, Cesare Beccaria
40. *Elogio da loucura*, Erasmo de Roterdã
41. *Sobre a liberdade*, John Stuart Mill
42. *Ecce homo*, Friedrich Nietzsche
43. *Emma*, Jane Austen
44. *Histórias extraordinárias*, Edgar Allan Poe
45. *Macbeth*, William Shakespeare
46. *O senhor das moscas*, William Golding
47. *Poemas completos de Alberto Caeiro*, heterônimo de Fernando Pessoa
48. *Triste fim de Policarpo Quaresma*, Lima Barreto
49. *Papéis avulsos*, Machado de Assis
50. *Rei Lear*, William Shakespeare
51. *Drácula*, Bram Stoker
52. *A metamorfose*, Franz Kafka
53. *O processo*, Franz Kafka
54. *A Utopia*, Thomas Morus
55. *Morte na Mesopotâmia*, Agatha Christie
56. *O médico e o monstro*, Robert Louis Stevenson
57. *Antologia pornográfica: de Gregório de Mattos a Glauco Mattoso*, Alexei Bueno
58. *A tempestade*, William Shakespeare
59. *O primo Basílio*, Eça de Queirós
60. *O mercador de Veneza*, William Shakespeare
61. *Otelo, o Mouro de Veneza*, William Shakespeare
62. *Quincas Borba*, Machado de Assis
63. *Mrs. Dalloway*, Virginia Woolf
64. *A hora e vez de Augusto Matraga*, João Guimarães Rosa
65. *O deserto dos tártaros*, Dino Buzzati
66. *Histórias da meia-noite*, Machado de Assis
67. *Doutor Fausto*, Thomas Mann
68. *Os elefantes não esquecem*, Agatha Christie
69. *O Ateneu*, Raul Pompeia

70. *O Morro dos Ventos Uivantes*, Emily Brontë
71. *Frankenstein ou o Prometeu moderno*, Mary Shelley
72. *Lucíola*, José de Alencar
73. *A montanha mágica*, Thomas Mann
74. *Nações e nacionalismo desde 1780*, Eric J. Hobsbawm
75. *Poliana moça*, Eleanor H. Porter
76. *Várias histórias*, Machado de Assis
77. *O banquete*, Platão
78. *A comédia dos erros*, William Shakespeare
79. *Feliz Ano Novo*, Rubem Fonseca
80. *O universo numa casca de noz*, Stephen Hawking
81. *Auto da Compadecida*, Ariano Suassuna
82. *A megera domada*, William Shakespeare
83. *A alma encantadora das ruas*, João do Rio
84. *Hitler – vol. 1*, Joachim Fest
85. *Hitler – vol. 2*, Joachim Fest
86. *Memórias, sonhos, reflexões*, Carl Gustav Jung
87. *A invenção das tradições*, Eric Hobsbawm e Terence Ranger
88. *Pedagogia do oprimido*, Paulo Freire
89. *Introdução à história da filosofia*, Georg Wilhelm Friedrich Hegel
90. *Eu e outras poesias*, Augusto dos Anjos
91. *As flores do mal*, Charles Baudelaire
92. *Memórias da Segunda Guerra Mundial – vol. 1*, Winston S. Churchill
93. *Memórias da Segunda Guerra Mundial – vol. 2*, Winston S. Churchill
94. *A idade da razão*, Jean-Paul Sartre
95. *O rinoceronte*, Eugène Ionesco
96. *Assim falava Zaratustra*, Friedrich Nietzsche
97. *Um corpo na biblioteca*, Agatha Christie
98. *A mão e a luva*, Machado de Assis
99. *Vastas emoções e pensamentos imperfeitos*, Rubem Fonseca
100. *Sagarana*, João Guimarães Rosa
101. *Os Cantos – vol. 1*, Ezra Pound
102. *Os Cantos – vol. 2*, Ezra Pound
103. *História da morte no Ocidente*, Philippe Ariès
104. *O amante da China do Norte*, Marguerite Duras
105. *Noite na taverna e Macário*, Álvares de Azevedo
106. *Sonho de uma noite de verão*, William Shakespeare

107. *Contos novos*, Mário de Andrade
108. *Com a morte na alma*, Jean-Paul Sartre
109. *A câmara clara*, Roland Barthes
110. *Antologia poética*, Gregório de Matos
111. *Til*, José de Alencar
112. *Poemas de Álvaro de Campos*, heterônimo de Fernando Pessoa
113. *Diário de um ladrão*, Jean Genet
114. *Espumas flutuantes*, Castro Alves
115. *Agosto*, Rubem Fonseca
116. *A conquista da felicidade*, Bertrand Russell
117. *Do mundo como vontade e representação*, Arthur Schopenhauer
118. *Recordações do escrivão Isaías Caminha*, Lima Barreto
119. *A cidade e as serras*, Eça de Queirós
120. *Macunaíma, o herói sem nenhum caráter*, Mário de Andrade
121. *A Moreninha*, Joaquim Manuel de Macedo
122. *O muro*, Jean-Paul Sartre
123. *A cerimônia do adeus*, Simone de Beauvoir
124. *Onde andará Dulce Veiga?*, Caio Fernando Abreu
125. *Viagens na minha terra*, Almeida Garrett
126. *Temor e tremor*, Soren Kierkegaard
127. *Do espírito das leis – vol. 1*, Montesquieu
128. *Do espírito das leis – vol. 2*, Montesquieu
129. *Confissões*, Santo Agostinho
130. *O guarani*, José de Alencar
131. *O ovo apunhalado*, Caio Fernando Abreu
132. *Escritos da maturidade*, Albert Einstein
133. *O Cobrador*, Rubem Fonseca
134. *O livre-arbítrio*, Arthur Schopenhauer

Este livro foi impresso
em papéis autossustentáveis da International Paper.
O papel da capa é cartão 250g/m²
e o do miolo é chambril avena 80g/m².